Das Geld des Königs
Zu den finanziellen Beziehungen zwischen Krone und Adel
in England 1154 – 1216

GESELLSCHAFT, KULTUR UND SCHRIFT
MEDIÄVISTISCHE BEITRÄGE

Herausgegeben von Hagen Keller

Band 11

PETER LANG

Frankfurt am Main · Berlin · Bern · Bruxelles · New York · Oxford · Wien

Udo Göllmann

Das Geld des Königs

Zu den finanziellen Beziehungen zwischen Krone und Adel in England 1154-1216

PETER LANG
Europäischer Verlag der Wissenschaften

Die Deutsche Bibliothek - CIP-Einheitsaufnahme

Göllmann, Udo:

Das Geld des Königs : zu den finanziellen Beziehungen zwischen Krone und Adel in England 1154 – 1216 / Udo Göllmann. - Frankfurt am Main ; Berlin ; Bern ; Bruxelles ; New York ; Oxford ; Wien : Lang, 2002
(Gesellschaft, Kultur und Schrift. Mediävistische Beiträge ; Bd. 11)
Zugl.: Münster (Westfalen), Univ., Diss., 1999
ISBN 3-631-38964-7

Gedruckt auf alterungsbeständigem,
säurefreiem Papier.

D 6
ISSN 0942-0665
ISBN 3-631-38964-7

Printed in Germany 1 2 3 4 5 6 7

www.peterlang.de

Inhalt

Geleitwort

Die Gesellschaft Europas unterlag in der Zeit vom 11. bis zum 13. Jahrhundert einem tiefgreifenden Wandel. Er brachte Grundstrukturen hervor, die bis in das 18. und 19. Jahrhundert fortwirkten. Ohne Frage ist dieser Wandel unmittelbar mit dem wirtschaftlichen Aufschwung und der demographischen Expansion des Hochmittelalters verbunden. Er wird jedoch kaum verständlich, sieht man ihn nicht zugleich im Kontext von Veränderungen, die damals der europäischen Kultur einen neuartigen Charakter gaben. Sie manifestieren sich auf vielfache Weise in nahezu allen Lebensbereichen. Besonders klar treten sie dort zutage, wo nun die Schrift in bislang ungekanntem Maße und oft in neuartigen Formen menschliche Lebenspraxis und menschliche Lebensäußerungen mitbestimmt: sich ausweitender Schriftgebrauch, zunehmende Schriftorientierung des Verhaltens und Handelns, rasch wachsende Textproduktion, volkssprachliche Schriftlichkeit bilden zusammengenommen ein hervorstechendes Indiz für den kulturellen und gesellschaftlichen Umbruch, der sich in allen Teilen Europas seit dem Hochmittelalter vollzog.

Die Expansion der Schriftlichkeit – die dann im Buchdruck eine technisch-wirtschaftliche Konsequenz findet – stellt alle mediävistischen Disziplinen vor eine grundsätzliche Herausforderung. Denn sie führte die abendländische Gesellschaft ja nicht erst in den Zustand der ‚Schriftkultur' hinein. Sie vollzog sich vielmehr innerhalb einer Schriftkultur von hohem Niveau und langer Tradition, freilich von besonderem Charakter, weil sie fast ganz der christlichen Buchreligion verpflichtet war. Obwohl die religiös-kirchliche Ausrichtung nicht verlorenging, ja sich im allgemeinen Prozeß der Verschriftlichung seit dem hohen Mittelalter in mancher Hinsicht noch steigerte, änderte sich die Lebensfunktion der Schrift. Viele Bereiche wurden nun erstmals oder erstmals voll und dauerhaft von der Schriftlichkeit erfaßt. In Wissenschaft, Verwaltung, höfischem, städtischem und religiösem Leben bilden sich jeweils eigene Sektoren der Schriftkultur heraus, die von den auf diesen Feldern Tätigen spezifische Erfahrungen oder sogar eine professionelle Schulung im Umgang mit Schrift und Schriftwerk fordern.

Unter der Frage nach der jeweils zum Ausdruck kommenden Lebensfunktion der Schrift führen Untersuchungen über Schriftgebrauch, über Formen der Literalität und über schriftkulturelles Agieren überhaupt notwendig nicht nur in den kulturgeschichtlichen Kontext, sondern in einen weiten sozialgeschichtlichen Horizont. Die Frage öffnet zugleich den Blick für andersartige Verhaltensweisen, Einstellungen und Normen in einem kulturellen Milieu, das nur partiell von der Schriftkultur erfaßt ist, wie dies für die Zivilisation des früheren Mittelalters in weitem Maße und auch im Spätmittelalter noch für viele Lebensbereiche gilt. Spezifische Grundtendenzen der europäischen Kulturentwicklung werden aus dieser Doppelperspektive besonders deutlich.

Der Zusammenhang von Gesellschaft, Kultur und Schrift bedarf für das europäische Mittelalter der gründlichen Analyse, für die präzise Einzeluntersuchungen unerläßlich sind. Die hier veröffentlichten Studien erhellen die Problematik jeweils unter einem spezifischen Aspekt. Sie wurden zumeist angeregt und gefördert durch die Arbeit des Sonderforschungsbereichs 231 'Träger, Felder, Formen pragmatischer Schriftlichkeit im Mittelalter' und des Graduiertenkollegs 'Schriftkultur und Gesellschaft im Mittelalter (Interdisziplinäre Mediävistik)' an der Universität Münster.

Seit dem Hochmittelalter nutzten die abendländischen Könige schriftliche Aufzeichnungen in ungewohntem Umfang und in neuartigen Formen und Funktionen zur Intensivierung ihrer Herrschaft. Ein Paradebeispiel dafür ist der englische Königshof. Nicht nur zeigen sich dort neue Techniken des Schrifteinsatzes besonders früh, sondern die systematisch angelegte Dokumentation blieb auch durch eine damals begründete Archivkontinuität teilweise bis heute in geschlossenen großen Serien erhalten. Zu den ältesten und bemerkenswertesten Zeugnissen für die kontinuierliche Dokumentation von Verwaltungshandeln gehören die Aufzeichnungen des königlichen Rechnungshofes, die sogenannten Pipe Rolls. Der Verfasser der vorliegenden Arbeit wertet den umfangreichen Quellenbestand für die Jahre 1154-1216 systematisch aus, um das Verhältnis König Heinrichs II. und seiner Söhne Richard Löwenherz und Johann Ohneland zu den Baronen aus der Perspektive der königlichen Fiskalpolitik zu analysieren, und erhellt damit zugleich die Vorgeschichte der Magna Charta von 1215. Er zeigt, daß man die Pipe Rolls nicht als proto-moderne Finanzakten deuten darf, wenn man verstehen will, wie die Schrift zur Steigerung herkömmlicher Formen der Herrschaftsverwirklichung eingesetzt wurde. Dabei beleuchtet er das eigentümliche Spannungsverhältnis von Tradition und Rationalisierung, in dem eine der frühesten und langlebigsten Finanzinstitutionen Europas entstanden ist.

Hagen Keller

Vorwort

Die vorliegende Arbeit ist die leicht veränderte Fassung meiner im Wintersemester 1999/2000 von der Philosophischen Fakultät der Westfälischen Willhelms-Universität angenommenen Dissertation.

Die Dissertation wurde durch ein Doktorandenstipendium des Münsteraner Graduiertenkollegs der DFG „Schriftkultur und Gesellschaft im Mittelalter" gefördert. Das Deutsche Historische Institut in London gewährte mir darüber hinaus im Sommer 1998 ein fünfmonatiges Arbeitsstipendium. Beiden Institutionen bin ich zu großem Dank verpflichtet.

In Münster profitierte ich von den vielen anregenden Diskussionen im Kreise der Betreuer und Kollegiaten des Graduiertenkollegs. Darüber hinaus hatte ich die Gelegenheit, Teile meiner Arbeit in einem von Frau Professor Hanna Vollrath veranstalteten Seminar in Bochum und auf einer von Herrn Dr. Marco Mostert und Herrn Dr. Franz Arlinghaus organisierten Tagung in Utrecht (27.-29.11.1998) zur Diskussion zu stellen. Insbesondere danke ich Herrn Professor Peter Johanek für die Übernahme des Korreferats und seine Unterstützung bei meinen ersten Schritten in Richtung England.

In London bot die Bibliothek des Institute of Historical Research ideale Arbeitsbedingungen. Im Public Record Office in Kew stand mir Herr Dr. Nick Baratt hilfreich zur Verfügung. Vor allem möchte ich Frau Dr. Bärbel Brodt, Herrn Dr. Michael Clanchy und Herrn Professor John Gillingham für die großzügige Hilfe danken, die sie mir in London gewährten.

Für ihre Hilfe bei der Korrektur und viele Anregungen danke ich in Freundschaft Dr. Manfred Böcker, Dr. Angelika Lampen und Marion Schmitt.

Mein besonderer Dank aber gilt Herrn Professor Henry Mayr-Harting (Oxford), der das Dissertationsvorhaben anregte, und Herrn Professor Hagen Keller für seine sorgfältige Betreuung der Arbeit und ihre Aufnahme in die Reihe „Gesellschaft, Kultur und Schrift. Mediävistische Beiträge".

Gewidmet ist die Arbeit meinen Eltern, ohne deren großzügige Unterstützung ich dieses Projekt nicht zu einem glücklichen Abschluss hätte bringen können.

Düsseldorf, Mai 2002 U.G.

Kapitel 1: Einleitung

Zu der gängigen Vorstellung vom „Mittelalter“ hat das 12. Jahrhundert einen nicht unwesentlichen Anteil an Geschichten, Legenden und Bildern beigetragen. Rittertum, Kreuzzüge, wehrhafte Burgen oder Helden wie Richard Löwenherz und Schurken wie King John sind dank Hollywood auch solchen Zeitgenossen bekannt, die normalerweise wenig Muße haben, sich mit der fernen Vergangenheit zu beschäftigen. Dass ausgerechnet ein Bürokrat eines der aufschlussreichsten Bücher über das Regieren im 12. Jahrhundert schrieb, mag manchen daher erstaunen. Richard von Ely schildert in seinem vermutlich um 1170 entstandenen ‚Dialog über den Exchequer‘ keine Heldentaten. Er berichtet vielmehr überaus detailgenau, aber trocken, wie der Rechnungshof des Königs von England die fiskalischen Einnahmen seines Herrn verwaltete. Richards prosaische Art, Verwaltungsvorgänge zu beschreiben, vermag nicht die Phantasie von Drehbuchautoren zu beflügeln. Historikern jedoch bietet sein Handbuch einen Leitfaden, der ihnen hilft, die Aufzeichnungen des englischen Rechnungshofes so zu interpretieren, dass es möglich wird, sinnvolle Aussagen über eine Vergangenheit zu treffen, in der mehrere Erscheinungen der modernen Welt (Staatlichkeit, Institutionalisierung, Schriftgebrauch zu Zwecken der Verwaltung) zu wurzeln scheinen. Die schier endlose Aneinanderreihung von Zahlen, Summen, Namen und Einzelposten in diesen Finanzdokumenten erzählt keine Heldengeschichte, doch lässt sie die Vergangenheit so unmittelbar hervortreten, dass dies – zumindest für Historiker – sehr fesselnd sein kann.

Richard von Ely kannte seine Materie. Er war Jahrzehnte lang Schatzmeister König Heinrichs II. von England und stammte aus einer Familie, die in ihrer Vergangenheit auf das engste mit der Entstehung der königlichen Finanzverwaltung verwoben war. Im Vorwort seines Werkes skizziert er kurz, zu welchen Zwecken ein Herrscher damals Geld brauchte.

> Wir wissen zwar, daß vor allem durch Klugheit, Stärke, Maß, Gerechtigkeit und die übrigen Fürstentugenden Reiche regiert werden und Recht bewahrt bleibt; deshalb sollen auch die Fürsten dieser Welt alle Kräfte auf diese Tugenden verwenden. Doch geschieht es bisweilen, daß das auf Grund eines vernünftigen Rates (*sano consilio*) oder in einem überragenden Geist Entworfene sich schneller verwirklicht mit Hilfe des Geldes (*intercedente pecunia*) und, was schwierig erschien, mit Geld mühelos zum Ziel geführt wird, fast wie es bei Handelsgeschäften Brauch ist. Nicht nur im Kriege, auch in Friedenszeiten erweist sich Geld als unentbehrlich. Im Kriege wird es zur Bewahrung des Reiches aufgewendet: für die Verstärkung der Festungen, für die Entlöhnung der Söldner und für eine ganze Anzahl weiterer Zwecke ... im Frieden ruhen zwar die Waffen; doch werden von den frommen

> Fürsten Kirchen erbaut, wird Christus gespeist und gekleidet in den Armen, wird in steter Verrichtung weiterer Werke der Barmherzigkeit der Mammon verteilt.[1]

In seiner Aufzählung der verschiedenen Zwecke zur Verwendung des königlichen Schatzes verschweigt Richard – man kann darüber spekulieren, ob bewusst oder unbewusst – einen Aspekt, der in den folgenden Kapiteln stärker herausgearbeitet wird: Das Geld des Königs spielte eine maßgebliche Rolle in seinen Beziehungen zum englischen Adel. Hier wird die Auffassung vertreten, dass die Herrscher des 12. Jahrhunderts ihre finanziellen Mittel in erheblichem Umfange nutzten, um die Barone, also die mächtigsten Männer des Königreiches, zu disziplinieren und zu kontrollieren. Dass diese Disziplinierung nicht auf die ungeteilte Zustimmung des Adels stieß, zeigen die wiederholten Aufstände der Barone gegen ihren Lehnsherrn. Das bekannteste Produkt einer dieser Rebellionen ist die Magna Carta von 1215.

Die Magna Carta ist ein Markstein der europäischen Geschichte und bis heute ein Bestandteil der englischen Verfassung. Ihre Bekanntheit rührt vor allem aus dem 17. Jahrhundert. In dieser Zeit lag das englische Parlament in einem Konflikt mit dem die absolute Herrschaft anstrebenden König. Gelehrte Juristen suchten und fanden als Parteigänger des Parlamentes mit der Magna Carta ein Dokument aus der Vergangenheit, das ihrer Ansicht nach bewies, dass sich das Parlament in seinem unerhörten Widerstand gegen den rechtmäßigen Herrscher auf verbriefte Rechte stützten konnte. Die Vorgeschichte dieser verfassungsgeschichtlich so bedeutenden Urkunde reicht bis in die Mitte des 12. Jahrhunderts zurück und bildet den zeitlichen Rahmen dieser Arbeit: Untersucht werden die Regierungen der ersten drei englischen Könige aus dem Hause Plantagenet. Heinrich II. (Kg. 1154-89) und seine beiden ihm nachfolgenden Söhne Richard I. Löwenherz (Kg. 1189-1199) und Johann Ohneland (Kg. 1199-1216) herrschten über ein Konglomerat mehrerer Fürstentümer, das von Schottland bis zu den Pyrenäen reichte und das halbe Gebiet des heutigen Frankreichs umfasste. Das englische Königreich war nur einen Teil dieser Ansammlung von Territorien und Würden, allerdings ein wichtiger, da er dem Herrscher die Königswürde und ein großes und regelmäßiges Einkommen verschaffte.[2] Dieses heute meist als ‚Angevin Empire' titulierte Herrschaftsgebilde zerbrach, als Johann Ohneland im

---

1 Dialogus, S. 4f.

2 Gute Darstellungen der Periode bieten: POOLE 1955; CLANCHY 1983; GILLINGHAM 1984; CHIBNALL 1986; MORTIMER 1994. Einen Überblick zur Wirtschaftsgeschichte der Zeit aus Sicht der Cambridger Schule bieten: MILLER – HATCHER 1978; MILLER – HATCHER 1995.

Laufe des Jahres 1204 den Großteil seiner Festlandbesitzungen – die Normandie, Anjou, die Bretagne und Teile Aquitaniens – verlor.[3]

Richard von Ely führt in der zitierten Stelle auf, wofür Könige Geld benötigen. An erster Stelle nennt er Ausgaben für die Entlohnung von Söldnerheeren und für den Burgenbau. Diese dürften tatsächlich einen bedeutenden Teil des Schatzes verschlungen haben, führten doch Heinrich II. und seine Söhne fast permanent Krieg. Anhand der Pipe Rolls haben Historiker Kosten für den Aufbau und – was fast noch wichtiger war – den Betrieb solcher Festungen analysiert. Aber auch in der Politik besaß der Einsatz von Geldmitteln erhebliche Bedeutung. Heinrich II. nutzte Geld zur Untermauerung seiner politischen Pläne. 1156 sprach er zum Beispiel seinem Bruder Geoffrey eine jährliche Rente von umgerechnet 1500 englischen Pfund zu, nachdem sich dieser ihm unterworfen hatte. Seinem Sohn und designierten Nachfolger, Heinrich dem Jüngeren, gab er Ende September 1174 jährlich 15.000 angevinische Pfund, um dessen Ansprüche auf Mitherrschaft und angemessene Hofhaltung zu befriedigen. Im Dezember 1177 erwarb er die Grafschaft ‚La Marche' für etwa 40.000 Pfund.[4] Heinrichs Nachfolger Richard Löwenherz entstanden bald nach dem Herrschaftsantritt hohe Kosten durch den geplanten Kreuzzug ins Heilige Land. Er versuchte unter anderem, diese durch den Verkauf von Ämtern zu decken.[5] Darauf angesprochen, soll Löwenherz gesagt haben, selbst die Stadt London verkaufen zu wollen, wenn er einen geeigneten Käufer für sie fände.[6] Das Lösegeld, das für Richards Freilassung aus der Gefangenschaft Kaiser Heinrichs VI. aufgebracht werden musste, belief sich auf insgesamt 150.000 kölnische Mark, was etwa einer Menge von 33 Tonnen (!) Silbergeld entsprochen haben dürfte.[7] Andere Kosten entstanden den angevinischen Herrschern schließlich durch die Kriege mit den Königen Frankreichs, die in Johanns teuren, aber mit der Schlacht von Bouvines am 27. Juli 1214 endgültig gescheiterten Versuchen gipfelten, die 1204 verlorenen Gebiete militärisch zurückzugewinnen. Diese Niederlage gab Historikern Anlass zu einer langanhaltenden Diskussion über die jeweiligen Einkommen der Könige Englands und Frankreichs und über die Bedeutung, welche diese für den Verlust der Normandie gespielt haben könnten.[8] Neben solchen großen Ausgaben, wie sie

---

3 POWICKE 1961. Seinen Beinamen erhielt Johann bereits in Jugendjahren, als er bei der ersten Erbregelung seines Vaters nicht gebührend berücksichtigt wurde. Zur Identität und zur Frage der ‚Lebensfähigkeit' des angevinischen Großreiches vgl. BACHRACH 1978; GILLINGHAM 1984; LE PATOUREL 1984; TURNER 1995.

4 Torigni, S. 189f.; Gesta, 1, S. 41, 78 u. 197.

5 Newburgh, 1, S. 303ff.

6 Ebd., S. 306.: *Lundonias quoque venderem, si emptorem idoneum invenirem.*

7 Howden, 3, S. 215f.; Schätzung des Silbergewichts bei LANDON 1935, S. 78.

8 LOT – FAWTIER 1932; BENTON 1967; GILLINGHAM 1978, S. 303f.; HOLT 1984c; GILLINGHAM 1984, S. 71ff.; BARRATT 1996, S. 844. In der Diskussion traten James C. Holt und John Gillingham als Befürworter einer jeweils ausgeprägt strukturgeschicht-

hier aufgezählt wurden, entstanden natürlich täglich Kosten aus dem Unterhalt des reisenden königlichen Haushaltes. Neben der Verpflegung und Unterbringung des Hofes spielten auch solche Dinge eine Rolle, die das damalige Alltagsleben plastisch vor Augen treten lassen. So musste zum Beispiel der Aufseher der Prostituierten im Gefolge des Königs angemessen entlohnt werden.[9] Bereits diese wenigen Bemerkungen machen die Bedeutung des Geldes für den König von England deutlich, und natürlich war auch den Zeitgenossen bewusst, dass ein Herrscher ohne eigene finanzielle Einkünfte nur dem Namen, nicht der Substanz nach ein König war.[10]

Im 12. Jahrhundert galten die Könige Englands im Vergleich zu anderen Herrschern als sehr vermögend. Walter Map erzählt, der König von Frankreich habe sich mit ihm scherzend über den Reichtum verschiedener Könige unterhalten. Dabei habe ihn Ludwig VII. darauf hingewiesen, dass es jedem der von ihm genannten Herrscher an einigen Dingen mangele, nur seinem Herrn, dem König von England, fehle es an nichts: ‚... er besitzt Männer, Pferde, Gold, Seide, Edelsteine, Früchte, Wild und alles andere. Wir in Frankreich haben nichts als Brot, Wein und Spaß.‘[11] Otto von Freising berichtet über den angeblichen ‚Reichssteuerplan‘ Kaiser Heinrichs V. aus dem Jahr 1124, dass dieser von seinem Schwiegersohn, König Heinrich I. von England, angeregt worden sei, dann aber auf den Widerstand der Fürsten stieß.[12] Auch die späteren Steuerpläne Ottos IV. mögen durch dessen verwandtschaftliche Bindung an das englische Königshaus befördert worden sein.[13]

---

lichen beziehungsweise personengeschichtlichen Sichtweise auf. Zu einer endgültigen Lösung der Frage, welcher der beiden Herrscher mehr Geld zur Verfügung hatte, wird man wohl kaum gelangen, da die Errechnung ihrer Gesamteinkünfte zu sehr auf Mutmaßungen angewiesen ist, vgl. dazu unten Kapitel 2, bei Anm. 57ff.

9 Liber feodorum, 1, S. 253; vgl. PAINTER 1949, S. 88. Reiche Informationen über die täglichen Ausgaben des reisenden Hofes bieten die Misae Rolls König Johanns: Rot. de lib., S. xvi et passim.

10 So die Berater Heinrichs III. zum König nach: Matthaei Parisiensis, monachi sancti Albani, historia Anglorum, sive, ut vulgo dicitur, historia minor. Item, ejusdem abbreviatio chronicorum Angliae, hg. von FREDERIC MADDEN, 3 Bde. (Rolls Series [44,1-3]) London 1866-1869, 2, S. 341f.; vgl. Matt. Paris, 3, S. 219f.

11 Walter Map, S. 450: *Dominus autem tuus, rex Anglie, cui nichil deest, homines, equos, aurum et sericum, gemmas, fructus, feras et omnia possidet. Nos in Francia nichil habemus nisi panem et uinum et gaudium.* Die Anekdote findet sich abgewandelt auch bei Giraldus Cambrensis, 8, S. 316ff.

12 Ottonis episcopi Frisingensis chronica sive historia de duabus civitatibus, hg. von ADOLF HOFMEISTER (MGH. Scriptores rerum Germanicarum in usum scholarum [45]) Hannover – Leipzig 1912, Buch 7, Kap. 16, S. 332f.: *Omnibus itaque bene compositis consilio generi sui regis Anglorum totum regnum vectigale facere volens multum in se optimatum odium contraxit.*

13 Vgl. dazu HUCKER 1990, S. 538ff.

Über die finanziellen Verhältnisse der Plantagenets sind wir dank der eingangs erwähnten Aufzeichnungen des englischen Rechnungshofes vergleichsweise gut unterrichtet. Der wohl Anfang des 12. Jahrhunderts entstandene Exchequer (*scaccarium*) hielt seine Abrechnungen einmal jährlich auf Pergamentrollen schriftlich fest. Diese *magni rotuli* – heute unter dem Namen ‚Pipe Rolls' bekannt – sind zuerst für das Jahr 1130 und dann durchgehend ab dem Jahr 1156 nahezu vollständig überliefert und für den in der vorliegenden Untersuchung behandelten Zeitraum auch ediert. Damit gehören sie zu den ältesten Zeugnissen einer kontinuierlichen Rechnungsführung eines mittelalterlichen Königreiches. Selbstverständlich maßen auch die deutschen Fürsten des Hochmittelalters, wie zum Beispiel Friedrich Barbarossa oder Heinrich der Löwe, der Geldpolitik eine große Bedeutung zu. Diese verfügten jedoch, wenn man einmal von dem Sonderfall Sizilien absieht, trotz der erwähnten Pläne zur Einführung von Reichssteuern über keine dem englischen Beispiel vergleichbare zentrale Finanzabrechnung. Es sind für das 12. Jahrhundert dementsprechend wenig königliche oder kaiserliche Aufzeichnungen fiskalischen Charakters erhalten.[14] Erst die Überlieferung ganzer Dokumentenserien, wie sie in England vorliegt, ermöglicht einen exakteren empirischen Zugriff auf die Prinzipien und Betätigungsfelder mittelalterlicher Finanzpolitik.

1.1 Die finanzielle Belastung der Barone und die sich daraus ergebenden Fragen für die historische Forschung

Remota itaque iustitia quid sunt regna nisi magna latrocinia?
quia et latrocinia quod sunt nisi parua regna?
(Augustinus, De civitate dei, IV, 4)

Der einleitend bemerkte hohe Finanzbedarf des Königtums betraf direkt und indirekt auch den Adel: die Barone Englands.[15] Es muss hier kurz umrissen werden, welche Zusammensetzung die Gruppe der Barone besaß, bevor ein Überblick darüber gegeben werden kann, welche finanziellen Lasten den Adel im einzelnen

14 Vor diesem Hintergrund wird die hohe Aufmerksamkeit verständlich, die man dem sogenannten Tafelgüterverzeichnis widmete. Dazu und zur Finanz- und Wirtschaftspolitik der staufischen Herrscher insgesamt vgl. u.a. BRÜHL 1968; BRÜHL 1971; HAVERKAMP 1971; BRÜHL – KÖLZER 1979; FRIED 1984.

15 Zur Geschichte des anglo-normannischen Adels und allen diesen betreffenden Fragen vgl. jetzt durchweg GREEN 1997. Zu seiner weiteren Geschichte und sozialen Ausdifferenzierung vgl.: COSS 1991; Crouch 1993; THOMAS 1993; COSS 1995. Fallstudien einzelner Familien bieten u.a.: ENGLISH 1979; KEEN 1983; CROUCH 1986; PATTERSON 1989; WAREHAM 1995.

betrafen. Anschließend wird daraus dann die spezifische Fragestellung der vorliegenden Untersuchung entwickelt.

Barones war zunächst nur einer von vielen Begriffen, mit denen die Großen des Adels bezeichnet wurden. Die *barones, proceres, primates* oder *principes* hoben sich von einfachen *fideles, homines, milites* oder *vavassores* ab.[16] In England taucht der Begriff seit dem Domesday Book in zunehmender Häufigkeit auf. Den Grundbesitz eines Barons nannte man bisweilen *baronia*, aber häufiger *honor, terra* oder *feodum* .[17] Die Forschung versteht ‚Baron' in der Regel in einem engeren Sinne als Kronvasall, also als Lehnsmann des Königs (tenant-in-chief).[18] So soll es auch hier geschehen. Die für das englische Lehnswesen charakteristische Besitzeinheit war der *honor.*[19] Es handelte sich dabei in der Regel nicht um einen zusammenhängenden Güterkomplex, sondern um ein Bündel von mehreren Lehen, die ein Baron vom König erhalten hatte. Diese Güter waren unter Umständen über mehrere Grafschaften verstreut. Der *honor* eines Barons wurde und wird in der Regel nach seinem Hauptort, dem *caput honoris*, bezeichnet.[20] Dort hielt sich der jeweilige Baron häufiger als anderswo auf, hielt Versammlungen seiner Lehnsleute, sprach Recht und errichtete bisweilen auch eine Burg. Doch verfestigten sich nicht all diese Vororte zu regelrechten Herrschaftszentren beziehungsweise Residenzen. Im folgenden werden diese *honores* überwiegend als Baronie oder Kronlehen bezeichnet werden.

16 Zu den Valvassoren vgl. GÖLLMANN – KELLER 1997.

17 PAINTER 1943, S. 11ff.; STENTON 1961, S. 84ff.; CROUCH 1992, S. 107ff.

18 PAINTER 1943, S. 15; STENTON 1961, S. 86; CROUCH 1992, S. 110. Der englische Begriff „tenant-in-chief" hat sein lateinisches Äquivalent in Konstruktionen mit *tenere in capite*

19 Zum folgenden vgl. STENTON 1961, S. 55ff.; GANSHOF 1967, S. 127f.

20 Vgl. dazu etwa die Namen im *rotulus honorum* der Pipe Roll 33 Hen. II, S. xlviij: neben solchen Bezeichnungen wie *Honor Comitis Gloecestr'* oder *Terra Willelmi Painell'* finden sich auch *Honor de Werch* (Wark) oder *Honor de Berchamstede* (Berkhampstead), also Lehen, die sich schon lange in der Hand des Königs befanden und nicht mehr mit einer Person oder Familie verbunden wurden. Der Name des *caput honoris* muß sich nicht unbedingt mit dem Namen der Familie des Besitzers decken. Zwar hatten sich die Herkunftsnamen, die meistens auf die alten Stammsitze der Familien auf dem Kontinent zurückgingen, im anglo-normannischen Adel bereits weitgehend durchgesetzt und gefestigt. Zum Beispiel benannten sich die Herren von Wigmore (zwischen 1154 und 1189 waren das Hugh II de Mortimer und Roger II de Mortimer), nach dem Ort Mortemer-sur-Eaulne in Frankreich. Vgl. SANDERS 1960, S. 98, Anm. 6. Dagegen nannten sich die Barone von Clifford seit Walter I ‚de Clifford'. Vgl. SANDERS 1960, S. 35. Aber auch Patronymika waren nicht selten. Die Herren von Greystoke hießen in der hier behandelten Periode beispielsweise Walter fitz Ivo und Ranulph fitz Walter. Erst ab der Mitte des 13. Jahrhunderts nannte sich ihre Familie ‚de Greystoke'. Vgl. SANDERS 1960, S. 50. Manchmal wurden Patronymika zu einem bestimmten Zeitpunkt zum feststehenden Familiennamen. Dies ist zum Beispiel der Fall bei der Familie ‚fitz Helte', die zeitweise im Besitz des *honor* Aldington war. Vgl. SANDERS 1960, S. 1.

Einige der größten Barone des Königs besaßen den Grafentitel. Zur Zeit Heinrichs II. und seiner Söhne wurde dieser Titel häufig innerhalb einer Familie vererbt. Er stellte eine persönliche Würde dar und war nicht mit administrativen Funktionen innerhalb einer Grafschaft verbunden.[21] Diese Aufgaben hatten weitgehend die *vicecomites* (Sheriffs) übernommen. In der englischen Forschung werden die *comites* traditionell als ‚Earls‘ bezeichnet, obwohl sie nicht viel mit ihren vize-königliche Gewalten tragenden Namensvettern der Zeit vor 1066 gemeinsam haben; deshalb werden sie hier durchweg als ‚Grafen‘ übersetzt.[22]

Die wichtigsten Quellen über die personelle Zusammensetzung des englischen Adels im 12. Jahrhundert sind die sogenannten *cartae baronum* aus dem Jahr 1166.[23] In den *cartae baronum* spielt der Begriff ‚Lehen eines Ritters‘ oder ‚Ritterlehen‘ (*feodum militis*) eine wichtige Rolle. Er steht mit der Organisation des Waffendienstes unter den anglo-normannischen Königen in Zusammenhang. John Horace Round stellte in seiner klassischen Studie „The Introduction of Knight Service into England“ die Grundzüge dieses Systems heraus:[24] Demnach wurden den zum Waffendienst verpflichteten Baronen bereits seit der Zeit Wilhelm des Eroberers bestimmte Quoten von Ritterkontingenten auferlegt, die sie im Falle eines Kriegszuges mitzubringen hatten. Die Besitzstruktur eines Kronlehens, wie sie in den *cartae baronum* zutage tritt, beruht auf dieser ursprünglichen Organisationsform des feudalen Heeres. Exakt 100 Jahre nach der normannischen Landnahme befahl Heinrich II. nun all seinen Kronvasallen, ihm schriftlich genaue Informationen über ihren Lehnbesitz zu senden. Vier spezifische Informationen interessierten den König: Erstens die Zahl Ritterlehen, die die Barone zum Zeitpunkt des Todes König Heinrichs I. an ihre jeweiligen Vasallen weiterverlehnt hatten. Zweitens die Anzahl der seitdem vergebenen Ritterlehen. Drittens die Zahl der Ritter *super dominium.* Damit war die Anzahl derjenigen gemeint, die – falls erforderlich – über die Zahl der belehnten Vasallen hinaus benötigt wurden, um den nach alter Gewohnheit geforderten Lehnsdienst (*servitium debitum*) leisten zu können. Viertens und letztens fragte Heinrich II. nach den Namen sämtlicher Aftervasallen.[25] Offenbar hatte er einen *rotulus* mit

21 Siehe CROUCH 1992, S. 56ff.; WARREN 1987, S. 57ff. hier S. 58: „The counts of Normandy and England constituted one body of men whom the king / duke wished especially to honour, and who by their title acquired a precedence at his court.“ Ein Relikt der Bindung an eine Grafschaft war der dem *comes* zustehende, auch in den Pipe Rolls verrechnete, sogenannte ‚dritte Pfennig‘. Vgl. dazu POOLE 1955, S. 157.

22 Zu den angelsächsischen Earls vgl. CROUCH 1992, S. 46ff. Der eigentliche Wandel im Charakter der ‚earldoms‘ erfolgte erst einige Jahre nach der Eroberung, im Jahr 1071.

23 Zur Datierung vgl. KEEFE 1983, S. 12f.; Ralph Niger, S. 171.

24 ROUND 1895; vgl. MITTEIS 1933, S. 369ff.; STENTON 1961, S. 158ff. Die wichtigsten neueren Aufsätze zu den *cartae baronum* sind: GILLINGHAM 1982; HOLT 1984b; FAULKNER 1996.

25 Am deutlichsten lässt sich der Inhalt der Anfrage des Königs aus der *carta* des Erzbischofs von York erkennen. Red Book, 1, S. 412f.: *Praecipit dignitas vestra omnibus*

ähnlichen Informationen besessen, welche zu diesem Zeitpunkt nicht mehr aktuell waren.[26] Zu Zwecken der Aufbewahrung der zurückgesandten *cartae* wurden eigens ‚Hütten' errichtet.[27] Vielleicht handelte es sich dabei um eine Art von temporären Archiven.

Die *cartae baronum* lassen erkennen, dass der Prozess der Desintegration der ursprünglichen Kronlehen durch weitere Verlehnung bereits 1135, also beim Tode Heinrichs I., weit fortgeschritten war. Die häufige Nennung von Teilen eines Ritterlehens macht deutlich, dass es sich bei diesen eher um abstrakte Einheiten als um physisch existierende Grundstücke handelte. Der geforderte Waffendienst wurde oft nicht mehr persönlich geleistet, was sich bei der gegebenen Besitzstruktur als recht kompliziert erwiesen hätte, sondern in eine Geldabgabe (Schildgeld) umgewandelt. Das bedeutet, dass ein Baron zwar noch häufig mit dem König zu Felde zog, er aber nicht in jedem Falle sämtliche Vasallen und Aftervasallen mitbrachte. Als Ersatz stellte er dem König Geld zur Verfügung, dass dieser dann zur Anheuerung von Söldnern nutzen konnte.

Bis heute gibt es in der Forschung keinen abschließenden Konsens über die Frage, welchen Zweck die *cartae* eigentlich erfüllen sollten.[28] Jedoch lässt sich mit ihrer Hilfe, mit dem Domesday Book von 1086 und einigen anderen Dokumenten die Vorfahrenschaft vieler adeliger Geschlechter bis in das 11. Jahrhun-

---

fidelibus vestris, clericis et laicis, qui de vobis tenent in capite in Eboracsira, ut mandent vobis per literas suas, extra sigillum pendentes, quot milites quisquis habeat de veteri feffamento de tempore Regis [*Henrici*] *avi vestri, s*[*cilicet*] *de die et anno, quo ipse fuit vivus et mortuus, et quot habeat de novo feodamento feffatos, post mortem bonae memoriae avi vestri, ejusdem. Et quot feoda militum sunt super dominium uniuscujusque, et omnium illorum nomina, tam de novo feffamento quam de veteri feffatorum, sint in illo brevi scripta, quia vultis, quod si aliqui ibi sunt, qui vobis nondum fecerunt ligantiam, et quorum nomina non sunt scripta in rotulo vestro, quod infra dominicam primam xlae ligantiam vobis faciant.*

26 Vgl. STENTON 1961, S. 137f. Anm. 5.

27 Dies lässt die folgende Ausgabe des Sheriffs von Wiltshire im Jahr 1166 vermuten, Pipe Roll 12 Hen. II, S. 72: *Et pro huchia ad Custod' Cartas Baron' de Mil' .xxii. d.*

28 Finanzielle Motive vermuteten ROUND 1895, S. 242f.; MITTEIS 1933, S. 610; PAINTER 1943, S. 42; WARREN 1973, S. 277ff.; KEEFE 1983, S. 15 u. 67. Folgt man dem, dann ergeben sich jedoch Fragen nach dem Sinn der Unterscheidung zwischen ‚alten' und ‚neuen' Ritterlehen und dem langen Zeitraum zwischen der Sammlung der *cartae baronum* und der ersten Anwendung der neuen Quoten. Frank Stenton stellte die *cartae baronum* deshalb in die Tradition einer Reihe von Treueschwüren an die englischen Herrscher, die 1086 mit dem ‚Eid von Salisbury' begann. Er nahm an, daß es Heinrich II. vornehmlich darum gegangen sei, einen Anspruch auf die (ligische) Lehnstreue sämtlicher Untertanen zu erheben, also auch auf diejenige der Untervasallen, dabei bezog er sich v.a. auf das Zeugnis der *carta* des Erzbischofs von York: Red Book, 1, S. 412 (wie oben Anm. 25). Siehe STENTON 1961, S. 11; vgl. allgemein KIENAST 1952, S. 172ff.

dert zurückverfolgen.[29] Des weiteren geben die *cartae baronum* wichtige Informationen über die Organisation des Lehnsdienstes und bieten Anhaltspunkte über die Größe und Struktur eines Kronlehens.[30]

Rund 230 *cartae* weltlicher Lehen und etwa 40 geistlicher Lehen sind überliefert; allerdings fehlen die Antworten einiger Barone.[31] Die Gruppe der Barone von 1166 weist eine beträchtliche soziale Spannbreite auf. Sie reicht von so mächtigen Großen wie dem Grafen von Gloucester, der laut seiner *carta* über 270 Ritterlehen hielt, bis zu einem armen Baron aus Hertfordshire, dessen Lehnbesitz nach eigenen Angaben kaum ausreichte, ihn selbst zu ernähren.[32] Die Anzahl der in den *cartae baronum* genannten Ritterlehen ist jedoch nicht immer ein verlässlicher Indikator für den Reichtum eines Barons.[33] Jemand konnte Lehnsmann des Königs und gleichzeitig Lehnsmann eines anderen Kronvasallen sein. Außerdem ist es praktisch unmöglich, den durchschnittlichen Wert eines Ritterlehens zu bestimmen.[34] Beispielsweise berichtete Robert fitz Harding in seiner *carta* über lediglich 5 Ritterlehen. Allein aufgrund dieser Informationen würde man ihn nicht für sehr bedeutend halten, in der Tat war er aber so vermögend, dass er Heinrich II., als dieser den Thron bestieg, mit Darlehen unterstützen konnte.[35]

Mit dem Schildgeld wurde schon eine finanzielle Abgabe der Barone an den König erwähnt. Neben dem Militärdienst wurden aber auch andere, sich ebenfalls aus dem Lehnswesen ergebende Verpflichtungen aus praktischen Gründen weitgehend in Geldleistungen umgewandelt: So die Hilfeleistungen (*auxilia*) bei der Heirat der ältesten Tochter des Lehnsherrn oder die erforderliche Unterstützung im Falle seiner Geiselnahme.[36] Die Höhe all dieser Abgaben, die

---

29 Erster Ausgangspunkt für genealogische Forschungen zum englischen Adel des 11. bis 13. Jahrhunderts sind noch immer DUGDALE 1675 und Complete Peerage. Am einfachsten gestaltet sich der Zugriff über SANDERS 1960.

30 FARRER 1923-25 untersuchte die Struktur von elf ausgewählten *honores*. Weitere, vergleichbar detaillierte Forschungen in diese Richtung wurden seither nicht wieder unternommen.

31 Bei der Abrechnung des Schildgeldes von 1172 wurden sie in der Pipe Roll unter der Überschrift *De his qui cartas non miserunt* aufgeführt: Pipe Roll 18 Hen. II, S. 20, 37, 52, 62, 68, 77, 94, 115, 128, 132, 139.

32 Red Book, 1, S. 362-363: *Carissimo domino suo Henrico Regi Anglorum, Willelmus filius Roberti salutem. Sciatis quod de vobis teneo feodum, j militem pauperimum; nec alium in eo feodavi quia vix michi sufficit; et sic tenuit pater meus. Valete.*

33 Vgl. PAINTER 1943, S. 171.

34 STENTON 1961, S. 164ff.

35 Robert wurde erst zum Lehnsmann Heinrichs II., nachdem er den König unterstützt hatte, vgl. SANDERS 1960, S. 13f.; Red Book, 1, S. 298; PATTERSON 1989; PATTERSON 1991. Allein anhand seiner *carta* von 1166 ist dieser Zusammenhang allerdings nicht zu erkennen, und nicht immer gibt es entsprechende Quellen.

36 Vgl. Dialogus, S. 88ff.

man als ‚feudale Steuern' bezeichnen kann, wurde aufgrund der Anzahl der Ritterlehen des jeweiligen Barons berechnet. Entsprechende Forderungen konnten die Barone wiederum ihren jeweiligen Vasallen gegenüber geltend machen. Nur der König konnte niemals Vasall eines anderen Herrn sein, *quia dominus rex nullum potest habere parem multo minus superiorem*, schreibt ein Zeitgenosse.[37] Da die Könige während ihrer langwierigen militärischen Kampagnen, die oft außerhalb Englands stattfanden, zunehmend auf Söldner (Brabanzonen) zurückgriffen, waren sie nicht mehr grundsätzlich auf den Waffendienst des gesamten ‚feudalen Heeres', das heißt all ihrer Vasallen und Aftervasallen angewiesen.[38] Häufig erhoben sie daher Schildgelder (*scutagia*) in einer Höhe von ein bis drei Mark pro Ritterlehen.[39] Heinrich II. forderte 1168 ein *auxilium* von einer Mark pro Ritterlehen anlässlich der Heirat seiner Tochter Mathilde mit Heinrich dem Löwen, dem Herzog von Sachsen. 1194 wurde für das Lösegeld Richards I. ein Pfund pro Ritterlehen eingesammelt. Die Forschung schenkte der Untersuchung dieser Abgaben beträchtliche Aufmerksamkeit.[40] Dies ist einerseits angesichts des engen Zusammenhangs zwischen der militärischen Organisation des Königreiches und der Struktur des englischen Lehnswesens nicht verwunderlich, überrascht aber insofern, als dass die tatsächliche Bedeutung der *scutagia* für die königlichen Finanzen vergleichsweise gering war. Im Grunde stellten die Schildgelder nämlich keine außergewöhnlich hohe Belastung für den Adel dar.[41] Genauso wenig dürfte die Barone die Zahlung kleinerer Gebühren (oft in Höhe von etwa einer halben Mark Silber) gestört haben, die zum Beispiel für die Ausstellung oder Registrierung von Urkunden oder zur Einleitung eines Common-Law-Verfahrens erhoben wurden. Auch das sogenannte Dänengeld, eine Abgabe aus der Zeit der Wikingerkriege, wurde bereits 1162 zum letzten Male eingetrieben.[42]

---

37 Glanvill, S. 84.

38 Die große Bedeutung von Söldnerheeren wurde etwa 1159 bei dem Feldzug Heinrichs II. nach Toulouse deutlich: Torigni, S. 202. Während der Rebellion 1173-1174 setzte er Söldner auch gegen seine eigenen Barone ein: Howden, 2, S. 47; Gesta, 1, S. 51 u. 56ff.; Torigni, S. 260. Ohne die Hilfe seiner Söldner, hätte sich auch Johann wohl nur schwerlich gegen die Barone durchsetzen können: Vgl. PAINTER 1949, S. 360ff. Zum Phänomen der Söldnerheere des 12. Jahrhunderts allgemein vgl. GRUNDMANN 1942. Zu der sich allmählich herausbildenden rechtlichen Vorstellung einer Beschränkung des Waffendienstes auf 40 Tage vgl. Magna Vita, 2, S. 99; STENTON 1961, S. 177f.; KEEFE 1983, S. 38.

39 Heinrich II. in den Jahren 1156, 1159, 1161, 1162, 1165, 1172 und 1187, Richard I. 1190, 1195 und 1196, Johann Ohneland 1199, 1201 bis 1206, 1209 bis 1211 und 1214.

40 Ausführliche Analysen der durch Heinrich II. erhobenen Schildgelder findet man bei KEEFE 1983. Vgl. auch SANDERS 1956.

41 Vgl. HOLT 1992, S. 318ff.; KEEFE 1983, S. 3 u. 89. Anders noch: MITTEIS 1933, S. 611f.; GANSHOF 1967, S. 95 u. 181.

42 GREEN 1981.

Weitaus größere Dimensionen als die ‚feudalen Steuern‘ und kleinen Gebühren besaßen zwei Arten von Zahlungen an den König: Geldstrafen (amercements) und *oblata* beziehungsweise *fines* (fines). Hohe Geldbußen wurden beispielsweise wegen Verstöße gegen königliche Forst- und Jagdrechte verhängt oder wegen der Unterlassung feudaler Pflichten. Unter *oblata* verstand man Geldangebote, die einzelne Personen den Königen unterbreiteten, um spezifische Rechte, Ämter oder Besitzungen zu erwerben. Gerade diese *oblata*, die zum Teil eine Höhe von mehreren tausend Pfund überschritten, machten viele Barone zu permanenten Schuldnern des Königs. Daneben darf man nicht vergessen, dass die Vermögen des Adels durch die ausgeprägten Verfügungsrechte des Königs über den Lehnsbesitz seiner Kronvasallen stark belastet wurden. Aus der Tatsache, dass die Barone auf vielfältige Weise finanziellen Forderungen des Königs ausgesetzt waren, ergeben sich folgende Beobachtungen und Fragen:

Die finanziellen Ansprüche der Könige an ihre Barone trugen offenbar wesentlich zu den grundsätzlichen Auseinandersetzungen zwischen Krone und Adel bei, die das 12. und 13. Jahrhundert prägten. Zwar waren die angevinischen Könige zur Durchsetzung ihrer Herrschaft nach wie vor wesentlich auf die Zusammenarbeit mit dem Adel angewiesen. Doch ermöglichte ihnen der Ausbau ihres Herrschaftsapparates einen zunehmend autokratischen Herrschaftsstil, der – in Verbindung mit ihrem steigenden Finanzbedarf – mehrere offene Adelsaufstände zur Folge hatte.[43] An der großen Rebellion der Söhne Heinrichs II. gegen ihren Vater in den Jahren 1173-1174 beteiligten sich bedeutende Teile des englischen Adels, darunter die Grafen von Leicester und Norfolk.[44] 1194 erhob sich Johann Ohneland gegen die von seinem Bruder Richard Löwenherz eingesetzte Regierung unter dem Kanzler Willhelm von Longchamp. Teile des englischen Adels unterstützten seinen Widerstand gegen den aus niederem Adel stammenden Franzosen.[45] 1215-1216 fand schließlich der große Aufstand breiter Teile des Adels gegen Johann Ohneland statt, in dessen Zusammenhang dem König die Magna Carta abgerungen wurde. Auch nach 1216 kam es immer wieder zu Spannungen zwischen Krone und Adel: Während ihrer Insurrektion in den Jahren 1258-1265 nahmen die Barone dem Sohn und Nachfolger Johanns, König Heinrich III., die Regierung sogar aus der Hand. Die der Magna Carta folgenden Phasen der Auseinandersetzung zwischen dem König und seinen Baronen müssen in der nachfolgenden Untersuchung allerdings ausgeblendet bleiben.[46] Die 1215 erlassene Magna Carta lässt bereits sehr detailreich die spezifischen Beschwerden erkennen, welche die Kronvasallen gegen die königliche Regierung vorbrach-

---

43 Die Problematik von Adelsaufständen gegen Könige von Gottes Gnaden wird in größerem Zusammenhang von KERN 1954 und STRICKLAND 1994 behandelt.

44 WARREN 1973, S. 117ff.; JONES 1973; GILLINGHAM 1978, S. 63ff.; BACHRACH 1984.

45 NORGATE 1887, 2, S. 273ff.; APPLEBY 1965, S.107ff.; GILLINGHAM 1978, S. 217ff.

46 Vgl. dazu allgemein POWICKE 1962; STACEY 1987; MADDICOTT 1995.

ten:[47] Danach spielte ihre finanzielle Belastung durch die stark ausgeprägten Verfügungsrechte des Königs über ihren Besitz eine wesentliche Rolle.

Vor dem Hintergrund dieser wiederholten Adelsaufstände gegen sämtliche angevinische Herrscher muss gefragt werden, ob der Konflikt zwischen König Johann und seinen Baronen nur durch die bei dem Versuch der Rückeroberung der Normandie entstandene akute Finanzkrise des Königtums verursacht wurde oder nicht vielmehr bereits strukturell in dem Herrschaftssystem angelegt war, das Heinrich II. wesentlich geprägt hatte. Aufgabe der vorliegenden Arbeit soll daher sein, die finanziellen Beziehungen zwischen Krone und Adel systematisch zu untersuchen und dabei die Regierungen Heinrichs II., Richards I. und Johanns zu vergleichen. Ein Schwerpunkt wird dabei auf die in der bisherigen Forschung vernachlässigte Verwaltung von Adelsbesitz in der Hand des Königs gelegt (Kapitel 3). Ein weiterer Schwerpunkt betrifft die Instrumentalisierung von Schulden des Adels an den König zu Zwecken der Disziplinierung und Patronage (Kapitel 4). Die Heiratspolitik der angevinischen Könige wird abschließend analysiert (Kapitel 5). Diese drei Themen sind nicht willkürlich herausgegriffen, sondern spiegeln wichtige Hauptforderungen der Barone an den König wider, wie sie in der Magna Carta von 1215 erscheinen. Geographisch muss sich die Untersuchung auf das Königreich England beschränken. In prosopographischer Hinsicht beziehe ich mich im wesentlichen auf diejenigen Adligen, deren Grundbesitz hauptsächlich dort lag. Die finanziellen Transaktionen der angevinischen Herrscher mit Adligen anderer Territorien ihres Reiches (Normandie, Anjou, Bretagne, Aquitanien usw.) bleiben also weitgehend unberücksichtigt. Eine quantitative Analyse wäre für diese Gebiete aufgrund der dort schlechteren Überlieferungslage nur schwer möglich.

Vor dem Hintergrund des anhaltend starken Interesses der Mediävistik an ‚pragmatischen' Dimensionen der mittelalterlichen Schriftlichkeit gerät der außerordentlich gut dokumentierte und für hochmittelalterliche Verhältnisse weit entwickelte Verwaltungsapparat der Könige Englands in den Blick. Michael T. Clanchys grundlegende Studie aus dem Jahre 1979, in der er zeigte, dass in England die königliche Verwaltung Schrittmacher für eine Ausweitung des Schrifteinsatzes in weiten Kreisen der Gesellschaft war, dürfte dieses Interesse wesentlich mit angeregt haben.[48] Wie erwähnt, legte der englische Rechnungshof bereits im zweiten Jahrzehnt des 12. Jahrhunderts serielle Aufzeichnungen an. Kurz vor 1200 wurden dann zusätzlich mehrere Reihen von Kanzleiregistern (ebenfalls auf Pergamentrollen) begonnen. In dieser Zeit beginnen auch die Register des königlichen Gerichtshofes (plea rolls). All diese Registerserien wurden bis in das 19. Jahrhundert fortgeführt und füllen heute mehrere meterlange Regale im Public Record Office in London. Sie lassen erkennen, dass buchstäblich Tausende von

47 Grundlegend: HOLT 1992. Nach Abschluss des Manuskriptes erschienen ist FRYDE 2001.
48 CLANCHY ²1993.

königlichen *brevia* den englischen Herrschern zum Austausch von Information und zur Erteilung von Befehlen und Privilegien dienten. Die Ergebnisse von Gerichtssitzungen königlicher Reiserichter und die Resultate spezieller Untersuchungskommissionen wurden penibel festgehalten und in Lehnverzeichnissen und vergleichbaren Schriftstücken sorgfältig aufbereitet. All diese Schriftstücke sind nicht nur wichtige Quellen für die Analyse der finanziellen Beziehungen zwischen Krone und Adel. Sie selbst beziehungsweise die Tatsache ihres zunehmenden Einsatzes zu Zwecken der zentralen Verwaltung hatten auch Auswirkungen auf den Charakter der Königsherrschaft – jedenfalls vermuten das viele Historiker. Es soll hier also auch versucht werden, genauer zu klären, welche Wirkungen das im einzelnen waren und ob diese in der bisherigen Forschung richtig beziehungsweise sinnvoll interpretiert wurden. Ziel ist dabei (in Kapitel 2) die Entwicklung einer These zur Logik dieser zunächst so modern anmutenden schriftlichen Verwaltungsmethoden, die als Leitfaden durch die anderen Themenkomplexe der Untersuchung dienen kann.

1.2 Forschungsstand

Die Untersuchung der finanziellen Beziehungen zwischen Königtum und Adel in den Jahren vor 1216 ist ein geradezu klassisches Betätigungsfeld der englischen Mediävistik. Dies erklärt sich zum einen aus der bedeutenden Stellung, welche die 1215 von Johann Ohneland ausgestellte Magna Carta in der Verfassung Englands erhalten sollte. Zum anderen ermöglicht die einmalige Überlieferungssituation eine viel detailliertere Untersuchung dieser Frage als es für andere hochmittelalterliche Königreiche möglich ist.[49] Für die Regierung Johanns haben u.a. Sidney Painter und James Clarke Holt wichtige Studien vorgelegt.[50] Holt charakterisierte den Aufstand von 1215-1216 einprägsam als eine „Rebellion der Schuldner des Königs“ und setzte ihn in einen kausalen Zusammenhang mit dem Verlust der Normandie im Jahr 1204, der den gesteigerten Finanzbedarf des Königs verursacht habe.[51] Doch angesichts der Tatsache, dass die Pipe Rolls Heinrichs II. weitgehend bereits vor dem Beginn des 1. Weltkrieges und diejenigen Richards I. bis 1932 gedruckt vorlagen, überrascht die vergleichsweise geringe Zahl an Arbeiten, welche das Thema für die zweite Hälfte des 12. Jahrhunderts behandeln. Unter diesen sind die Einführungen zu den Pipe Rolls durch John Horace Round und Doris Mary Stenton hervorzuheben; hinzu kommt ein kleines Buch von Austin Lane Poole.[52] In den letzten Jahren legten Judith Green

49 Die Serie der Pipe Rolls ist ab 1155 fast kontinuierlich erhalten und die Kanzleiregister setzen 1199 ein. Zur Überlieferungslage vgl. JENKINSON 1917; Guide.

50 PAINTER 1949; HOLT 1961.

51 HOLT 1961, S. 34: „It was a rebellion of the King's debtors.“ Vgl. auch HOLT 1984C.

52 POOLE 1946.

und Emilie Amt gründliche quantitative Analysen der frühesten überlieferten Pipe Rolls bis 1159 vor: Sie errechneten u.a. Tabellen mit den Gesamtsummen der dort verzeichneten königlichen Einkünfte und versuchten, die jeweiligen Anteile der verschiedenen Herkunftsquellen dieser Gelder (zum Beispiel county farms, borough farms, murder fines, reliefs, scutages, forests, agreements usw.) genau zu ermitteln.[53] Kürzlich veröffentlichte Nick Barratt entsprechende Tabellen für die Regierung Johanns; er bereitet zur Zeit weitere Arbeiten vor, welche schließlich die wenig zuverlässigen Zahlen aus James H. Ramsays zweibändiger Monographie über die Einkünfte der Könige Englands von 1925 ersetzen sollen.[54] Diese zuletzt genannten Arbeiten stellen allerdings die Frage der königlich-adligen Beziehungen nicht in den Vordergrund beziehungsweise beschäftigen sich nicht, oder nicht primär, mit den ‚fiskalischen Bindungen' zwischen dem Herrscher und individuellen Adligen oder Adelsgruppen. Genau dies – und ebenfalls anhand statistisch-quantifizierender Methoden – versuchte der amerikanische Historiker Thomas K. Keefe in mehreren in den frühen 80er Jahren veröffentlichten Arbeiten.[55] Keefe analysierte die Pipe Rolls Heinrichs II. systematisch: Er berechnete Indizes, welche über die finanzielle Belastung einzelner Barone durch die Krone Aufschluss geben sollten. Dabei bezog er explizit Stellung gegen ältere Forschungsmeinungen, insbesondere gegen John Edward Austin Jolliffes Interpretation des angevinischen Königtums.[56] Für Round, Painter, Poole, Jolliffe und letztlich auch für Holt lagen die tieferen Ursachen der wiederholten Herrschaftskrisen des angevinischen Reiches in dem Herrschaftssystem begründet, welches ihrer Meinung nach wesentlich durch Heinrich II. gestaltet worden war.[57] Die in der Magna Carta formulierten ‚Missstände' im Verhältnis zwischen Königtum und Adel seien also prinzipiell bereits zu dieser Zeit vorhanden gewesen. Natürlich habe der Verlust der Normandie und der damit verbundene gesteigerte Finanzbedarf Johanns der Krise zum Ausbruch verholfen, grundsätzlich sei Johann aber über die Praktiken seines Vaters nicht hinausgegangen. Am schärfsten formulierte das Jolliffe, der das angevinische Königtum als „protoabsolutistisch" bezeichnete. Der König habe seine Regierung wesentlich auf enge Vertraute, zum Teil soziale Aufsteiger – „neue Männer" –, gestützt, damit den traditionellen Rat der Großen und den Anspruch des grundbesitzenden, etablier-

53 GREEN 1986; AMT 1993.

54 Freundliche Auskunft von Dr. Nick Barratt (Public Record Office, London). Vgl. BARRATT 1996; RAMSAY 1925.

55 KEEFE 1983; KEEFE 1981. Zu den neueren Arbeiten Keefes vgl. unten Anm. 63.

56 JOLLIFFE 1963.

57 Vgl. John Horace Rounds Bemerkungen in: Pipe Roll 28 Hen. II, S. xxi-xxii und Pipe Roll 31 Hen. II, S. xxx; POOLE 1946, S. 103; PAINTER 1949, S. 223; JOLLIFFE 1963, S. 331; HOLT 1992, S. 24 u. 40. Ich gehe hier nicht weiter auf die Frage ein, wie weit die Grundlagen dieses Systems in die Zeit vor der Eroberung 1066 zurückreichen, vgl. dazu insbesondere die Arbeiten von James Campbell.

ten Hochadels auf Mitherrschaft umgangen. Ausdrücklich bezog Jolliffe seine Ausführungen auf alle angevinischen Herrscher.[58] Keefe kam nach seiner Analyse der Pipe Rolls Heinrichs II. zu entgegengesetzten Ergebnissen: Dieser habe, wie seine Vorgänger, versucht, die Grafen an sich zu binden; es sei falsch zu behaupten, seine Finanzpolitik sei darauf gerichtet gewesen, den Baronen große Geldsummen abzunötigen.[59]

Ein Schwachpunkt von Keefes Monographie liegt in ihrer schwerpunktmäßigen Begrenzung auf eine detaillierte Analyse der zwischen 1156 und 1214 erhobenen Schildgelder. Diese stellten für die Barone, wie er selbst erkennt, keine besonders schwere Belastung dar. Nur am Rande beschäftigte sich Keefe mit den Vormundschafts- und Verheiratungsrechten der Könige, die an prominenter Stelle der Magna Carta (Artikel 2 bis 8) thematisiert wurden und, wie erwähnt, von ursächlicher Bedeutung für die Spannungen zwischen Krone und Adel waren. Die Einkünfte, welche die angevinischen Herrscher aus ihren ausgeprägten Rechten zogen, in bestimmten Fällen über den Besitz des Adels verfügen zu dürfen, gingen in Keefes Berechnungen nicht ein. Und dies obwohl, um nur ein Beispiel herauszugreifen, gerade die für den König verwalteten Besitzungen der Grafen Heinrich II. viel mehr Geld einbrachten als sämtliche Schulden derselben Grafen zusammengerechnet.[60] Darüber hinaus behandelte Keefe die Regierungen Richards I. und Johanns nur am Rande. Es ist deshalb sinnvoll, die Pipe Rolls nochmals mit quantitativen Methoden auf die Frage der finanziellen Belastung der Barone durch König Heinrich II. und seinen Söhne zu untersuchen. Dabei muss besonderer Wert auf den von Keefe nicht berücksichtigten Aspekt der Verfügung des Königs über den Besitz seiner Barone gelegt werden. Außerdem gilt es – worauf englische Historiker wie John Gillingham und andere immer wieder hingewiesen haben –, die Finanzpolitik dieser Könige als einen integralen Bestandteil ihrer Patronagepolitik zu verstehen.[61] Es lässt sich beobachten, dass auch jüngere Arbeiten zur Finanzpolitik der angevinischen Herrscher, darunter auch solche Thomas K. Keefes, diesen Aspekt der Patronage wieder stärker in das Blickfeld rücken.[62]

---

58 JOLLIFFE 1963, S. 331: „John's concessions are an answer to the whole revolt against the disseizins, the wrongs done under the *ira*, the misuse of distraint and Exchequer process, a general indictment of the past of the dynasty."

59 KEEFE 1981, S. 213: „Far from being anti-baronial, or simply disinterested in the feudal baronage, Henry consciously sought to bind the earls to the monarchy by ties of policy, kinship, and friendship as had his predecessors. It is wrong to suggest, then, that Henry II's fiscal policies were aimed at extorting large sums of money from a baronage increasingly overshadowed by a professional administrative class, nor does the pipe roll evidence support such a conclusion." Vgl. KEEFE 1983, S. 140.

60 Vgl. unten Kapitel 3, bei Anm. 167ff.

61 Vgl. etwa GILLINGHAM 1988a, bes. S. 165.

62 Keefe 1989; KEEFE 1990; KEEFE 1993; CHURCH 1995.

Wie noch Karl-Friedrich Krieger jüngst in der zweiten Auflage seiner Geschichte Englands betonte, hat sich die deutsche beziehungsweise deutschsprachige Mediävistik, verglichen mit ihrem großen Interesse für das fränkische Reich und seine Nachfolgestaaten, nur am Rande mit der englischen Geschichte befasst.[63] Bezogen auf das 12. und 13. Jahrhundert galt das Interesse mehrerer Arbeiten den Beziehungen deutscher Fürsten zu den Königen Englands.[64] Zwar promovierte Felix Liebermann, der spätere Herausgeber der ‚Gesetze der Angelsachsen', bereits 1875 über den ‚Dialogus de Scaccario', und auch Heinrich Brunner, Heinrich Rudolf Gneist und Walter Parow veröffentlichten sehr früh Beiträge zur englischen Verfassungs-, Rechts- und Finanzgeschichte des 12. Jahrhunderts.[65] Doch gab es unter ihren Nachfolgern nur wenige, die sich speziell mit der Finanzpolitik der Plantagenets und den Pipe Rolls des englischen Rechnungshofes auseinander setzten. So kann man die Dissertation Renate Hühns aus dem Jahre 1968 nennen und muss auch Marianne Siegrists kommentierte und übersetzte Ausgabe des ‚Dialogus de Scaccario' hervorheben.[66] Besonders erstaunt dieses Desinteresse angesichts der verfassungsgeschichtlichen Ausrichtung der älteren Forschung und der Existenz solch anregender vergleichender Arbeien wie diejenigen von Heinrich Mitteis und Walther Kienast.[67] Die vorliegende Arbeit will dazu beitragen, diese Lücke auszufüllen.

Zusammengefasst: Zur Erforschung der königlich-baronialen Beziehungen wurden die Pipe Rolls in der älteren Forschung überwiegend als Fundgrube für prägnante Einzelfälle genutzt; typisch dafür sind die entsprechenden Äußerungen John Horace Rounds oder John Edward Austin Jolliffes. Eine systematische Untersuchung, die solche Einzelfälle in Relation zum Gesamtbild setzen könnte, ist weitgehend Desiderat der Forschung. Eine Ausnahme bilden hier die Arbeiten Thomas K. Keefes, die aber wichtige Aspekte nur unzureichend behandeln und methodische Schwierigkeiten aufweisen.

---

63 KRIEGER 1996, S. 12.

64 TRAUTZ 1961; AHLERS 1987.

65 LIEBERMANN 1875; GNEIST 1882; BRUNNER 1872; PAROW 1906.

66 HÜHN 1968; Dialogus. Vgl. daneben FRYDE 2001.

67 MITTEIS 1933; MITTEIS 1959; KIENAST 1952.

1.3 Nur die nackten Zahlen? Quellengrundlage und methodische Probleme der Untersuchung

Die wichtigste Quellengrundlage dieser Untersuchung sind die rund 60 erhaltenen und edierten Pipe Rolls der Jahre 1155-1214. Ergänzt werden sie vor allem durch die Fine Rolls der Jahre bis 1216. Darin notierten königliche Schreiber am reisenden Hof vereinbarte finanzielle Abmachungen zwischen einzelnen Bittstellern und dem König. Hinzu kommen wichtige Hinweise aus den Kanzleiregistern, insbesondere aus den Close Rolls. Die Arbeitsweise des Exchequers und der Aufbau und Inhalt der Pipe Rolls und anderer administrativer Dokumente werden im nächsten Kapitel genauer beschrieben (Abschnitt 2.2). Hier möchte ich kurz vorab auf die methodischen Probleme eingehen, die sich bei der gestellten Aufgabe ergeben.

Eine Beschränkung auf die Heranziehung vereinzelter prägnanter Einträge aus Dokumenten der königlichen Verwaltung liefe in Gefahr, das Gesamtbild zu verzerren, das man sich von den finanziellen Beziehungen zwischen Königtum und Adel beziehungsweise der Belastung einzelner Barone macht. Die ältere Forschung bezog sich, wie gezeigt, in ihren Urteilen sehr stark auf einzelnen Fälle. Daher empfahl es sich, ein möglichst breites Feld von Baronen auszuwählen, um anschließend zu prüfen, wie sich bei diesen insgesamt die finanziellen Beziehungen zum Königtum gestalteten. Wenn bei der Auswertung der Pipe Rolls zum Beispiel hohe Summen ins Auge fallen, die ein bestimmter Baron dem König schuldete, ist es wichtig, beurteilen können, ob so etwas häufig vorkam oder eine Ausnahme blieb.

Darüber hinaus war es erforderlich, den seriellen Charakter der Dokumentation zu beachten: Sobald ein bestimmter Schuldbetrag eines Barons erstmals in die Pipe Roll eines Rechnungsjahres aufgenommen wurde, übertrugen ihn die Schreiber des Exchequers so lange in die Rollen der darauf folgenden Jahre, bis diese Schuld vollständig beglichen war oder der geforderte Betrag vom König erlassen wurde. Das sagt aber noch nichts darüber aus, wie aktiv diese Forderungen von der königlichen Administration eingetrieben wurden: Es kam auch vor, dass Schulden Jahrzehnte lang gar nicht bezahlt wurden. In Kapitel 4 habe ich versucht, diese Art von Befunden genauer zu beurteilen.

Zur Erarbeitung einer geeigneten Grundlage für die Durchführung quantitativer Analysen bin ich folgendermaßen vorgegangen: Zunächst wurde ein breites Feld von Personen (Baronen) beziehungsweise Kronlehen festgelegt, auf dem die Auswertung beruht und vor dessen Hintergrund einzelne Fälle erst ihr eigentliches Gewicht erhalten. Jedem Baron des Feldes wurden dann diejenigen Einträge aus den Pipe Rolls zugeordnet, die sich auf ihn beziehen. Dies wurde durch die schiere Masse der Informationen und durch Schwierigkeiten, die sich bei der eindeutigen Zuordnung von Namen zu Personen ergaben, erschwert.[68] Zur Abgrenzung des Personenfeldes erwies es sich als sinnvoll, auf die Studie von Ivor J. Sanders „English Baronies. A Study of their Origin and Descent. 1086-1327“ von 1960 zurückzugreifen. Die ausgewerteten Kronlehen sind im Anhang A tabellarisch dargestellt und, wie bei Sanders, alphabetisch nach den Namen der *capita honorum* geordnet. Jeder einzelnen Baronie ist dort eine Nummer (zum Beispiel N° 52 für das Kronlehen Framlingham) zugewiesen, so dass im Verlauf der Untersuchung schnell auf eine Gruppe von Kronlehen verwiesen werden kann. Die Tabelle gibt auch die Anzahl der Ritterlehen eines jeden *honor* an, soweit sie bekannt sind, um eine ungefähre Vorstellung von der Größe des jeweiligen Kronlehens zu vermitteln. Diese Größenangaben beruhen weitgehend auf den Erkenntnissen Thomas K. Keefes, die wiederum auf den *cartae baronum* von 1166 fußen.[69] Die Schreibweise der Personennamen folgt in der Regel derjenigen von Sanders, nur bei den Herrschern habe ich die im Deutschen übliche Namensform gewählt. Sanders bezog sich bei seiner Definition einer *baronia* auf die in der Magna Carta vorgenommene Festlegung der Erbgebühr (*relevium*) eines Barons auf 100 Pfund. Bei einem guten Drittel seiner Kronlehen („probable baronies“) konnte er die Zahlung einer solchen Erbgebühr jedoch nicht nachweisen.[70] Die anderen Angaben der Tabelle basieren auf den Informationen der Pipe Rolls. Aus Platzgründen wurde bei der Tabelle auf die Angabe sämtlicher Belege verzichtet. Dafür finden sich in den Anmerkungen zum Text stets möglichst exakte Angaben. Es wird dort auch recht ausführlich aus den Pipe Rolls und den anderen Registern zitiert, da die entsprechenden Editionen in Deutschland nur sehr schwer zugänglich sind.

Von den 204 von Sanders zusammengestellten Baronien wurden 9 nicht mit in das Feld dieser Untersuchung aufgenommen, weil sie zwischen 1154 und 1216 durchweg zum Besitz anderer Barone gehörten.[71] Aus verschiedenen Gründen wurden 4 *honores* gleichfalls ausgeklammert.[72] Insgesamt beinhaltet das Untersuchungsfeld dieser Arbeit also 191 Kronlehen. Damit stellt es ein durchaus

68 Insbesondere bei Patronymika wie ‚Hamo Sohn des Meinfelin‘.

69 KEEFE 1983, Appendix II, S. 154ff.

70 HOLT 1992, S. 450; SANDERS 1960, S. vff. Zu den Erbgebühren vgl. unten Abschnitt 3.2.6.

71 Die Braose Baronies in Wales (Radnor, Brecon, Abergavenny, Builth) gehörten zu Bramber, Burstwick beziehungsweise Holderness zu Skipton, Field Dalling gehörte zeitweise zu Clare und zeitweise zu Arundel, Old Buckenham zu Arundel, Barony of Port zu Basing, Christchurch zu Plympton, Keevil zu Oswestry und Warter zu Bolingbroke beziehungsweise später zu Hunsingore.

72 Flockthorpe in Hardingham und Writtle waren erst lange nach 1216 selbständige Kronlehen. Die Barony of Miles of Gloucester und Beanley, das Kronlehen des sogenannten Earl of Dunbar habe ich wegen der komplizierten Überlieferung ebenfalls ausgeklammert.

repräsentatives Bild des englischen Hochadels dieser Zeit dar.[73] Auf diese Basis beziehen sich in der Regel die im Verlauf der Untersuchung gemachten prozentualen Angaben. Ein Vergleich dieser Liste mit den *cartae baronum* ergibt, dass, abgesehen von der Vernachlässigung der geistlichen Lehen,[74] 86 Barone, die aus den *cartae* bekannt sind, nicht im Feld enthalten sind. Letztere besaßen allerdings fast durchweg nur sehr kleine Lehen in der Größenordnung von ein bis drei Ritterlehen.[75]

Zu den Versuchen John Horace Rounds, Thomas K. Keefes und anderer, sich dem englischen Adel auf empirisch-statistischem Wege zu nähern, bemerkte David Crouch 1992 ironisch: „Indeed, calculating numbers of all sorts of things in the Middle Ages has long been an English obsession."[76] Die Konzentration einiger englischer und amerikanischer Mediävisten auf das nackte Zahlenmaterial beruht auf den gegebenen guten Überlieferungsverhältnissen. Auch ohne einer Obsession zu verfallen sollte jedoch die Chance nicht ungenutzt bleiben, durch eine quantitative Analyse der Pipe Rolls zu neuen oder zumindest exakteren Erkenntnissen zu gelangen. Dabei dürfen die Grenzen einer rein quantitativen Herangehensweise jedoch nicht übersehen werden: Beispielsweise ist es kaum

---

73 PAINTER 1943, S. 170: „I estimate that there were about 160 barons in England during this period [1160-1220]." Vgl. WARREN 1987, S. 55.

74 Zum kirchlichen Besitz vgl. HOWELL 1962; CHEW 1932.

75 Namentlich handelt es sich um die folgenden Personen (vgl. Red Book, 1, S. 186ff.): Robertus Peverel, Willelmus filius Aldelin, Robertus de Ponte Arche, Galfridus Martel, Willelmus Belet, Bernardus Pullus, Willelmus filius Johannis, Ricardus filius Willelmi, Drogo Juvenis de Monte Acuto, Willelmus filius Willelmi, Robertus filius Radulfi, Nicholaus filius Hardingi, Alexander de Alno, Henricus de Cultura, Ricardus di Estre, Willelmus filius Galfridi, Willelmus de Erleiga, Hug de Curcel, Ricardus de Greinstede, Godefridus de Scudemor, Galfridus Hosati, Petrus de Mara, Willelmus de Londonia, Warnerus de Lusoriis, Herbertus filius Herberti, Hunfredus de Sancto Wigore, Girardus Giffard, Robertus filius Galfridi, Willelmus filius Reginaldi, Radulfus Sanz Aver, Robertus de Brintona, Bertramus de Verdone, Wido Extraneus, Johannes Extraneus, Engelardus de Strattone, Philippus filius Hologodi, Robertus de Britone, Hugo filius Willelmi Forestarii, Robertus de Scrupa, Wiganus Marscallus, Ricardus de Canville, Philippus de Hamtona, Oliverus de Lingoure, Herbertus filius Herberti, Hugo de Bocland, Willelmus Achard, Willelmus de Cifrewast, Willelmus de Serintone, Hugo de Chahaines, Ricardus filius Nigellus, Gilbertus de Bolebec, Fulco de Lisuris, Ricardus filius Roberti, Robertus filius Albrici Camerarii, Robertus de Chauz, Radulfus filius Willelmi, Galfridus de Valoniis, Ricardus de Lucy, Eudo Dapifer, Albanus de Hayrun, Mathaeus de Gerardi Villa, Willelmus filius Roberti, Albricus Picot, Willelmus de Say, Willelmus Martel, Willelmus de Colcherche, Walter de Bec, Odo de Danmartino, Manasser de Danmartin, Albricus de Danmartin, Stephanus filius Herberti Camerarii, Bertramus de Bulimer, Ranulfus filius Walter, Ernulfus de Morwic, Willelmus filius Alvrici, Rogerus filius Ricardi, Godefridus Baard, Robertus Carus, Gilbertus filius Rinfredus.

76 CROUCH 1992, S. 145.

möglich, das durchschnittliche Einkommen von Baronen exakt zu bestimmen.[77] Der statistische Aussagewert der überlieferten Quellen muss nämlich, wie bei so vielen mittelalterlichen Zeugnissen, von vornherein relativiert werden. Denn trotz der guten Überlieferungslage sind nicht sämtliche relevanten Aufzeichnungen erhalten. Je nach Ansicht über die Unabhängigkeit der königlichen Kammer (*camera regis*) vom Exchequer und über das Ausmaß ihrer Tätigkeit muss man die gewonnenen Erkenntnisse relativieren.[78] Kurz: Die Pipe Rolls sind nicht mit einem modernen Staatshaushalt zu vergleichen. Wo es möglich war, habe ich daher versucht, die durch das beschriebene Vorgehen erarbeiteten ‚quantitativen' Hinweise durch Belege erzählender Quellen ‚qualitativ' zu ergänzen oder zu interpretieren.

77 Vgl. den Versuch bei PAINTER 1943, S. 170.
78 Vgl. dazu Kapitel 2.

Kapitel 2: Rationale Verwaltung traditioneller Herrschaft

Ziel dieses Kapitels ist es, eine These zur Logik der mittelalterlichen Finanzverwaltung zu entwickeln, die einen Leitfaden durch die in den Kapiteln 3 bis 5 vorgenommene Untersuchung der finanziellen Beziehungen zwischen Krone und Adel bieten soll. Ausgangspunkt sind die traditionellen Sichtweisen des Exchequers und der Pipe Rolls, die stark von Staatlichkeitsvorstellungen des 19. Jahrhunderts beeinflusst sind. Danach wird auf die Geschichte des hochmittelalterlichen Herrschaftsapparates eingegangen, wobei die grundlegenden Begriffe und Tatsachen vorgestellt werden, die zum Verständnis des Folgenden nötig sind. In einem dritten Schritt werden die Probleme thematisiert, die sich ergeben, wenn man den Exchequer mehr oder weniger wie eine moderne Finanzbehörde interpretiert. Abschließend wird ein Vorschlag gemacht, wie die sich deshalb ergebenden Widersprüche miteinander versöhnt werden können.

2.1 Der Exchequer aus der Sicht herkömmlicher Verfassungsgeschichtsschreibung

In herkömmlichen Verfassungsgeschichten des Mittelalters gelten die westeuropäischen Königreiche gewöhnlich als diejenigen, die als erste zentrale Institutionen und Verwaltungen ausbildeten, den hochmittelalterlichen Herrschaftsausbau vorantrieben und damit einen entscheidenden Schritt in Richtung der Entwicklung der europäischen Staatlichkeit taten.[1] Für deutsche Rechtshistoriker wie Heinrich Mitteis stellte sich das englische Beispiel immer als eine Art Ideal zentralstaatlicher Entwicklung dar, vor dessen Hintergrund die territoriale Zersplitterung der deutschen Länder als Scheitern erscheinen musste.[2] Der amerika-

---

1 Für England maßgeblich war die dreibändige Verfassungsgeschichte von William Stubbs. Er schrieb der Zeit der normannischen Könige die Grundlegung einer neuartigen Verwaltung zu, STUBBS 1897, S. 365: „The Norman period, as we may call it, is the epoch of the growth of a new administrative system, having the source of its strength in the royal power.“ Den bislang umfangreichsten Versuch, die Geschichte der mittelalterlichen Verwaltung des Königreiches zu schreiben, unternahm Tout 1920. Eine neuere Zusammenfassung dieser Standardwerke bietet CHRIMES 1952; vgl. auch WARREN 1987; HOLLISTER –BALDWIN 1978. Zu den älteren Historikern, die sich bereits vor dem 19. Jahrhundert mit dem Exchequer befassten, vgl. STENTON 1952.

2 MITTEIS 1933; Bezeichnend etwa: MITTEIS 1959, S. 335: „In Deutschland und Italien ist mehr die z e n t r i f u g a l e, in Frankreich und England mehr die z e n t r i p e t a l e Tendenz [der Gestaltung des Lehnrechts] wirksam geworden.“ Zur Tradition der deutschen Verfassungsgeschichtsschreibung vgl. Hanna Vollrath in ihrer Einleitung zu STRAYER 1975, S. IXff. Zu den älteren Forschungen zur mittelalterlichen ‚Staatlichkeit‘ allgemein vgl. BÖCKENFÖRDE 1961; KELLER 1989; ALTHOFF 1990, S. 5ff.; ALTHOFF

nische Historiker Joseph R. Strayer vertrat Anfang der siebziger Jahre im Grunde noch einen ähnlichen Standpunkt:[3]

> Den Deutschen gelang es nicht, große dauerhafte Staaten aufzubauen … Es waren also England und Frankreich, die die einflußreichsten Staatsmodelle in Europa entwickelten; es waren ihre politischen Vorstellungen und Institutionen, die mehr als die irgendeines anderen europäischen Landes nachgeahmt wurden.

Die sich in England herausbildenden Institutionen, die sich in vorher unbekannntem Ausmaße schriftlicher Verwaltungsverfahren bedienten, fügten sich gut in das von Max Weber in seiner Herrschaftssoziologie entwickelte, einflussreiche Modell einer Abfolge von Herrschaftstypen ein, die in dem Idealtyp der durch Rationalität gekennzeichneten legalen oder bürokratischen Herrschaft gipfelt, einer „Herrschaft kraft Wissen".[4] Nach Weber lag in der Entstehung der bürokratischen Verwaltung die Keimzelle des okzidentalen Staates.[5] Bereits er selbst ordnete den englischen Exchequer in diese Entwicklung ein:[6]

> Das normannische Staatswesen hat hier straffe Organisation auf dem Boden der Lehenshierarchie durchgeführt. Seine Einheitlichkeit und Stoßkraft hat es allerdings in hohem Grade durch die im Vergleich zu anderen politischen Gebilden des Feudalzeitalters relativ außerordentlich straffe Bürokratisierung des königlichen Rechnungswesens (Exchequer) empfangen.

Für viele Historiker, die sich mit Phänomenen wie Herrschaft, Institutionalisierungsprozessen, Schriftlichkeit und Verwaltung usw. beschäftigen, sind Webers Theorien noch heute sehr attraktiv. Wieder auf England bezogen lässt auch Michael Clanchy in seiner bahnbrechenden Arbeit zum mittelalterlichen Schriftgebrauch die Bürokratie im Weberschen Sinne mit den Pipe Rolls beginnen.[7]

1992. Zur heutigen Beurteilung von Heinrich Mitteis' Forschungen vgl. DIESTELKAMP 1991; HYAMS 1991b.

3 STRAYER 1975, S. 32f.

4 WEBER 1980, S. 122-176 (Die Typen der Herrschaft) u. S. 541-868 (Soziologie der Herrschaft).

5 Ebd., S. 128: „Die Entwicklung ‚moderner' Verbandsformen auf allen Gebieten (Staat, Kirche, Heer, Partei, Wirtschaftsbetrieb, Interessenverband, Verein, Stiftung und was immer es sei) ist schlechthin identisch mit Entwicklung und stetiger Zunahme der bureaukratischen Verwaltung: ihre Entstehung ist zum Beispiel die Keimzelle des modernen okzidentalen Staats."

6 Ebd., S. 560.

7 CLANCHY 1993, S. 35 u. 66f. Reynolds 1994, S. 333 bezeichnet die angelsächsische Regierung als „at least a borderline or nascent example of what Max Weber called

Vielen quantitativen Untersuchungen der Pipe Rolls liegen – oft unausgesprochen – ähnliche Vorstellungen zugrunde. Ohne die Verdienste dieser bewährten Interpretationsmuster schmälern zu wollen, ist zu fragen, ob sie nicht mitunter bestimmte Dinge verstellen oder zu stark ausblenden. Damit die folgenden Argumente nachvollzogen werden können, muss zuvor die Geschichte der hochmittelalterlichen Verwaltung Englands kurz dargestellt werden.

2.2 Die Anfänge der hochmittelalterlichen Finanzverwaltung und ihre Entwicklung bis zum Beginn des 13. Jahrhunderts

In der älteren Forschung gab es eine rege Diskussion über die Frage, ob die im 12. und 13. Jahrhundert zu findenden Institutionen – das Gerichtswesen, das Urkundenwesen oder der Rechnungshof – angelsächsischen oder normannischen Ursprungs waren. Dabei neigten die meist nur am Rande beteiligten deutschen Historiker wie Heinrich Mitteis oder Heinrich Brunner häufig dazu, den Normannen eine besondere schöpferische Kraft bei der Gründung von Staatsgebilden zuzuschreiben, was vielleicht mit dem ausgeprägten Interesse der deutschen Forschung an dem sizilischen ‚Staat' Friedrichs II. zusammenhängt.[8] Eine einseitige Ableitung des Exchequers und anderer Institutionen aus rein ‚normannischen' Ursprüngen wird aber dem Beitrag angelsächsischer Traditionen zu ihrer Entstehung nicht gerecht.

2.2.1 Voraussetzungen

Auch wenn man – im Gegensatz zu James Campbell und anderen Historikern – den Grad der ‚Staatlichkeit' des angelsächsischen Königreiches als äußerst niedrig veranschlagt,[9] wird man nicht umhin können zuzugeben, dass die Verwaltung des hochmittelalterlichen England ohne die althergebrachte Einteilung des Königreiches in ‚shires' (Grafschaften) und Hundertschaften nicht denkbar wäre.[10] Der älteste Hinweis auf ‚shires' stammt bereits aus dem 7. Jahrhundert; im Zuge der Expansion des Königreiches Wessex wurde ganz England mit einem Netz von solchen Sprengeln überzogen, einige nördliche Grafschaften wurden erst nach 1066 geschaffen. Die Grafschaften ihrerseits waren spätestens seit dem 10. Jahrhundert in Hundertschaften (*hundreda*) beziehungsweise *wapentakia* (in den

---

bureaucratic government." Vgl. dagegen CLANCHY 1993, S. 32: „It seems unlikely that England was governed by a bureaucracy using documents in its routine procedures before 1066."

8 Vgl. zum Beispiel MITTEIS 1959, S. 4 .

9 Vgl. etwa CAMPBELL 1994 und oben Anm. 7

10 Zum folgenden vgl. JEWELL 1972, S. 42ff.

ehemals wikingisch besetzten Gebieten) eingeteilt,[11] gegen Ende des 13. Jahrhunderts waren es 628.[12] Bereits seit angelsächsischer Zeit traten in den Grafschaften und Hundertschaften Versammlungen zusammen, die finanzielle, militärische und rechtliche Funktionen besaßen. Von den Normannen wurden diese alten Gerichtsversammlungen nach 1066 nicht abgeschafft und bestanden neben dem Königsgericht und der ‚feudalen' Rechtsprechung der Lehnsherren über ihre Vasallen nach kontinentalem Muster fort. In einer Urkunde von circa 1109-11 befahl König Heinrich I., dass die Graf- und Hundertschaften wie zur Zeit vor der Eroberung zusammentreten sollten. Heinrich regelte die Zuständigkeit der verschiedenen Gerichtshöfe und betonte ausdrücklich, dass er die Versammlungen willkürlich, also außerhalb der regelmäßigen Termine, für seine Zwecke, genauer gesagt, wegen seiner ‚herrschaftlichen Lebensbedürfnisse' zusammentreten lassen könne.[13] Zu diesen Notwendigkeiten zählte der Herrscher die Möglichkeit, seine fiskalisch nutzbaren Rechte in den Versammlungen durch Beauftragte erforschen zu lassen. Der König nutzte die alten lokalen Gerichtsversammlungen also zur Intensivierung seiner zentralen Herrschaft. In den ‚shire-reeves' oder Sheriffs (*vicecomites*), welche den Grafschaften vorstanden, besaß er vergleichsweise gut zu kontrollierende Beauftragte, deren Ämter nicht erblich waren und die in ihren Amtsprengeln keine so starke territoriale Machtbasis besaßen, um der Zentralgewalt trotzen zu können.[14] Dieses, das gesamte Handeln der königlichen Verwaltung vorstrukturierende System der Grafschaften mit ihren Sheriffs und den Hundertschaften ermöglichte erst die allmähliche Ausbildung und Vereinheitlichung vieler für die königliche Administration Englands typische Verfahrensweisen, insbesondere das Verfahren der königlichen Inquisitionen; diese sehr alte Einteilung in Verwaltungssprengel sollte das ganze Mittelalter über fortbestehen und auch die Gliederung der Pipe Rolls bestimmen.[15]

Ebenso wie die Grafschaften und das Sheriffsamt geht auch der Schriftguttyp des gesiegelten königlichen breve („royal writ") auf angelsächsische Vorläufer zurück, was insbesondere Raoul Charles van Caenegem in seiner großangelegten Untersuchung von 1959 betont hat.[16] Diese Urkundenform war ein Grund-

---

11 Die Frage nach dem germanisch-skandinavischen oder römischen Ursprung der fränkischen und englischen Hundertschaften wird nach wie vor kontrovers diskutiert, vgl. u.a. LOYN 1974; MURRAY 1988; KROESCHELL 1991; HARDING 1991.

12 CAM 1930, S. 137.

13 Select Charters, S. 122: *Ego enim, quando voluero, faciam ea satis summonere propter mea dominica necessaria ad voluntatem meam.* Zu den Grafschaftsgerichten vgl. PALMER 1982.

14 MORRIS 1927; CARPENTER 1976.

15 CAMPBELL 1980, S. 118: „That the country was divided into shires, each under a royal official, the sheriff, gave a degree of general control and made uniformity in administrative action possible." Vgl. GÖLLMANN 1999, S. 119.

16 VAN CAENEGEM 1959.

pfeiler der Innovationen in der königlichen Verwaltung und Rechtsprechung des 12. Jahrhunderts. Sie verbesserte die Kommunikation zwischen Königshof und lokaler Ebene bei und leitete die Verfahren der königlichen Rechtsprechung ein. Vergleicht man allein die Zahl der 3500 - 4500 als Kopie oder Original erhaltenen Mandate und Diplome Heinrichs II. mit den nur knapp 1200 edierten Urkunden Friedrich Barbarossas, dann bekommt man schnell einen Eindruck davon, dass administrative Verfahren, die auf Schriftgebrauch basierten, in England viel wieter entwickelt waren, als im Reich.[17]

Trotz all dieser Übernahmen angelsächsischer Traditionen (shire und writ) bedeutete die Eroberung von 1066 fraglos einen großen Einschnitt. Die sich unter den normannischen Königen ausbildende hochmittelalterliche Verwaltung übernahm und transformierte Elemente der angelsächsischen Verfassung (zum Beispiel das Sheriffsamt) und vereinte sie mit ‚importierten‘ Merkmalen einer typisch kontinentalen Feudalherrschaft. In der Forschung wurde und wird um die Fragen von Kontinuität und Wandel vor und nach 1066 langanhaltend und intensiv gestritten;[18] beispielsweise ging es um die Frage, ob ‚das Lehnswesen‘ erst durch die Normannen nach England eingeführt worden sei oder nicht.[19] Für eine eingehende Diskussion dieser Fragen ist hier nicht der Ort, doch darf man wohl generell festhalten, dass Kontinuität und Wandel nicht als gegensätzliche Alternativen zu begreifen sind, sondern zusammengesehen werden müssen – etwa in der Art, wie es W. L. Warren 1984 in einem luziden Aufsatz tat, in dem er den eigentümlichen Prozess der Verschmelzung angelsächsischer und normannischer Traditionen beschrieb.[20]

Wilhelm der Eroberer hatte sein neues Königreich mit Gewalt gewonnen und, man kann fast sagen, eine Kolonialherrschaft errichtet.[21] Zwar suchte er sich als legitimer Nachfolger Eduard des Bekenners darzustellen, doch durchgesetzt wurde seine Herrschaft mit militärischer Gewalt. Ein Netz von Burgen überzog

---

17 LEYSER 1988, S. 156f.; LEYSER 1992, S. 521ff. Vgl. auch KELLER 1986, S. 369f. Ein Versuch, die Zahl der nicht registrierten und nicht mehr erhaltenen Urkunden Heinrichs aufgrund der in den Pipe Rolls gemachten Erwähnungen zu schätzen, wurde bislang nicht unternommen, aber diese Zahl muss ein Vielfaches betragen haben. Vgl. Van Caenegem 1959, S. 4. BISHOP 1961, S. 32 zählte fast dreihundert Erwähnungen von *brevia* allein in der letzten Pipe Roll Heinrichs I. CLANCHY 1993, S. 60 verglich den Dokumentenausstoß der Kanzleien der englischen und französischen Könige mit derjenigen des Papsttums.

18 Vgl. den Überblick über die Diskussion bei KRIEGER 1982, S. 15ff.

19 Einen guten Einstiegspunkt in die Diskussion bietet die klassische Studie von STENTON 1961. Vgl. James C. Holt und Warren C. Hollister: HOLT 1962; HOLLISTER – HOLT 1964; CROUCH 1995. Grundsätzliche Kritik an einer unreflektierten Verwendung des Konzeptes ‚Lehnswesen‘ übten BROWN 1974 und REYNOLDS 1994. Zum Verständnis des Begriffs der ‚Leihe‘ vgl. die nützlichen Überlegungen von EBEL 1960.

20 WARREN 1984.

21 Vgl. zum folgenden BROWN 1969, S. 141ff.; JÄSCHKE 1994.

das Land, eine kleine Schicht von Kolonialherren ersetzte die angelsächsische Elite. Bei den neuen Herren handelte es sich um die Gefolgsleute des Eroberers, die zur Belohnung für ihre militärische Unterstützung von ihrem Anführer reich mit Grundbesitz ausgestattet wurden. Das Domesday Book dokumentiert die Besitzumschichtungen im Gefolge der Eroberung.[22] Der relativ rasche Austausch der gesamten Aristokratie innerhalb kürzester Zeit hatte für die nächsten Generationen einen vergleichsweise einheitlichen Aufbau des nach kontinentalem Muster geschaffenen Lehnswesens zur Folge: Jeglicher Grundbesitz galt letztlich als Lehen des Königs, und folglich bildete sich in der Rechtstheorie des Common Law auch keine Scheidung zwischen Land- und Lehnrecht heraus, wie sie etwa der Sachsenspiegel aufweist. Die erste theoretische Schrift zum englischen Common Law, der traditionell dem Justiziar Glanvill zugeschriebene ‚Tractatus de legibus et consuetudinibus regni Anglie‘ wurde noch zur Zeit Heinrichs II., um 1187-1189 verfasst.[23] Eine weitere wichtige Grundtatsache der englischen Geschichte ist die territoriale Streuung des Adelsbesitzes: Beispielsweise lagen die englischen Güter des ersten Grafen von Derby, Henry de Ferrers, in mehr als vierzehn verschiedenen Grafschaften.[24] Diese Streuung erschwerte die Bildung geschlossener adeliger Herrschaftsgebiete und stärkte damit das Königtum als Zentralgewalt.

Seit 1106, nach dem Sieg Heinrichs I. über seinen Bruder Robert Kurzhose, waren die englischen Könige zugleich Herzöge der Normandie. Sie besaßen, wie die anglo-normannische Aristokratie insgesamt, Besitztümer und politische Interessen sowohl auf dem Kontinent als auch in England.[25] Während eines beträchtlichen Teils ihrer Regierungszeit hielten sich die englischen Herrscher auf dem Festland auf. Da im Königreich eine kontinuierliche Verwaltung aufrechterhalten werden musste, begünstigte ihre Abwesenheit die Ausbildung von Ämtern und Institutionen, die vom reisenden Königshof unabhängig arbeiten konnten. Das betrifft beispielsweise das Amt des Justiziars, der in zunehmenden Maße die Funktion eines Regenten ausübte, aber auch die Entstehung der zentralen Finanzabrechnung.[26]

---

22 HOLT 1987. Vgl. FLEMING 1991 gegen SAWYER 1985.

23 Der Traktat enthält auch eine Formelsammlung der königlichen *brevia*, welche zur Einleitung der neuen Common Law-Verfahren notwendig waren. Zur bis heute nicht geklärten Frage der Identität des Autors vgl. zuletzt TURNER 1994a, S. 71ff.

24 Vgl. STENTON 1961, S. 65. Beispiel: STENTON 1962, S. 65f.

25 Nach dem Tode des Eroberers 1087 hatte sein ältester Sohn die Normandie und Maine erhalten, Wilhelm Rufus wurde König von England, Heinrich (I.) ging dagegen zunächst leer aus, vgl. CHIBNALL 1986, S. 54ff. Besonders stark betonte LE PATOUREL 1976 die Einheit des anglo-normannischen Herrschaftsraumes und Adels; grundlegende Kritik an Le Patourels Ansatz übte BATES 1989. Zu den Folgen der Trennung beider Territorien zwischen 1087 und 1106 vgl. unten Kapitel 2 bei Anm. 27ff.

26 Zu den Justiziaren vgl. WEST 1966.

2.2.2 Der Exchequer und die Pipe Rolls

Der Rechnungshof der Könige Englands entstand wahrscheinlich um das Jahr 1110,[27] also etwa zu der Zeit, als die erneute Vereinigung der Herrschaft über die Normandie und über England durch Heinrich I. längere Perioden der Abwesenheit des Herrschers zur Folge hatte.[28] Bis zum Verlust der Normandie existierte auch dort ein zusätzlicher Rechnungshof, von dem heute meist angenommen wird, dass er nach dem Vorbild des englischen entstand.[29] Der Name des Rechnungshofes, Exchequer (*scaccarium*), leitet sich wahrscheinlich von dem Tisch ab, um den sich die Mitglieder des Rechnungshofes, die *clerici* und die *barones de scaccarii*, versammelten. Dieser Tisch war mit einem durch Linien in Spalten geteiltes Tuch bedeckt und erhielt dadurch Ähnlichkeit mit einem Schachbrett; im Prinzip war er ein großer Abakus, auf dem man auch ohne Kenntnis der Null beziehungsweise der indisch-arabischen Zahlen problemlos große Summen addieren und subtrahieren konnte. Zunächst diente der Exchequer vornehmlich der Verwaltung der Krongüter in den einzelnen Grafschaften Englands.[30] Die Sheriffs jeder Grafschaft mussten zweimal jährlich zum Rechnungshof kommen, der zunächst in Winchester und später gewöhnlich in Westminster zusammentrat, und eine feste Pachtsumme (*firma comitatus*) für die von ihnen verwalteten Länder des Königs abliefern; gleichzeitig legten sie Rechenschaft über die von ihnen getätigten Ausgaben für den König ab, die von der Pachtsumme abgezogen wurden.[31] Darüber hinaus waren die Sheriffs auch für die Eintreibung von Schulden (*debita*) einzelner Personen – eben auch der Barone – an den König verant-

---

27 Die ältesten Hinweise auf den Exchequer: Regesta, 2, S. 96, Nr. 963 u. S. 116, Nr. 1053. CLANCHY 1993, S. 137f., will eine Fälschung des zweiten Dokumentes nicht ausschließen. Vgl. daneben die Hervorhebung der älteren, bereits aus der angelsächsischen Periode stammenden Elemente des Systems zentraler Finanzverwaltung bei Campbell 1980, bes. S. 121.

28 Vgl. Richardson – Sayles 1963, S. 241f.; KEALEY 1972; HOLLISTER – BALDWIN 1978; GREEN 1986, S. 38ff.

29 Zum normannischen Exchequer und der Frage seines Alters vgl. POOLE 1912, S. 57ff.; HASKINS 1918, S. 175ff.; Dialogus, S. 364ff. Die schriftlichen Aufzeichnungen dieses Rechnungshofes sind nur fragmentarisch erhalten: Magni rotuli scaccarii Normanniae sub regibus Angliae, hg. von THOMAS STAPLETON, 2 Bde. (Soc. Antiq. Lond.) London 1840-1844; DELISLE 1909, S. 334ff.

30 Zur Geschichte des Rechnungshofes vgl. MADOX 1769; Introduction; PAROW 1906; PETIT-DUTAILLIS 1911, 1, S. 45ff.; POOLE 1912; BOUSSARD 1958; Dialogus, S. 362ff.; HOLLISTER 1978; CLANCHY 1983, S. 77ff.; HARRISS 1975 (vor allem zum 13. u. 14 Jahrhundert); HARRISS 1989; CLANCHY 1993, S. 44ff. Zum mittelalterlichen Abakus vgl. HASKINS 1924; MURRAY 1978, S. 162ff.

31 MORRIS 1927, S. 124ff.

wortlich. Barone mit sehr hohen Schulden ließen sich hingegen über ihre Seneschalle (Truchsesse) direkt beim Rechnungshof in Westminster vertreten.[32] In seiner Beschreibung der Stadt London im 12. Jahrhundert erwähnt William fitz Stephen, dass bereits zu dieser Zeit fast alle Großen in der Stadt Häuser besaßen. Man kann vermuten, dass ihnen dadurch erleichtert wurde, ihre finanziellen Transaktionen mit dem Exchequer durch ihre Seneschalle erledigen zu lassen.[33] Mit der Zeit wurde die Verwaltung der wachsenden Zahl von Schulden einzelner Personen zur hauptsächlichen Aufgabe des Exchequers.[34]

Die Ergebnisse einer Rechnungshofsitzung hielt man einmal jährlich (zum Oktobertermin) schriftlich auf ‚großen Rodeln' (*magni rotuli*) fest, die heute Pipe Rolls genannt werden. Im Gegensatz zu herkömmlichen Güterverzeichnissen, anders auch als im Domesday Book von 1086, welches einen zeitlich fixierten Zustand beschreibt, wurden die Pipe Rolls also jährlich aktualisiert. Diese Form serieller Aufzeichnung stellte eine entscheidende Neuerung im Einsatz schriftlicher Verwaltungstechniken dar.[35] Abgesehen von der ältesten erhaltenen Pipe Roll aus dem 31. Regierungsjahr Heinrichs I. (1130) setzt die ununterbrochene Überlieferung der Pipe Roll-Serie erst ab dem zweiten Regierungsjahr Heinrichs II. (1156) ein.[36] Insgesamt haben sich 675 Stück erhalten, die bis ins Jahr 1832 reichen; für die hier behandelte Periode sind sie vollständig ediert. Es ist ein außerordentlicher Glücksfall, dass als Ergänzung zu dem überlieferten Verwaltungsschriftgut eine Art zeitgenössisches Handbuch existiert, das die Funktionsweise des Rechnungshofes vorzüglich erläutert: Der bereits mehrfach zitierte ‚Dialogus de scaccario' des Richard von Ely wurde wohl um 1177-79 vom Schatzmeister Heinrichs II. abgefasst; mit seinem Traktat, welcher in der Form eines Dialoges zwischen Lehrer und Schüler gehalten ist, will der Autor sein aus eigener, langjähriger Erfahrung gewonnenes praktisches Wissen über die *scientia de scaccario* weitergeben. Im Prolog des Werkes wird er aufgefordert: *Tu scribe non subtilia set utilia* – ein sprechendes Zeugnis für die Absicht, die Schrift zur Regelung des praktischen Lebens zu verwenden.[37]

---

32 Howden, 4, S. 152. Vgl. PAINTER 1949, S. 90 u. 115.

33 Materials, 3, S. 8: *Ad haec omnes fere episcopi, abbates, et magnates Angliae quasi cives et municipes sunt urbis Londoniae, sua ibi habentes aedificia praeclara, ubi se recipiunt, ubi divites impensas faciunt, ad concilia, ad conventus celebres in urbem evocati a domino rege, vel metropolitano suo, seu propriis tracti negotiis.* Ausgrabungen von Adelshäusern in der Gegend von Westminster und Charing Cross haben ergeben, dass diese Schatzräume aufwiesen (freundlicher Hinweis von Dr. Michael T. Clanchy).

34 Vgl. WARREN 1984, S. 131.

35 CLANCHY 1993, S. 35 u. S. 66f.; CLANCHY 1983, S. 80. Vgl. dagegen CAMPBELL 1980, S. 120ff. Einen Vergleich des Domesday Book mit älteren Güterverzeichnissen des Kontinents bietet Davis 1987.

36 Pipe Roll 31 Hen. I; zum Rechnungshof während der Anarchie vgl. YOSHITAKE 1988.

37 Dialogus, S. 12; zur Traktatliteratur vgl. KELLER 1990, S. 180ff.

Ein *magnus rotulus*, also eine Pipe Roll, besteht aus mehreren einzelnen rotuli, die ihrerseits aus jeweils zwei Membranen aus Schafshaut zusammengesetzt und auf der Vorder- und Rückseite beschrieben sind. Zur Archivierung wurden die einzelnen Doppelmembranen oder *rotuli* einer ‚fertigen' Pipe Roll am Kopf vernäht, danach zusammengerollt und zusammengebunden. Im aufgerollten Zustand beträgt die Länge einer Pipe Roll etwa 150-200 cm, die Breite etwa 50 cm.[38] Der Gebrauch von vernähten und zusammengerollten Pergamenten war typisch für die englische Verwaltung: Auch die Urkunden der Kanzlei und die an den königlichen Gerichten verhandelten Fälle wurden auf Pergamentrollen registriert.[39] Die Suche nach Information in diesen Rollen war vergleichsweise umständlich, denn sie konnten nicht wie Bücher paginiert und mit Indizes versehen werden. Dafür boten die *rotuli* den Vorteil, die großen Mengen anfallender Informationen schnell speichern und archivieren zu können: Falls nötig, konnte ihr Umfang und damit ihre Speicherkapazität schnell erweitert werden, indem man einfach ein Pergament hinzunähte. Zusammengerollt war eine solche Pergamentrolle leicht und gut geschützt und damit auch zu Pferde transportierbar. Archivierung und Transport der Dokumente war dementsprechend die Aufgabe des Marschalls, der laut Richard von Ely die am Rechnungshof eingehenden *brevia* in Säcken aufbewahrte, die mit dem Namen der Grafschaft beschriftet waren, aus denen sie kamen.[40]

Genau betrachtet stellt eine Pipe Roll, anders als die Kanzleiregister, eine Mischform aus Kodex und Rolle dar: Wenn sie aufgerollt ist, kann man die einzelnen Doppelmembrane wie bei einem Buch aufblättern; auf den Fußenden der einzelnen ‚Seiten' sind häufig Suchhilfen, meistens die Namen der dort zu findenden Grafschaftsabrechnungen notiert. Wenn man einen bestimmten Eintrag suchte und wusste, unter welcher Grafschaft man zu suchen hatte, dann konnte man auch ohne Namensindex vergleichsweise schnell fündig werden. Schwieriger gestaltete sich die Suche nach den Gesamtschulden einer Person, falls die entsprechenden einzelnen Schuldeinträge über mehrere Grafschaftsabrechnungen verteilt waren. Hin und wieder wurden, wohl jedes Mal auf besondere Anweisung des Königs und vermehrt unter König Johann, die einzelnen Schulden einer Person in einer Summe zusammengefasst. Interne Verweise innerhalb einer Pipe Roll waren etwas umständlicher, als es bei einem Kodex mit Seitennummerierung der Fall gewesen wäre.[41] Selten wurde in der Pipe Roll eines Jahres auf diejenige

38 Das Layout einer Grafschaftsabrechnung wird recht anschaulich von Richard von Ely beschrieben, siehe Dialogus, S. 62ff. Vgl. Green 1986, S. 51f.; CLANCHY 1993, S. 140f.

39 Vgl. CLANCHY 1993, S. 135ff.

40 Dialogus, S. 44ff. Die Pipe Rolls enthalten gelegentlich Hinweise auf diese *foruli Marescalli*, vgl. zum Beispiel Pipe Roll 3 John, S. 182; 13 John, S. 97.

41 Eine Pipe Roll wurde wohl nicht in einem Arbeitsvorgang – also während der Rechnungshofsitzung – geschrieben, sondern war in Teilen bereits vorbereitet. Wahrscheinlich waren die aus alten *rotuli* übernommenen Einträge bereits vorgeschrieben. Es gibt Bei-

eines vergangenen Jahres verwiesen: Da der *magnus rotulus* eines Jahres immer, zusätzlich zu den neuen Schulden, alle noch nicht erledigten, das heißt nicht mit dem Vermerk *Et quietus est* versehenen Einträge der vergangenen Jahre enthielt, stellte sie alle benötigten Informationen bereit.[42] Das jeweilige automatische Übernehmen aller nicht erledigten Einträge hatte aber auch den Nachteil, dass die Pipe Rolls von Jahr zu Jahr mehr und mehr unverwertbare Informationen enthielten, zum Beispiel Forderungen an Schuldner, welche schon lange verstorben waren.[43] Rasuren waren in der Regel nicht erlaubt, die Intervention des Königs gestattete sie aber in bestimmten Fällen.[44] In den späteren Jahren wurden die Pipe Rolls wiederholt Male systematisch nach redundanten Einträgen durchsucht.[45]

---

spiele dafür, dass der Platz für längere Einträge auf einem *rotulus* der Pipe Roll nicht mehr ausreichte, und daß dann auf eine andere Stelle in der Pipe Roll verwiesen wurde. Zum Beispiel befindet sich die Abrechnung über das Lehen des Henry of Essex von1183 am Ende der Vorderseite des 3. *rotulus* der Pipe Roll des betreffenden Jahre. Nach der Überschrift *Terra Henrici de Essex* folgt der Hinweis *Require in rotulo de Norf' post honorem Eye et Colecestr' et Lillecherche et Lagefaram et Abbatiam de Certesia* (Pipe Roll 29 Hen. II, S. 25). Dort findet man die entsprechende Abrechnung zwischen den *compoti* über den *Honor Eye* und über die *Terra de Lillecherche et Lagefara* (ebd. S. 16f.). Der Ausdruck in *rotulo de Norf'* und die Tatsache, dass die *compoti* der Grafschaften in der Regel am Anfang (also auf der Vorderseite der oberen Membran) eines *rotulus* (und nicht etwa seiner Rückseite) beginnen, lassen darauf schließen, dass die einzelnen *rotuli* erst nach ihrer Fertigstellung am Kopf vernäht wurden, und dass zumindest die Überschriften bereits vorgeschrieben waren. Bekräftigt wird diese Theorie durch die Tatsache, dass sich bei den frühen Pipe Rolls (bis einschließlich Pipe Roll 12 Hen. II) am Kopf der einzelnen *rotuli* ‚Inhaltsangaben' befinden, aus denen ersichtlich ist, welche Abrechnungen sich auf dem jeweiligen *rotulus* befinden. Vgl. zum Beispiel Pipe Roll 5 Hen. II, S. 1.

42 Vgl. etwa Pipe Roll 26 Hen. II, S. 104f.: *Geruasius Painel debet .v. m. ut habeat placitum in curia Regis de terra de Waltham versus Mauricium de Creon. Sed reddidit inde compotum in .xxvto. rotulo. Et quietus est.* Der Eintrag war wohl versehentlich zunächst in die Pipe Roll eingetragen worden, obwohl Gervase Paynel seine Schuld bereits ein Jahr zuvor beglichen hatte. Vgl. Pipe Roll 25 Hen. II, S. 114. Öfter begegnet ein Verweis auf eine andere Pipe Roll bei langen Listen von kleineren Bußgeldern, deren ‚Quittierung' zusammengefasst wurde. Vgl. zum Beispiel Pipe Roll 23 Hen. II, S. 186: *Idem vicecomes redd. comp. de .xiiij. m. et .iij. s. et .iiij. d. de misericordiis hominum pro foresta, quorum nomina et debita annotantur in .xxijo. rotulo. In thesauro liberavit in .viij. talliis. Et quietus est.* Vgl. mit Pipe Roll 22 Hen. II, S. 74f.

43 Vgl. die Bemerkung hinter einer Reihe von alten Forststrafen in Pipe Roll 27 Hen. II, S. 27: *De his predictis nichil habere potest hoc anno nec multis annis preteritis, quia quidam mortui sunt, quidam fugitivi, quidam sunt qui nichil habent.*

44 Dialogus, S. 66ff.; Beispiel für Rasur auf königlichen Befehl in: Pipe Roll 12 Hen. II, S. 132: *Abraham filius Rabbi debet .M.M. l. de misericordia. Rex precipit ne amplius exigantur ab eo per hoc rotulum sed abradantur de rotulo per breve suum.*

45 Die jeweils ersten *rotuli* der Pipe Rolls von 1182 und 1187 enthalten solche aussortierten unverwertbaren Einträge. Siehe Pipe Roll 28 Hen. II , S. 1ff.; Pipe Roll 33 Hen. II , S. 1ff., letztere mit der erläuternden Überschrift: *Hic annotantur debitores de quibus nichil*

Daneben weisen die späteren Pipe Rolls vielfache Bearbeitungsspuren auf: Viele einzelne Schuldeinträge wurden zu einem bestimmten Zeitpunkt bearbeitet und mit einem Symbol, zum Beispiel einem Buchstaben, gekennzeichnet; zu streichende Einträge wurden häufig mit Kreuzen („†") oder durchgestrichenen Kreisen („Ø") versehen.[46]

Die interne inhaltliche Gliederung jeder Pipe Roll erfolgt grundsätzlich nach den einzelnen Grafschaften, deren Reihenfolge jedes Jahr variiert.[47] Unter der jeweiligen Grafschaft findet sich stets zuerst die Abrechnung (der *compotus*) des *vicecomes* über seine *firma*, das heißt es wird festgehalten, wie viele regelmäßige und einmalige Ausgaben er aus der *firma* getätigt hat und wie viel Geld er tatsächlich am Rechnungshof vorlegt.[48] Die Abrechnung über die *firma* des Sheriffs endet mit der Feststellung *Et quietus est*, *Et debet ...* oder, seltener, *Et habet de superplus...* . Die Länder, die sich nur zeitweise in der Hand des Königs befinden, etwa vakante Bistümer oder heimgefallene Lehen, wurden nach demselben Schema abgerechnet. Hinter den Abrechnungen über die *firmae* stehen die verschiedensten Schulden einzelner Personen, die in den späteren Jahren den weitaus größten Platz in einer Pipe Roll beanspruchen: *Post hec constituta, facto iterum interuallo, fit compotus de debitis super quibus summonitus est*

---

habere potuimus hoc anno et pluribus annis preteritis, quos extraximus a .iiij. rotuli predictorum annorum, scilicet a .xxixo. et .xxxo. et .xxxjo. et .xxxijo. Aufschlussreich ist hier der Hinweis, dass nur die Pipe Rolls der letzten vier Jahre geprüft wurden. Außerhalb dieser systematischen Überprüfungen konnte dem Rechnungshof der Tod eines Schuldners vom jeweils zuständigen Sheriff oder Reiserichter mitgeteilt werden; der entsprechende Eintrag erhielt dann in der Regel den Zusatz *Sed mortuus est*, wurde aber nur selten getilgt.

46 Vgl. auch MILLS 1925, S. 157 zu den Kennzeichnungen von Schuldeinträgen mit ‚t', ‚p' oder ‚d'.

47 Zur Gliederung eines *compotus* vgl. Dialogus, S. 62ff. u. 359. Die tatsächliche Gliederung einer Pipe Roll ist gewöhnlich etwas differenzierter und vielfältiger als es im ‚Dialogus de Scaccario' beschrieben wird, der etwa den Entwicklungsstand der 1170er Jahre wiedergibt.

48 Unter den Ausgaben für den König lassen sich viele kuriose Details entdecken. Während seines Exils in England bevorzugte der Herzog von Sachsen, Heinrich der Löwe, offenbar den Genuss von Bier, während sich sein aus Anjou stammender Schwiegervater gewöhnlich den Wein aus Frankreich kommen ließ. Siehe Pipe Roll 31 Hen. II, S. 206: *Et in custamento ducendo vina Regis per diversas domos Regis et procuratione Siluestri Brit' et eorum qui duxerunt eadem vina .xlj. l. et .ix. s. per breve Regis. Et pro frumento et ordeo et melle ad cervisiam faciendam ad opus Ducis Saxonie .lxxvj. s. et .x. d. per breve regis et per visum Galfridi de Caritate.* Pipe Roll 32 Hen. II, S. 197f.: *Et pro .xx. tonellis vini Pictauiensis de modiatione et pro .ij. tonellis vini Authisiodorensis de modiatione .xxij. l. per breve regis. Et pro novis doliis ad inponendum idem vinum .xxviij. s. per idem breve. Et in custamento ducendi idem vinum ad Lond' usque Wudest' .iiij. l. et .xij. s. per idem breve.* Vgl. auch die Bemerkungen Rounds zur Versorgung des Königs mit Wein in: Pipe Roll 30 Hen. II, S. xxvf.; Pipe Roll 32 Hen. II, S. xixf.

uicecomes... (Richard von Ely).[49] Der Eintrag einer Schuld enthält in der Regel drei Bestandteile: Den Namen des Schuldners (*nomen*), die Höhe der Schuld (*debitum*) und den Grund der Schuld (*causa*).[50] In den frühen Pipe Rolls wurden die *causae* oft gar nicht benannt oder nur sehr allgemein umschrieben, da der Hauptzweck einer Pipe Roll darin lag, die Beträge der Schulden festzuhalten, die für den König eingetrieben werden mussten. Dementsprechende Vorsicht muss man bei der Interpretation der Hintergründe eines Pipe Roll-Eintrages walten lassen.[51] Alle nicht mit dem Zusatz *Et quietus est* versehenen Einträge erscheinen, wie bereits erläutert, erneut in der Pipe Roll des folgenden Jahres, die neuen *debita* wurden bis 1164 ausschließlich durch die Überschrift *Nova placita et Noue Conuentiones* gekennzeichnet.[52] Ab 1165 gab es eine steigende Vielfalt von Überschriften und Unterteilungen – ein Ausdruck der wachsenden Komplexität des Rechnungswesens.

Die zunächst noch recht kurzen Pipe Rolls wuchsen mit der Zeit beständig und spiegeln damit die wachsenden Aufgaben der zentralen Finanzverwaltung. Etwa wurde mehr und mehr Grundbesitz zeitweise im Auftrage des Königs verwaltet, wie in Kapitel 3 geschildert wird. Mit der steigenden Zahl der Aufgaben des Exchequer wurde versucht, Einzelschulden bestimmter Art, etwa *auxilia*, Schildgelder oder gerichtlich verhängte Strafen unter eigenen Titeln zusammenzufassen. Der erste Titel dieser Art war der ab 1165 hinzutretende Posten *De propresturis et excaetis*, unter dem die Sheriffs über widerrechtlich angeeignetes Kronland Rechenschaft ablegten und unter dem sich auch Geldbußen in diesem Zusammenhang finden.[53] Allerdings kann man sich nicht völlig auf die Zuverlässigkeit dieser Überschriften verlassen, besonders über mehrere Jahre hinweg geführte Einträge ‚rutschen' oft unter einen anderen Titel, oder neue Schulden erscheinen, ohne eigens als solche gekennzeichnet zu, sein unter alten Überschriften. Oft kann der Ort eines bestimmten Eintrags erst mit Hilfe des Namensregisters der Edition zielsicher bestimmt werden.[54] Kurz zusammengefasst: Die beschriebe Binnengliederung einer Pipe Roll nach Grafschaften und die teilweise verwirrende Vielfalt an Überschriften sollte nicht darüber hinwegtäuschen, dass die Pipe Rolls – vereinfachend gesagt – die Struktur einer Liste besaßen, die jährlich neu aufgeschrieben wurde, nachdem man die ‚erledigten', das heißt bezahlten Schuldeinträge gestrichen hatte.[55] Die durch das Grafschaftssystem gegebene Vorstrukturierung der in dieser ‚Liste' enthaltenen Informatio-

---

49 Dialogus, S. 66. Vgl. Warren, 1984, S. 131.

50 Laut Dialogus, S. 68, liegt in diesen drei Punkten die *uis maior scripture*.

51 Vgl. STENTON 1965, S. 35.

52 So bereits in Pipe Roll 31 Hen. I, passim.

53 Dialogus, S. 200ff; HOYT 1950, S. 95.

54 Vgl. Pipe Roll 22 Hen. II, S. xxi.

55 Zur Struktur einer ‚Liste' vgl. GOODY 1977, S. 31ff.

nen erübrigte es, diese Daten neu ordnen oder umfangreich umschreiben zu müssen.[56]

Die beeindruckende Zahl der überlieferten Pipe Rolls lässt leicht vergessen, dass es eine komplette Dokumentation aller königlichen Einkünfte nicht gibt.[57] Die Pipe Rolls beziehen sich nur auf England, die Aufzeichnungen des normannischen Exchequers sind größtenteils verloren und in den anderen Herrschaftsgebieten gab es wohl keine zentrale Finanzabrechnung wie in England. Die Aufzeichnungen der *camera Regis*, die insbesondere in Krisenzeiten und während der Feldzüge des Königs beträchtliche Finanzmittel direkt, ohne Einbezug des Exchequers, verwaltet haben muss, sind nicht erhalten.[58] Während die unter der sozusagen ‚öffentlichen' Aufsicht der Barone des Exchequers in den Pipe Rolls verzeichneten Schulden einen rechtlichen Charakter besaßen, waren die finanziellen Unternehmungen der Kammer, die nur dem König verantwortlich war, im Grunde geheim.[59] Mehre Arten von Einkünften sind nachweislich nicht über den Exchequer in Westminster verwaltet worden, sondern entweder durch die Kammer direkt oder durch andere Gremien beziehungsweise Rechnungshöfe,[60] die für bestimmte Zwecke eigens eingerichtet wurden: Das galt für den sogenannten Exchequer der Juden, der die vom König übernommenen Forderungen jüdischer Geldverleiher verwaltete,[61] aber auch für die Einkünfte aus dem während des Interdikts von 1208-1212 beschlagnahmten Kirchengutes oder einen großen Teil der Zolleinkünfte.[62] Des weiteren gibt es viele Belege dafür, dass der oberste Forstbeamte, Hugh de Nevill, einen eigenen Rechnungshof besaß, der sich viel-

56 In geringem Umfange erfolgte eine Umordnung von Daten, wenn sich ergab, dass der für diese vorgesehene Platz auf der neuen Pipe Roll nicht ausreichte: Es wurde dann einfach auf einen anderen Ort innerhalb der Pipe Roll verwiesen, an dem man die betreffende Information unterbrachte. Die weitaus komplexeren Methoden der Datenordnung und -reduktion italienischer Kaufleute behandelt ARLINGHAUS 1996. Zum Problem allgemein vgl. KELLER 1999.

57 Vgl. zum folgenden durchweg JENKINSON 1917.

58 Rot. litt. claus., S. 114; vgl. PAINTER 1949, S. 110; JOLLIFFE 1953. Kritik an Jolliffes Bild von der Funktionsweise der Kammer übten RICHARDON 1954 und RICHARDSON – SAYLES 1963, S. 216ff. Im 13. Jahrhundert begann die ‚wardrobe', die Aufgaben zu übernehmen, welche die ‚chamber' des 12. Jahrhunderts ausgefüllt hatte, vgl. dazu TOUT 1920.

59 Zu der Geheimhaltung der Vorgänge in der *camera Regis* vgl. PAINTER 1949, S. 87 mit Verweis auf Rot. de lib., S. 157.

60 Dass direkte Zahlungen an die Kammer dem Exchequer nicht immer mitgeteilt wurden zeigt zum Beispiel Rot. de ob. et fin., S. 307. Beispiel an eine Zahlung an die ‚wardrobe' König Johanns: Rot. litt. claus., S. 145.

61 Vgl. allgemein RICHARDSON 1960.

62 Zu den Einkünften während des Interdikts vgl. PAINTER 1949, S. 183f. Zu den Zolleinnahmen vgl. MITCHELL 1914; PAINTER 1949, S. 136ff.; MITCHELL 1951.

leicht in Nottingham befand,[63] daneben existieren auch Hinweise auf einen irischen Exchequer.[64]

Noch weniger, das heißt fast keine Informationen besitzen wir über die Finanzmittel einzelner Barone, weshalb es ziemlich schwierig ist, den Grad ihrer finanziellen Belastung durch die Forderungen des Königs zu ermitteln. Gewisse Hinweise ergeben sich in einzelnen Fällen bei der Verwaltung eines ‚in die Hand des Königs' geratenen Kronlehens, aber pauschale Aussagen sind schwer zu treffen. Die Anzahl der Ritterlehen, die ein Kronlehen eines Barons den *cartae baronum* von 1166 nach besaß, ist jedenfalls kein sicherer Indikator für das Vermögen eines Adligen.[65] Vor diesem Hintergrund wird der Wert der durch Thomas K. Keefe berechneten Indikatoren, welche die finanzielle Belastung bestimmter Barone anzeigen sollen, fragwürdig.[66]

Trotz all dieser Einschränkungen, darf man nicht vergessen, worin die Leistung der Pipe Rolls bestand: Auch in früheren Zeiten war es offenbar möglich gewesen, die Krongüter ohne einen extensiven Gebrauch schriftlicher Techniken zentral zu verwalten – davon zeugen noch die Kerbhölzer des Exchequers, die bereits vor Anlage der Pipe Rolls genutzt wurden.[67] Im Gegensatz dazu ermöglichte es jedoch das schriftliche Gedächtnis, der *magnus rotulus* des Exchequers, nicht mehr nur die Schulden von Gemeinschaften, sondern diejenigen von buchstäblich Hunderten einzelner Personen zu verwalten.[68] Die Forderungen der Krone an eine bestimmte Person konnten so über Jahrzehnte hinweg kontrolliert werden, selbst ein Wechsel auf dem Thron hatte in bezug auf dieses Faktum keinerlei Bedeutung. Der entscheidende Fortschritt durch die Einführung der Pipe Rolls lag also nicht so sehr in einer Verbesserung der Verwaltung der Grafschaftspachten als vielmehr in der Verwaltung der *debita*. Bereits Richard von Ely hatte das im Grunde erkannt, als er von der *uis maior scripture* schrieb.[69]

---

63 Vgl. zum Beispiel Rot. de lib., S. 89; Rot. de ob. et fin., S. 109; Rot. litt. claus., S. 22; Rot. litt. pat., S. 88.

64 Vgl. zum Beispiel Rot. litt. claus., S. 260. Mehrere Einträge der Fine Roll von 1207, die Irland betrafen, wurden nicht auf die entsprechenden Pipe Roll übertragen: Rot. de ob. et fin., S. 434.

65 Vgl. Kapitel 1 Anm. 34ff.

66 Er sammelte zwar einige Hinweise auf nicht in den Pipe Rolls verzeichnete Geschäfte zwischen König und Baronen (KEEFE 1981, S. 214 Anm. 95), stellte deswegen aber seine Methode zur Errechnung der finanziellen Belastung der Barone nicht in Frage.

67 Dialogus, S. 14: *Quod autem hodie dicitur „ad scaccarium" olim dicebatur „ad taleas"*. Zu den Kerbhölzern vgl. auch ebd., S. 46ff. u. 373ff.; JENKINSON 1911; JENKINSON 1917; CLANCHY 1993, S. 123f.; BAXTER 1989. Ein Beitrag Dr. Michael T. Clanchys über das Verbrennen der Exchequer-Kerbhölzer im Jahre 1834 und den Brand des Parlamentes in Westminster befindet sich in Vorbereitung.

68 Vgl. dazu insbesondere die aufschlussreichen Bemerkungen bei WARREN 1984.

69 Dialogus, S. 68.

2.2.3 Die Reformen Heinrichs II.

Nachdem Heinrich I. verstorben war, ohne einen männlichen Thronerben zu hinterlassen, kam es zu einem Bürgerkrieg zwischen seinem Nachfolger, Stephan von Blois, und seiner Tochter Mathilde, der Witwe Kaiser Heinrichs V. Während dieser in der englischen Forschung meist als ‚Anarchie' bezeichneten Periode kann man eine Schwächung des Königtums und eine Stärkung mittlerer Gewalten beobachten.[70] Dies wird oft an dem Anstieg der ‚earldoms' von acht im Jahre 1135 auf über zwanzig im Jahr 1154 festgemacht.[71] Stephan, der sich gegen mehrere militärische Interventionen von außen zu wehren hatte, war nicht mehr in der Lage, für das gesamte Reich die Ordnungsfunktionen auszuüben, die traditionell dem König zufielen. Für den hier behandelten Bereich der zentralen Finanzabrechnung wird diese Entwicklung durch die Unterbrechung der Serie der Pipe Rolls während seiner Regierungszeit unterstrichen.[72] Während ansonsten ausschließlich das Königtum die Ausgabe von Münzen kontrollierte, lassen sich zudem zwischen 1135 und 1154 Münzprägungen verschiedener lokaler Herrschaftsträger feststellen.[73] Die Pakte, die mehrere Große untereinander – ungeachtet ihrer Zugehörigkeit zur Partei Stephans oder Mathildes – abschlossen, verdeutlichen ihr Bestreben, Frieden wiederherzustellen und. eine gewisse Ordnung aufrecht zu halten.[74]

Heinrich II. gilt nun als Restaurator einer starken Zentralgewalt und eigentlicher Begründer des englischen Common Law.[75] Emilie Amt hat die Konsolidierungsphase seiner Herrschaft in den Jahren bis 1159 anhand einer Analyse seiner

---

70 Die Standarddarstellung ist DAVIS 1967. Zur Frage, ob der Begriff „Anarchie" die Periode angemessen kennzeichnet siehe KING 1984, bes. S. 152f.; ähnlich bereits STENTON 1961, S. 255. Einen kurzen Überblick neuerer Forschungsansätze bietet Stringer 1993, bes. S. 73ff. Vgl. jetzt auch die Beiträge in: Anarchy.

71 Sowohl Stephan als auch Mathilde verliehen eine ganze Reihe neuer Grafentitel. Vgl. dazu DAVIS 1967, S. 129ff.; WARREN 1973, S. 363ff.

72 Zu den Pipe Rolls Stephans vgl. YOSHITAKE 1988.

73 KING 1984, S. 147ff.

74 STENTON 1961, S. 250ff.; DAVIS 1967, S. 111ff.; KING 1984, S. 142f.; KING 1992.

75 Torigni, S. 183: *Rex Henricus coepit revocare in jus propriam urbes, castella, villas, quae ad coronam regni pertinebant, castella noviter facta destruendo, et expellendo de regno maxime Flandrenses; et deponendo quosdam imaginarios et pseudo-comites, quibus rex Stephanus omnia paene ad fiscum pertinentia minus caute distribuerat.* Vgl. Newburgh, 1, S. 103; BROWN 1955; BROWN 1959. Die neuere Forschung betont, dass die Wiederherstellung der königlichen Gewalt auch weitgehend im Interesse der Großen lag: KING 1984, S. 153; STRINGER 1993, S. 85. Zur Regierung Heinrichs II. allgemein vgl. BOUSSARD 1956; WARREN 1973. Zur Herrschaftspropaganda Heinrichs II. und seinen Versuchen, Reliquienkult, Heiligenverehrung und Artus-Epik der Integration seines Großreiches nutzbar zu machen vgl. JOHANEK 1987, S. 384ff.; LEYSER 1975.

frühen Pipe Rolls untersucht.[76] Diese waren im Vergleich zu der Pipe Roll Heinrichs I. von 1130 zunächst noch recht einfach gegliedert und kurz. An den *terre date*-Einträgen lässt sich ablesen, welche Gefolgsleute Heinrich II. an sich band, indem er sie mit Gütern aus der Krondomäne ausstattete. Ab 1166 lässt sich eine zunehmende Zentralisierung der Administration und Ausweitung der königlichen Gerichtsbarkeit feststellen: Enquête-Kommissionen königlicher Reiserichter begannen, die Grafschaften in regelmäßigen Abständen aufzusuchen und im selben Jahr wurde das erste eigentliche Common Law-Verfahren (die ,assize of novel disseisin') eingeführt: Die neuen Verfahren ermöglichten einer steigenden Zahl von Individuen, die königliche Gerichtsbarkeit in Anspruch zu nehmen, wenn sie mit der Rechtssprechung der grundherrlichen oder feudalen Gerichte nicht zufrieden waren. Dafür mussten sie nun nicht mehr den Herrscher, der sich häufig in fernen Gegenden befand, persönlich aufsuchen, sondern konnten sich entweder nach Westminster begeben oder auf die Ankunft der Reiserichter warten.[77] Die Auseinandersetzung zwischen Heinrich II. und Thomas Becket nach dem Erlass der Konstitutionen von Clarendon 1164 gipfelte in Beckets Ermordung am 29. Dezember 1170 und anschließender Kanonisation (1173).[78] Nach dem Sieg über die große Rebellion des Thronfolgers und vieler Barone 1173-1174 stand Heinrich II. im Zenit seiner Macht.[79] Aus dieser Zeit stammt auch der früheste Beleg für die Existenz von Fine Rolls, das heißt den Pergamentrollen der Kanzlei, welche die Geldangebote (*oblata*) verzeichneten, die dem König gemacht wurden.[80]

2.2.4 Neuerungen unter Richard I. und Johann

Als Richard Löwenherz 1189 seinem Vater auf dem englischen Thron folgte, hatten die Pipe Rolls bereits seit achtzig bis neunzig Jahren ein Vorbild als erfolgreiche serielle Aufzeichnung durch eine zentrale Institution geboten. In wenigen Jahren vor und nach 1200 wurden nun weitere Serien schriftlicher Aufzeichnungen für königlicher Einrichtungen begonnen. Diese Neuerungen werden

---

76 Amt 1993; vgl. zu dieser Phase auch CHIBNALL 1994.

77 Bahnbrechend war in diesem Zusammenhang die Einführung der *assisa novae disseisinae*: POLLOCK – MAITLAND 1898, 1, S. 145ff.; STENTON 1964, S. 32ff.; SUTHERLAND 1973. VAN CAENEGEM 1959 betonte im Gegensatz zu Doris Mary Stenton die Kontinuität zur älteren Verfahrensweisen. Von den neueren Beiträgen zur Entstehung des englischen Common Law seien an dieser Stelle nur die wichtigsten genannt: HARDING 1973; MILSOM 1976; MILSOM 1981; HYAMS 1982; BIANCALANA 1988a; BRAND 1990; HYAMS 1991; Q 1994a; HYAMS 1994; HUDSON 1996.

78 BARLOW 1986.

79 Vgl. den bezeichnenden Ausspruch von PAINTER 1943, S. 193: „In all probability the last years of Henry II saw the royal power in England at the highest level it was to reach before the Tudor period."

80 Zu den Fine Rolls vgl. unten Abschnitt 4.2.2.

von der Forschung oft eng mit der Person Hubert Walters (gest. 1205) verbunden, der ab 1193 Justiziar Richards I. war (bis 1198) und von Johann Ohnland 1199 zum Kanzler ernannt wurde:[81] Ab 1194 gibt es die Curia Regis Rolls der königlichen Gerichtshöfe in Westminster, nach 1199 setzen die verschiedenen Serien der Kanzleiregister ein.[82]

Bis heute nicht eindeutig geklärt sind die Gründe, die zur Anlage dieser Register führten.[83] Henry Gerald Richardson verwies 1943 auf die Regelung der Kanzleigebühren aus dem Jahre 1199 und vermutete die Abrechnung über die Gebühren als Grund.[84] Doch ist dies aus verschiedenen Gründen recht unwahrscheinlich, wie bereits Vivian Hunter Galbraith und Sidney Painter bemerkten.[85] Eine entscheidende Ursache für die Anlage von Registern dürfte vielmehr bereits die rapide steigende Zahl an Schriftstücken gewesen sein, welche in der königlichen Kanzlei produziert wurden.[86] Diese Schriftstücke wurden nicht sämtlich durch den König persönlich diktiert. Die große Zahl an Personen, mit denen er Kontakt hatte: denen er Befehle erteilte, Privilegien gewährte und Informationen übermittelte, hätten die Regierung rasch überlastet, wenn sämtliche Entscheidungen nur durch ihn persönlich hätten getroffen werden können. Zwar rühmte sich noch Heinrich III. im Gespräch mit Matthew Paris, 240 Barone mit Namen zu kennen,[87] diese Zahl schloss aber nicht die Personen ein, die in verschiedensten Funktionen (als Sheriffs, Forstbeamte, Reiserichter, Zöllner, Steuerschätzer) in der königlichen Verwaltung tätig waren. Walter Map und Peter von Blois evozieren in ihren hofkritischen Schriften das lebendige Bild eines von Bittstellern und Höflingen wimmelnden Königshofes.[88] Gerald von Wales bescheinigt

81 CHENEY 1967, S. 96; CLANCHY 1993, S. 68ff. u. 96f.

82 Zur Entstehung der zentralen Gerichtshöfe in Westminster vgl. KEMP 1973. Zu den Curia Regis Rolls vgl. FLOWER 1943.

83 Zu den Registern und zur englischen Kanzlei allgemein vgl. HARDY 1835; JOHNSON – JENKINSON 1915; MAXWELL-LYTE 1926; VAN CAENEGEM 1959; BISHOP 1961; CHAPLAIS 1971; PITZ 1996; CARPENTER 1997. Allgemein entsprach die Anlage von Registern einem westeuropäischen Trend. Das erweist ein Vergleich mit dem Schriftgut, das an der päpstlichen Kurie, in den italienischen Kommunen und am französischen Hof produziert wurde.

84 H. G. Richardson, in: Mem. Roll 1 John, S. xxxvff.

85 Vgl. die überzeugenden Gegenargumente bei GALBRAITH 1948, S. 69; PAINTER 1949, S. 100ff.

86 Vgl. CLANCHY 1993, S. 63 zur steigenden Produktion von Schriftstücken am Exchequer und die Probleme, die sich daraus ergaben.

87 Matt. Paris, 5, S. 617: *Nominavit idem quoque dominus rex et numeravit omnes Angliae, quarum ei occurrit memoria, baronias, invenitque ducentas et quinquaginta.*

88 Vgl. zum Beispiel Walter Map, S. 1: *Multitudo certe sumus infinita, uni soli placere contendens: et hodie sumus una multitudo, cras erimus alia; curia uero non mutatur, eadem semper est. Centimanus gigas est...* Migne, PL 207, Sp. 975-302, hier Sp. 982f. = Dialogus inter regem Henricum secundum et abbatem Bonevallis. Un écrit de Pierre de

Heinrich II. ein außergewöhnlich gutes Gedächtnis. Auf der anderen Seite kann man jedoch nachweisen, dass ein König bisweilen schlicht vergaß, wem er einen bestimmten Auftrag gegeben oder wem er welches Stück konfiszierten Landes geschenkt hatte.[89] Um dieser Schwierigkeit zu begegnen, wurden viele Routineaufgaben am Königshof zunehmend von Vertrauten des Königs wahrgenommen; sie konnten königliche Briefe autorisieren, die anscheinend ausgestellt wurden, ohne dass der König den Inhalt eines jeden gekannt hätte.[90] Man kann also annehmen, dass die Kanzleiregister ab 1199 angelegt wurden, um eine Kontrolle der wachsenden Anzahl schriftlicher Befehle, die im Namen des Königs ausgestellt wurden, zu ermöglichen.

Auch der Exchequer und die Pipe Rolls wurden reformiert: Da die Pipe Rolls durch die stetig steigende Zahl kleinerer Geldstrafen und Gebühren, die aufgrund der zunehmenden Tätigkeit von Reiserichtern anfielen, unhandlich zu werden beziehungsweise zu ‚verstopfen' drohten, wurden viele solche kleinerer Beträge in Sammeleinträgen zusammengefasst; die Einzelheiten verzeichnete man auf subsidiären Schriftstücken.[91] Bereits kurz nach seinem Herrschaftsantritt erließ Johann ein Dekret, um Mängel zu beheben, welche sich dadurch ergeben hatten, dass sich Barone mit hohen Schulden beim Exchequer durch Seneschalle

Blois réédité, hg. von R.B.C. Huygens, in: Revue Bénédictine 68, 1958, S. 87-112, hier S. 105.

89 Giraldus Cambrensis, 5, S. 306. PAINTER 1949, S. 107f. macht auf einen interessanten Fall vom August 1202 aufmerksam, bei dem die Vergesslichkeit König Johanns vorher vereinbarte, komplizierte Sicherheitsmaßnahmen zu Fallstricken werden lässt. Vgl. Rott. litt. claus., S. 17: ... *Et quia non bene recolimus qui illi iij. fuerunt nos inde certificetis ; ut vobis super hoc alias certias mandata nostras facere possimus* ... . Dieser spezielle Fall mag vor allem durch Johann Ohnelands krankhaftes Misstrauen bedingt worden sein. Dass dem König die aktuelle Besitzsituation oft unklar war, wird in den Briefen deutlich, in denen er konfisziertes Land unter der Bedingung neu vergibt, dass er es vorher noch keinem anderen gegeben hat. Vgl. zum Beispiel Rot. de lib., S. 44: ...*nisi alii eas dederimus*...; Rot. litt. claus., S. 251: ...*nisi dominus Rex alii illam prius dederit*...; Rot. litt. claus., S. 259: ...*Audivimus quod cepistis in manum nostram Surlingeham' cum pertin' quod fuit Roberti de Vallibus quod concessimus Roberto de Veteri Ponte*... . In Zweifelsfällen wurde eine Ad-hoc-Untersuchung der zu beschlagnahmenden Länder angeordnet, vgl. zum Beispiel Rot. litt. claus., S. 265.

90 Vgl. die Interpretation der Zeugen- und *per*-Einträge in den Kanzleiregistern durch PAINTER 1949, S. 102ff.

91 MILLS 1925, S. 153ff. Bereits in den 1170er Jahren wurde bei Forstbußen für die Einzelheiten oft nur noch auf ein Schriftstück verwiesen, welches der zuständige Sheriff aufbewahrte. Vgl. zum Beispiel Pipe Roll 21 Hen. II, S. 103: *Idem vicecomes redd. comp. ... de placitis et wastis et essartis foreste de Wiltescr' per Alanum de Neuill' et Robertum Mantel et Willelmum filium Radulfi de quibus ipse vicecomes habet habet rescriptum continens particulas.* Pipe Roll 10 Rich.I, S. 17: *Idem Vic. r.c. de xxviiij li. et iiij s. et viij d. de minutis particulis foreste de quibus Vic. habet particulas*... .

vertreten ließen.[92] Weitere Verbesserungsversuche betrafen die Grafschaftspachten: Da diese seit Jahrzehnten feststanden, nahmen die festen Einkünfte aus den Grafschaften wegen der zunehmenden Inflation real ab.[93] Richard und Johann versuchten, dieser Entwicklung unter anderem dadurch gegenzusteuern, indem sie den Sheriffs neben der *firma comitatus* teilweise zusätzliche Zahlungen, ein *crementum* oder (später) auch *proficuum*, abverlangten. Johann Ohneland experimentierte zeitweise mit der Ernennung von zwei Verwaltern anstelle eines Sheriffs, gab dies zu Beginn des Jahres 1213 aber, wahrscheinlich wegen der wachsenden Spannungen mit den Baronen des Nordens, wieder auf.[94]

2.3 Zur Logik der mittelalterlichen Finanzverwaltung

Obwohl das administrative System des normannischen und angevinischen Englands nur in seinen Grundzügen beschrieben werden konnte, dürfte doch deutlich geworden sein, weshalb es für viele moderne Interpretatoren nahe lag, die eingangs vorgestellten Rationalisierungstheorien Weberscher Prägung als Erklärungsmodelle zu verwenden. Setzt man jedoch den Maßstab einer modernen Behörde an die Institution des mittelalterlichen englischen Rechnungshofes, stößt man auf Verständnisprobleme. So fallen beispielsweise bei der Betrachtung der Schuldeinträge einzelner Barone in den Pipe Rolls zwei Dinge auf. Erstens: Der Exchequer brauchte in der Regel sehr lange, eine ausstehende Schuld einzutreiben; oft wurden Schulden über mehrere Jahre, ja sogar Jahrzehnte hinweg abgezahlt und manchmal blieben sie auch lange Zeit unverändert stehen.[95] Zudem fielen während dieser Zeit wohlgemerkt keine Zinsen an.[96] Im Grunde stellte die prompte vollständige Bezahlung einer großen Schuld die Ausnahme dar. Neben diesen langen Abzahlungszeiten erstaunt zweitens die große Zahl erheblicher Schulderlasse, die der König ‚per Brief' gewährte. Als ein Beispiel unter vielen mag ein Eintrag aus dem Jahr 1210 dienen: William Malet, einem mittleren Baron aus Somerset (Curry Malet), wurden 100 Pfund Silber wegen des unerlaubten

---

92 Howden, 4, S. 152: *Statutum est in Anglia, et per praeceptum regis Johannis confirmatum, quod nullus vicecomes recipiat aliquem ad praesentationem baronis in senescallum, qui non possit respondere de misericordia pertinente ad transgressionem fidei, si forte in eam inciderit...* . Vgl. PAINTER 1949, S. 114f. und oben S. 26.

93 Vgl. Kapitel 3 Anm. 150.

94 MILLS 1925, S. 158ff.; PAINTER 1949, S. 115ff.; HARRIS 1964. Vgl. auch den Artikel 25 der Magna Carta (HOLT 1992, S. 25): *Omnes comitatus, hundredi, wapentakii, et trethingi sint ad antiquas firmas absque ullo incremento, exceptis dominicis maneriis nostris.*

95 Vgl. zum Beispiel Kapitel 4, bei Anm. 39ff. über die durchschnittliche Zahlungszeiten von Geldangeboten zur Besänftigung des königlichen Zornes (8 Jahre).

96 Zur Problematik des mittelalterlichen Wuchereiverbotes vgl. HERMAN 1993.

Fangs eines Hirsches im Gehege von Taunton angelastet. Doch in den Schatz kam nichts, da eben diesem William im selben Zuge die volle Schuld *per breue Regis* erlassen wurde.[97]

Beobachtungen dieser Art führten manchen Historiker zu der Annahme, der Rechnungshof habe lasch verfahren, Schulden seien in der Regel nicht rigoros eingetrieben worden, das ganze System habe jedenfalls für die Großen des Reiches keine besondere Belastung dargestellt. Vielmehr hätten sich die Barone, wie die langen Abzahlungszeiten bewiesen, den Finanzpraktiken des Königs erfolgreich widersetzt.[98] Obwohl der mittelalterliche Rechnungshof offensichtlich nicht wie eine moderne (Steuer-)behörde arbeitete, scheinen einige Forschungsarbeiten zu diesem Thema dennoch – unreflektiert – von solch einem Modell auszugehen.[99] Möchte man aber mit Weber von einer zunehmenden Rationalisierung oder Bürokratisierung von Herrschaft sprechen, dann ergibt sich hieraus die Frage: Mit welcher Logik oder Rationalität arbeitete eine mittelalterliche Finanzverwaltung, die einem Teil ihrer Schuldner die Schulden erließ oder diese nur über sehr lange Zeiträume hinweg eintrieb, die also gleichsam Kredite einräumte ohne Zinsen zu verlangen? Wäre es dem Rechnungshof vornehmlich um eine schnelle Beschaffung von Geldern für die königliche Regierung gegangen, müsste man ihm fast jegliche Effizienz absprechen. Arbeitete der Exchequer demnach etwa nicht ‚vernünftig' beziehungsweise handelte es sich bei ihm um eine Behörde, die noch in den Anfängen ihrer Entwicklung stand und deshalb mit Fehlern behaftet war?

Man kann behaupten, dass durch den Einfluss Max Webers und anderer die ‚modernen' Aspekte des englischen Exchequers häufig überbetont werden. Dies verdeckt in Teilen die Tatsache, dass die angevinischen Herrscher – trotz der zunehmenden Institutionalisierung und Professionalisierung in den Bereichen der Finanzverwaltung und des Gerichtswesens – weiterhin versuchten, ihr Königreich in einer mehr oder weniger traditionellen, personalen Weise zu regieren. Das zeigt etwa ihr stetes Bemühen, die wachsende Verwaltung unter persönlicher Aufsicht zu behalten.

So wurden die Kanzleiregister, wie gezeigt, wahrscheinlich deshalb angelegt, um eine bessere Kontrolle der stark ansteigenden Anzahl schriftlicher Befehle zu ermöglichen, die im Namen des Königs ausgestellt wurden. Auch die

---

97 Pipe Roll 12 John, S. 74: *Willelmus Malet r.c. de c li. eo quod cepit unum ceruum in parco de Tanton'. In thes. Nil. Et in perdonis ipsi Willelmo c li. per breue R. Et Q.E.*

98 Diese Meinung vertritt zum Beispiel HÜHN 1968, S. 60: „Wieweit diese langsame Zahlungsweise Ausdruck baronialen Widerstandes gegen die Finanzpraktiken des Königs war, lässt sich allerdings im einzelnen schwer sagen. Zweifellos jedoch bestand in diesen Fragen ein ständiges zähes Ringen zwischen König und Vasall, und dem König gelang es nicht immer, die an sich so eindrucksvollen Summen, die er forderte, auch wirklich zu erhalten."

99 Vgl. oben Abschnitt 1.2.

Entscheidungen des Rechnungshofes hingen stark von der Nähe zum Herrscher ab, wie eine Anekdote Walter Maps über Heinrich II. illustriert: Anlässlich eines Urteils des Exchequers zugunsten eines armen Mannes gegen einen Reichen bemerkte Map gegenüber Ranulf Glanvill, dem Justiziar und Vorsitzenden des Rechnungshofes, dass dieses schnelle Urteil leicht durch viele Abschweifungen hätte hinausgeschoben werden können. Ranulf antwortete: ‚Sicherlich entscheiden wir hier unsere Fälle viel schneller als Eure Bischöfe in den Kirchen.‘ Map konterte: ‚Das stimmt, aber wäre unser König von Euch so weit entfernt, wie die Bischöfe vom Papst, denke ich, wäret Ihr genauso langsam.’ Der Justitiar musste daraufhin lachen und verneinte es nicht.[100] Doch auch aus der Ferne nahmen die Könige starken Einfluss auf den Rechnungshof: In Kapitel 4 wird gezeigt werden, wie häufig sie dem Exchequer schriftliche Anweisungen bezüglich der Behandlung individueller Schulden gaben. Jeder der drei Herrscher zwischen 1154 und 1216 versuchte zudem, den Exchequer dahingehend zu kontrollieren und zu reformieren, dass die persönliche Kontrolle des Königs über die routiniert handelnde Verwaltung gewährleistet war: Heinrich II. beauftragte einen vom sizilischen Hof Rogers II. stammenden Vertrauten namens Thomas Brunus, die Sitzungen des Rechnungshofes zu kontrollieren; für ihn wurde eigens eine dritte Kopie des *magnus rotulus* hergestellt.[101] Löwenherz, der sich als König bekanntlich nur selten, insgesamt knapp sieben Monate, in England aufhielt, beauftragte 1196 den Abt von Caen, die Exchequerabrechnung des Ostertermins für ihn zu beaufsichtigen.[102] Und Johann ließ zu Beginn seiner Herrschaft auf einem Konzil in Windsor bestimmte *consuetudines scaccarii* verkünden, die eine höhere Zuverlässigkeit bei der Eintreibung von Schulden gewährleisten sollten.[103] Aus König Johanns angeblichen Ausspruch nach dem Tod seines Justiziars, Geoffrey fitz Peter, dieser würde in der Hölle von seinem Vorgänger Hubert Walter begrüßt werden, spricht ebenfalls ein gewisses Misstrauen gegenüber der Bürokratie: *Per pedes Dei nunc sum rex et dominus Angliae*, soll er erleichtert ausgerufen haben.[104]

---

100 Walter Map, S. 508.

101 Dialogus, S. 74ff.: *Porro in capite quarti sedilis, quod opponitur iusticiariis, residet magister Thomas cognomento Brunus. Huius ad scaccarium uilis est auctoritas. Magnum enim et ualidum fidei eius et discretionis est argumentum, quod a tam excellentis ingenii principe electus est, ut preter antiquam consuetudinem tertium habeat rotulum, in quo regni iura regisque secreta conscribat et eundem penes se reseruans quocunque uoluerit deferat. Habet etiam clericum suum in inferiore scaccario, qui iuxta clericum thesaurarii residens liberam habet facultatem scribendi, que recipiuntur et expenduntur in thesauro.* Vgl. TYERMAN 1996, S. 220f.

102 Newburgh, S. 464f.

103 Howden, 4, S. 152.

104 Matt. Paris., 2, S. 559.

Trotz dieser Anekdote, handelt es sich bei den Einflussnahmen der Herrscher auf die Verwaltung dennoch nicht um letzte ‚Rückzugsgefechte‘ personaler Herrschaft gegen die zunehmende Bedeutung administrativer Strukturen.[105] Man kann vielmehr, im Gegenteil, behaupten, dass die gerade wachsende Verwaltung die Möglichkeiten des Königs aufrecht erhielt, weiterhin in einer traditionellen Weise personale Herrschaft auszuüben.[106] Denn: Mitte des 12. Jahrhunderts waren die Ressourcen frei zu vergebenden Landes zunehmend knapp geworden.[107] Wilhelm der Eroberer hatte seine Gefolgsleute reich mit Land belohnen können. Zeitgenössische Chronisten warfen seinen Nachfolgern dann die Verschleuderung von Krongütern vor.[108] Noch Heinrich II. griff in seinen ersten Regierungsjahren darauf zurück, Männer, auf die er angewiesen war, um seine Herrschaft aufrecht zu erhalten und zu konsolidieren, mit Gütern aus der Krondomäne auszustatten. Der Wert dieser verschenkten Krongüter wurde von den Grafschaftspachten abgezogen, in den Pipe Rolls sind sie als *terre date* verbucht.[109] Die Tatsache, dass sich diese *terre date*-Einträge nach etwa 1159 nur noch geringfügig ändern sollten, zeigt an, dass er ab etwa dieser Zeit davon absah, die Krondomäne weiterhin als Quelle für die Vergabe von materiellen Gunsterweisen zu nutzen. Gerade in dieser Situation erweiterte der Exchequer das Repertoire von Handlungsmöglichkeiten des Königs zur Ausübung von Patronage beziehungsweise zur politischen Disziplinierung einzelner Personen. Statt einen Gefolgsmann mit einem Stück Land zu belehnen, konnte der König ihm seine Schulden erlassen oder ihn mit einem Amt versorgen. Statt einen Untreuen seines Lehens zu entheben konnte ihn der König nun zusätzlich – und vielleicht subtiler – unter Druck setzen, indem er auf der Begleichung seiner in den Pipe Rolls verzeichneten Schulden bestand.

Max Weber selbst lag es ausdrücklich fern, die empirisch vorzufindenden Herrschaftsformen, in das von ihm entwickelte Begriffsschema „einzufangen“. Keiner der von ihm erörterten Idealtypen von Herrschaft, so Weber, komme

105 Dies wäre eine stark evolutionistische Sichtweise, die von einer mehr oder minder linearen Entwicklung von ‚primitiver Herrschaft‘ zu ‚rationaler‘ Verwaltung ausginge.

106 Vgl. ähnlich GILLINGHAM 1988a, S. 165, der in bezug auf die Schuldeintreibung formulierte: „In other words, collecting only a small proportion of the amount due was not an indication of chronic government inefficiency but rather of a further refinement of an infinitely flexible system of patronage.“

107 Die Schwierigkeiten, die Johann Ohneland hatte, in Irland Fuß zu fassen, oder das Faktum, dass es erst Edward I. gelang, die walisischen Fürsten zu unterwerfen, sind symptomatisch dafür, dass die englischen Herrscher die angrenzenden Territorien im 12. und 13. Jahrhundert nicht, oder noch nicht, problemlos dazu nutzen konnten, Anhänger und Verwandte mit Landbesitz auszustatten. Zu den Interventionen der angevinischen Herrscher in Irland vgl. FLANAGAN 1984; FLANAGAN 1989; CHURCH 1998.

108 Vgl. zum Beispiel Giraldus Cambrensis, 8, S. 316.

109 Vgl. oben bei Anm. 47ff.

historisch wirklich „rein“ vor.[110] Deshalb sei an dieser Stelle folgende These behauptet: Wenn man mit Webers begrifflichen Instrumenten arbeiten möchte, um das angevinische Herrschaftssystem zu beschreiben, sollte man statt von ‚bürokratisch-rationaler Herrschaft‘ daher besser von ‚rationaler Verwaltung traditioneller Herrschaft‘ sprechen. In dieser Terminologie kommt auch die den heutigen Betrachter verblüffende Gleichzeitigkeit von quasi ‚modernen‘ Verwaltungsinstitutionen und althergebrachten Herrschaftsstrategien angemessenen zum Ausdruck.

Um weiter zu verdeutlichen, dass in den finanziellen Beziehungen zwischen den englischen Herrschern und ihren Baronen nicht nur ökonomische, sondern auch und vor allem politische Fragen eine Rolle spielten, sei an dieser Stelle noch auf das Phänomen der ‚Gaben‘ aufmerksam gemacht, welches in der Forschung, die sich mit dem Rechnungswesen der englischen Herrscher beschäftigt, nur selten zur Sprache gebracht wird. Laut Auskunft der Pipe Rolls wurden dem König nicht nur Gelder gezahlt, sondern auch Dinge oder Tiere angeboten: Arbeitspferde, Streitrosse, Jagdpferde, Beizvögel, Weinfässer, Schwerter und vieles andere. 1213 schenkte Roger fitz Nicolas, wahrscheinlich ein Vasall William Marshals (des Grafen von Pembroke), dem König alle Neunaugen, die er bekommen konnte, damit dieser den Grafen bitte, Roger einen bestimmen Gutshof zur Pacht zu überlassen.[111] Neunaugen (Lampreten), die zur Familie der Rundmäuler gehörenden fischähnlichen Wirbeltiere, waren im Mittelalter eine hochgeschätzte Delikatesse und typische Adelsspeise.[112] Das Beispiel veranschaulicht das System persönlicher, hierarchisch geordneter Beziehungen, innerhalb dessen Roger agierte, um sein Ziel, den Erwerb des Gutes, zu erreichen: Er umging seinen direkten Lehnsherren und wandte sich mit seiner Bitte unmittelbar an den König, damit dieser sich – wiederum in Form einer ‚Bitte‘ – an den Grafen wende. William Marshal konnte die ‚Bitte‘ des ihm übergeordneten Königs natürlich schwerer abweisen als die seines ihm untergeordneten Vasallen; aus diesem Grunde war die Vorgehensweise Rogers recht geschickt. Voraussetzung für ihren Erfolg war es natürlich, die Gunst des Königs gewinnen, das Mittel hierfür war das dem König versprochene Geschenk der Neunaugen. Die Tatsache, dass

---

110 WEBER 1980, S. 124. Mit der berühmt gewordenen Formel von der „Veralltäglichung des Charisma“ versuchte Weber, den Übergang von einer charismatischen zu einer patrimonialen, ständischen oder bürokratischen Herrschaft zu charakterisieren. Vgl. ebd., S. 142ff.

111 Rot. de ob. et fin., S. 511; Pipe Roll 16 John, S. 58. Dass Roger wahrscheinlich ein Vasall William Marshals war, geht aus Pipe Roll 13 John, S. 229 hervor.

112 HÜNEMÖRDER 1993; BUMKE 1990, 2, S. 242f. Den Wert eines dieser merkwürdigen ‚Fische‘ verdeutlicht zum Beispiel die Tatsache, dass der Graf von Chester dem König ein gutes Pferd für eine Lamprete bot: Pipe Roll 7 John, S. 33. Auch sonst tauchen sie recht häufig in den Pipe Rolls auf, vgl. etwa Rot. de ob. et fin., S. 241 (Gabe von Neunaugen für eine *inquisitio*).

Roger, wie viele andere, dem König kein Geld, sondern eine Sache anbot, zeigt, dass es sich hier um eine Gabe handelte; es ging nicht um die Bezahlung eines ‚Preises'. Im Kapitel 4 wird gezeigt werden, dass nicht nur die Sachgeschenke, sondern auch die dem König versprochenen Gelder oftmals eher den Charakter einer symbolischen Gabe als den eines ‚objektiv' festgelegten Preises besitzen. Manchmal wird der ‚persönliche' Charakter der Geschenke an den König besonders gut deutlich: Wenn der König forderte, dass ein ihm versprochenes Pferd so gut sein sollte, wie sein eigenes Jagdpferd ‚Liardus', dann musste dem Geber das Pferd des Königs bekannt gewesen sein.[113]

Allerdings hatte der Exchequer mit der Verrechnung solcher Gaben gewisse Schwierigkeiten, da sie sich nur numerisch darstellen ließen, wenn man Preise für sie festlegte.[114] Wenn eine Geschenk dem König tatsächlich persönlich übergeben worden war, bewies der Schuldner dem Rechnungshof das anschliessend durch die Vorlage einer schriftlichen ‚Quittung', die er am Königshof erhalten hatte.[115] Oft wurden entsprechende Bestandteile von Schuldeinträgen allerdings auch jahrelang in den Pipe Rolls ‚mitgeschleppt', bevor man sie schließlich in Geld umrechnete. Manchmal bestand der König jedoch auf der Gabe.[116] Auch die Tabellen heutiger Historiker lassen die vielen hundert Geschenke, die dem König geboten wurden, notgedrungen unter den Tisch fallen. Doch deuten diese darauf hin, dass es bei den in den Pipe Rolls verzeichneten Informationen eben nicht nur um ein Kapital ging, welches sich in Pfund, Mark, Schilling und Pfennig ausdrücken lässt, sondern um eine Art soziales Kapital.

Der König empfing nicht nur Geschenke, sondern teilte an seine Barone auch regelmäßig welche aus. König Heinrich I. besaß angeblich eine Art Register aller Grafen und Barone seines Landes und wies jedem von ihnen bei seiner Ankunft oder während seines Aufenthaltes bei Hofe gewisse Geschenke zu, Kerzen, Brot oder Wein, mit denen er sie ehrte.[117] Auch die Pipe Rolls und die Kanzleiregister verzeichnen nicht nur Gaben an den König, sondern buchstäblich Hunderte

---

113 Pipe Roll 12 John, S. 93.

114 Für ein Pferd wurde in der Regel 5 Mark gezahlt, vgl. zum Beispiel Pipe Roll 10 John, S. 131; 11 John, S. 3; 13 John, S. 237.

115 Vgl. zum Beispiel Pipe Roll 8 Rich. I, S. 103: *Gerardus de Canuill' r.c. de viij li. pro habenda beneuolentia R. et terris suis. In thes. Nichil. Et in [perdoniss] viij li. pro duobus equis . quos R. recepit ab eo ultra mare . per breue R. per breue R. de ultra mare quod attulit H. Cant' archiepiscopo. Et Q.E.*

116 Vgl. zum Beispiel Pipe Roll 13 John, S. 13: *Saiherus comes Wint'* [blank] *ij bonos palefridos non in denariis set in equis pro habenda saisia unius hyde terre...* . Ähnlich Rot. litt. claus., S. 60: *Volumus enim eum inde quietum esse pro uno palefrido q' nobis dabit non in den' sed in equo...* . oder Pipe Roll 7 John, S. 33: *... ij palefridos non in denariis . et in palefridis ...* .

117 Walter Map, S. 471: *Scriptos habebat omnes comites et barones terre sue, constituitque eis in aduenti uel mora curie sue certa xenia quibus eos honorabat, in candelis pane uinoque.*

von Geschenken des König an andere Personen.[118] Funktion dieses gegenseitigen Gabentausches war es, ein geistiges Band zwischen Schenkendem und Beschenktem herzustellen oder zu symbolisieren. Die in den Pipe Rolls verzeichneten Gaben vom und an den König (Jagdvögel, Pferde, köstliche Speisen oder Wein) verweisen auf dieses Phänomen, über das Marcel Mauss in seinem berühmten, 1924 erstmals erschienenen ‚Essai sur le don' so anregend geschrieben hat.[119] In den finanziellen Beziehungen zwischen den englischen Herrschern und ihren Baronen ging es demnach nicht nur um Geld und Gewinn: Sonst wären derartige Geschenke überflüssig gewesen; der König hätte vielleicht Zinsen verlangt, was er bemerkenswerterweise nicht tat. Es ging ebenso darum, die persönlichen Abhängigkeitsverhältnisse zwischen dem Herrscher und seinen Gefolgsleuten klarzustellen und zu festigen. Als zum Beispiel Johann Ohneland im Frühjahr 1216, kurz vor der Invasion Ludwigs von Frankreich, mit mehreren aufständischen Baronen mit dem Ziel verhandelte, sich wieder auszusöhnen, brachten die Boten der Barone, die zur Verhandlung an den Hof kamen, bezeichnenderweise Geschenke für den Herrscher mit.[120]

Die These von der rationalen Verwaltung traditioneller Herrschaft dient als Leitfaden durch die in den folgenden Kapiteln durchgeführte Untersuchung der finanziellen Beziehungen zwischen Krone und Adel. Im Kapitel 3 geht es um die Verwaltung von Adelsbesitz durch den König beziehungsweise durch vom König eingesetzte Verwalter. Einerseits waren hier die ‚neuen' administrativen Techniken (zum Beispiel die regelmäßig eingesetzten Untersuchungskommissionen) Voraussetzung für eine zentrale Verwaltung der Kronlehen in einem vorher nicht gekannten Ausmaße. Anderseits boten sich dem König mehr Möglichkeiten, Gefolgsleute und Funktionsträger durch die Vergabe von Ämtern zu versorgen oder zu belohnen (zum Beispiel wurden Hunderte von Lehnskustoden ernannt). Das Kapitel 4 beschäftigt sich mit den Schulden der Barone. Der Schrifteinsatz schuf ein ‚bürokratisches Gedächtnis' und ermöglichte dadurch die Kontrolle einer so hohen Zahl individueller Schulden, wie es Techniken mündlicher Erinnerung allein nicht hätten leisten können. Doch besaß der König nicht nur ein rein fiskalisches Interesse an den Schulden seiner Barone, er konnte sie vielmehr auch als Disziplinierungsinstrument einsetzen. Das Kapitel 5 behandelt den Heiratsmarkt: Inquisitionen und schriftliche Verwaltungsverfahren erleichterten eine systematische Erfassung königlicher Verheiratungsrechte. Der Herrscher konnte diese Rechte wiederum fiskalisch nutzen, aber auch Gefolgsleute niederer Her-

---

118 Am 20. Juli 1203 schenkte König Johann dem Baron von Kempsford, Pain II de Chaworth, zum Beispiel ein Pferd im Wert von 40 Pfund. Rot. litt. pat., S. 32: *Rex etc. Ricardo de Wilek' etc. Mandamus vobis quod sine dilatione faciatis habere Pagano de Caurc' vel certo nuncio suo unum equum de precio xl li. ... .*

119 MAUSS 1990.

120 Rot. litt. pat., S. 180:*...venerunt ad nos nuncii vestri presencium latores apud Dover'...* .

kunft mit reichen Erbinnen oder Erben verheiraten und diesen dadurch zu sozialem Aufstieg und permanenten Statuserhalt verhelfen.

Kapitel 3: Adelsbesitz ‚in der Hand des Königs'

Die intensive Beschäftigung mit den finanziellen Abgaben der Barone und der Versuch, frühe ‚Steuersysteme' zu rekonstruieren hat manchmal vergessen lassen, welche erheblichen Geldmittel dem Königtum durch die zentrale Verwaltung baronialer Lehen zuflossen. Die Lehen der Barone waren erblicher Besitz, der in der Regel in der Hand einer Familie verblieb, da er beim Tode eines Kronvasallen geschlossen an seinen ältesten Sohn ging.[1] In seltenen Fällen wurde das Primogeniturprinzip mit Zustimmung des Königs durchbrochen und ein jüngerer Sohn seinem älteren Bruder vorgezogen, allerdings konnte dies noch Jahrzehnte später zu Streit führen.[2] Beim Fehlen männlicher Nachkommen waren auch Frauen, meistens Töchter oder Schwestern des Verstorbenen, erbberechtigt. Beim Vorhandensein mehrerer weiblicher Erben gab es keinen Vorrang älterer Töchter, in diesem Fall kam es zu einer Teilung von Kronlehen.[3]

‚Nur Gott, nicht der Mensch, kann jemanden zum Erben machen,' schreibt Glanvill, und Heinrich II., dessen Anspruch auf den Thron Englands auf Erbrecht basierte – bereits vor seinem Herrschaftsantritt hatte er sich in einer Urkunde von 1141 als *rectus heres Anglie et Normannie* bezeichnet – war weit davon entfernt, die Erblichkeit Kronlehen anzutasten.[4] Im Gegenteil, unter seiner Regierung wurden Prozessformen entwickelt, die allen freien Landbesitzern den Zugang zur königlichen Rechtsprechung erleichterten und es ihnen somit ermöglichten, ihren Besitz wirkungsvoll gegen eventuelle Ansprüche anderer, selbst diejenigen großer Barone, zu schützen.[5] Dennoch waren die Inhaber von Lehen weitaus weniger

1 Zur Diskussion des Eigentumscharakters der englischen Lehen vgl. die klassische Darstellung bei POLLOCK – MAITLAND 1898, 2, S. 2ff. und ihre Kritik bei THORNE 1959. Weitere Beiträge lieferten u.a. HOLT 1972; KING – WHITE – HOLT 1974; HOLT 1983; HUDSON 1990; HUDSON 1994; REYNOLDS 1994, S. 343 et passim. Zum Streit um den Charakter des ‚Lehnswesens' vgl. Kapitel 2 Anm. 19. Zur Änderung der Struktur der europäischen Adelsfamilien im Übergang vom Früh- zum Hochmittelalter auf dem Kontinent vgl. u.a. SCHMID 1959 und DUBY 1971.

2 Vgl. zum Beispiel Pipe Roll 10 John, S. 113: Der jüngere wurde seinem Bruder vorgezogen, da er ‚ein besserer Ritter' war (*...qui...tenuit predictam baroniam per uoluntatem H. Regis eo quod fuit melior miles quam...frater suus...*). Die Tatsache, dass nach dem Tode Reginalds de Crevequer zw. 1165 und 1172 sein jüngerer Sohn das Kronlehen Redbourne erbte, führte noch Anfang des 13. Jahrhunderts zu Erbkonflikten: CRR, 2, S. 218.

3 Die Erbregeln können hier nur sehr verkürzt besprochen werden, vgl. ansonsten die umfassende Darstellung bei POLLOCK – MAITLAND 1898, 2, S. 260ff. Der Austausch von Vermögen zwischen verschiedenen Familien erfolgte weniger durch den Verkauf von Lehnsbesitz als durch Heirat. Dies bewahrte den Adel vor einer Erstarrung in ‚Kasten' und ermöglichte sozialen Aufsteigern, Land zu erwerben: Vgl. dazu Kapitel 5.

4 Glanvill, S. 71: *... solus Deus heredem facere potest, non homo.* Regesta, 3, S. 235, Nr. 635.

5 Vgl. Kapitel 2 Anm. 77.

Herren über ihren Besitz als heutige Grundeigentümer, da auch ihr jeweiliger Lehnsherr in bestimmten Fällen Verfügungsrechte über diesen Besitz beanspruchen konnte. In besonderem Maße traf dies auf die Barone zu, deren direkter Lehnsherr der König war. Denn den Baronen war es verwehrt, die vom König eingerichteten neuen Prozessformen gegen ihren Lehnsherren, den Herrscher selbst zu richten. Ihnen war also vielfach der Zugang zu einem Rechtsmittel versperrt, der ihren eigenen Vasallen, die ihren Besitz nicht direkt vom König zu Lehen hielten, offenstand.[6] Die auffallend starke Position des Königs im englischen Lehnswesen erklärt sich, wie in Kapitel 2 angesprochen, vor allem aus der besonderen Beschaffenheit der Besitzverhältnisse nach der Eroberung Englands durch die Normannen in der zweiten Hälfte des 11. Jahrhunderts.

Im folgenden Kapitel wird zuerst dargelegt, wann der König Englands der lehnsrechtlichen Theorie nach Verfügungsgewalt über die Lehen seiner Kronvasallen besaß. Wie intensiv er tatsächlich auf den Besitz der Barone zugriff, untersuche ich anschließend anhand der Pipe-Roll-Einträge des ausgewählten Personenfeldes. In diesem Rahmen gehe ich auch auf die Techniken der Informationsbeschaffung, die Aufgaben der im königlichen Auftrag handelnden Lehnskustoden, die Funktion der Ämtervergabe, die Konfiskationen durch den König und die Erbgebühren (*relevia*) ein.

3.1 Rechtsgründe für einen Zugriff des Königs auf den Besitz der Barone

In drei Fällen konnte der König über den Besitz seiner Barone verfügen: Beim Tode eines Kronvasallen ohne Erben, also gewissermaßen beim ‚Aussterben‘ einer Familie, fiel sein Lehen zurück an den König (Heimfall). Bei schweren Vergehen eines Barons durfte der Herrscher dessen Ländereien oder Teile seiner Güter zur Strafe für bestimmte Zeit konfiszieren oder ihn, bei besonders schwerem Treuebruch, sogar permanent enterben (Konfiskation). Drittens gelangte ein Kronlehen während der Minderjährigkeit eines Erben, das heißt bis zu seinem 21. Lebensjahr, ebenfalls ‚in die Hand des Königs‘ (Vormundschaft). Heimfall, Konfiskation und Vormundschaft werden in zeitgenössischen theoretischen und normativen Texten recht ausführlich behandelt, vor allem im ‚Dialogus de scaccario‘ des Richard von Ely von 1177-9 und in dem traditionell ‚Glanvill‘ zugeschriebenen Rechtstraktat von 1187-9. Die Magna Carta von 1215 beschäftigt sich bezeichnenderweise in mehreren ihrer vordersten Artikel mit dem Missbrauch der königlichen Vormundschafts- und Verheiratungsrechte.

---

6 Vgl. TURNER 1994, S. 200: „[The barons] wanted the *lex terre*, the common law procedures available to their tenants against them, applied in their quarrels with the king, not law that sprang from royal will.“

3.1.1 Heimfall

Zwar hatte sich, wie erwähnt, in der zweiten Hälfte des 12. Jahrhunderts die Erblichkeit der Lehen längst durchgesetzt. So war selbst die Erbfähigkeit von Frauen anerkannt, doch gab es Schwierigkeiten beim Fehlen von Nachkommen in direkter Linie, also Kindern oder Enkeln eines Barons: In diesem Fall kam es oft zu Erbstreitigkeiten. Fand sich kein zweifellos rechtmäßiger Erbe (*rectus heres*) und beanspruchte niemand vor Gericht, ein solcher zu sein, sollte laut Glanvill das Land auf Dauer an den Lehnsherren fallen.[7] Richard von Ely definiert: ,Heimfälle (*escaete*) nennen wir in der Umgangssprache das, was nach dem Tode von Kronvasallen ohne Leibeserben an den Fiskus zurückfällt.'

Der Begriff *escaetum* wurde allerdings nicht ausschließlich zur Bezeichnung von Heimfällen im engeren Sinne verwendet, sondern bisweilen auch auf alle, aus anderen Gründen an den König gefallene Lehen angewandt.[8] Laut Glanvill kann zwar, wie bereits zitiert, ,nur Gott jemanden zum Erben machen', aber gleichzeitig gilt für ihn der Grundsatz: ,Der letzte Erbe eines jeden ist sein (Lehns-)herr' (*Vltimi heredes aliquorum sunt eorum domini*).[9] Dem König waren nach diesem Verständnis um so größere Einflussmöglichkeiten gegeben, je weitläufiger ein Erbe mit dem verstorbenen Baron verwandt war. Bei Rechtsstreiten zwischen zwei entfernten Erben war es dem König leicht möglich, zugunsten der einen oder anderen Partei einzugreifen oder das Land in die eigene Hand zu nehmen.[10] In der Magna Carta (Artikel 43) wandten sich die Barone dagegen, Vasallen der an den König gefallenen Kronlehen stärker zu belasten als zu der Zeit, als sich diese noch im Besitz der ursprünglichen Inhaber befanden hatten.[11] Dies ist ein Hinweis darauf, dass zumindest Johann Ohneland die ihm kraft seiner Eigenschaft als oberster Lehnsherr zufallenden Rechte finanziell zu nutzen

---

7 Glanvill, S. 90f., hier S. 90: *Sin autem nullus appareat qui hereditatem ipsam tanquam heres requirat, tunc ipsi domino remanet hereditas illa eskaeta ad permanenciam, ita quod de illa disponere potest sicut de sua propria ad libitum suum.*

8 So bezeichnet Richard von Ely die Vormundschaften als ,Heimfälle mit Erben' (*escaete cum herede*). Zur Ableitung des Begriffes von ,excadere' vgl. die Bemerkungen Marianne Siegrists, in: Dialogus, S. 315ff.

9 Glanvill, S. 90. Die Stärke des Erbgedankens wird daran deutlich, dass Glanvill den Lehnsherrn als ,Erben' bezeichnet – nicht als einen Obereigentümer o.ä. – und den permanenten Heimfall eines Lehens nur gelten lässt, solange niemand vor Gericht seine Erbschaft einklagt.

10 Zu Konfiskationen wegen Erbstreitigkeiten vgl. unten S. 101f. Zu der Höhe von Erbgebühren bei unsicheren Erbschaften vgl. unten Abschnitt 3.2.6, insbesondere S. 110ff.

11 HOLT 1992, S. 462: *Si quis tenuerit de aliqua eskaeta, sicut de honore Wallingefordie, Notingeham, Bolonie, Lancastrie, vel de aliis escaetis que sunt in manu nostra et sunt baronie, et obierit, heres ejus non det aliud relevium, nec faciat nobis aliud servicium quam faceret baroni si baronia illa esset in manu baronis; et nos eodem modo eam tenebimus quo baro eam tenuit.*

wusste. Ob bereits sein Bruder und sein Vater eine ähnliche Politik betrieben, kann nur eine gründliche Lektüre der Pipe Rolls erweisen.

3.1.2 Konfiskation

Das Vermögen eines Barons, und damit auch sein politisches Gewicht, hing in erster Linie von der Anzahl seiner Güter und dem Wert seines Grundbesitzes ab. Vor allem der Landbesitz verschaffte einem Baron ein regelmäßiges Einkommen. Die wirksamste Waffe, die ein Herrscher gegen einen unfolgsamen Lehnsmann einsetzen konnte, war demzufolge die Zerstörung oder Beschlagnahme seiner Güter. Entsprechend wurden die Kriege und Fehden des 12. Jahrhunderts allgemein selten in direkten militärischen Auseinandersetzungen geführt, bei denen sich die Kontrahenten in offenen Feldschlachten gegenübertraten. Vielmehr wurde versucht, den Gegner zu schwächen, indem man seine Länder verwüstete und ihn so wirtschaftlich in die Knie zwang.

Den lehnsrechtlichen Vorstellungen der Zeit nach rechtfertigte eine Verletzung der Treuepflicht, die ein Vasall seinem Lehnsherren schuldete (*felonia*), die Beschlagnahmung seines Landes. Glanvill zufolge sollte ein der Felonie überführter oder geständiger Vasall enterbt werden: Sein Lehen dürfe eingezogen werden und solle dem Lehnsherrn zufallen. Auch die Ländereien von Baronen, die direkt vom König zu Lehen gehalten würden, könnten, ebenso wie deren bewegliche Habe, zum Vorteil des Herrschers beschlagnahmt werden. Dabei besäßen mögliche Erben keinen Anspruch auf Wiedererlangung des beschlagnahmten Besitzes.[12] Ähnlich äußert sich Richard von Ely:[13]

> Wenn ein Kronvasall, der ein Verbrechen auf dem Gewissen hat, sein ganzes Hab und Gut im Stich lässt und sein Leben durch Flucht zu retten versucht, gleichgültig ob er angeklagt sei oder nicht, oder wenn er auf Grund einer Anklage überführt wurde oder gestand, dann hat er Land und Leben zugleich verwirkt; alles, was sein war, wird sofort be-

---

12 Glanvill, S. 90f.: *Preterea si quis de felonia conuictus fuerit uel confessus in curia, eo per ius regni exheredato terra sua domino suo remanet eskaeta. Notandum tamen quod si de domino rege in capite tenuerit, tunc tam terra quam de omnes res mobiles sue et catalla penes quecumque inuenta fuerint ad opus domini regis capientur sine omni recuperatione alicuius heredis.*

13 Dialogus, S. 210ff.: *Cum aliquis de rege tenens in capite, perpetrari sceleris sibi conscius, siue sit ei obiectum siue non, relictis tamen omnibus per fugam uite consulit, uel si super eodem obiecto conuictus uel confessus, terra simul et uita iudicatur indignus; omnia, que sui iuris fuerant, mox infiscantur et redditus omnes annuo immo et perpetuo iure ad scaccarium a uicecomite persoluuntur, et quod ex mobilius eorum uenditis prouenit, regi cedit.*

schlagnahmt, die gesamten Erträge werden jährlich und für alle Zukunft [vom Sheriff] an den Rechnungshof abgeliefert, und der Erlös aus dem Verkauf seiner beweglichen Habe fällt an den König.

In bestimmten Fällen bestand die Möglichkeit, eine drohende Konfiskation abzuwenden, indem man dem König eine hohe Summe Geldes anbot (vgl. dazu Kapitel 4). Doch konnte dieses Mittel der Konfliktbereinigung auch versagen. Dies wird beispielsweise an der Behandlung aufständischer Großer durch König Heinrich I. im Jahr 1101 deutlich, die Ordericus Vitalis in seiner Chronik schildert. Danach klagte der König diese

> ...nicht gleichzeitig, sondern je einzeln und zu verschiedenen Zeiten, des Vergehens an, ihren Treueid auf verschiedene Weise verletzt zu haben. Einige von ihnen, die sich nicht von den ihnen zur Last gelegten Verbrechen reinigen konnten, verurteilte er zu gewaltigen Geldstrafen, andere aber, die er noch mehr in Verdacht hatte, zwang er ins Exil, nachdem er sie unwiderruflich enterbt hatte.[14]

Die Chronik zeigt deutlich, dass die Bestrafung untreuer Barone in ihrer Härte offensichtlich abgestuft sein konnte. Eine permanente Enterbung war natürlich schlimmer als eine zeitweilige Konfiskation einiger Güter; letzteres wiederum traf einen Verurteilten härter als eine Geldstrafe.[15] Das Leben wurde großen Adligen, entgegen den Angaben des Schatzmeisters, anscheinend nur selten genommen, hartnäckige Rebellen mussten allerdings England verlassen und ins Exil gehen.[16]

---

14 Ordericus Vitalis, 6, S. 12: *Anno ab incarnatione Domini M°C°I° indictione ixa Henricus rex Anglorum pace cum Rodberto fratre suo facta in regno confirmatus est et super proditores qui tempore necessitatis suae nequiter ab illo desciuerant paulatim ulcisci conatus est. Nam Rodbertum cognomento Maletum et Iuonem de Grentemaisnilio, Rodbertum de Pontefracto filium Ilberti de Laceio, et potentiorem omnibus illis Rodbertum de Bellismo aliosque quamplures ad iudicium summonuit, nec simul sed separatim uariisque temporibus de multomodis uiolatae fidei reatibus implacitauit. Quosdam eorum qui se de obiecto crimine purgare non poterant ingenti pecunia condemnauit, alios uero quos magis suspectos habebat irrecuperabiliter exheredatos exulare compulit.*

15 Permanente Enteignungen waren eher selten: Selbst bei den umfangreichen Konfiskationen Johanns in den Jahren 1215 und 1216 war die Rückgabe der eingezogenen Ländereien bei Wiederherstellung des Friedens vorgesehen, das geht zum Beispiel aus Rot. litt. claus., S. 287 hervor: *Quia volumus quod terras illas teneat donec pax reformetur inter nos et barones nostros ...* . Zum Ausmaß der Konfiskationen in diesen Jahren vgl. unten S. 102ff.

16 Beispielsweise nahm König Wilhelm II. Rufus zwar den Adligen, die bei seinem Herrschaftsantritt gegen ihn rebelliert hatten (Odo von Bayeux, Robert de Bellême u.a.), den Besitz, ließ ihnen aber das Leben: Ordericus Vitalis, 4, S. 132.

Daneben lässt sich auch das übliche Muster beobachten, dass untreuen Vasallen häufig verziehen wurde: Diese konnten wieder in die Huld des Herrschers aufgenommen werden, falls sie sich vollständig seiner Gnade auslieferten und ihm Treue gelobten, wobei, wie erwähnt, vielfach Geldzahlungen eine wichtige Rolle spielten.[17] Es gab also kein hartes Durchgreifen nach dem Buchstaben eines wie auch immer gearteten Gesetzes, keine festen Bußtarife und Strafen, sondern ein Urteil nach Ansehen der Person.

Bei den ersten drei Königen der 1154 auf den englischen Thron gelangten Plantagenêt-Dynastie, dürfte die Praxis der Beschlagnahmung von Lehen grundsätzlich nicht viel anders ausgesehen haben als bei ihren anglo-normannischen Vorgängern. Doch dank der außergewöhnlich guten schriftlichen Überlieferung sind wir in der Lage, für diese Zeit, 1154 bis 1216, erstmals einen genaueren empirischen Überblick über das Ausmaß und die Intensität der Konfiskationen gewinnen zu können. Wie weiter unten zu sehen sein wird, machten die Herrscher reichlichen Gebrauch von diesem Instrument. Der berühmteste Artikel der Magna Carta, heute steht er für das Prinzip der Rechtsstaatlichkeit, richtete sich ursprünglich wohl gegen willkürliche Enteignungen durch die angevinischen Herrscher.[18] Richard von Ely schrieb den Königen ausdrücklich eine gewisse willkürliche, nicht auf ein gründlich überprüftes Recht gegründete Machtvollkommenheit zu.[19] Gegen dieses *arbitrium voluntatis* wendet sich die Betonung des Rechtsprinzips im heute berühmten Artikel 39 der Magna Carta:

> Kein freier Mann soll festgenommen, gefangen, enteignet, für gesetzlos erklärt, verbannt oder auf irgendeine andere Weise ruiniert werden, noch werden Wir gegen ihn vorgehen oder gegen ihn schicken, außer durch das rechtmäßige Urteil seiner Standesgenossen oder das Recht des Landes.[20]

Während der Schatzmeister Heinrichs II. betonte, dass die konfiszierten Güter der Felonie Überführter ‚für alle Zukunft‘ vom Rechnungshof verwaltet werden soll-

---

17 Das dies nicht nur in England der Fall war, zeigt ein Vergleich mit dem Verhalten des Kaisers beim Sturz Heinrichs des Löwen: Bei dem Treffen zwischen Heinrich und Friedrich Barbarossa in Haldensleben 1179 verlangte der Kaiser vom Herzog 5000 Mark Silber für die Wiedererlangung seiner Gnade. Heinrich lehnte die Zahlung der hohen Summe ab und das Verfahren, das in seiner Enteignung mündete, nahm seinen Fortgang: Vgl. dazu OPLL 1990, S. 126 mit weiteren Literaturangaben. Besäße man eine den englischen Pipe Rolls analoge Überlieferung über die Geldeinnahmen der staufischen Herrscher, ließen sich wohl noch mehr Parallelen zur Herrschaftspolitik der Plantagenets aufzeigen.

18 JOLLIFFE 1963, S. 322 u. 84; HOLT 1992, S. 327ff.

19 Dialogus, S. 2.

20 HOLT 1992, S. 460.

ten, setzt die Magna Carta das Prinzip dagegen, dass beschlagnahmte Güter nur ein Jahr und einen Tag vom König einbehalten werden könnten; danach müssten diese den jeweiligen Lehnsherren zurückgegeben werden.[21] Im Falle von Kronlehen deckte sich natürlich der König mit dem Lehnsherren.

3.1.3 Vormundschaft

Die Herrenvormundschaft stellte eine Besonderheit des anglo-normannischen Rechtsraumes dar. Minderjährige Erben einer Baronie standen hier nicht unter der Vormundschaft ihrer Verwandten, wie zum Beispiel in Frankreich üblich, sondern gerieten unter die Aufsicht ihres Lehnsherren.[22] Der genaue Ursprung der Herrenvormundschaft liegt im Dunkeln. Während die ältere Forschung sie als Relikt aus einer frühen Phase der ‚Evolution‘ des Lehnswesens interpretierte, nannte die jüngere Forschung die spezifischen Bedingungen der anglo-normannischen Reichsbildung als Ursache für ihr Entstehen.[23] Doch lassen sich beide Ansichten verbinden. Die älteste Kodifikation normannischen Gewohnheitsrechtes begründet das Vormundschaftsrecht des Lehnsherren damit, dass das Erbgut nicht – wie bei den Verwandten eines minderjährigen Erben – in sein Eigentum übergehen könne. Der Lehnsherr sei deshalb in der Lage, das Erbe als guter Treuhänder vor der Habgier der Verwandten zu schützen.[24] Der tatsächliche Grund für die Ausbildung der Herrenvormundschaft liegt aber wohl weniger in der Sorge des Lehnsherrn um die Kinder seiner Vasallen als vielmehr in dem Bemühen, sich ihrer Lehnstreue zu versichern.

Die Problematik war eine grundsätzliche: Es gab in allen lehnsrechtlich organisierten Adelsgesellschaften ein fundamentales Spannungsverhältnis zwi-

---

21 HOLT 1992, S. 458: *Nos non tenebimus terras illorum qui convicti fuerint de felonia, nisi per unum annum et unum diem, et tunc reddantur terre dominis feodorum.*

22 POLLOCK – MAITLAND 1898, 1, S. 318ff.; MITTEIS 1934, S. 200ff.; MILSOM 1994.

23 Alter Erklärungsansatz zum Beispiel bei POLLOCK – MAITLAND 1898, 1, S. 327; zur neueren Forschung vgl. unten Anm. 28.

24 Coutumiers de Normandie, hg. von Ernest-Joseph Tardif, Bd. 1: Le Très Ancien Coutumier de Normandie, Rouen 1881, Reprint Genf 1977, S. 10f.:*Orphanus heres, quoniam debet esse in custodia alicujus quis eum custodiet? – Mater. – Non. – Quare? – Quia sponsum accipiet et inde filios habebit; filii, propter cupiditatem hereditatis habende, possent occidere fratrem primogenitum vel heredem, vel sponsus occidere filiastrum suum, ut daret hereditatem filiis propriis. – Quis igitur custodiet eum? – Consanguinei ejus. – Non. – Quare? – Ne forte morti ejus inhyantes et hereditatem ejus cupientes opprimerant innocentem. Ad hujusmodi infidelitatem et crudelitatem evitandam, statutum est orphanus esse in custodia ejus, qui patri orphani fide connexus fuerat per homagium et ligatus. – Qui est ille? – Dominus terre, qui hereditatem illam non potest habere in dominio; hujusmodi enim heredes de nobili genere multos habent heredes.* Vgl. MITTEIS 1934, S. 201ff.

schen der Tatsache der persönlichen Beziehung zwischen zwei Personen, dem Lehnsherren und dem Vasallen, auf der einen Seite und und auf der anderen Seite der Tatsache, dass das dingliche Substrat dieser Verbindung, das Lehen, bald zu Eigentum einer Familie wurde.[25] Diese Spannung war letztlich unvermeidlich, da eine kontinuierliche Neuausgabe der Lehen beziehungsweise ihr gewaltsamer Einzug gegen den Willen des Adels die Kräfte jedes mittelalterlichen Herrschers beziehungsweise seiner Verwaltung überstiegen hätte. Zudem wurde die Vererbung von Lehen nicht als paradox empfunden, da am ehesten die Söhne treuer Gefolgsleute versprachen, ebenso treue Vasallen zu werden wie ihre Väter, insbesondere dann, wenn sie am Hofe ihres Herrn erzogen worden waren. Falls ein Lehnsherr jemandem sein väterliches Erbe verweigerte, musste er damit rechnen, Unzufriedenheit unter seinen anderen Vasallen zu säen, die um die Versorgung ihrer Nachkommenschaft fürchteten.[26] Dennoch war eine Gefährdung der Stellung der Feudalherren, insbesondere die des Königs, bei gewissen Konstellationen nicht zu vermeiden. Vor allem bei Reichsteilungen wurde die Tatsache der häufigen Mehrfachvasallität zu einem politischen Problem.[27]

Die Trennung der Herrschaftsgebiete England und Normandie zwischen 1087 und 1106 bei der gleichzeitigen Weiterexistenz von Besitzkomplexen, die sich über beide Territorien erstreckten, führte zu einer Krise der Besitzverhältnisse („tenurial crisis"), die nach der Ansicht James C. Holts letztlich Ursache für die Ausbildung der Herrenvormundschaft in diesen Gebieten war. Bereits Marc Bloch hatte bemerkt, dass man das Vormundschaftsrecht im Lehnswesen durchaus aus dem Problem der geteilten Treue oder Mehrfachvassalität herleiten könne, aber auch hinzugefügt, dass dies im Mittelalter theoretisch so nie begründet wurde.[28] Ohne die Problematik hier weiter zu vertiefen, kann festgehalten werden, dass die Herrenvormundschaft ursprünglich zu den Bestimmungen des feudalen Gewohnheitsrechtes gehörte, die einen Loyalitätsverlust der Herrscher

25 Vgl. die folgende Bemerkung bei BLOCH 1939-40, S. 286: „La présence d'un héritier mineur posait le plus troublant, sans doute, des problèmes que, dès ses débuts, eut à résoudre la coutume féodale."

26 BLOCH 1939-40, S. 272. Zur Erziehung von Adelssöhnen an anderen Höfen vgl. BUMKE 1990, 2, S. 433ff. In England erhielten minderjährige Erben von Baronen, die sich in der Munt des Königs befanden, bisweilen Geld zugewiesen, zum Beispiel erhielt Robert III de Umfraville 1182 100 Schilling *ad se sustendandum in servitio Regis*: Pipe Roll 28 Hen. II, S. 49f.

27 BLOCH 1939-40, S. 299ff.: „Régulièrement, on voit les partages de l'empire prendre les mesures nécessaires pour éviter tout chevauchement vassalique." Zu den Folgen der karolingischen Reichsteilungen vgl. TELLENBACH 1941.

28 HOLT 1972, S. 18-23; KING – WHITE – HOLT 1974, S. 127; BLOCH 1939-40, S. 301. Die durch die Reichsteilung entstehenden Spannungen und Probleme werden deutlich von Ordericus Vitalis in einer fiktiven Besprechung der Barone Englands und der Normandie zum Ausdruck gebracht: Vgl. unten bei Anm. 194.

gegenüber ihren Kronvasallen verhindern sollten.[29] Auf die Grundsätzlichkeit des Problems deutet die Tatsache, dass auch der Sachsenspiegel die Herrenvormundschaft nach Lehnrecht kennt. Rein faktisch war sie im deutschen Bereich aber, worauf Heinrich Mitteis aufmerksam machte, durch eine Vormundschaft der sogenannten Schwertmagen, also der Verwandten des Vaters, unwirksam gemacht.[30] Eine zusätzliche englische Besonderheit liegt, wie zu sehen sein wird, darin, dass die Könige hier nicht nur wegen der Lehnstreue ihrer Vasallen ein Interesse an der Herrenvormundschaft hatten, sondern auch – und vor allem – aus finanziellen Erwägungen heraus.

Glanvill beschreibt die Rechte und Pflichten von Lehnsherren und Vasallen bei der Vererbung eines Lehens wie folgt:[31] Nach dem Tode der Vorfahren volljähriger Erben haben die Lehnsherren kein Recht, diesen das Lehen vorzuenthalten, wenn sie bereit sind, eine Erbgebühr (*relevium*) zu zahlen und die üblichen Dienste zu leisten. Sie dürfen sich sogar gegen die Gewalt ihrer Herren wehren, wenn diese sie hindern wollen, das Erbe anzutreten.[32] Minderjährige Erben geraten indes in die Munt ihrer Lehnsherren bis sie die Volljährigkeit erreicht haben, das heißt bei Ritterlehen erst mit der Vollendung des 21. Lebensjahres.[33] Während dieser Zeit dürfen die Lehnsherren über Personen und Land frei verfügen. Das Erbe muss allerdings intakt bleiben, die Mündel müssen versorgt werden und in bestimmten Fällen sind die Vormünder auch für die Schulden der ihnen Anvertrauten verantwortlich.[34] Des weiteren sollen die Vormünder den Erben das Erbgut vollständig ausgestattet und, je nach der Dauer der Vormundschaft und der Größe des Erbes, schuldenfrei übergeben.[35] 1215 wurde nicht die Abschaffung der Herrenvormundschaft gefordert, dieses Recht kam ja auch den Baronen selbst zugute. Die Magna Carta machte aber deutlich, dass der König nicht immer ein guter Vormund gewesen war. Ihr zufolge hatten Barone Erbgebühren zahlen müssen, obwohl sie vorher bereits Mündel des Königs befunden hatten (Artikel 3).[36] Sie zahlten für Ihr Erbe also gleichsam zwei Mal.

---

29 In dieselbe Richtung zielt auch die Vorstellung der ‚Ligesse‘. Vgl. dazu DIESTELKAMP 1978.

30 MITTEIS 1934, S. 221ff.

31 Glanvill, S. 82ff.

32 Zu den Erbgebühren vgl. unten Abschnitt 3.2.6.

33 Ebd., S. 82: *Si uero constet eos esse minores, tunc tenentur heredes ipsi esse sub custodia dominorum suorum donec plenam habuerint etatem si fuerint heredes de feodo militari, quod sit post uicesimum et unum annum completum si fuerit heres et filius militis uel per feodum militare tenentis ...*

34 Ebd., S. 82f.

35 Ebd. S. 83: *Restituere autem tenentur custodes hereditates ipsis heredibus instauratas et debitis aquietas iuxta exigentiam temporis custodie et quantitatis hereditatis.*

36 HOLT 1992, S. 450: *Si autem heres alicujus talium fuerit infra etatem et fuerit in custodia, cum ad etatem pervenerit, habeat hereditatem suam sine relevio et sine fine.* Zu den Erbgebühren siehe unten Abschnitt 3.2.6.

Die vom König eingesetzten Verwalter der eingezogenen Kronlehen hatten weit mehr als die üblichen Abgaben und Dienste eingetrieben und das ihnen anvertraute Land offenbar häufig verwüstet hinterlassen (Artikel 4).[37] Beim Antritt eines Erbes fand ein Baron seinen Besitz schließlich oft bar jeglicher Ausstattung an Pfluggespannen und anderen notwendigen Gerätschaften vor, so dass eine sofortige Bewirtschaftung seines Landes unmöglich war (Artikel 5).[38] Es wird im wieteren zu zeigen sein, inwieweit diese Vorwürfe tatsächlich zutrafen.

3.2 Das tatsächliche Ausmaß des Zugriffs auf Adelsbesitz

Die behandelten theoretischen und normativen Schriften beschreiben die stark ausgeprägten Verfügungsrechte des englischen Königs über den Besitz seiner Barone. Erstaunlicherweise forderte die Magna Carta nicht deren grundsätzliche Abschaffung. Doch blieb die Verwaltung der an den König gefallenen Kronlehen auch nach 1215 ein Streitpunkt zwischen Krone und Adel.[39] Es ist nun zu fragen, wie sich nun die Rechtswirklichkeit zwischen 1154 und 1216 darstellte. Zwar wurde bereits unter den ersten normannischen Königen über Missstände beim Umgang der Herrscher mit dem Besitz ihrer Vasallen geklagt. Auch Wilhelm der Eroberer und seine Nachkommen konfiszierten von Fall zu Fall die Lehen untreuer Barone. Aber erst für die Herrscher der Plantagenêt-Dynastie ermöglichen die seriell überlieferten Pipe Rolls genauere Auskünfte über Art und Umfang der Missbräuche. Es handelt sich hier jedoch wohlgemerkt nicht nur um eine bessere Dokumentation dank geänderter Überlieferungsbedingungen. Die in der zweiten Hälfte des 12. Jahrhunderts neu ausgebildeten Methoden schriftlicher Verwaltung erlaubten den Königen eine deutlich effektivere Nutzung ihrer Herrschaftsrechte, als es Ende des 11. Jahrhunderts möglich gewesen war.

3.2.1 Die systematische Erforschung von Verfügungsrechten

Die im 12. Jahrhundert eingeführten administrativen Neuerungen betrafen zum einen die Zentralisierung der Abrechnung von Einkünften aus Lehen, die an den

---

37 Ebd.: *Custos terre hujusmodi heredis qui infra etatem fuerit, non capiat de terra heredis qui infra etatem fuerit, non capiat de terra heredis nisi racionabiles exitus, et racionabiles consuetudines, et racionabiles servicia, et hoc sine destructione et vasto hominum vel rerum…* .

38 Ebd., S. 450ff.: *Custos autem, quamdiu custodiam terre habuerit, sustenet domos, parcos, vivaria, stagna, molendina, et cetera ad terram illam pertinancia, de exitibus terre ejusdem; et reddat heredi cum ad plenam etatem pervenerit, terram suam totam instauratam de carucis et waynagiis, secundum quod tempus waynagii exiget et exitus terre rationabiliter poterunt sustinere.*

39 POWICKE 1962, S. 67ff. u. 136ff.; WAUGH 1988, passim. Vgl. zum Beispiel Matt. Paris, S. 269ff.

König gefallenen waren. Zum anderen wurden in derselben Zeit die Techniken, mit deren Hilfe die Herrscher Kenntnis über finanziell nutzbare Rechte erlangten, verfeinert.

Die Zentralisierung der königlichen Verwaltung baronialer Güter lässt sich recht deutlich nachzeichnen: Zunächst waren die Sheriffs (neben all ihren anderen Aufgaben) auch für die Verwaltung der kleineren an den König gefallenen Lehen zuständig. Seit 1165 gibt es in den Pipe Rolls eigene, mit *De purpresturis et escaetis* o.ä. überschriebene Abschnitte, unter denen sich die entsprechenden Abrechnungen finden.[40] Große Lehen wurden allerdings schon früh an eigene Verwalter gegeben, die darüber separat abrechneten. Bereits zu der Zeit Heinrichs II. lassen sich erste Ansätze einer Zentralisierung ausmachen: Während die Abrechnungen über die baronialen Lehen in der Pipe Roll zunächst unter der Grafschaft standen, in der diese Kronlehen lagen, wurden sie 1187 und 1188 in einem *rotulus honorum* eigens zusammengefasst, der den Grafschaftsabrechnungen hinzugefügt wurde.[41] Offensichtlich machte man sich zu dieser Zeit Gedanken über eine übersichtlichere Verwaltung des adeligen Grundbesitzes, der gerade in diesen Jahren einen bedeutsamen Teil der insgesamt an den Exchequer abgelieferten Einkünfte lieferte.[42]

Weitere Fortschritte in der Art und Weise, die an den König gefallenen Lehen zentral zu verwalten, gab es unter Richard I. Im September 1189 ernannte er einer Chronik zufolge John Marshal, den Bruder William Marshals, zum ‚escheator‘ ganz Englands. Kurz darauf enthob er ihn allerdings wieder seines Amtes und übertrug es anderen.[43] In der Pipe Roll folgenden Jahres (Michaelis 1190) kann man noch Folgen dieses Versuches, die Verwaltung der Lehen in der Hand eines Mannes zu bündeln, erkennen: Sie enthält nämlich einen aus zwei Membranen bestehenden, auf Vorder- und Rückseite beschriebenen *Rotulus de escaetis Angl'*, der mehrere Abrechnungen über heimgefallene Lehen aus diversen Grafschaften enthält.[44] Die Zusammenührung und Zentralisierung der Heim-

---

40 In Pipe Roll 11 Hen. II, S. 14, 21, 24, 38, 43, 51, 60, 65, 72, 76, 93 u. 107 befinden sich diese Abschnitte in der Regel am Ende eines Grafschaftsabschnittes, hinter den neuen Schulden. Später stehen sie dagegen meistens direkt hinter der Abrechnung der Grafschaftspacht, vor den restlichen Unterabschnitten; vgl. zum Beispiel Pipe Roll 28 Hen. II, S. 13, 15 et passim. So wurde es auch vom Schatzmeister Richard von Ely in den 1170er Jahren beschrieben: Dialogus, S. 200ff.

41 Pipe Roll 33 Hen. II; Pipe Roll 34 Hen. II.

42 Vgl. unten S. 85ff.

43 Gesta 2, S. 91: *Et mense Septembri rex constituit Johannem fratrem Willelmi Marescalli custodem et receptorem omnium excaitarum suarum in Anglia; sed paulo post removit illum a baillia sua, et aliis illam tradidit.*

44 Pipe Roll 2 Rich. I, S. 4ff. Der *Rotulus de escaetis* enthält Abrechnungen über an den König gefallene Lehen in Shropshire, Worcestershire, Sussex, Northamptonshire, Lincolnshire und mehreren Städten, Einzelabrechnungen über zwei größere Kronlehen und eine Abrechnung über die Finanzierung der Schiffsflotte, die das Kreuzfahrerheer ins

fallabrechnungen ist hier nicht konsequent durchgeführt: Die Ämter der Verwalter sind nicht in der Hand einer oder weniger Personen konzentriert und auch einige Grafschaftsabrechnungen enthalten noch den traditionellen Abschnitt *De propresturis et excaetis*.[45] In den darauf folgenden Jahren, also bezeichnenderweise während der Abwesenheit Richards I., kehrte man vorübergehend ganz zum traditionellen System zurück. In den Pipe Rolls dieser Zeit finden sich keine speziellen *rotuli de escaetis* mehr.[46]

Nach seiner Rückkehr aus der Gefangenschaft ernannte Löwenherz im Jahr 1194 dann wieder zwei Vertraute, William de Sainte Mère Eglise und Hugh Bardolf, zu zentralen Verwaltern der an ihn gefallenen Lehen.[47] Wahrscheinlich geschah dies entweder auf dem Ende März einberufenen Konzil von Nottingham, auf dem mehrere Verbündete Johanns bestraft, Lehen konfisziert und Maßnahmen zur Wiederherstellung der königlichen Finanzen getroffen wurden, spätestens jedoch im September 1194, als Richard eine große Untersuchung seiner Herrschaftsrechte anordnete.[48] Neben dieser Bündelung der Abrechnungen über Heimfälle in der Hand zweier Verwalter blieben diejenigen über kleinere Heimfälle durch die Sheriffs in den einzelnen Grafschaftsabrechnungen erhalten; auch große Lehen wurden nach wie vor separat an einzelne Personen vergeben. Zum letzten Male enthält die Pipe Roll des Jahres 1197 Abrechnungen von William de Sainte Mère Eglise und Hugh Bardolf.

Unter Johann gab es dann keine vergleichbare Konzentration der Heimfallverwaltung mehr. Dafür sind ab 1205 in den einzelnen Grafschaften sogenannte *custodes excaetarum*, *milites custodientes* oder *escaetores* nachweisbar.[49] Der

---

Heilige Land bringen sollte. Für Gloucestershire wird vermerkt, dass es keine ‚escheats‘ gebe (*Nichil*).

45 Zum Beispiel Pipe Roll 2 Rich. I, S. 46 (Herefordshire), S. 59 (Yorkshire) usw.

46 Pipe Roll 3 Rich. I, S. 3 enthält lediglich einen Verweis auf den *rotulus escaetarum* des Vorjahres, ebenso Pipe Roll 5 Rich. I, S. 14.

47 Die Pipe Roll 6 Rich. I, S. 27 enthält die entsprechenden Abrechnungen der beiden Verwalter auf eigenen ‚escheat rolls‘, die nochmals nach Grafschaften unterteilt sind. Siehe ebd., S. 1:*Item rotulus de wardis et escaetis per Willelmum de Sancte Marie Ecclesia ...*; ebd., S. 11: *Rotulus Escaetarum et wardarum de quibus Hugo Bardulf respondit*, ebd., S. 15: *Escaete et warde de quibus Willelmus de Sancte Marie Ecclesia respondit* usw. Die Abschnitte *De propresturis et escaetis* der Grafschaftsabrechnungen bleiben erhalten. Vgl. dazu die Kommentare Doris M. Stentons, ebd., S. xxff. Für die folgenden Jahre siehe Pipe Roll 7 Rich. I, S. 26ff.; 8 Rich. I, S. 190ff. u. 262ff.; 9 Rich. I, S. 115ff.

48 Der Bericht über das Konzil findet sich bei Howden, 3, S. 240ff. Bei der Inquisition im September 1194 wurden den Reiserichtern mehrere ‚Beamte‘ (*baillivi*) zugeordnet, wobei u.a. William de Sainte Mère Eglise und Hugh Bardolf namentlich genannt werden: Ebd., S. 264.

49 Vgl. zum Beispiel Rot. litt. claus., S. 120, 124, 137; Rot. de ob. et fin., S. 478; Pipe Roll 16 John, S. 61.

Aufgabenbereich der Sheriffs hatte sich derartig vergrößert, dass sie mehr und mehr Hilfspersonal benötigten.

Noch im weiteren Verlauf des 13. Jahrhunderts sollte der Versuch, die Aufgaben der *escaetores* zu bündeln oder zu zentralisieren, wieder aufgenommen werden: So wurden Heimfallverwalter für größere Regionen, die ganze Grafschaftsgruppen beziehungsweise zeitweise sogar das halbe Königreich südlich und nördlich des Flusses Trent umfassten, ernannt.[50] Die Abrechnungen über die kleineren ,escheats' wurden aus der Pipe Roll ausgegliedert und als sogenannte Escheat Rolls separat weitergeführt.[51] Insgesamt lässt sich also beobachten, dass innerhalb des königlichen Herrschaftsapparates ständig lebhaft mit neuen und möglicherweise besseren Methoden für die Verwaltung der an den König gefallenen Lehen experimentiert wurde. Ein Zeichen für die Wichtigkeit dieser Einkünfte.

Die Suche nach Verfügungsrechten beruhte zunächst auf dem Wissen regionaler Amtsträger des Königs: Die Sheriffs waren in aller Regel gut mit den örtlichen Besitzverhältnissen vertraut. Sie wussten, ob ein Baron verstorben war, welchen Wert sein Land besaß, ob und wie viele Kinder er hinterließ und welches ungefähre Alter diese besaßen. Jedoch entbehrte dieses Verfahren einer zentralen Kontrolle. Der König war in diesem Punkt wesentlich auf die Loyalität und Kompetenz der einzelnen Sheriffs angewiesen.

Die Tatsache, dass die Verwaltung der weniger bedeutenden Heimfälle aus dem Aufgabenbereich der Sheriffs herausgenommen und in den Händen weniger *escaetores* gebündelt wurde, lässt bereits einen Willen zur Zentralisierung und stärkeren Kontrolle erkennen. Allerdings verblieben die an den König gefallenen bedeutenden Lehen – durchaus absichtlich – weiterhin in der Obhut einzelner Verwalter.[52] Zusätzlich ließen die Herrscher ihre Verfügungsrechte über baronialen Lehnsbesitz im großen Stil durch Untersuchungskommissionen (Inquisitionen) erforschen, die ab den 1160er Jahren in regelmäßigen Abständen stattfanden: Vom König ernannte reisende Richter sollten zuvor in einem Fragenkatalog definierte, herrschaftsrelevante Daten ermitteln. Dafür befragten sie zu diesem Zweck einberufene örtliche Schwurgerichte (Jurys).[53] Die Ergebnisse dieser sogenannten Inquisitionen wurden schriftlich aufgezeichnet und dem König oder dem Rechnungshof mitgeteilt. Es sind nur wenige vollständig oder auch nur fragmentarisch überliefert, da die sich rasch wandelnden Verhältnisse immer neue Untersuchungen erforderten und somit die alten Aufzeichnungen wertlos mach-

---

50 STEVENSON 1947 beschäftigt sich vornehmlich mit dem 14. Jahrhundert, er gibt aber auch einige wenige Hinweise zur Entstehung des ,escheator'-Amtes.

51 Zu den Escheat rolls vgl. STEVENSON 1947, S. 140ff.; Guide, S. 58.

52 Vgl. dazu Abschnitt 3.2.3.

53 GÖLLMANN 1999 und oben Kapitel 2, bei Anm. 77.

ten.[54] Aus diesem Grund wurde vermutlicherweise auch kein zentrales Lehnsregister oder ‚Grundbuch' angelegt: Die komplexen Besitzverhältnisse hätten ein dauerndes Umschreiben und Neuschreiben dieses Registers erfordert.[55]

Zu den frühesten erhaltenen Ergebnisse einer Inquisition von Vormundschaftsrechten gehören die ‚Rollen über die Frauen, Jungen und Mädchen aus zwölf Grafschaften'.[56] Bei diesem, im folgenden kurz als ‚Rotuli de dominabus' bezeichneten Dokument handelt es sich um Aufzeichnungen von Reiserichtern, die im Jahr 1185 auf einer Visitationsreise durch zwölf Grafschaften ausgewählte Jurys jeder Hundertschaft über alle ihnen bekannte Witwen sowie männlichen und weiblichen Mündel des Königs befragten. Die Identität der Witwen und Waisen und ihr Alter wurde festgestellt, der Wert ihres Besitzes und sein potentieller jährlicher Ertrag bei optimaler Ausstattung geschätzt. Des weiteren wurde vermerkt, ob sich die Mündel oder Frauen bereits in der Obhut eines bestimmten Kustoden befanden. Durch die eidliche beglaubigte Erhebung dieser Daten und ihre schriftliche Fixierung wurden rechtsverbindliche Fakten geschaffen und in standardisierter Form der königlichen Verwaltung zugänglich gemacht.

Ohne die zufällige Erhaltung der ‚Rotuli de dominabus' wüssten wird heute nicht einmal von ihrer Existenz: Keine königliche Urkunde nimmt Bezug darauf, keine Chronik erwähnt sie. Möglicherweise hat es damals daher sehr viel mehr Inquisitionen über königliche Vormundschaftsrechte gegeben als wir heute ahnen. Tatsächlich nachweisen lassen sich vergleichbare Untersuchungen für die Jahre 1166, 1170 und 1176.[57] Auch die Fragenkataloge der von Richard I. in den

---

54 Für die Zeit nach 1216 sind weitaus mehr Aufzeichnungen allgemeiner Inquisitionen erhalten: CROOK 1986.

55 Bücher wie der ‚Liber feodorum' oder der ‚Liber rubeus' wurden zwar aus praktischen Gründen von Mitgliedern der königlichen Verwaltung angelegt, besaßen jedoch keinen rechtsverbindlichen Charakter wie etwa die Pipe Rolls. Vgl. dazu den zeitgenössischen Hinweis des Kompilators des ersten Kodex (Liber feodorum, 1, S. xx): *Memorandum quod iste liber compositus fuit et compilatus de diversis inquisitionibus ex officio captis tempore Regis Henrici, et sic contenta in eodem libro pro evidenciis habentur hic in Scaccario et non pro recordo.*

56 Sie wurden erst 1913 von John Horace Round nach den im Public Record Office entdeckten Originalen ediert und ausführlich kommentiert: Rot. de dom.

57 Zur Inquisition von 1166 vgl. Pipe Roll 12 Hen. II, S. 32 u. Rot. de dom., S. xviii. Die entsprechenden Fragen des sogenannten Inquest of Sheriffs im Jahre 1170 sind gedruckt in Select Charters, S. 176ff.: *Similiter inquiratur de archiepiscopis, episcopis, abbatibus, comitibus, baronibus,* [*vavasoribus, militibus, civibus, burgensibus,*] *et eorum senescallis et ministris, quid vel quantum acceperint per terras suas post terminum praedictum, de singulis hundredis suis et de singulis villatis suis, et de singulis hominibus suis, per judicium vel sine judicio; et omnes prisas scribant separatum et causas et occasiones earum.* Zum Inquest of Sheriffs vgl. auch ROUND 1899; BEAUROY 1994; BOORMAN 1994. Zur Inquisition von 1176 vgl. Select Charters, S. 9: *Item Justitiae inquirant de excaetis, de ecclesiis, de terris, de feminis quae sunt de donatione domini regis.*

Jahren 1194 und 1198 entsandten Inquisitoren enthielten entsprechende *capitula itineris*.[58] Der von Bracton überlieferte Fragenkatalog macht deutlich, dass während der später regelmäßig stattfindenden allgemeinen Inquisitionen (*itinera ad omnia placita* oder ‚general eyres') ebenfalls solche Verfügungsrechte erforscht wurden.[59]

3.2.2 Zur Tätigkeit eines Lehnskustoden

Wenn der König auf die oder eine andere der oben beschriebenen Weisen erfahren hatte, dass er Verfügungsrechte über ein Lehen besaß und wenn er sich entschied, diese auch auszuüben, dann bestimmte er jemanden, der für das ‚in die Hand des Königs' (*in manu Regis*) geratene Land verantwortlich war. Der so bestallte Verwalter wurde im meistens als *custos* bezeichnet. Wollte man seine Dienststellung kennzeichnen, nannte man ihn einen ‚Beamten' (*baillivus*) des Königs.[60] In vielen Fällen wurde im vorhinein eine feste Pachtsumme (*firma*) vereinbart, die der Verwalter, der in diesem Fall auch als ‚Pächter' (*firmarius*) bezeichnet werden konnte, jährlich abzuliefern hatte. Dies war vor allem der Fall, wenn eine längere Laufzeit seiner Verwaltungstätigkeit abzusehen war, zum Beispiel bei einer bis zur Mündigkeit eines Erben jahrelang geltenden Vormundschaft. In anderen Fällen rechnete der Verwalter über die jeweils jährlich wechselnden tatsächlichen Erträge des Besitzes (*de exitibus*) ab. Die begriffliche Differenzierung zwischen ‚Pächter' (*firmarius*) und ‚Verwalter' (*custos*), die Richard von Ely andeutet – laut ihm leisteten Pächter und Verwalter unterschiedliche Eide –, taucht in den Pipe Rolls relativ selten auf. Deshalb werden die Begriffe ‚Kustos' und ‚Verwalter' hier im allgemeinen Sinne sowohl für *firmarii* als auch für *custodes* verwendet.[61]

In zeitlicher Reihenfolge verlief die Verwaltung eines Lehens im Auftrag des Königs in folgenden Etappen: 1. Zuerst ließ der Herrscher den Wert eines

---

58 Howden, 3, S. 263ff. u. ebd., 4, S. 62.

59 Bracton, 2, S. 329f.: *Capitula de quibus duodecim respondebunt ... De valletis et puellis qui sunt et esse debent in custodia domini regis, qui sunt et qui illos habent et per quem, et quantum terrae illorum valent. De dominabus quae sunt et esse debent de donatione domini regis sive sint maritatae sive non, et si sint maritatae, quibus et per quem et quantum terrae illarum valent. ... De eschaetis domini regis, quae sunt et qui illas tenent et per quod servitium, tam de terris Normannorum quam de aliis, et si teneantur sine waranto.*

60 Siehe etwa die Formulierung in den Aufforderungen des Königs an die Vasallen eines heimgefallenen Lehens, dem von ihm ernannten Verwalter ‚als Unserem Beamten und Eurem Verwalter' (*sicut baillivo nostro et custodi vestro*) zu gehorchen, zum Beispiel Rot. litt. pat. 176. Zum Begriff des *baillivus* oder *ballivus* vgl. auch die Hinweise Marianne Siegrists in: Dialogus, S. 285f.

61 Dialogus, S. 206, 272, 310; Pipe Roll 12 John, S. 89: *... non fuit firmarius set custos ...* .

Lehens feststellen und Pachtsummen festlegen. 2. Daraufhin vergab er das Verwaltungsamt an einen bewährten Gefolgsmann oder verdienten Getreuen. 3. Dieser rechnete dann über die Erträge aus den verwalteten Gütern ab oder zahlte eine vorher vereinbarte Pachtsumme. 4. Während seiner Amtszeit besaß der Kustos bestimmte Pflichten. 5. Am Ende stand normalerweise die Rückgabe des verwalteten Gutes an den eigentlichen Inhaber bzw. seine(n) Erben. Wenn man die fünf Etappen etwas detaillierter betrachtet, erhält man ein plastisches Bild der damaligen Verhältnisse: Man erkennt, welche Bedeutung die Herrscher dieser Art von Einkünften zumaßen. Die in der Magna Carta angerissenen Konfliktpunkte erhalten eine Kontur.

1. Die Festlegung der Pachthöhen erfolgte, wenn man Richard von Ely Glauben schenkt, durch vom König oder vom Vorsitzenden des Rechnungshofes beauftragte Untersuchungskommissionen. Diese setzten die unterschiedlichen Erträge eines an den König gefallenen Kronlehens (also zum Beispiel die Erlöse aus dem Verkauf von Getreide, Vieh, Holz usw.) in eine fixe Geldsumme um.[62] Es wird nicht ganz deutlich, welche Art von Untersuchungen Richard genau meint: Bei den oben beschriebenen großräumigen Inquisitionen zur Erforschung der königlichen Verfügungsrechte wurde in der Regel auch der Wert der betreffenden Länder bei optimaler Ausstattung geschätzt. Daneben gab es aber zusätzlich, wie die Pipe Rolls erkennen lassen, eine Vielzahl von einzeln angeordneten Untersuchungen, die sich nur auf einzelne Regionen oder bestimmte Güter bezogen.[63] Wiederholt wurden auch die Sheriffs zur Feststellung des jährlichen Wertes von bestimmten Gütern herangezogen.[64] Manchmal boten ‚Privatleute' Geld, um

62 Dialogus, S. 271: *Cum in manum regis baronia uel magnum aliquid excidit, mandato eius uel presidentis ad hec discreti utriusque ordinis uiri diriguntur; qui singula perlustrantes redditus earundem in summam redigunt et de hac ad scaccarium teneri uicecomiti uel quemlibet alium constituunt.*

63 Einer der frühesten Belege stammt aus dem Jahr 1166: Aus Pipe Roll 12 Hen. II, S. 32 geht klar hervor, dass eine Kommission bestehend aus Simon filius Petri und dem Dekan Wido die optimale Ausstattung der vom Sheriff von Norfolk und Suffolk zu verwaltenden Heimfälle bewertet und ihre Ergebnisse dem Rechnungshof auf einem *rotulus* mitgeteilt hatte. Während der Sheriff von Northumberland 1187 den tatsächlichen ‚Ertrag' (*de exitu terre*) der von ihm verwalteten Baronie Styford (Anhang A, N° 103) zahlte, rechnete er ab dem folgenden Jahr über eine Pachtsumme von 42 li. ab, die durch Reiserichter *per rotulum justiciarum* festgelegt worden war: Pipe Roll 33 Hen. II, S. 185; 34 Hen. II, S. 101; 1 Rich. I, S. 244. Vgl. auch Pipe Roll 7 Rich. I, S. 38: *De eschaetis juratis quantum valeant non instaurate per Ricardum Elyensem archidiaconum et Willelmum de Warenn' et Ogerum filium Ogeri et socios suos.*

64 Vgl. zum Beispiel die zwei folgenden Befehle an die Sheriffs von Surrey und Hampshire vom 3. März 1205, die Güter betrafen, die dem Grafen von Devon übergeben werden sollten; die beiden Sheriffs hatten den jährlichen Wert der betreffenden Länder bei entsprechender Ausstattung (hier mit einhundert Schafen) geschätzt und dem König mitgeteilt. Rot. litt. claus., S. 21: *Rex etc. Vicecomiti Surr' etc. Significasti nobis quod in terra de Straham que fuit Petri Reald' sunt de redditu assiso c s. et cum c ovibus ponita*

durch eine solche königliche Inquisition den Wert ihres Grundbesitzes feststellen zu lassen.[65] Da wiederholt in die Hand des Königs gefallenen Lehen oft immer dieselbe Pachthöhe zugeschrieben wurde, kann man außerdem vermuten, dass die am Exchequer aufbewahrten älteren Schriftstücke, vor allem die alten Pipe Rolls selbst, ebenfalls als Informationsquelle genutzt wurden.[66]

Das *De maneriis regis instaurandis* überschriebene 23. Kapitel des Fragenkataloges einer im September 1194 durch Richard I. angeordneten Untersuchung enthält recht detaillierte Anweisungen zur Instandsetzung der regulären Krongüter und der sich zeitweise ‚in der Hand des Königs‘ befindlichen Ländereien. Dieses Verfahren zur Evaluierung und Ausstattung aller sich in der herrscherlichen Verfügungsgewalt befindlichen Gutshöfe, stellt das damalige Vorgehen recht anschaulich dar:[67] Richards Anordnung gehört in den Zusammenhang der verschiedenen Maßnahmen, die er nach der Beendigung seiner Gefangenschaft zur Konsolidierung seiner Finanzen traf. Die königlichen Kassen hatten durch die Kosten des Kreuzzuges nach Palästina und die Zahlung des hohen Lösegeldes an den Kaiser stark gelitten.

Die von Richard Löwenherz 1194 beauftragten Reiserichter sollten zusammen mit fünf weiteren, eigens benannten ‚Beamten‘ (*baillivi*) und den örtlichen Sheriffs in allen Grafschaften ausgewählte, auf einem *rotulus* schriftlich spezifizierte Ritter vorladen. Mit Hilfe eines komplizierten Rekrutierungsverfahrens gewannen diese schriftlich ernannten Kommissare anschließend weitere Hilfskräfte – Ritter oder Freie – und vereidigten sie. Ihre Aufgabe war es, die Vormundschaften und Heimfälle des Königs neu auszustatten (*ad wardas et exchaetas domini regis instaurandas*) und sie zum Nutzen des Königs zu bewerten (*et ad-*

---

fuit terra illa ad firma pro x m. per annum Et ideo tibi precipimus quod terram illam habere facias sine dilatione Comiti Devon' una cum predictis c ovibus. T. me ipso apud Pontemfractum iij die Marcii. Per ipsum Regem. – Ebd.: *Rex Vicecomiti Suhamt' etc. Significasti nobis quod terra de Estleg' que fuit Roeland' de Avilers valet iiij li. et x s. per annum et terra de Porebi valet c s. Et ideo tibi precipimus quod facias habere Comiti Insule plenariam saisinam de terris illis. T. me ipso apud Pontemfractum iij die Marcii. Per ipsum Regem.*

65 Auch in folgendem Beispiel aus dem Jahr 1207 wurde der Sheriff beauftragt, die Untersuchung durchzuführen. Pipe Roll 9 John, S. 216: *Rogerus de Berkel'* [blank] *lx m. ut inquiratur quantum ualeat per annum terra eiusdem Rogeri . in Dereleg' . et Stanl' . et Dodinton' . cum pertinentiis que est uadium Judeorum Bristoll' et Gloec' . pro debito eis debet ...* ; Rot. de ob. et fin., S. 400: *Et mandatum est Ricardo de Mucegros tunc Vic. Glouc' quod . accepta ab aodem Rogero securitate de predictis lx m. domino R. reddendis . scilicet .* [es folgen die Fristen] *predictam inquisitionem diligenter fieri faciat de annuo ualore prefate terre . et ipsi Rogeri inde sicut predictum est plenariam saisinam habere faciat . et catalla sua que occasiante predicti debiti Judeorum cum prefata terra capta sunt sine dilatione reddi faciat.*

66 Zum Beispiel wurde auf alte Pipe Rolls zurückgegriffen, um Informationen über die korrekte Berechnung von Schildgeldern zu gewinnen.

67 Howden, 3, S. 264ff.

pretiandas ad commodum domini regis). Die so gewonnenen Kräfte sollten in mehreren Stufen wiederum weitere Leute rekrutieren. Es war beabsichtigt, so viele ortskundige Männer der betroffenen Lehen selbst wie nötig einzusetzen, um eine reibungslose Abwicklung der Geschäfte des Königs (*domini regis negotia*) zu gewährleisten. Die Neuausstattung der betroffenen Güter hatte nach den Vorstellungen des Königs sehr rasch, in nur knapp vier Wochen zu geschehen. Sie sollte durch die aus den betroffenen Lehen selbst stammenden Erträge, falls nötig ergänzt durch königliche Zolleinnahmen, finanziert werden, damit die Pächter der Vormundschaften und Heimfälle bereits ab Beginn des neuen Finanzjahres, das heißt ab Michaelis, voll Rechenschaft ablegen konnten. Die einzelnen Gutshöfe der Krondomäne sollten nach dem selben Verfahren genauestens (*diligentissime*) untersucht und bewertet werden. Der König regulierte die Preise einzelner Nutztiere, an die sich die Pächter bei Abgabe ihrer *firma* zu halten hatten. Ochsen, Kühe und Ackergäule kosteten jeweils 4 Schillinge, Schafe mit krauser Wolle 10 Pfennige, Schafe mit gröberer Wolle 6 Pfennige, Sauen und Eber je 12 Pfennige.[68] Nachdem alle Pachten ausgestattet und bewertet worden waren, sollte alles *aperte et distincte* schriftlich registriert und dem Rechnungshof mitgeteilt werden.[69] Bistümer, Abteien und die Ländereien von beinahe volljährigen Baronen waren von der Regelung ausgenommen. Abschließend befahl Richard I., auch diejenigen Vormundschaften und Heimfälle, die sich noch nicht in seiner Hand befanden, herauszufinden und so wie die anderen zu behandeln.[70]

2. Zu Beginn der Verwaltung einer Baronie gab der König schriftliche Befehle an die Sheriffs all der Grafschaften aus, in denen sich Teile der Ländereien des betreffenden Kronlehens befanden. Die Sheriffs wurden angewiesen, den in den geschlossen gesiegelten Briefen genannten Verwaltern die entsprechenden Güter zu übergeben. Als beispielsweise Roger II de Tony starb, wurde den Sheriffs und Beamten der betroffenen Amtsbezirke am 28. Januar 1209 befohlen, seine Ländereien – die Baronie Flamstead – samt Ausstattung und Erträgen dem Lehnskustoden Robert Peverel auszuhändigen. Sollte nach dem Tod des Barons irgendwelche bewegliche Habe entfernt worden sein, sei diese besagtem Robert unverzüglich zurückzugeben.[71] Die Close Rolls König Johanns

68 Ebd., S. 265f.: *Erit autem pretium bovis quatuor solidi, et vaccae similiter, et averi similiter, et ovis crispae decem denarii, et ovis lanae grossioris sex denarii, et suis duodecim denarii, et verris duodecim denarii ...* .

69 Ebd., S. 266: *... et cum omnia praedicta instaurate fuerint et appretiata, omnia imbrevientur aperte et distincte, et deferantur ad scaccarium.*

70 Ebd., S. 266: *Inquiratur etiam per sacramentum praedictorum de omnibus wardis et excaetis, quae non sunt in manu domini regis, et capiantur in manu domini regis, et de illis fiat, sicut de aliis excaetis et wardis.*

71 Rot. litt. claus., S. 89: *Rex omnibus Vicecomitibus et ball'is in quorum ball'is Rogerus de Thoen' habuit terras et tenementas salutem. Sciatis quod commisimus Roberto Peverell' omnes terras et ten' q' fuerunt ipsius Rogeri in ball'is v'ris cum omnibus*

registrieren viele hundert solcher Befehle. Manchmal wurden die Vasallen der betroffenen Lehen schriftlich aufgefordert, dem Lehnskustoden, der ihnen vorgesetzt wurde, zu gehorchen. Da die Briefe solchen Inhalts offen gesiegelt waren, kann man vermuten, dass sie möglicherweise dem Verwalter zur Beglaubigung – im heutigen Sinne als ,Patent' – mitgegeben wurden.[72] Der Sheriff konnte die Vasallen aber auch auf mündlichem Wege informieren und zum Gehorsam auffordern.[73] Nur in sehr seltenen Fällen ist eine schriftliche Verpflichtung des Lehnskustoden überliefert, die vereinbarte Pachtsumme einzuhalten.[74]

3. Die Abrechnungen (*compoti*) über verwaltete Kronlehen wurden in den Pipe Rolls nach demselben Schema wie die der Grafschaften gestaltet: Ausgaben für den König oder zur Erhaltung und Ausstattung des verwalteten Besitzes wur-

---

instauris catallis et exitibus suis custodiend' ad opus nostrum quamdiu nobis placuerit et donec testam' ipsius Rogeri audierimus. Et ideo precipimus quod ei inde plenar' saisinam habere faciatis . et si quod de exitibus . instauris vel catallis post mortem ipsius Rogeri amotus fuerit ; id prefato Roberto sine dilacione reddi fac'. .T. me ipso apud Salob' . xxviij die Jan'. Sub eadem forma scribitur Vicecomiti Linc' et Vicecomiti Devon' per litteras clausas.

72 Vgl. zum Beispiel Rot. litt. pat., S. 176: *Rex omnibus militibus et aliis de honore Lancastr' tenentibus salutem. Sciatis quod commisimus dilecto et fidei nostro R. Comiti Cestr' Lancastr' cum omni honore et feodis ad Lancastr' pertinentibus custodiendum quamdiu nobis placuerit. Ita quod nullus baillivorum nostrorum ad feoda illa manum suam mittat nec in aliquo inde se intromittat preter illum Comitem et suos. Et ideo vobis mandamus quod eidem Comiti sitis sicut baillivo nostro et custodi vestro in omnibus q' ad honorem illum pertinet intendentes et respondentes. Et in hujus etc. fieri fecimus. T. me ipso apud Rading' . xiij die April' . anno regni nostri xvijmo.* Oder Rot. litt. pat., S. 190: *Rex liberetenentibus et aliis de Stokes Curcy . Warini filii Geroldi salutem. Sciatis quod commisimus dilecto et fideli nostro Willelmo Briwerr' villam de Stokes Curcy cum omnibus pertinentiis suis custodiend' quamdiu nobis placuerit. Et ideo vobis mandamus quod eidem Willelmo in omnibus sitis intendentes et respondentes. et in hujus etc. vobis mittimus. T. me ipso apud Corf' . xvj die Jul' . a.r.n. xviij_.*

73 Vgl. zum Beispiel Rot. litt. claus., S. 35f. Der Befehl an den Sheriff von Warwickshire und Leicestershire, dem Kustoden Thomas Basset das Kronlehen des Grafen von Warwick auszuhändigen, enthält die Formel: *Et dic militibus et libere tenentibus de custodia illa quod ei tamquam custodi de cetero sint intendentes.*

74 Rot. litt. pat., S. 19: *Rex etc. omnibus etc. Sciatis quod Willielmus Comes Devon' recepit de manu nostra manerium de Croka . cum pertin' ad firmam ; reddendo inde annuatim iiijxx li. sterling' scilicet xl li. Henr' de Baillol' . et xl li. Willelmo de Cresec. Ita tamen quod nihil ei juris sui depereat de manerio illo occasione illius firme. T. W. Com' Arundell' . R. Com' Leirc' . W. Com' Sarr' . Wilellmo de Breosa . Gaufr' de Say . apud Danfront . xxiij die Oxtob'.* Ebd.: *Omnibus ad quos etc. W. Com' Devon' etc. Sciatis quod ego recepi de manu domini mei illustris Regis Johannis . manerium de Croka . cum pertin' ; ad firmam . reddendo inde annuatum iiijxx li. sterlingorum . scilicet . xl li. Willelmo Cresec . et Henri' de Bailliol xl li. ita tamen quod nihil mi juris mei depereat de manerio illo ; occasione susceptionis hujus firme. T. W. Com' Arundell' . R. Com' Leirc' . W. Com' Sarr' . Willelmo de Breosa . Gaufr' de Say . et multis aliis.*

den von einer vereinbarten Pachtsumme abgezogen. Zum Beispiel findet man die *compoti* über die Länder des oben erwähnten Roger II de Tony (Flamstead) in den Pipe Rolls von Michaelis 1209 und Michaelis 1210. Sie beziehen sich auf einen Abrechnungszeitraum, der nur wenige Tage nach dem zitierten Befehl vom 28. Januar einsetzt: vom 2. Februar 1209 bis zum 2. Februar 1210 und vom 2. Februar 1210 bis zum 29. September 1210 – also genau bis zum Ende des Rechnungsjahres.[75]

Jedoch wurde keineswegs in allen Fällen über die verwalteten Lehen direkt am Rechnungshof abgerechnet. Häufig wurde überhaupt kein Geld an den Exchequer geliefert, und die überlieferten Pipe Rolls enthalten auch keinerlei Rechenschaftsberichte darüber.[76] Den Hintergrund dieser Tatsache erklärt Glanvill, der zwischen zwei Typen von Vormundschaften unterscheidet:

> Wenn der Herr König einem die Vormundschaft über irgend jemanden überträgt, dann wird unterschieden, ob er ihm jene Vormundschaft mit vollem Recht (*pleno iure*) überträgt, so dass er am Exchequer keine Rechenschaft darüber ablegen muss, oder nicht.[77]

In den Befehlen des Königs, die von der Übergabe einer Verwaltung handeln, heißt es bei einer Rechenschaftspflicht des Kustoden entsprechend: *ita quod ei inde respondeat* o.ä. Die Magna Carta unterscheidet in ihrem vierten Artikel gleichfalls zwischen der rechenschaftspflichtigen Übergabe einer Vormundschaft (*si nos commiserimus custodiam ... alicui ... qui de exitibus illius nobis debet*

---

75 Pipe Roll 11 John, S. 201: *COMPOTUS TERRARUM ROGERI DE TONI a festo purificationis usque ad festum purificationis anni sequentis. Picot Peuerel r.c. ut custos de lxxvj li. (et xij s. et ix d. et ob.i) de soca de Hoilande de predicto tempore. Et de xxxvij s. de censu logiarum Sancti Botulphi de predicto tempore. Et de x li. de placitis et perquisitionibus. Et de c et vj li. et vj s. et iiij d. de exitu nundinarum. ...* [Die vorher einzeln aufgezählten Einnahmen werden summiert:] *Summa ccc et quater xx et xiiij li. et . . d. In thes. lxvij li.* [Es folgen die Ausgaben, die die Einnahmen leicht übersteigen:] *Et ipsi Regi in camera sua cc et lxix li. et v s. per duo breuia R. Et pro xxv tonellis uini emptis ad opus R. et eis cariandis per plura loca xxxix li. et viij s. et v d. per breue R. Et in necessariis expensis factis per maneria cum feria Hoiland' xvj li. et xix s. et ix d. Et in suo superplus quod habet infra c et vj s. Et habet de superplus lxxiij s. et ix d.* Merkwürdigerweise wird in dieser Abrechnung Picot Peverel als Kustos genannt; vielleicht handelt es sich um einen Schreibfehler, in der Abrechnung des folgenden Jahres, Pipe Roll 12 John, S. 206f., ist es – wie in Rot. litt. claus., S. 154 angegeben – Robert Peverel. Vgl. Anhang A, N° 146.

76 Vgl. zum Beispiel den Kommentar in Pipe Roll 12 John, S. 47: *... set comes Arund' habet terram illam quamdiu R. placuerit . et ideo non debet inde summoneri quousque rectus heres terram eius recuperauerit.*

77 Glanvill, S. 84: *Si uero dominus rex aliquam custodiam alicui commiserit, tunc distinguitur utrum ei custodiam ipsam pleno iure commiserit ita quod nullum compotum eum inde reddere oporteat ad scaccarium, aut aliter.*

respondere) und ihrer Vergabe oder ihrem Verkauf (*si dederimus vel vendiderimus alicui custodiam*).[78] Hier ist also deutlich die Möglichkeit eines Verkaufs einer *custodia* erwähnt.

Grundsätzlich existierten also die folgenden drei Arten, Verwaltungen oder Ämter zu vergeben: a) Vergabe einer rechenschaftspflichtigen Verwaltung, b) Schenkung einer Verwaltung *pleno jure*, c) Verkauf einer Verwaltung *pleno jure*. Wenn die Lehnskustoden nicht am Exchequer abrechneten, da ihnen ihr Amt *pleno iure* überlassen worden war, ist dies in den Quellen oft nur schwer zu erkennen. Manche derartigen Fälle lassen sich mit den Pipe Rolls anhand bestimmter Kennzeichen indirekt erschließen.[79] In anderen Fällen geben bruchstückhaft überlieferte Dokumente Aufschluss über die Tatsache, dass Adelsbesitz in die Hand des Königs geraten war.[80] Es kam auch vor, dass ein Verwalter die Erträge direkt an die Kammer des Königs ablieferte, ohne dass er vor dem Exchequer dafür Rechenschaft ablegte.[81] Darüber hinaus wurde für einen jeweils in Frage kommenden Zeitraum, also zum Beispiel für die Zeit der Minderjährigkeit eines Erben, nicht grundsätzlich nur ein Verwalter ernannt. Vielmehr wechselten sich häufig verschiedene Kustoden ab.

Exemplarisch sei dies kurz am Fall der Baronie Mitford in Northumberland verdeutlicht: Unter Heinrich II. geriet sie trotz eines Erbfalls nicht ‚in die Hand des Königs' (vgl. die Tabelle im Anhang A): William II Bertram zahlte nach dem Tode seines Vaters Roger im Jahre 1177 eine Gebühr von 200 Pfund, um sein Erbe antreten zu dürfen.[82] Als William dann 17 Jahre später (1194) selbst starb, wurde der Herrscher Vormund seines minderjährigen Sohnes Roger II. Mitford wurde daraufhin beinahe zwanzig Jahre lang zugunsten der Krone bewirtschaftet: Erst 1215 erreichte Roger II. die Volljährigkeit. In den ersten zwei Jahren rechnete der zuerst bestallte Verwalter, Hugh Bardolf, direkt am Exchequer über das ihm anvertraute Gut ab. Der Gesamterlös lag bei etwa 176 Pfund.[83] 1196 erhielt ein anderer bewährter Gefolgsmann Richards I., William Briwerre, die Verwaltung des Kronlehens (*...antequam data esset Willelmo Briewerr'*). Eine Urkunde Johann Ohnelands vom 3. April 1200 bestätigt, dass William Briwerre

---

78 Holt 1994, S. 450.

79 So zum Beispiel wenn ein Vertrauter des Königs das Schildgeld eines Barons zahlt oder jemand dem König eine hohe Summe Geldes für die *custodia* eines Erben bietet.

80 Zum Beispiel Ergebnisse königlicher Untersuchungskommissionen, in den Close Rolls registrierte Konfiskationsbefehle oder Hinweise in den Fine Rolls.

81 Als Simon II de Beauchamp im Jahr 1207 starb, bot sein Erbe William 600 Mark und sechs Pferde für den Besitz seines Vaters (Pipe Roll 9 John, S. 157). Allein aus einem geschlossen gesiegelten Befehl an den Exchequer vom 24. Februar 1207 (Rot. litt. claus., S. 78) geht hervor, dass Robert de Vipont als Verwalter dieses Kronlehens (Bedford) 42 Mark und 4 Schillinge in die Kammer des Königs zahlte.

82 Pipe Roll 23 Hen. II, S. 83.

83 Pipe Roll 6 Rich. I, S. 11; Pipe Roll 7 Rich. I, S. 26; Pipe Roll 8 Rich. I, S. 95 u. 262.

mit mehreren Vormundschaften belohnt worden war: Im Falle seines Todes und der fortbestehenden Minderjährigkeit der ihm anvertrauten Mündel sollten seine Ämter bei seinen Erben verbleiben bzw. bei denjenigen, denen er sie gegeben haben könnte.[84] William Briwerre musste bis 1205 keine Pachtgelder abliefern. In dem Jahr gab er die Vormundschaft an Peter de Brus, einem Baron aus der Region, weiter. Peter hatte dem König 1300 Mark Silber für das lukrative Amt geboten (*...pro habenda custodia terre et heredis . Willelmi Bertram cum maritagio quousque idem heres talis sit etatis quod debeat secundum consuetudinem Anglie tenere terras.*)[85] Das Beispiel Mitford zeigt, dass der König sein Vormundschaftsrecht während der Minderjährigkeit eines einzigen Erben auf vielfache Weise nutzen konnte. Er ernannte mehrere Verwalter aus jeweils unterschiedlichen Gründen: zur Abführung der finanzielle Erträge des verwalteten Lehens an den Exchequer, zur Belohnung eines Funktionsträgers oder zur schnellen Geldeinnahme durch den Verkauf des Amtes.[86]

4. Während seiner Verwaltungstätigkeit besaß ein Kustos nicht nur die Erlaubnis, Erträge zu erwirtschaften. Das Kustodenamt beinhaltete auch spezifische Pflichten: Prinzipiell sollte ein Verwalter das ihm anvertraute Lehen so pfleglich behandeln, als sei er dessen eigentlicher Inhaber. Darüber hinaus hatte er die mit dem Lehen verbundenen Abgaben zu leisten. So kann man in den Pipe Rolls oft nur anhand der Zahlung von Schildgeldern erkennen, welche Person für die Verwaltung eines Kronlehens zuständig war. Bis zu einer gewissen Höhe musste ein Verwalter auch für die Schulden seiner Mündel aufkommen.[87] Des weiteren war der Verwalter verpflichtet, sich um die angemessene Versorgung der ihm anvertrauten Angehörigen zu kümmern. Pächtern wurden die entsprechenden Ausgaben angerechnet, das heißt von der Pachtsumme (*firma*) abgezogen. Bei besonders hohen Ausgaben war der sachgemäße Einsatz dieser Geldmittel durch unabhängige Gutachter (*per visum et testimonium legalium hominum*) zu bestätigen. Allein aufgrund dieser Informationen lässt sich die ,Qualität' der Fürsorge eines Lehnsverwalters jedoch nur schwer beurteilen. Beispielsweise findet man in den Pipe Rolls regelmäßig Ausgaben für neue Kleidung für die Mündel. Ein Verwalter, dem es genügte, alte Kleider lediglich auszubessern, erscheint

---

84 Rot. chart., S. 48f.: ... *Volumus etiam quod si predictus Willelmus in fata decesserit antequam predicti pueri ad etatem pervenerint vel maritentur . heredes sui vel illi . quibus predictas custodias et maritagia dederit et concesserit . habeant et teneant predictas custodias et predicta maritagia . bene et in pace . libere et quiete . plenarie et honorifice . cum omnibus ad eos* [vel] *ad eorum terras pertinentibus.*

85 Pipe Roll 8 John, S. 208.

86 Mehr dazu unter Abschnitt 3.2.3.

87 Glanvill, S. 82f. Es lässt sich nachweisen, dass die Lehnskustoden tatsächlich für (kleinere) Schulden ihrer Mündel aufkamen: Vgl. zum Beispiel Pipe Roll 5 Rich. I, S. 36; Pipe Roll 10 Rich. I, S. 29.

daher als besonders geizig.[88] Seltene Nachrichten wie diejenige, dass ein Kustos vier Eichen geliefert bekommt, um die ‚Kammer' seines Mündels mit Holz decken zu können, damit es nicht durch das Dach regnet, lassen konkrete Einzelheiten einer Vormundschaftsverwaltung lebensnah hervortreten.[89] Man kann wohl davon ausgehen, dass hochstehende Inhaber einer Vormundschaft ihre Aufgaben nicht selbst durchführten. Vielmehr ernannten sie Unterverwalter, die dann die konkrete Bewirtschaftung der Güter übernahmen.[90]

Im vierten Artikel der Magna Carta verpflichtete sich der König, neue ‚rechtschaffene und besonnene' Verwalter zu berufen für den Fall, dass die ursprünglich eingesetzten mehr als die üblichen Abgaben und Dienste gefordert hatten, oder das verwaltete Lehen zerstört oder verwüstet worden war. Dies legt nahe, dass Schädigungen baronialer Lehen nicht selten waren. Ansonsten wären die Probleme bei der Lehnsverwaltung nicht an so prominenter Stelle thematisiert worden. Der fünfte Artikel der Magna Carta bestimmt, dass der Verwalter einer Vormundschaft die zum Land gehörenden Gebäude, Gehege, Fischteiche, Seen und Mühlen usw. pfleglich erhalten solle.[91] Die in den Pipe Rolls verzeichneten Abrechnungen über die verpachteten Lehnsverwaltungen besaßen nicht den Zweck, die Mängel eines Verwalters zu dokumentieren. Sie sollten lediglich gewährleisten, dass der König die ihm zustehenden Gelder erhielt. Daher sind in den Pipe Rolls nicht sehr viele explizite Hinweise über die Grundlagen der Beschwerden des Adels zu finden. Dennoch war die unsachgemäße Behandlung baronialer Lehen schon lange vor 1215 ein Thema: Verwalter wurden immer wieder ermahnt, keine Verwüstungen anzurichten und das ihnen anvertraute Gut nicht zu zerstören oder mehr als die festgesetzten Dinge und vernünftigen Abgaben einzufordern.[92]

---

88 Pipe Roll 5 John, S. 189; 6 John, S. 133. Im Kontrast dazu stehen die reichen Gewänder, die der König seinen Vertrauten schenkte. 1208 gab Johann zum Beispiel dem Bruder des Herzogs von Brabant ein Gewand aus grünem Stoff oder gefärbter Wolle mit einer Kapuze aus Rotwildpelz, das Gewand für einen weiteren Getreuen sollte auf ausdrücklichen Wunsch des Königs eine Kapuze aus Kaninchenfell tragen: Rot. litt. claus., S. 100.

89 Rot. litt. claus, S. 50.

90 Vgl. zum Beispiel die folgende Ausgabe des Kustoden von Eton, John fitz Hugh, in Pipe Roll 13 John, S. 111: *et in liberatione seruientis qui custodit terram Willelmi de Windlesores.*

91 Vgl. oben Anm. 37 u. 38.

92 Ein frühes Beispiel findet sich in Pipe Roll 10 Rich. I, S. 108: *Comes Dauid debet cc m. pro habenda custodia terre et heredum Stephani de Cameis cum tota terra sua usque ad legitimam etatem . saluo R. seruitio suo inde . et quod comes terram illam non destruat.* Vgl. desweiteren Rot. litt. claus., S. 74: *Ita tamen quod non faciat vastum vel exilium de terra illa...* . Ebd., S. 168: ... *si vero terram predictam in manum nostram non ceperitis ... tunc non permittatis wastum fieri inde quod de custodia non pertinet faciend' . et si jam wastum inde factum fuerit quod fieri non debeat . id sine dilatione faciatis emendari...* . Ebd., S. 222: *Mandatum est Ruelendo Bloet quod de terris q' fuerunt*

5. Schließlich zur Rückgabe der Lehen: Die permanente Konfiskation von Baronien war, wie zu sehen sein wird, vergleichsweise selten. Auch Heimfälle verschmolzen in der Regel nicht mit dem Krongut. Die Kronlehen behielten ihre Identität als eigenständiger Besitz und wurden in der Regel wieder ausgegeben – zum Teil allerdings erst nach beträchtlicher Zeit. Den Erben eines Kronlehens wurde die Güter beim Erreichen der Volljährigkeit, also im Alter von 21 Jahren zurückerstattet.[93] Wollte der König sich nicht auf die Angaben der Familie verlassen, war die Feststellung des Lebensalters eines Mündels nicht einfach, da es keine Geburtsregister gab. Zum Teil erfolgte die Feststellung der Lebensalter durch Jurys, die während der oben behandelten Inquisitionen befragt wurden.[94]

Nach Artikel 5 der Magna Carta sollte einem volljährig gewordenen Erben sein Land mit Pflügen und allem zur Feldbestellung Erforderlichem zurückgegeben werden – so wie es die Jahreszeit erfordere und wie es mit den Erträgen des Landes bezahlt werden könne.[95] Man kann also annehmen, dass dies in den Jahren zuvor nicht durchweg der Fall gewesen war. In den 1194 durch Richard I. erlassenen Anweisungen (*De maneriis regis instaurandis*) wurde den Pächtern von Vormundschaften und Heimfällen jedenfalls zugestanden, dass sie das von ihnen auf eigene Kosten Investierte frei und ohne Minderung behalten dürften und darüber sogar eine offen gesiegelte Urkunde (einen ‚patent letter') des Königs erhalten sollten.[96] Von irgendwelchen Rechten der Lehnsinhaber ist in diesem Dokument nicht die Rede. Auch andere Quellen belegen, dass eine wie von der Magna Carta geforderte ordentliche Lehnsübergabe nicht immer die Regel war: So musste zum Beispiel Ralph IV de Tony im Januar 1213 zwei ‚gute' Pferde für die Ausstattung und Fahrhabe seines vorher durch Robert Peverel verwalteten

---

Willelmi de Braiosa unde custodiam habet nichil decetero capiat nisi res assisas et racionabiles exitus . ne in eidem terris tallagium assideat ne de bosco vel foresta aliquod vastum faciat donec aliud mandat' inde habuerit... .

93 Volljährigkeit mit 21 Jahren: Glanvill, S. 82. Beim Kauf einer Vormundschaft wurde stets vermerkt, dass sie nur bis zur Volljährigkeit des Erben galt. Vgl. zum Beispiel Pipe Roll 8 John, S. 208: *...quousque idem heres talis sit etatis quod debeat secundum consuetudinem Anglie tenere terras.* Oder Pipe Roll 10 Rich. I, S. 165: *... ad legitimam etatem .*

94 John Horace Round stellte bei den ‚Rotuli de dominabus' fest, dass die Lebensalter der Witwen mehrheitlich mit Vielfachen von zehn angegeben wurde (Rot. de dom., S. xxxviii).

95 Holt 1992, S. 450ff.: ... *et reddat heredi cum ad plenam etatem pervenerit, terram suam totam instauratam de carucis et waynagiis, secundum quod tempus waynagii exiget et exitus terre racionabiliter poterunt sustinere.*

96 Howden 3, S. 265: *Firmarius etiam, cum firmam suam dimiserit, instauramentum suum, et omnia sua quae in firmis posuerit ultra instauramentum regi, libere et sine diminuitione habebit, et inde habebunt litteras domini achiepiscopi patentes, continentes tenorem cartae domini regis super hoc factae.*

Gutes Saham geben. Ohne diese Ausstattung hätte er sein Land nicht sofort bewirtschaften können.[97]

3.2.3 Die Funktionen der Vergabe von Kustodenämtern

Um die Funktionen der Vergabe von Kustodenämtern für die Königsherrschaft richtig würdigen zu können, muss man sich zwei Tatsachen in Erinnerung rufen. Zunächst: Die Verwaltung bedeutender Kronlehen wurde selbst in Zeiten zunehmender Bündelung von Regierungsaufgaben in den Händen von ,Spezialisten' weiterhin auch an einzelne Personen vergeben. Weiter: Die Erträge aus den im Auftrag des Königs verwalteten Baronien gingen nicht immer vollständig an den Exchequer. Im Gegenteil: Nur bei gut 40 Prozent (42,37%) sämtlicher zwischen 1159 und 1214 festgestellter Lehnsverwaltungen des untersuchten Feldes wurden überhaupt Gelder an den Rechnungshof geliefert. Dazu zählen auch all die Fälle, bei denen keine Vereinbarung einer Pachtsumme festzustellen ist, sondern zum Beispiel lediglich die Fahrhabe eines verstorbenen oder enteigneten Barons zu Geld gemacht wurde.[98]

Der Anteil der rechenschaftspflichtigen *custodiae* schrumpfte von Herrschaft zu Herrschaft deutlich. Unter Heinrich II. waren es noch gut 50 Prozent (52,70%), unter Richard I. dann etwa 40 Prozent (40,73%) und unter Johann schließlich lediglich knappe 30 Prozent (29,34%). Dies korrespondiert, wie zu erwarten, mit dem Sinken der entsprechenden Einnahmen (vgl. unten Tabelle 3.2). Die abnehmende finanzielle Bedeutung der zentralen Verwaltung heimgefallener oder konfiszierter Baronien durch den Rechnungshof bedeutet aber keineswegs, dass dieses ,Kapital' dem König vollständig verloren ging. Wie oben am Beispiel der Baronie Mitford gezeigt wurde, konnte die Vergabe einer Verwaltung verschiedene Zwecke erfüllen. Zunächst gab es zwei Möglichkeiten einer fiskalischen Nutzung:

Bei einer (1) rechenschaftspflichtigen Verpachtung des Amtes zahlte der Verwalter dem Exchequer regelmäßig (jährlich oder halbjährlich) eine festgelegte Pachtsumme. Alternativ lieferte er die tatsächlich erwirtschafteten Erträge ab, die dann von Jahr zu Jahr variierten. Die Abrechnung darüber wurde in der Pipe Roll

---

97 Rot. de ob. et fin., S. 520: *Radulfus de Toony dat duos bonos equos pro habenda instauris et catallis que fuerunt inuenta in manerio de Saham die quo inde saisinam habuit per preceptum domini regis. Ranulfus comes Cestrie plegius eiusdem Radulfi est de illis duobis bonis equis domino Regi in Pict' reddend'. Et mandatus est Roberto Peuerell' quod idem Radulfo predicta catalla et instaura sine dilatione habere faciat. T. Reg' apud Porec' xxvj die Jan'. Per Radulfum de Neuill'. Coram eodem.*

98 Die angegeben Prozentzahlen beziehen sich auf die in der Tabelle im Anhang A dargestellten Daten: Die rechenschaftspflichtigen Verwaltungen sind dort durch einen fettgedruckten Buchstaben gekennzeichnet.

vermerkt: Das Ausmaß und den finanziellen Ertrag dieses Typs von Lehnsverwaltung kann man daher noch heute relativ genau ermitteln. Offensichtlich nutzte Heinrich II. diese Möglichkeit ausgiebiger als seine beiden Söhne; es wird zu diskutieren sein, welche Gründe es dafür gab.

Der (2) Verkauf einer Vormundschaft oder eines Heimfalles *pleno jure* hatte den Nachteil, dass der König die direkte Kontrolle über die Bewirtschaftung des betreffenden Kronlehens aus der Hand gab. Dafür ersparte jedoch der Ämterverkauf den bei einer zentrale Verwaltung anfallenden Aufwand, die meisten Aufgaben wurden einfach an den Kustos delegiert. Vor allem besaß der Verkauf des Amtes den Vorteil, schneller Geld in die königlichen Kassen zu bringen. Die Höhe der Geldangebote für Vormundschaften war beträchtlich und stieg von Herrschaft zu Herrschaft rapide an.[99]

	Anzahl Kaufangebote	durchschnittlicher Betrag
Heinrich II.	4	85 li.
Richard I.	19	224 li.
Johann	45	590 li.

Tabelle 3.1: Der Verkauf von Kustodenämtern

Während das höchste Angebot für ein Kustodenamt an Heinrich II. noch 200 Pfund betrug, gab es an Richard I. bereits drei Angebote von 1000 Mark. Unter Johann waren es dann fünfzehn Angebote in einer Höhe von 1000 bis 5000 Mark. Durchschnittlich stiegen die Zahlungen für Vormundschaften und Lehnsverwaltungen von etwa 85 Pfund unter Heinrich II. auf 224 Pfund unter Richard I. und schließlich 590 Pfund zur Zeit Johanns. Dies brachte dem Exchequer bisweilen sehr viel mehr Gelder ein als die Pachtzahlungen eines Sheriffs für eine gesamte Grafschaft. Die Höhe der Angebote lässt darüber hinaus auf die Lukrativität der Kustodenämter schließen.

Doch ging es bei der Übernahme eines Kustodenamtes nicht nur um einen direkten finanziellen Gewinn: In den meisten Fällen erwarb der Verwalter auch

99 Die folgenden Zahlen beziehen sich nur auf die Kaufangebote, die entweder von Baronen des Feldes stammen oder für die Verwaltung von Baronien des Feldes geleistet wurden.

das Recht, sein(e) Mündel zu verheiraten. Dieses Recht nutzte er häufig, um Angehörige seiner eigenen Familie zu versorgen.[100] William de Sainte Mère Église bot Richard I. 1194 zum Beispiel 500 Mark für die Vormundschaft über den Erben der Baronie Beverstone und das Recht, das Mündel mit einer seiner Verwandten verheiraten zu dürfen (*et ut possit maritare eum uni cognitarum suarum cui voluerit*).[101] Mit Zustimmung des Königs konnten die Kustoden ihr Amt auch weiterverkaufen oder verschenken.[102]

Beim Vergleich der drei Regierungen zeigt sich, dass Johann am meisten *custodiae* verkaufte (vgl. oben Tabelle 3.1). Dies entspricht der sinkenden Bedeutung der zentralen Verwaltung von Baronien über den Exchequer. Gerade in Jahren, in denen der König einen großen Bedarf an Geldmitteln hatte, lässt sich eine stärkere Nutzung des Vormundschaftsverkaufs nachweisen: Dieser versprach schnelles Geld.[103] Die Höchstzahl von 7 entsprechender Kaufangebote findet sich in der Pipe Roll von Michaelis 1190, also in dem Jahr, in dem Richard I. seines Kreuzzuges finanzieren musste. Dieser Befund wird durch erzählende Quellen bestätigt, die berichten, dass Löwenherz zu diesem Zweck Ämter verkaufte.[104]

Die dritte Nutzungsart, die Vergabe oder das Verschenken eines Kustodenamtes *pleno jure*, brachte zwar kein Geld an den Exchequer, erweiterte aber dafür das Instrumentarium des Königs, auf traditionelle Weise zu herrschen, Patronage auszuüben: Der Herrscher belohnte Getreue durch die Verteilung materieller Gunsterweise und band sie so an sich. Gewissermaßen wurden die

---

100 Mehr dazu in Kapitel 5.

101 Pipe Roll 6 Rich. I, S. 239f.

102 Pipe Roll 6 John, S. 6: *Gilbertus f. Reinfridi debet v palefridos pro habenda confirmatione R. et concessione de custodia terre et heredis Olliueri de Aiencurt quam episcopus Norwic' ei concessit et maritagium illud.* Die entsprechende Bestätigung durch König Johann registriert Rot. litt. pat., S. 45: *G. filius Reinfridi habet litteras domini Regis patentes conf' donationis et concessionis quam dominus Norwic' ei fecit de custodia terre et heredis Oliveri de Aencurt secundum quod dominus Rex illam custodiam prius dederat eidem Episcopo.* Vgl. auch Pipe Roll 7 John, S. 117: *...pro custodia Rogeri de Bertram quam Petrus habuit a Willelmo . sicut continetur in predicto breui R. ... .*

103 Auf die einzelnen Jahre verteilt sehen die Zahlen folgendermaßen aus (Jahr: Anzahl der Kaufangebote): 1165, 1172, 1177 und 1188: je 1, 1190: 7, 1191: 0, 1192: 1, 1193: 1, 1194: 4, 1195: 0, 1196: 1, 1197: 2, 1198: 3, 1199: 1, 1200: 2, 1201: 2, 1202: 1, 1203: 3, 1204: 2, 1205: 5, 1206: 2, 1207: 4, 1208: 1, 1209: 4, 1210: 4, 1211: 6, 1212: 3, 1213: 5, 1214: 1.

104 Newburgh, 1, S. 303ff., hier S. 305: *Sane rex eadem arte, qua hujus episcopi sacculos exhausit, alios quoque plures pellexit, ut effusis pecuniis certatim dignitates sive libertates quaslibet, vel publica officia, vel ipsa praedia regia compararent.* Ähnlich Howden, 3, S. 13: *Secunda autem die post coronationem suam Ricardus rex Angliae recepit homagia et fidelitates ab episcopis et comitibus et baronibus Angliae: quibus expletis, rex exposuit venditioni omnia quae habuit, scilicet, castella, villas et praedia.* Zur Finanzierung des Kreuzzuges vgl. auch GILLINGHAM 1978, S. 131ff.

Vormundschaften und Heimfälle hier, um mit den Begriffen Pierre Bourdieus zu spielen, nicht als ‚ökonomisches Kapital', sondern als ‚soziales Kapital' genutzt.[105] Ralph V. Turner hat in mehreren Arbeiten exemplarisch gezeigt, auf welche Weise die Könige ihre Funktionsträger, etwa die Justiziare, belohnten und dabei auch auf die Vergabe von Kustodenämtern hingewiesen.[106] Die Kanzleiregister belegen deutlich, dass die Patronageverteilung in überaus differenzierter Weise geschah. Aus einem Befehl König Johanns von 1202 geht zum Beispiel ausdrücklich hervor, dass der Wert an den König gefallener Lehen, die quasi als ‚Patronageressourcen' dienten, erforscht wurde, um angemessene Entschädigungen leisten zu können.[107] Viele Quellen belegen, dass der König überaus genau darauf achtete, welchen Wert die von ihm an bestimmte Gefolgsleute vergebenen, zuvor konfiszierten Ländereien besaßen.[108] Als Johann Ohneland dem Grafen von Essex die Erbin von Gloucester zur Frau gab, achtete er beispielsweise eigens darauf, dass die bis dahin heimgefallenen Lehen und Verwaltungen, die zum Kronlehen Gloucester gehörten, in der Hand derer verblieben, denen er sie vor der gräflichen Hochzeit gegeben hatte.[109]

Wer wurde nun vom König zum Kustos eines Kronlehens gemacht? Wollten Verwandte eines minderjährigen Kindes die Vormundschaft erlangen, mussten sie dafür hohe Summen zahlen. Meist taten dies verwitwete Mütter eines Erben oder deren Onkel väterlicherseits.[110] Bemerkenswerterweise wurden alle vier unter Heinrich II. für das untersuchte Feld festzustellenden Käufe von Kustodenämtern von Verwandten der minderjährigen Erbens getätigt.[111] Wenn der König fremde Kustoden bestallte, konnten daraus Konflikte mit den betroffenen Familien erwachsen. Hinweise hierauf erfordern jedoch meistens eine recht weitgehende Interpretation der nüchternen Registereinträge.

---

105 Vgl. oben Kapitel 2.

106 TURNER 1985 (insbesondere die Kapitel über „the rewards of office"); TURNER 1988; TURNER 1989 (das Beispiel des Justiziars Geoffrey fitz Peter).

107 Rot. de lib., S. 28: *...et inquiratis diligenter quantum valeant terre ille . et valorem terrarum illarum predictarum nobis scire faciatis . ut possimus inde rationabile escambium dare...* .

108 Rot. litt. claus., S. 258: *Rex Vicecomiti Linc' etc. Precipimus tibi quod sine dilatione plenar' saisinam habere facias Ricardo de Gray de tota terra que fuit Sim' de Kauncy cum pertinentiis suis nisi valeat per annum plusquam lx li. nisi illam prius alii dederimus.* Ähnlich: Rot. litt. claus., S. 261: *...nisi valeat plusquam xiiijci' li.* Oder: Rot. litt. claus., S. 232: *...nisi valeat pluquam c s.*

109 Rot. litt. claus., S. 162

110 Pipe Roll 2 Rich. I, S. 21 (Langley); 7 John, S. 33 (Warwick); 10 John, S. 198 (Barony of Biset); 12 John, S. 203 (Stansted Mountfitchet); ebd., S. 169 (Barnstaple); 13 John, S. 168 (Stogursey); Rot. de ob. et fin., S. 485 (Clifford); ebd., S. 478 (Bothal).

111 Pipe Roll 11 Hen. II, S. 22 (Styford); 18 Hen. II, S. 102 (Trematon); 23 Hen. II, S. 83 (Bothal); Pipe Roll 28 Hen. II, S. 67 (Nocton).

So gab es zum Beispiel konkurrierende Geldangebote, bei denen nicht ein Familienmitglied, sondern ein Fremder die Vormundschaft erhielt.[112] Im September 1207 befahl König Johann zu untersuchen, ob das Land der Aveline de Mountfitchet zum Erbgut des 1203 verstorbenen Richard de Mountfitchet gehöre. Falls ja, sollte ihr Land beschlagnahmt und dem von ihm eingesetzten Verwalter des Kronlehens (Stansted Mountfitchet) übergeben werden.[113] Dem König wurde bisweilen auch Geld dafür angeboten, in die Obhut eines bestimmten, namentlich genannten Kustos zu kommen. Möglicherweise geschah dies aus Angst vor der Bevormundung durch einen unbekannten Verwalter.[114] Ein außergewöhnlicher Einzelfall stammt aus dem Jahr 1209: Die Vasallen des Kronlehens Salwarpe boten dem König 2000 Mark Silber, um das Kustodenamt selbst ausüben zu können.[115] Sie fürchteten offenbar die Misswirtschaft durch einen fremden, vom König bestallten Kustoden. Weiterhin gibt es Hinweise, dass ,königsnahe' Personen ihren Einfluss geltend machen konnten, wenn es um Vormundschaftsangelegenheiten ihrer Familie ging. Sie mussten dann kein Geld für die Vormundschaft zahlen.[116] Manchmal wurden die meist als Seneschalle bezeichneten Guts-

112 Als Waleran de Newburgh, Graf von Warwick, 1204 starb, gab es zwei Interessenten an der zu vergebenden Vormundschaft. Walerans Witwe Alice, die Gräfin von Warwick zahlte dafür und um nicht gegen ihren Willen verheiratet zu werden 1000 Pfund und 10 Pferde; im selben Jahr erbat sie – bezeichnenderweise vergeblich – vom König eine Untersuchung des ihr zustehenden Witwengutes. Den Zuschlag erhielt allerdings kein Mitglied der Familie, sondern Thomas Basset, der lediglich 500 Mark angeboten hatte. Pipe Roll 7 John, S. 33: ... *et pro habenda custodia puerorum suorum quos habet de comite de Warewic quodam uiro suo* ... Ebd., S. 40. Bereits 1204 wurde Thomas Basset als Kustos des Erben bezeichnet: Pipe Roll 7 John, S. 32 u. 40. Während er die Vormundschaft über den Erben behielt, erlangte Alice wahrscheinlich die Kontrolle über den Besitz ihrer anderen Kinder: Vgl. Pipe Roll 11 John, S. 19.

113 Rot. litt. claus., S. 91.

114 Pipe Roll 8 John, S. 123: *Gilebertus de Stanford debet lx m. et ij palefridos ut liberetur G.f. Petri in custodiam . et quod idem G. ipsum saluo comittat custodiendum quousque R. uoluntatem suam preceperit per plegios annotatos in originali.*

115 Pipe Roll 11 John, S. 64: *Robertus de Bello campo et Galfridus de Abetoft . et Willelmus de Chederinton' pro omnibus libere tenentibus de honore Willelmi de Bello campo debent MM m. ... pro habenda custodia Wilekini de* (*Longo*c) (*Bello*[i]) *campo domini sui . usque ad iiijor annos . ita quod R. maritabit ipsum Wilekinum pro uoluntate sua quando uoluerut . et ipsi debent eum tenere in seruitio R. ut uadlettum ad custum eorum . et si R. uoluerit habere scutagium de terra sua . bene ei licebit. Termini . in festo sancti Hilarii anno regni R. xmi cc l m. et in festo sancti Johannis cc et l m. et in festo sancti Michaelis cc l m. et sic de Scaccario ad Scaccarium quousque totum persoluatur.*

116 Rot. litt. claus., S. 43: *Rex Ricardo de Belhus etc. Mandamus tibi quod statim visis litteris istis liberes Comitisse uxori dilecti et fidelis nostri . G. f. Petri Comitis Essex' filiam ipsius Comitisse ux' Johannis Wahull' per manum Aluredi clerici sui . quam habes in custodia per dominum Cant'. T. me ipso apud Windes' . xxiiij die Jul'.* Die Tatsache, dass es sich bei dem Mündel hier um eine Tochter der Gattin des Justiziars

oder Hausverwalter der Verstorbenen zu Kustoden ernannt, wohl aus dem Grund, da sie vormals für die Verwaltung der einzelnen Gutshöfe verantwortlich gewesen waren und Wirtschaftsabläufe gut kannten.[117]

All dies waren verstreute Hinweise auf die Ablehnung ‚fremder' Verwalter, sei es durch die betroffene adlige Familie selbst, sei es durch die Lehnsleute der Baronie. Doch bei einer Durchsicht aller namentlich festzustellenden Personen, die zwischen 1159 und 1216 zu Verwaltern der 191 Baronien des Untersuchungsfeldes ernannt wurden, zeigt sich, dass die baronialen Familien insgesamt nur wenig Einfluss auf die Verwaltung ihres ‚in die Hand des Königs' genommenen Besitzes ausübten. Nur in der Minderzahl aller Fälle wurden Personen aus der Klasse der Barone zu Verwaltern eingezogener Baronien gemacht; zudem handelt es sich bei diesen meistens um erfolgreiche soziale Aufsteiger, die erst während ihres Königsdienstes in diesen höheren Rang aufgestiegen waren.[118] Weitaus häufiger ernannten die Könige Funktionsträger eher niederer Herkunft zu Lehnskustoden. Da diese in vielen Fällen auch erfolgreich über die Verheiratung der ihnen anvertrauten minderjährigen Erben bestimmen konnten, wird die in zeitgenössischen Quellen ausgedrückte Angst der Barone vor sozialen Aufsteigern verständlich.[119]

Was die quantitative Durchsicht bereits andeutete, sollen die folgenden Beobachtungen zur Identität einzelner ausgewählter Lehnskustoden unterstützen: Während aller drei Regierungen wirkten die Sheriffs der Grafschaften, innerhalb derer die betroffenen Baronien vornehmlich lagen, als Lehnskustoden. Ebenfalls sehr häufig waren in den 1190er Jahren die von Richard I. zu zentralen Heimfallverwaltern ernannten William de Sainte Mère Église (bei 21 Baronien) und Hugh

---

handelte, wird wahrscheinlich eine Rolle bei der Entscheidung gespielt haben, es seiner Mutter auszuhändigen. Ansonsten sind solche Fälle nur sehr schwer dokumentarisch nachzuweisen, falls es stimmt, dass – wie hier behauptet – die minderjährigen Verwandten enger Vertrauter des Königs oft gar nicht erst in dessen Obhut gelangten.

117 Im Jahr 1213 war Fulco de Oiry Kustos von Skipton (Anhang A, N° 179): Rot. litt. claus., S. 136. Aus Rot. litt. pat., S. 41 geht hervor, dass er ursprünglich (1204) Seneschall des 1212 verstorbenen Lehnsinhabers, des Grafen von Aumale, Baldwin de Béthune, gewesen war. Ein Streit um eine Vormundschaft im Jahr 1206 macht gleichfalls deutlich, dass der Seneschall eines Verstorbenen (zusammen mit William de Scales of Caxton) mit der Verwaltung Vormundschaft betraut war. Pipe Roll 8 John, S. 32: *Fulco Bainard r.c. de iiij palefridis ut Willelmus de Scal' et Benedictus senescallus Rogeri de Kerdeston' distringatur per terram et catalla sua quod sine dilatione reddant predicto Fulconi filium et heredem Rogeri de Kerdeston' qui debet esse in custodia sua ut dicit cum catallis ad predictum heredem pertinentibus . et cum tali saisina terrarum qualem pater suus habuit die qua obiit.*

118 Nur bei 56 der knapp 700 Barone des Feldes lässt sich nachweisen, dass sie zwischen 1159 und 1216 als Lehnsverwalter tätig waren. Diese 56 (inklusive der ‚sozialen Aufsteiger'!) befinden sich unter einer (grob geschätzten) Zahl von insgesamt über 300 Verwaltern, die namentlich identifiziert werden können.

119 Vgl. unten Kapitel 5.

Bardolf (bei 14 Baronien) tätig.[120] Zusammen mit diesen beiden steht an der Spitze aller genannten Verwalter William Briwerre oder Brewer, der bei 19 Baronien des untersuchten Feldes als Kustos nachzuweisen ist.[121] Sowohl William de Sainte Mère Église, Hugh Bardolf als auch William Briwerre waren Vertreter des im 12. Jahrhundert häufig anzutreffenden Typus des sozialen Aufsteigers im Königsdienst. Alle drei begannen ihre Laufbahn bereits im letzten Jahrzehnt der Regierung Heinrichs II. und wurden von Richard Löwenherz übernommen, der sie, wie zuvor sein Vater, für vielfältigen Aufgaben einsetzte. Da sie ihre Stellung allein Heinrich II. verdankten – nicht dem Einfluss und Vermögen ihrer Familie –, konnte ihnen der neue König auch nach dem Herrschaftswechsel vertrauen. Sie waren ihm als vielseitige und erfahrene ‚Verwaltungsfachleute‘ willkommen und gewährleisteten die Kontinuität im Regierungsalltag. In aller Regel besaßen die Männer im Königsdienst keine universitäre Ausbildung, sondern waren in der Praxis geschulte ‚Männer der Tat‘. Dies illustriert die Laufbahn William Briwerres besonders gut:[122]

Heinrich II. setzte William Briwerre bereits als Sheriff von Devonshire (1179 bis 1189), Steuerschätzer (1187), Reiserichter (1188 und 1189) und Kustos der Baronie Barnstaple (1186) ein.[123] Als Richard I. im September 1189 die neuen Justiziare Englands ernannte, stellte er ihnen ‚zur Regierung des Reiches‘ (*in regimine regni*) neben einigen anderen Männern auch William Briwerre zur Seite. Kurz bevor der König England wieder verlies, bestätigte er im Dezember 1189 nochmals Williams Aufgaben.[124] Ende Juni war William Mitglied der englischen Gesandtschaft, die zum Treffen zwischen Richard Löwenherz und Kaiser Heinrich VI. nach Worms kamen. Sein Stern begann auch nicht zu sinken, als Johann Ohneland den Thron bestieg. Ganz im Gegenteil: William war weiterhin unentwegt im Gefolge des Königs anzutreffen und verwaltete als Sheriff zeitweise mehrere Grafschaften gleichzeitig. Devonshire und Somerset boten 1200 Mark, um ihn wieder loszuwerden – höchstwahrscheinlich ein Zeichen seiner Effizienz. 1204 stattete ihn der König, gegen Ansprüche anderer Anwärter, mit zwei Kronlehen, Horsley und Lavendon, aus. Dadurch stieg William in den Rang eines Barons auf.[125] Im selben Jahr half ihm Johann Ohneland, seinen in

---

120 Zur Zentralisierung der Heimfallverwaltung durch Richard I. vgl. oben S. 56ff. William de Sainte Mère Église ist als Verwalter der Kronlehen N° 3, 4, 10, 15, 16, 28, 37, 59, 61, 68, 102, 112, 119, 128, 141, 151, 156, 164, 173, 176 nachzuweisen; Hugh Bardolf als Verwalter der Kronlehen N° 6, 8, 16, 31, 62, 66, 78, 92, 93, 107, 166, 171, 174, 179.

121 Kronlehen N° 6, 10, 28, 55, 74, 108, 110, 112, 127, 129, 131, 137, 141, 162, 166, 171, 180, 185, 186.

122 Zum folgenden vgl. die hervorragende Analyse seiner Karriere bei PAINTER 1949, S. 71ff.

123 EYTON 1878, S. 281, 291, 298, 337; Pipe Roll 32 Hen. II, S. 157.

124 Howden, 3, S. 16 u. 28.

125 Rot. Chart., S. 139; Rot. litt. pat., S. 41. Vgl. SANDERS 1960, S. 123 u. 128.

Frankreich gefangengenommenen Sohn auszulösen. Im Gegenzug verpflichtete sich William, verstärkt am Exchequer tätig zu sein.[126] Die Kustodenämter, die ihm der König verschaffte, bildeten nur einen Teil der Gunsterweise, mit denen William Briwerre belohnt wurde. Schließlich blieb er auch noch während der Minderjährigkeit Heinrichs III. aktiv und einflussreich, ähnlich wie sein berühmterer Zeitgenosse William Marshal.[127]

Andere einflussreiche Lehnskustoden zur Zeit König Johanns waren Männer wie der Justiziar und Graf von Essex, Geoffrey fitz Peter, der siebenmal als Lehnskustos nachzuweisen ist, und Robert de Vipont (sechsmal Lehnskustos). Beide besaßen einen ähnlichen Hintergrund wie William Briwerre.[128] Johanns Kämmerer, Hubert de Burgh, und der Seneschall des königlichen Haushalts, William de Cantelou sind mit je 4 Nennungen ebenfalls gut vertreten.[129] Bei den Konfiskationen der Jahre 1215 und 1216 ist keinesfalls klar, inwieweit sie ‚realisiert' wurden (vgl. dazu unten Abschnitt 3.2.5). Allgemein fällt auf, dass Johann der Endzeit seiner Regierung mehrmals Ämter an Männer vergleichsweise niedriger Herkunft (ohne Familiennamen) aus seinem engsten Gefolge vergab, so an seine Armbrustschützen Lupillon, Brito und F'rand' oder an Gaudinus, den Diener des Kämmerers.[130] Weiter fällt auf, dass in eben dieser Zeit viele Söldnerführer wie Brian de l'Isle,[131] Philip Marc,[132] Guy de Chanceaux,[133] Engelard de Cigogné,[134] Savaric de Mauleon[135] oder Fawkes de Breauté zu Kustoden konfiszierter Lehen ernannt wurden.[136] Dies überrascht nicht, da Johann in dieser Phase des Krieges zur Durchsetzung seiner Herrschaft wesentlich auf ihre Hilfe angewiesen war.

Die Lehnskustoden, die unter Richards I. besonders hervortraten, waren, wie gesagt, die Heimfallverwalter Hugh Bardolf und William de Sainte Mère

126 PAINTER 1949, S. 74f.

127 Vgl. CARPENTER 1990.

128 Geoffrey fitz Peter bei den Kronlehen N° 4, 7, 15, 50, 82, 111, 119; Robert de Vipont bei N° 11, 57, 92, 155, 170, 185.

129 Hubert de Burgh war bereit vor 1199 Johann Ohnelands Kämmerer, 1215 ersetzte er Peter des Roches als Justiziar: PAINTER, 1949, S. 84ff., 328 et passim; CAZEL 1989. Er ist als Verwalter der Kronlehen N° 59, 141, 145, 175 nachweisbar, William de Cantelou als Verwalter der Kronlehen N° 162, 88, 72, 23.

130 N° 121, 110, 99.

131 Verwalter der Kronlehen N° 4, 125, 162, 170, 184. Vgl. PAINTER 1949, S. 87, 304 et passim.

132 N° 18, 92, 123, 187. Vgl. PAINTER 1949, S. 304, 324 et passim.

133 N° 8, 91, 92, 142. Vgl. PAINTER 1949, S. 304, 324 et passim.

134 N° 64, 116. Vgl. PAINTER 1949, S. 304, 324 et passim.

135 N° 14, 85. Vgl. PAINTER 1949, S. 299f., 306f. et passim.

136 N° 179. Vgl. PAINTER 1949, S. 87, 218, 241 et passim. Lyseus Heremite (N° 32), Armandus de Mangezeir (N° 37) und Godescall' de Machelines (N° 82) waren wahrscheinlich auch Söldner aus Frankreich.

Église. Unter Heinrich II. hatten Männer wie die beiden Justiziare Richard de Lucy[137] und Ranulf de Glanvill[138], Richard de Canvill[139] oder Reginald de Courtenay[140] vergleichbare Positionen besessen wie Geoffrey fitz Peter oder William Briwerre in späteren Jahren. Da Heinrich aber viel mehr rechenschaftspflichtige Verwaltungen vergab als seine Söhne, besaßen die Kustodenämter zu seiner Zeit anscheinend noch nicht so eine große Anziehungskraft für die *familiares* wie zur Zeit Johann Ohnelands.

3.2.4 Quantitativer Überblick

Im folgenden wird das im Rahmen dieser Arbeit gesammelte Material ausgewertet, das über das quantitative Ausmaß der Vormundschaften, Konfiskationen und Heimfälle zwischen 1159 und 1216 Auskunft geben vermag. Sämtliche Pipe Rolls der Jahre 1159 bis 1214 wurden für diese Untersuchung systematisch nach entsprechenden Informationen hinsichtlich der 191 Baronien des Untersuchungsfeldes durchgesehen.[141] Für den betreffenden Zeitraum existiert eine fast lückenlose Dokumentation: Lediglich die Pipe Roll von Oktober 1213 ist nicht erhalten. In den Jahren 1215 und 1216 kam wegen der Wirren des großen Adelsaufstandes keine geregelte Rechnungslegung zustande. Glücklicherweise sind dafür ab 1199 die Kanzleiregister zu großen Teilen erhalten. Für die Jahre 1215 und 1216 muss man insbesondere auf die Serie der Close Rolls zurückgreifen. Sie enthalten allerdings keine Informationen über den Erlös der konfiszierten Güter. Das Ergebnis der Auswertung wird in der Tabelle im Anhang A dargestellt. Diese Tabelle zeigt das tatsächliche Ausmaß der Verfügung der frühen Plantagenet-Herrscher über den Lehnsbesitz ihrer Barone.[142]

137 Verwalter des Kronlehen N° 33. Vgl. TYERMAN 1996, S. 211ff.

138 Verwalter der Kronlehen N° 62, 177. Vgl. TYERMAN 1996, S. 235ff.

139 Verwalter der Kronlehen N° 21, 168. Vgl. WARREN 1973, S. 309; JOLLIFFE 1963, S. 142f. Anm. 4.

140 Verwalter des Kronlehens N° 119. Vgl. JOLLIFFE 1963, S. 142f. Anm. 4.

141 Vgl. Abschnitt 1.3.

142 In horizontaler Richtung sind die Pipe Roll-Jahrgänge der einzelnen Regierungen aufgetragen. Die ersten 4 Pipe Roll-Jahrgänge Heinrichs II. wurden nicht vollständig durchgesehen; sie sind grau gekennzeichnet. Ebenfalls grau markiert wurden die letzten beiden Regierungsjahre Johanns: Hier beruhen die Angaben der Tabelle auf den Fine Rolls (Rot. de ob. et fin.). In vertikaler Richtung stehen die einzelnen Kronlehen in der Reihenfolge wie bei SANDERS 1960 unter Angabe einer eindeutigen Nummer, des Namens des jeweiligen *caput honoris* und der Summe der Ritterlehen (RL) zur Zeit der *cartae baronum* von 1166 (meist nach KEEFE 1983). In den Fällen, in denen sich nachweisen lässt, dass ein Kronlehen oder Teile eines Lehens in einem bestimmten Jahr durch einen Kustos im Auftrage des Königs verwaltet wurde, ist das entsprechende Kästchen der Tabelle mit

Dank dieser Auswertung lässt sich erstmals mit größerer Sicherheit bestimmen, wie viele Baronien sich zwischen 1159 und 1214/1216 zeitweise ‚in der Hand des Königs' (*in manu Regis*) befanden: In jeder der drei Regierungen Heinrichs II. und seiner Söhne wurde jeweils gut die Hälfte aller Kronlehen mindestens einmal durch vom König bestallte Verwalter kontrolliert. Lediglich 18 der 191 Baronien gerieten, soweit sich dies überhaupt sicher überprüfen lässt, zwischen 1159 und 1216 nie in fremde Hand, die meisten von diesen waren zudem vergleichsweise klein.[143] Unter Heinrich II. befanden zwischen 1159 und 1188 rund 16 Prozent der Kronlehen vollständig oder teilweise in der Hand des Königs. Unter seinen Söhnen nahm dieser Anteil langsam zu: Zur Zeit von Richard Löwenherz (1189 bis 1198) waren es rund 18 Prozent, unter Johann Ohneland (bezogen auf die Zeit zwischen 1199 und 1214) bereits 23 Prozent:[144]

---

einem Buchstaben gefüllt. Dieser ist fett gedruckt, wenn die Erträge direkt an den Exchequer gingen; in diesem Fall steht in der jeweils äußerst rechten Spalte die grob überschlagene Summe der insgesamt am Rechnungshof abgerechneten Beträge. In den anderen Fällen (nicht fett gedruckte Buchstaben) ist davon auszugehen, dass der Verwalter der Baronie sein Amt entweder kaufte oder vom König geschenkt bekam. Er behielt die Erträge also selbst oder zahlte sie direkt in die Kammer des Königs, ohne vor dem Exchequer darüber Rechenschaft abzulegen. Die Buchstaben kennzeichnen die Gründe für den Zugriff des Königs auf ein Kronlehen: Ein ‚V' bezeichnet Vormundschaften, ein ‚K' Konfiskationen und Enterbungen, ein ‚H' Heimfälle. Die entsprechenden Kleinbuchstaben (v, k, h) stehen für Fälle, die in stärkerem Maße auf Vermutungen basieren. Die wenigen Fälle, in denen überhaupt keine Ursache für den Zugriff des Königs auf das entsprechende Lehen wahrscheinlich gemacht werden konnte, sind mit einem Fragezeichen (‚?') gekennzeichnet.

143 Nach der Tabelle im Anhang A handelt es sich um die folgenden: N° 3, 20, 24, 30, 38, 43, 46, 67, 69, 83, 98, 115,126, 134, 135, 138, 139, 169. Soweit bekannt, besaßen lediglich 3 der bis 1216 nie fremdverwalteten Kronlehen mehr als 10 Ritterlehen: N° 83, 98 und 138.

144 Diese prozentualen Angaben beziehen sich jeweils auf die gesamte Regierungszeit eines Herrschers. Es ist mit eingerechnet wie lange sich die Kronlehen in seiner Verfügungsgewalt befanden.

	Anteil	insgesamt	pro Jahr
Heinrich II.	16%	67.850 li.	2262 li.
Richard I.	18%	9.760 li.	976 li.
Johann	23%	29.295 li.	1831 li.

Tabelle 3.2: Einkünfte aus den Kronlehen in der Hand des Königs (1159 - 1214)

Tabelle 3.3 gibt Aufschluss darüber, aus welchen Gründen der baroniale Besitz im Auftrag des Herrschers verwaltet wurde – wieder jeweils auf die gesamte Regierungszeit eines Königs bezogen.

	Vormunds.	Konfiskation	Heimfall
Heinrich II.	46%	23%	31%
Richard I.	59%	31%	10%
Johann	48%	30%	22%

Tabelle 3.3: Gründe für den Zugriff des Königs auf die Kronlehen (1159 - 1214)

Danach stieg der Anteil der Konfiskationen von 23 Prozent zur Zeit Heinrichs II. auf etwa 30 Prozent zur Zeit seiner Söhne an. Rechnete man die durch die Close Rolls ermittelten Konfiskationen der Jahre 1215 und 1216 mit ein, würde ihr Anteil unter Johann noch weiter steigen. Der Anteil der Heimfälle sank unter Richard Löwenherz, da er mehrere große Lehen, die sich während der gesamten

Regierungszeit seines Vaters in königlichem Besitz befunden hatten, an seinen Bruder Johann gab.[145]

Während sich diese Zahlen auf die gesamte Regierungszeit der drei Herrcher bezogen, zeigt die Abbildung 1 (Anhang C) die Nutzung der verschiedenen Verügungsrechte im zeitlichen Verlauf als Kurvenverläufe. Man erkennt den konstanten Anteil der Heimfälle (hellgrau) und die Zahl der Vormundschaften (mittelgrau), die, wie hier erneut deutlich wird, den größten Anteil der sich ‚in der Hand des Königs' befindlichen Kronlehen ausmachten. Der Verlauf der Konfiskationen zwischen 1159 und 1216 ist dunkelgrau eingezeichnet. Der schwarze Kurvenverlauf über diesen drei Linien stellt die Summe der Vormundschaften, Konfiskationen und Heimfälle dar. Er beweist einen mehr oder minder stetigen quantitativen Anstieg königlicher Eingriffe in den baronialen Landbesitz. In Zahlen ausgedrückt: 1159 befanden sich 17 der 191 Kronlehen in der Hand königlicher Verwalter, das sind 9 Prozent. Zehn Jahre später, 1169, waren es 11 Prozent, dann 19 Prozent (1179), 15 Prozent (1189), 19 Prozent (1199) und 24 Prozent (1209). Einen Spitzenwert erreicht das letzte Jahr des Untersuchungszeitraums (1216) mit 44 Prozent (84 von 191 Kronlehen). Allerdings lässt sich nur darüber spekulieren, inwieweit diese vielen von Johann angeordneten Konfiskationen überhaupt durchgesetzt wurden.

Einzige Ausnahme in dieser langfristigen Entwicklung – die Zunahme königlicher Eingriffe in den Lehnsbesitz der Barone – ist das direkt nach dem Regierungsantritt Richards I. eintretende Kurvental. Es lässt sich durch die langjährige Abwesenheit dieses Herrschers erklären: Bereits drei Monate nach seiner Krönung, am 12. Dezember 1189, verließ Richard Löwenherz England. Im Spätsommer des folgenden Jahres machte er sich in das Heilige Land auf, das er im Juni 1191 erreichte. Nach der Beendigung des Kreuzzuges wurde er auf der Heimfahrt, im Dezember 1192, vom Herzog von Österreich gefangengenommen und Kaiser Heinrich VI. übergeben. Erst nach der Zahlung eines Lösegeldes von 150.000 Mark kam Löwenherz frei und landete am 13. März 1194, also gut vier Jahre nach seiner Abfahrt, wieder in England. Genau in diesem Jahr steigt auch die schwarze Kurve sprunghaft fast wieder auf das Niveau von 1188 an. Das sich mit der Abwesenheit des Königs deckende Kurvental unterstreicht deutlich, dass trotz aller Institutionalisierung und Bürokratisierung der Herrschaft – der Rechnungshof trat wohlgemerkt auch in den Jahren 1190 bis 1193 zusammen – die persönliche Einflussnahme des Königs auf die Regierung immer noch ausschlaggebend war.

Blickt man auf die Gesamtsummen der zwischen 1159 und 1214 an den Rechnungshof abgelieferten Gelder, die aus dem Erlös der für den König verwalteten Adelsgüter stammen, dann fällt eine Tendenz auf, die der eben festgestellten

145 Launceston, Wallingford, Lancaster, Peak und Tickhill (Anhang A, N° 71, 112, 158, 171 u. 185).

zunehmenden Zahl königlicher Eingriffe in den Besitz des Adels entgegenläuft (Tabelle 3.1). Unter Heinrich II. floss mehr Geld aus diesem Bereich in den königlichen Schatz als unter seinen Söhnen – selbst wenn man die absoluten Zahlen zu der jeweiligen Regierungslänge in Beziehung setzt. In den Jahren Heinrichs II. wurden, grob überschlagen, 67.850 Pfund an den Rechnungshof abgeführt, das sind durchschnittlich 2.262 Pfund jährlich. Unter Richard I. waren es nur noch 976 Pfund pro Jahr, während der Herrschaft Johanns (bis 1214) 1.831 Pfund. Allerdings muss man sich stets in Erinnerung rufen, dass nicht über alle eingezogenen Lehen am Exchequer Rechenschaft abgelegt wurde. Teilweise wurden Gelder direkt an den König gezahlt, ohne dass dies in den Pipe Rolls verbucht wurde.

Ein großer Teil der Kustodenämter wurde, wie gezeigt, vom König an Interessierte verkauft oder an Gefolgsleute verschenkt, die die erwirtschafteten Gewinne für sich behalten durften.[146] Die steigende Zahl der für den König verwalteten Lehen deutet nun einerseits auf eine strukturelle Kontinuität in der Herrschaftspraxis aller drei Könige hin. Anderseits lassen die gleichzeitig sinkenden Zahlen der am Exchequer abgerechneten Erlöse auf einen Politikwechsel schließen, der deutlich bereits unter Richard Löwenherz einsetzte. Offenbar zogen Richard und Johann den Verkauf von Ämtern der direkten Verwaltung von Einkünften baronialer Güter am Rechnungshof vor. Durch den Verkauf konnten sie schnell mehr Geld einnehmen, als durch eine langjährige, aufwendige Bewirtschaftung eingezogener Kronlehen mittels eigener Verwalter. Bestätigt wird dies zum einen durch die in den Pipe Rolls belegte steigende Zahl von Kaufangeboten für solche Ämter (vgl. oben Tabelle 3.1). Zum anderen stieg – dieser Entwicklung ganz entsprechend – unter Richard I. und Johann auch die Zahl der Geldangebote, mit denen enteignete Barone ihr Land zurückkaufen wollten. Dabei lagen die Richard I. dafür offerierten Summen meist sogar über denjenigen, die später seinem Bruder geboten wurden.[147]

James C. Holt legte überzeugend dar, dass die Bemühungen Johann Ohnelands, die Normandie zurückzuerobern, in den Jahren nach 1207 zu neuen An-

---

146 Vgl. unten Abschnitt 3.2.3.

147 *Oblata* für die Rückgabe konfiszierter Länder: Pipe Roll 23 Hen. II, S. 115 (100 Pfund); 2 Rich. I, S. 129 (2000 Mark); 2 Rich. I, S. 116 (300 Mark); 6 Rich. I, S. 36 (100 Mark); ebd., S. 118 (2000 Mark); ebd., S. 169 (700 Mark); ebd., S. 218 (220 Mark); 7 Rich. I, S. 26 (40 Mark); ebd., S. 179 (1000 Mark); 8 Rich. I, S. 148 (500 Mark); 9 Rich. I, S. 7 (140 Mark); ebd., S. 61 (1200 Mark); ebd., S. 114 (100 Pfund); ebd., S. 166 (2000 Mark); ebd., S. 216 (40 Mark u. 4 Sperber); 10 Rich. I, S. 42 (40 Mark + 20 Mark); ebd., S. 213f. (3100 Mark); 6 John, S. S. 40 (60 Mark), ebd., S. 78 (100 Mark); ebd. (10 Mark); 7 John, S. 217 (40 Mark); 8 John, S. 32 (100 Mark); 9 John, S. 164 (60 Mark u. 1 guter Habicht); 10 John, S. 154 (2 wertvolle Pferde aus Spanien); 12 John, S. 14 (60 Mark u. 1 Pferd); 13 John, S. 148 (100 Pfund); ebd., S. 198 (500 Mark); Rot. de ob. et fin., S. 562ff. (4000 Mark); ebd., S. 568f. (500 Mark).Vgl. auch unten Kapitel 4, S. 118ff.

strengungen führten, die königlichen Finanzmittel zu vermehren. Die hier erstmals vorgelegten Zahlen lassen nun vermuten, dass vergleichbare Anstrengungen bereits früher, schon unter Richard Löwenherz, einsetzten. Richard versuchte nach seiner Rückkehr aus der Gefangenschaft, die ihm durch den König von Frankreich zugefügten territorialen Verluste wettzumachen. Die zweite Hälfte seiner Regierung war geprägt durch ständige Kriegeszüge gegen Philipp II. Augustus, die erst durch seine tödliche Verwundung, die er bei der Belagerung von Châluz am 26. März 1199 erlitt, beendet wurden. Richards I. Geldbedarf wird daher nicht niedriger gewesen sein, als der seines Bruders nach 1204.

Gemessen an den zu vermutenden Gesamteinkünften des Königs besaßen die Einkünfte aus der Verwaltung von Kronlehen über den Exchequer eine wachsende Bedeutung: Die Einnahmen des englischen Herrschers beruhten in der zweiten Hälfte des 12. Jahrhunderts zum größten Teil nicht auf der regelmäßigen Erhebung von Steuern, sondern auf der Verfügungsgewalt über einen ausgedehnten Grundbesitz.[148] Ein Problem stellte die Verwaltung dieser Ländereien dar, denn obwohl der Exchequer ein – für europäische Verhältnisse – fortschrittliches System zur Verwaltung des Krongutes darstellte, konnten diese Einkünfte nicht gesteigert werden. Die einmal festgesetzten Pachtsummen der Grafschaften (*firmae comitatuum*) wurden während der gesamten Regierungszeit Heinrichs II. praktisch nicht verändert und betrugen jährlich zusammengerechnet rund 10 000 Pfund.[149] Im Zusammenhang mit der fortschreitenden Teuerung Ende des 12. Jahrhunderts bedeutete dies einen realen Einnahmeverlust.[150]

Bereits die Zeitgenossen fragten sich daher, weshalb Heinrich II. und seine Söhne trotz ihrer permanenten Kriegsführung und trotz sinkender Einnahmen aus dem Krongut einen Überfluss an Schätzen zu besitzen schienen. In einer von der Forschung viel diskutierten Stelle versuchte Gerald of Wales eine Antwort darauf zu geben:[151]

> Der Grund dafür ist der, da sie Sorge trugen, das, was sie weniger an festen Einkünften (*in redditus*) hatten, ganz durch gelegentliche Einkünfte (*in accidentibus*) zu ergänzen, indem sie mehr auf zusätzliche

148 Grundlegend: HOYT 1950. Vgl. dagegen (nicht völlig überzeugend) WOLFFE 1971, bes. S. 17ff., hier S. 34. Kennzeichnend für die geringe Bedeutung von Steuern für die Finanzen Heinrichs II. ist die Aufgabe der Erhebung des Dänengeldes zu Beginn seiner Herrschaft. Vgl. dazu CAMPBELL 1980, S. 126; GREEN 1981.

149 RAMSAY 1925, 1, S. 192; PAROW 1906, S. 27.

150 HARVEY 1973, S. 9ff. Zu den Versuchen, die Grafschaftspachten zu erhöhen vgl. MILLS 1925; HARRIS 1964. Vgl. auch oben Abschnitt 2.2.4.

151 Giraldus Cambrensis, 8, S. 316. Vgl. HOYT 1950, S. 91; HÜHN 1968, S. 17; WOLFFE 1971, S. 22; HARVEY 1973, S. 13; WARREN 1973, S. 273. Zu Gerald of Wales vgl. BARTLETT 1982.

(*in accessoriis*) als auf die hauptsächlichen (*principalibus*) Einnahmen vertrauten.

Wie gezeigt wurde, besaß der König eine erhebliche Verfügungsgewalt über die Güter seiner Kronvasallen. Wenn man die gelegentlichen Einkünfte, von denen Gerald hier schreibt, auf die sich zeitweilig ,in der Hand des Königs' befindenden Güter bezieht,[152] könnte dies ein Hinweis sein, dass diese eine wichtige Rolle im königlichen Finanzhaushalt spielten. Zusätzlich kann die Analyse einer Pipe Roll bedingten Aufschluss über die Zusammensetzung der königlichen Einkünfte aus dem englischen Herrschaftsgebiet geben.[153] Walter Parow analysierte die Pipe Roll des 16. Regierungsjahres Heinrichs II. von Michaelis 1170. Demnach betrugen die tatsächlich in den Schatz eingezahlten Gelder – also die jeweilig am Rechnungshof verrechneten Einkünfte abzüglich der festen und einmaligen Ausgaben – insgesamt rund 13.425 Pfund (100 Prozent).[154] Davon kamen 4461 Pfund (rund 33 Prozent) aus dem Krongut (*de firmis comitatuum*). Ein viel höherer Betrag (knapp 40 Prozent) stammte aber aus Besitz, der sich nur zeitweilig in der Hand des Königs befand: 3906 Pfund (circa 29 Prozent) kamens aus vakanten Kirchen und 1410 Pfund (rund 10,5 Prozent) aus weltlichen Kronlehen in der Hand des Königs. Das bedeutet jedoch nicht, dass der prozentuale Anteil des Einkommens aus Grundbesitz, der sich nur zeitweilig in der Hand des Königs befand, immer gleich gewesen wäre. Im Gegensatz zu den *firmae comitatuum* unterlag dieser Typ von Einkünften erheblichen Schwankungen. Leider gibt es bislang keine entsprechenden Analysen sämtlicher Pipe Rolls Heinrichs II., die dies genau belegen könnten. Es lässt sich aber vermuten, dass die Bedeutung der „gelegentlichen Einkünfte" im Laufe seiner Regierung – parallel zu dem realen Wertverlust der festen Einkünfte aus dem Krongut – stieg. Wenn man Parows Zahlen um die kürzlich von Emilie Amt ermittelten Werte ergänzt, dann ergibt sich folgendes Bild:[155]

---

152 Letztlich muss offen bleiben, was genau er mit den zusätzlichen Einkünften gemeint hat. Die meisten Autoren (bis auf Hoyt) interpretierten sie ausschließlich als nicht aus der Verfügung über Grundbesitz stammende Einkünfte.

153 Das Bild wird natürlich dadurch verzerrt, dass wir keine Anhaltspunkte darüber besitzen, wie hoch die Einkünfte waren, die der König ausschließlich über seine Kammer erhielt.

154 Die Zahlen unterliegen einem gewissen Unsicherheitsfaktor, da Parow die Einkünfte *de placitis et conventionibus* willkürlich mit einer Pauschalsumme von 1000 Pfund veranschlagte. Wahrscheinlich lagen die Einkünfte dieser Kategorie etwas höher. Vgl. RAMSAY 1925, 1, S. 105. Zur besseren Orientierung errechnete ich die in den Klammern hinzugefügten Prozentangaben.

155 Die Zahlen stammen aus der Tabelle 8 bei AMT 1993, S. 192ff. Die prozentualen Anteile wurden von mir hinzugefügt; alle Zahlen sind gerundet und geben nur ganze Pfund an. Wohlgemerkt handelt es sich bei diesen Werten nur um die tatsächlich in den Schatz eingezahlten Gelder (von den insgesamt abgerechneten Summen wurden ja immer die Ausgaben für den König und Schulderlasse abgerechnet, deshalb schwanken hier auch

Jahr	in thesauro	firmae scomitatuum	„other farms“
1156	9222 £	2959 £ (32%)	752 £ (8%)
1157	4842 £	3213 £ (66%)	820 £ (17%)
1158	8164 £	4073£ (49%)	1080 £ (26,5%)
1159	16150 £	4380 (27%)	1151 £ (7%)
?	?	?	?
1170	13425 £	4461 £ (33%)	5316 £ (39,6%)
1188	?	4955 £ (? %)	über 3800 £ (? %)

Diese Übersicht macht deutlich, dass die Einkünfte aus nur vorübergehend in der Hand Heinrichs II. befindlichem Adelsbesitz bis 1170 absolut stetig stiegen. Dahingegen blieben die Einkünfte aus dem Krongut während derselben Zeit relativ konstant. Im Jahr 1170 übertrafen die Einkünfte aus verwalteten *honores* und Gütern vakanter Bistümer und Klöster sogar die in den Schatz gezahlten Gelder aus dem Krongut. Um das Bild abzurunden, kann man die in den Schatz gezahlten Gelder aus der letzten Pipe Roll Heinrichs II. mit heranziehen.[156] Im Jahr 1188 betrugen die Zahlungen in den Schatz aus den *firmae comitatuum* – grob überschlagen – 4955 Pfund. Allein aus den im *rotulus honorum* stehenden Gütern kamen gut 3800 Pfund an den Rechnungshof, und dieser *rotulus* erfasste nicht den gesamten Grundbesitz *in manu regis*. Auch in der letzten Pipe Roll Heinrichs II. erreichte der Anteil der Einkünfte aus ‚temporärem Grundbesitz‘ also beinahe die Höhe der Einkünfte aus dem Krongut (den Grafschaftspachten).[157] Die Bedeutung dieses sich zeitweise in der Hand des Königs befindlichen Grundbesitzes für die Finanzen Heinrichs II. gilt es demnach zu betonen. Die Kirchengüter spielten dabei – zumindest 1170 – eine größere Rolle als die Güter des Adels.[158]

---

die Gelder aus dem Krongut, deren Endsumme, wie gesagt, immer bei etwa 10.000 Pfund lag).

156 Die Zahlen stammen aus Pipe Roll 34 Hen. II. Es handelt sich nur um grobe Überschlagssummen. Die Gesamtsumme der 1188 in den Schatz gezahlten Gelder habe ich nicht ermittelt.

157 Die Zahlungen aus den *firmae comitatuum* sind nicht konstant, da es sich bei den hier zitierten Zahlen nur um tatsächlich in den Schatz gezahlte Gelder handelt. Die Ausgaben aus den insgesamt abgerechneten Summen schwankte von Jahr zu Jahr. Zudem wurde über die Grafschaft Cornwall erst nach dem Tode des Grafen von Cornwall, Reginald de Dunstanville, im Jahr 1175 abgerechnet, vgl. Pipe Roll 22 Hen. II, S. 151ff. Davor hatte sich dieses Krongut in der Hand des Grafen Reginald befunden und war unter den *terre date* von Devonshire verrechnet worden, so zuletzt in Pipe Roll 21 Hen. II, S. 58: *Et in terris datis ipsi Comiti Reginaldo .c. et .xxii. l. et .x. s. blancorum in maneriis de Cornual' que pertinent ad firmam comitatus...* . Die restlichen Güter des verstorbenen Grafen befanden sich nach 1175 ebenfalls in den Hand des Königs. Vgl. CROUCH 1992, S. 70.

158 Zur Nutzung des Kirchengutes siehe HOWELL 1962. Vgl. auch die Analyse der königlichen Einkünfte für Pipe Roll 13 Hen. II bei RAMSAY 1925, 1, S. 92f. Die dort errech-

Die Anlage eines *rotulus honorum* lässt darauf schließen, dass man sich am Rechnungshof über eine übersichtlichere schriftliche Verwaltung des adeligen Grundbesitzes Gedanken machte. Für die Finanzen Heinrichs II. besaßen die *honores in manu regis* – im Gegensatz zum Schildgeld – folglich eine substantielle Bedeutung. Dies änderte sich jedoch unter seinen Söhnen: Die in Tabelle 3.2 dargestellten Zahlen zeigten bereits, dass die Einkünfte aus den für den König verwalteten Baronien des Untersuchungsfeldes insgesamt stark absanken. Nick Barratt veröffentlichte 1996 eine Analyse des Einkommens Johann Ohnelands. Ein pauschaler Vergleich der durch verschiedene Historiker errechneten Zahlen ist schwierig, da jeder Forscher jeweils eigene Kategorien bildete, denen er die in den Pipe Rolls verzeichneten Summen zuordnete.[159] Doch lässt sich anhand der von Barratt errechneten Zahlen wohl erkennen, dass der Anteil des für den König verwalteten Adelsbesitzes am Gesamteinkommen in der Zeit nach 1199 in der Regel unter demjenigen der letzten beiden Regierungsjahrzehnte Heinrichs II. lag. Erst 1211 erreichte das „Escheat Revenue“ wieder einen Anteil von knapp 21 Prozent des Gesamteinkommens.[160]

Mehr als die offensichtlich schwierige Interpretation des Gesamteinkommens der englischen Herrscher interessiert hier, welche Auswirkung die Verwaltung der Kronlehen auf den Adel besaß. Beim Tode eines Barons muss seiner Familie oft deutlich geworden sein, dass der König nicht zögerte, seine Finanzen auf Kosten ihres ‚Privatvermögens' zu sanieren: Die Fahrhabe und das Barvermögen des Verstorbenen wurde vielfach sofort konfisziert. Nachdem zum Beispiel Simon II de Wahull 1191 im Heiligen Land umgekommen war, ließ die königliche Verwaltung sein in Woburn gefundenes Barvermögen beschlagnahmen: Simons Seneschall übergab dem in England verbliebenen Justiziar Geoffrey fitz Peter über 84 Pfund Sterling und 140 Pfund Silber in angevinischer Münze. Auch die vorgefundenen Schafe verkaufte man (für vier Pfennige pro Tier) zugunsten des Königs.[161] Der Herrscher übernahm bisweilen die Jagdhunde und Beizvögel

neten Zahlen beziehen sich auf die 1169 insgesamt abgerechneten Einkünfte, nicht nur auf das in den Schatz gezahlte Geld. Sie bestätigen ebenfalls, dass der Anteil der „returns from lands in hand“ beträchtlich war: 1169 erbrachten die „estates and Honours in hand“ zusammen mit den „farms of the cities“ etwa 3419 Pfund, die Kirchen in der Hand des Königs lieferten rund 3540 Pfund. Dies entsprach zusammen circa 38 Prozent des Gesamteinkommens in Höhe 18.483 Pfund (inklusive der *terre date*). Dieser Anteil deckt sich mit den von Parow für das folgende Jahr errechneten Zahlen.

159 Vgl. etwa PAROW 1906; RAMSAY 1925; HOLT 1984C; GREEN 1986; AMT 1993.

160 Der Anteil des „Escheat Revenue“ am Gesamteinkommen zwischen 1199 und 1214 nach BARRATT 1996, S. 840 (Tabelle 2): 1199: 1,8 Prozent; 1200: 4,8 Prozent; 1201: 1,1 Prozent; 1202: 6,9 Prozent; 1203: 14,6 Prozent; 1204: 0,5 Prozent; 1205: 8,9 Prozent; 1206: 10,2 Prozent; 1207: 4,0 Prozent; 1208: 5,3 Prozent; 1209: 2,4 Prozent; 1210: 1,9 Prozent; 1211: 20,9 Prozent; 1212: 14,5 Prozent; 1214: 20,9 Prozent.

161 Pipe Roll 5 Rich. I, S. 99; vgl. Anhang A, N° 82.

eines verstorbenen Barons, so beim Tode Hughs II de Mortimer 1180-81.[162] Es wird verständlich, weshalb es manche Familien ablehnten, ihr Gut durch fremde Lehnskustoden verwalten zu lassen.[163]

Betrachtet man nochmals alle Fälle, in denen sich der Besitz eines Barons in fremder Hand befand, dann fällt auf, dass von 191 Kronlehen nur 29 in dem Zeitraum zwischen 1158 und 1214 völlig unbehelligt blieben. Rechnet man die in den Close Rolls belegten Konfiskationen der Jahre 1215 und 1216 dazu, verringert sich die Zahl auf 18.[164] Selbst bei diesem Rest kann man eine Lehnsvormundschaft *pleno jure* nicht mit völliger Sicherheit ausschließen, da dann nicht in jedem Fall eine Abrechnung über den Exchequer erfolgt wäre. Mit anderen Worten: Mindestens 85 (bis 1214) beziehungsweise 91 Prozent (bis 1216) aller Kronlehen befanden sich also in der Regierungszeit Heinrichs II. und seiner Söhne mindestens einmal außerhalb der Kontrolle der Familie, die das Lehen besaß. Man kann ohne Übertreibung behaupten, dass kaum eine adelige Familie der Erfahrung entging, ihren Besitz fremden, vom König eingesetzten Verwaltern zu überlassen. Aufschlussreich ist der Fall der Witwe des 1176 verstorbenen Richard Betram. Sie bot Heinrich II. 100 Mark für das Vormundschaftsrecht über ihren vermutlich 8jährigen Sohn Robert.[165] Offensichtlich hielt sie es für vorteilhafter, diesen hohen Betrag zu zahlen, als das Land ihres Sohnes in die Hände von Fremden gelangen zu lassen – sei es auch nur für eine befristete Zeit.

Schaut man sich an, welche Kronlehen die größten finanziellen Erträge erzielten, fällt sofort auf, dass deren Inhaber häufig gräfliche Familien waren.[166] Ein Blick auf das gesamte Feld der 191 untersuchten Baronien zeigt, dass die großen Kronlehen generell nur selten einer zeitweiligen Verwaltung im Auftrag des Herrschers entgingen: Unter den insgesamt 33 Kronlehen mit 50 oder mehr Ritterlehen gibt es bei lediglich 7 keine Anzeichen dafür, dass sie sich zwischen 1158 und 1188 einmal in der Hand des Königs befanden. Und dafür gibt es plausible Erklärungen: Die Erben von Pontrefact und Okehampton zahlten dem

162 Pipe Roll 27 Hen. II, S. 19; vgl. Anhang A, N° 120.

163 Vgl. oben bei Anm. 110ff.

164 Vgl. oben Anm. 143.

165 Pipe Roll 23 Hen. II, S. 83: *Uxor Ricardi Bertram redd. comp. de .c. m. pro habenda custodia filii sui cum terra sua. In thesauro .l. m. Et debet .l. m.* Im folgenden Jahr beglich sie die noch ausstehenden 50 Mark. Siehe Pipe Roll 24 Hen. II, S. 61. Vgl. Anhang A, N° 130.

166 Siehe dazu die Spalte „Summe" in der Tabelle im Anhang. (Die hier errechneten Zahlen sind als grobe Überschlagssummen zu verstehen. Sie beziehen sich auf die insgesamt am Rechnungshof verhandelten Gelder inklusive der Ausgaben!) Achtet man nur auf die Beträge von über 1000 Pfund, dann fallen die *honores* der Grafen von Sussex, Gloucester, Chester, Norfolk, Cornwall, Leicester, Buckingham, Devon und Richmond auf. Siehe Anhang A, N° 2, 8, 34, 51, 71, 72, 73,171, 176. Die restlichen *honores*, die Erträge in dieser Höhe lieferten, befanden sich in der Regel sehr lange in der Verfügungsgewalt des Königs. Vgl. Anhang A, N° 15, 48, 85, 127, 149, 156, 169, 173, 184.

König jeweils stattliche Summen, um sich ihre Besitzrechte bestätigen zu lassen.[167] Zwei *honores* (Okehampton und Lewes) dienten der Versorgung eines königlichen Verwandten und eines Vertrauten Heinrichs II.[168] Die restlichen drei *honores* waren im Besitz enger Vertrauter des Königs: Geoffrey und William de Mandeville, Grafen von Essex (Pleshy),[169] Patrick, Graf von Salisbury (Chitterne)[170] und Walter fitz Robert (Little Dunmow).[171]

Dieser Befund steht in deutlichem Gegensatz zu der von Thomas K. Keefe 1981 vertretenen These, Heinrich II. habe das Privatvermögen der großen Barone verhältnismäßig unberührt gelassen.[172] Zwar trifft es zu, dass diese – mit Ausnahme der Rebellen Hugh Bigod und Robert, Graf von Leicester – von der

---

167 Robert de Lacy zahlte dem König 1000 Mark *pro fine terre sue*, nachdem sein Vater Henry 1177 gestorben war: Pipe Roll 24 Hen. II, S. 72 bis Pipe Roll 27 Hen. II, S. 38. Nach dem Tod des Grafen von Warwick, William de Newburg, im Jahre 1184, bot seine Witwe dem König 700 Mark *pro habenda terra patris sui et dote sua et ut non nubat nisi cui voluerit*. Der Bruder des Verstorbenen, Waleran, bot 500 Mark für den Besitz und übergab dem König zusätzlich Länder im Wert von jährlich 40 Pfund bis zur Begleichung seiner Schuld: *Walerannus comes de Warewich redd. comp. de .D. m. pro fine terre sue pro quibus idem comes assignavit Regi .xl. libratas terre in Gloecestrescira et in burgo de Warewich', que quiete erunt ipsi comiti soluta pecunia de predicto fine.* Siehe Pipe Roll 31 Hen. II, S. 76 u. 149.

168 Anhang A, N° 83 und 161. Okehampton gelangte an Reginald de Courtenay, indem er, sicher mit Unterstützung des Königs, Hawise, die Erbin der Baronie, heiratete. Siehe SANDERS 1960, S. 69f. Isabel, die Tochter Williams III de Warenne (Graf von Surrey) und Erbin von Lewes, wurde 1164 mit Hamelin, einem Halbbruder Heinrichs II. verheiratet, nachdem ihr erster Ehemann, William von Blois, gestorben war. Siehe Torigni, S. 221; WARREN 1973, S. 66f.

169 Anhang A, N° 85: Geoffrey de Mandeville hatte mit Richard de Lucy 1166 als Reiserichter die erste der regelmäßigen Visitationen nach der Assise von Clarendon durchgeführt. Sein Bruder William beerbte ihn im gleichen Jahr und erfreute sich des durchgängigen Vertrauens König Heinrichs II., für den er in vielen Missionen unterwegs war. Bei Keefe spielt Williams Karriere eine entscheidende Rolle bei der Argumentation, Heinrich II. sei auch noch während seiner zweiten Regierungshälfte entscheidend auf die Kooperation der Großen angewiesen gewesen. Siehe KEEFE 1981, S. 208ff.; KEEFE 1983 S. 112ff. Vgl. dagegen TURNER 1988, S. 9.

170 Anhang A, N° 138: Graf Patrick war laut Diceto, ed. Stubbs, Bd. 1, S. 331 *princeps militiae regis Anglorum* in Aquitanien, als er 1168 getötet wurde. Vgl. WARREN 1973, S. 103; KEEFE 1983, S. 105.

171 Anhang A, N° 163: Walter fitz Robert tat sich während der Rebellion auf Seiten des Königs hervor und war als Reiserichter tätig. Zudem lebte er während der gesamten Regierungszeit Heinrichs II., so dass weder eine Lehnsvormundschaft des Königs noch die Zahlung eines *relevium* anstand. Siehe Jordan Fantosme, ed. Johnston, S. 74ff.; Gesta, 1, S. 107; Pipe Roll 23 Hen. II, S. 130 *et passim.*

172 KEEFE 1981, S. 203: „Most earls were obliged to the exchequer for little beyond scutage [...], which meant small payments, if any. In restoring the exchequer to its former level of productivity, Henry managed to leave the large private fortunes of the great barons relatively untouched. He wanted their loyalty and service, not their money."

Zahlung hoher Gebühren und Strafen weitgehend verschont blieben.[173] Ihr Grundbesitz aber blieb, vor allem während ihrer Minderjährigkeit, keineswegs unberührt und brachte dem König erhebliche Geldbeträge ein. Der Eingriff in die Verwaltung eines Gutes durch vom König bestallte Verwalter war oft viel schwerwiegender als jede Geldstrafe. Denn während hohe Gebühren und Geldstrafen in der Regel. über mehrere Jahre abgetragen werden konnten, wurde die wirtschaftliche Existenzbasis einer Familie beim Einzug ihrer Güter durch den König direkt betroffen. Zur Verdeutlichung sei der Fall des 1190 verstorbenen Grafen von Leicester, Robert III de Beaumont, herausgegriffen. Wenn Keefe dessen finanzielle Belastung mit 770 Pfund (vom Rechnungshof gefordert) beziehungsweise 505 Pfund (tatsächlich gezahlt) angibt, ist diese Zahl irreführend. Denn er berücksichtigt dabei nicht die Summe von über 1400 Pfund, die der König durch Beschlagnahme der Güter des Grafen während und nach der Rebellion gewann.[174] Keefe blieb diese „dunklere Seite" der Behandlung großer Baronien durch den König durchaus nicht verborgen. Er meinte aber, dass diese im Grunde nur als eine natürliche Folge der Sterberate großer königsnaher Barone in der zweiten Regierungshälfte Heinrichs II. zu erklären sei.[175] Wenn an den König gefallene Kronlehen der Versorgung königlicher Verwandter dienten, dann habe diese Politik sich nicht von derjenigen seiner Vorgänger und Nachfolger unterschieden. Der daraus folgende Tatbestand, dass viele große Barone mit dem Königshaus verwandt gewesen seien, habe zudem Interessenskonflikte zwischen Königtum und hohem Adel weitgehend verwischt.[176]

---

173 Vgl. Anhang A, N° 52 und 72.

174 KEEFE 1981, S. 215; Anhang A, N° 72. Die Zahlen der im Anhang errechneten Erträge beruhen auf den Informationen der Pipe Rolls. Stellvertretend seien in diesem Fall die Belegstellen ausführlich angegeben: Pipe Roll 19 Hen. II, S. 20, 66, 76, 102-104, 181, 196; 20 Hen. II, S. 20, 34, 73, 74, 131; 21 Hen. II, S. 47, 77, 98, 106, 137; 26 Hen. II, S. 105; 29 Hen. II, S. 32, 39, 45, 97, 123, 129, 153f.; 30 Hen. II, S. 50, 94f.

175 KEEFE 1981, S. 207f.: „This raises the important question: was Henry II in the latter part of his reign turning away from the earls? Death removed the earls from Henry's innercircle as the reign progressed. This was a natural consequence of a lengthy reign." Vgl. KEEFE 1983, S. 112.

176 KEEFE 1981, S. 204f.: „There is at first glance a darker side to Henry's treatment of the earldoms. [...] Thus, from the beginning of the reign he husbanded lands coming back to the crown. By 1166, eleven large baronies were being kept in royal custody. By 1184, their number had risen to fourteen, counting the earldoms of Gloucester, Cornwall, Sussex, and Buckingham. Through the retention of these baronies, Henry was able at once to supplement his income, reward *familiares* with lucrative estates, and exercise an immediate influence over a sizable proportion of the kingdom's knight service. [!] But, it was not Henry's purpose to keep these baronies permanently in hand. Most were to be assigned, when the proper time came, to members of the royal family. In this, Henry acted no differently from his predecessors, of for that matter his successors." KEEFE 1983, S. 96ff., besonders S. 101: „Clearly a fundamental element in the feudal patronage policy of the Norman and Angevin kings from William I through Henry III was the

Der Sachverhalt, dass der König versuchte, Mitglieder seiner Familie angemessen zu versorgen und in Schlüsselpositionen unterzubringen, darf jedoch meines Erachtens nicht dazu führen, sich den gesamten großen, grundbesitzenden Adel als eine homogene Gruppe vorzustellen. Dies hieße, die latente Gefahr von Interessensgegensätzen zwischen dem Königtum und mächtigen adeligen Familien völlig zu ignorieren. Längst nicht alle Barone besaßen enge verwandtschaftliche Beziehungen zur königlichen Familie, und auch wo diese vorhanden waren, dienten sie keinesfalls automatisch als Garant reibungsloser Kooperation. Das beweist der kontinuierliche Streit zwischen Heinrich II. und seinen Söhnen, der schließlich zu Heinrichs Untergang führte.

Thomas K. Keefe ignorierte darüber hinaus weitgehend die strukturelle Funktion ministerialer Familien, die zunehmend in der Verwaltung des Königreiches eingesetzt wurden. Zudem bietet seine Analyse kein alternatives Erklärungsmodell für die Adelsaufstände von 1173-74 und 1215. Auch die These, die weitreichende Verfügung des Königs über die Güter vieler Großer in der zweiten Regierungshälfte sei eine natürliche Folge der Sterbequote unter den mächtigen Baronen gewesen, greift zu kurz.[177] Das Institut der Herrenvormundschaft an sich war ja, ebenso wie die Lehnskonfiskation, ein Mittel zur Disziplinierung des Adels. Es ist somit ein Anzeichen für die Stärke des anglo-normannischen Königtums. Der Anstieg der schriftlichen Dokumentation unter den angevinischen Königen ermöglicht es, das Ausmaß der Nutzung dieser Königsrechte genauer zu bestimmen und demonstriert zudem, dass es Heinrich II. und seinen Söhnen gelang, diese Rechte auch weiterhin durchzusetzen.[178] Das soll nicht bedeuten, das Verhältnis des Königs zu seinen Baronen sei ein einziger Antagonismus gewesen. Aber diese Dimension der königlich-adeligen Beziehungen völlig auszuklammern hieße, die Konfliktpotentiale innerhalb des angevinischen Reiches zu verkennen.

Zugegebenermaßen ist es schwer, die Härte aller königlichen Maßnahmen exakt einzuschätzen. Die Pipe Rolls verzeichnen lediglich die Einkünfte, die dem König aus dieser oder jener *custodia* zuflossen. Sie verraten nichts über die Einstellungen derjenigen, deren Besitz in fremde Hände gelangte. Die Magna Carta wendete sich nicht gegen die Lehnsvormundschaft an sich, sondern gegen Zer-

---

elevation of kinsmen to positions of power and influence within the baronial ranks. As a result, the traditional view that the feudal society necessarily included an adversary relation between the monarchy and great magnates is diminished. A great many of the dominating magnates in Anglo-Norman society were associated by close family ties with the ruling house and were active in governing the kingdom. Their interests and those of the crown cannot be too finely separated."

177 Nach der Rebellion scheint Heinrich II. seine Verfügungsgewalt zwar gezielter ausgeübt zu haben, aber auch vor 1172 verfügte er über eine Reihe von Kronlehen: Siehe Anhang A.

178 Zur Entwicklung der Herrenvormundschaft nach der 1216 vgl. WAUGH 1988, S. 91ff.

störung oder Verwüstung des baronialen Besitzes.[179] Ganz sicher hatte die Herrenvormundschaft nicht von vornherein nur Nachteile für den Erben.[180] Und nicht in allen Fällen werden die Lehnskustoden die ihnen anvertrauten Besitzungen sinnlos verwüstet haben.[181] Oft wurde ein Gut, das in die Hände des Königs gelangt war, erst neu oder besser mit Nutztieren, Saatgut, Gerät usw. ausgestattet, bevor eine Pachtsumme bestimmt wurde, über die der *custos* dem Exchequer dann jährlich Rechenschaft abzulegen hatte.

Zum Beispiel gelangte der *honor* Belvoir in die Hand des Königs, als William II d'Aubigny Brito 1168 starb und einen minderjährigen Erben hinterließ.[182] Zunächst wurde der Tierbestand mit Geldmitteln aus der *firma comitatus* um 33 Pflugochsen und 3 Arbeitspferde aufgestockt.[183] Der Lehnskustos rechnete im ersten Jahr noch nicht über eine Pachtsumme (*firma*), sondern über den aktuellen Ertrag (*de exitu honoris de Belueeir*) ab. Davon zahlte er jedoch nichts in den königlichen Schatz: Er gab den gesamten Profit für den Unterhalt der Kinder des Verstorbenen aus bzw. investierte in die weitere Ausstattung des von ihm verwalteten Gutes.[184] Im nächsten und in den folgenden Jahren rechneten die

---

179 Beispiele für Verwüstungen: Rot. de dom., S. xxviiiff.; POOLE 1946, S. 101ff.; HARVEY 1973, S. 9.

180 Zu den möglichen Vorteilen der Herrenvormundschaft für minderjährige Erben verglichen mit der Vormundschaft durch Verwandte vgl. HOLT 1984a, S. 17f. u. POLLOCK – MAITLAND 1898, 1, S. 326f. Sowohl Holt als auch Pollock und Maitland bezogen sich hier auf ein Kapitel einer normannischen Sammlung von Gewohnheitsrechten aus der Zeit um 1200. Siehe Coutumiers de Normandie, hg. von ERNEST-JOSEPH TARDIF, Bd. 1: Le Très Ancien Coutumier de Normandie, Rouen 1881, Reprint Genf 1977, c. 11, S. 10-12, hier S. 10f.: *Orphanus heres, quoniam debet esse in custodia alicujus quis eum custodiet? - Mater. - Non. - Quare? - Quia sponsum accipiet et inde filios habebit; filii, propter cupiditatem hereditatis habende, possent occidere fratrem primogenitum vel heredem, vel sponsus occidere filiastrum suum, ut daret hereditatem filiis propriis. - Quis igitur custodiet eum? - Consanguinei ejus. - Non. - Quare? - Ne forte morti ejus inhyantes et hereditatem ejus cupientes opprimerant innocentem. Ad hujusmodi infidelitatem et crudelitatem evitandam, statutum est orphanum esse in custodia ejus,qui patri orphani fide connexus fuerat per homagium et ligatus. - Quis est ille? - Dominus terre, qui hereditatem illam non potest habere in dominio; hujusmodi enim heredes de nobili genere multos habent heredes.* Vgl. auch MITTEIS 1934, S. 201ff.

181 Vgl. LALLY 1976, S. 164.

182 Vgl. Anhang A, N° 12.

183 Pipe Roll 14 Hen. II, S. 57: *Et ad perficiendum instauramentum de terra Willelmi de Albeneio pro .xxxiii. bobus et .iii. affris .c. et .xi. s.*

184 Pipe Roll 14 Hen. II, S. 59f.: *Willelmus Basset redd. comp. de .xxxvi. l. et .xvi. s. et .xi. d. de exitu honoris de Belueeir. In thesauro nichil. Et in procuratione liberorum Willelmi de Albeneio de .xxxix. septimanis et .i. mense .xv. l. et .xxi. d. per breve Regis. Et pro semine frumenti et auene per maneria ejusdem honoris: .viii. l. et .v. s. et .ix. d. Et in corredio seruientum et in seruitio eorum et pro ferramento carrucarum .lxix. s. et .v. d. Et procuratori vinee de Belueeir .xv. s. Et habet de superplus .xv. s.*

Lehnskustoden dann über eine festgelegte Pachtsumme (50 Pfund, 6 Schilling und 8 Pfennige) ab.[185]

Man muss hier bedenken, dass das Aufstocken des Tierbestandes in erster Linie den finanziellen Interessen des Königs diente, der ja mit den in seiner Hand befindlichen Gütern einen größtmöglichen Profit erzielen wollte.[186] Auch diejenigen, die dem König eine hohe Summe für eine *custodia* boten, betrachteten dies offensichtlich als ein profitables Geschäft.[187] Bei den Lehen, die sich nur zeitweilig in der Hand des Königs befanden und bisweilen Gegenstand einer *inquisitio* durch königliche Reiserichter wurden, war eine flexible Anpassung der Pachtsummen an wechselnde wirtschaftliche Rahmenbedingungen (wie etwa eine steigende Inflation) zudem leichter durchzuführen als bei den Grafschaftspachten (*firmae comitatus*).[188]

In der zeitgenössischen Chronistik lässt sich eine besondere Sensibilität bezüglich der Einmischung des Königs in die Erbangelegenheiten großer Familien feststellen.[189] Einer der schärfsten Kritiker Heinrichs II., Ralph Niger, beschuldigte den König, Erbschaften zurückgehalten oder verkauft zu haben.[190] Das Thema der zurückgehaltenen Erbschaften taucht auch in der Geschichte über die Vision des Ritters Roger von Asterby auf, die Gerald of Wales im zweiten Teil seines ‚Liber de Principis Instructione' schildert.[191] Danach wurde Roger vom heiligen Petrus und vom Erzengel Gabriel zu König Heinrich II. gesandt, um diesem ‚sieben Gebote' zu überreichen. Diese sollte der König einhalten, um ein unheilvolles Schicksal abzuwenden. Das vierte dieser von Gerald of Wales geschilderten Gebote fordert die Rückgabe von Erbschaften und drückt in allgemeiner Form bereits einige der später in der Magna Carta präzisierten Anliegen adeliger

---

185 Pipe Roll 15 Hen. II, S. 30; 16 Hen. II, S. 54; 17 Hen. II, S. 96; 18, S. 109. Während der Rebellion fielen die Einkünfte aus. Eine an die Chancellor's Roll 19 Hen. II angeheftete Liste mit der Erläuterung *Isti non reddiderunt compotum .xix.mo anno* führt unter anderem auch den *Honor de Belueeir* auf. Siehe Pipe Roll19 Hen. II, S. 200. Nach diesem Zeitpunkt erscheint der *honor* nicht mehr in den Pipe Rolls, da der Erbe wahrscheinlich seine Volljährigkeit erreicht hatte.

186 Rot. de Dom., S. xxxii: „The question of stock reminds us that the essential object of that inquiry to which we have the returns was to ensure to the Crown the utmost profits from widows, and from the lands of wards. Consequently, it will be observed, there is a careful record of what such lands would be worth if they were fully stocked."

187 Vgl. HOLT 1992, S. 314. Zu den Kaufangeboten für Vormundschaften vgl. oben S. 71ff.

188 HARVEY 1973, S. 7f.

189 Vgl. etwa die Berichte zur Enteignung Williams of Essex im Jahre 1163: Jocelin of Brakelond, S. 61ff.; Gervase, 1, S. 165f.; Torigni, S. 218; Newburgh, 1, S. 108. Bei allen Autoren wird die Konfiskation seines Lehens als ‚Enterbung' bezeichnet. Zur Abspeisung der zwei Töchter des 1175 verstorbenen Grafen von Cornwall, Reginald de Dunstanville, mit einer *parva portione* des ihnen zustehenden Erbes vgl. Torigni, S. 268.

190 Ralph Niger, S. 169: *Haereditates retinuit aut vendidit, fortunam semper in exitu praeter duos annos vitae ultimos blandam expertus.*

191 Vgl. zum folgenden BARTLETT 1982, S. 66f.; HOLT 1992, S. 72ff.

Grundbesitzer aus.[192] Somit decken sich hier die Angaben der erzählenden Quellen mit dem Befund der Pipe Rolls.

3.2.5 Die Konfiskationen

Laut Richard von Ely und Glanvill sollte ein Treuebruch oder ein Verbrechen eines Barons eine Konfiskation seines Lehens zur Folge haben. Worin bestand ein solcher Treuebruch oder ein Verbrechen nun konkret? Oder anders gefragt: Aus welchen Anlässen heraus konfiszierten die drei Herrscher die Güter ihrer Barone innerhalb des untersuchten Zeitraums? Hinsichtlich dieser Frage geben die ab 1199 überlieferten Register der englischen Kanzlei mehr Aufschluss als die Pipe Rolls des Rechnungshofes. Die Pipe Rolls lassen lediglich erkennen, dass ein vom König beauftragter Verwalter über ein Lehen eines bestimmten Barons am Exchequer Rechenschaft ablegte, machen aber keine Angaben zu den Hintergründen dieser Konfiskation. Für die Zeit Heinrichs II. und Richards I. sind wir hier häufig auf Vermutungen angewiesen. Über die Entscheidungen der Regierung Johann Ohnelands wissen wir hingegen dank der erhaltenen Kanzleiregister erheblich mehr: Die Close Rolls enthalten viele Konfiskationsbefehle, die exakte Angaben über die möglichen Ursachen und Hintergründe der Enteignung eines Barons deutlich machen.

Man kann die Gründe für Konfiskationen in fünf Kategorien einteilen. Zahlenmäßig an erster Stelle stehen solche wegen Verrats und Rebellion gegen den König. Unter allen drei Plantagenet-Herrschern gab es solche Aufstände: Der große Adelsaufstand gegen Johann Ohneland 1215-16 ist sicherlich der bekannteste, da in seinem Zusammenhang die Magna Carta entstand. Johann Ohneland selbst rebellierte 1193 gegen die von seinem Bruder eingesetzte Regentschaftsregierung. Er wurde, ebenso wie ein Teil seiner Gefolgsleute, nach der Rückkehr von Richard Löwenherz, enteignet. Auch an der großen Rebellion gegen Heinrich II. zwanzig Jahre zuvor waren einige der mächtigsten englischen Grafen beteiligt. Heinrich II. hatte seinen ältesten Sohn und designierten Nachfolger Heinrich bereits zu Lebzeiten zum König ausrufen und krönen lassen. Als der junge Heinrich mit Eintritt der Volljährigkeit versuchte, seinen Anspruch auf Mitherrschaft zu realisieren, wurde er zum Fokus eines großen Aufstandes gegen seinen Vater in den Jahren 1173-74.

---

192 Giraldus Cambrensis, 8, S. 186: *Haec sunt septem mandata: tria quae juravit in coronatione sua de ecclesia Dei manutenenda; II. De legibus regni justis tenendis; III. Ne aliquem sine judicio, licet reus fuerit, morte damnaret; IIII. In haereditatibus quibuslibet reddendis et jure faciendo; V. De justitia gratis et sine pretio facienda; VI. De reddendis servitiis ministris suis; VII. De Judaeis a terra sua expellendis, parte pecuniae suae eis relicta, unde abire et cum familia sua vivere possent; de vadiis autem et cartis nihil haberent, sed sua quique reciperent.*

Der Umfang der anlässlich dieser drei Aufstände erfolgten Konfiskationen wird weiter unten analysiert. An dieser Stelle soll beleuchtet werden, weshalb Treue und Verrat in Systemen, die von persönlichen Herrschaftsbeziehungen geprägt waren, so häufig vorkamen. Die zeitgenössische, dem Lehnswesen entsprechende Vorstellung einer persönlichen Treuebindung zwischen einem Vasallen und seinem Lehnsherrn beziehungsweise zwischen einem Baron und dem König warf immer dann Schwierigkeiten auf, wenn ein Vasall mehr als einen Herren hatte. Dies war keineswegs Ausnahme, sondern die Regel. Weiter oben wurde bereits darauf hingewiesen, dass die für England und die Normandie eigentümliche Rechtskonstruktion der Herrenvormundschaft genau diesen Schwierigkeiten begegnen sollte: Wenn die Großen eines Reiches mehreren Herren unterstanden, kam es naturgemäß zu Konflikten:

Die Existenz einer anglo-normannischen Adelsschicht, die sowohl Ländereien in der Normandie als auch in England besaß, gehört zu den besonderen Strukturmerkmalen der englischen und normannischen Geschichte des 12. Jahrhunderts.[193] Wilhelm I. hatte nach seiner Eroberung Englands über beide Gebiete geherrscht. Nach seinem Tode stellte die Teilung der Herrschaft zwischen dem Thronfolger in England, Wilhelm II. dem Roten, und seinem älteren Bruder Robert Kurzhose in der Normandie, die Barone vor die Frage, welchem ihrer zwei Herren sie die Treue halten sollten. In einer fiktiven Diskussion lässt Ordericus Vitalis sie über das Problem beraten:[194]

> Was sollen wir tun? Gerade erst folgen nach dem Tode unseres Herrn zwei junge Männer nach, und schon teilen sie plötzlich die Herrschaft Englands und der Normandie. Auf welche Weise können wir zwei Herren geziemend dienen, die so verschieden und so weit voneinander entfernt sind? Wenn wir Robert, dem Herzog der Normannen, angemessen dienen, dann beleidigen wir seinen Bruder Wilhelm und werden von ihm großer Einkünfte und vorzüglicher Kronlehen in England beraubt. Falls wir wiederum König Wilhelm angemessen gehorchen, dann wird Herzog Robert unsere väterlichen Erbgüter gänzlich konfiszieren.

---

193 LE PATOUREL 1976.

194 Ordericus Vitalis, 4, S. 123: *In primo anno principatus duorum fratrum optimates utriusque regni conueniunt et de duobus regnis nunc diuisis quae manus una pridem tenuerat tractare satagunt. ... Quid faciemus? Ecce defuncto seniore nostro duo iuuenes succedunt, ianque dominatum Angliae et Normanniae subito segregarunt. Quomodo duobus dominis tam diuersis et tam longe ab inuicem remotis competenter seruire poterimus? Si Roberto duci Normannorum digne seruierimus, Guillelmum fratrem eius offendemus unde ab ipso spoliabimur in Anglia magnis redditibus et precipuis honoribus. Rursus si regi Guillelmo congrue paruerimus Robertus dux in Normannia penitus priuabit nos paternis hereditatibus.*

Erst nachdem Heinrich I. seinen Bruder Robert Kurzhose 1106 endgültig besiegte, konnten die Könige Englands erneut über die Normandie herrschen. Dieser Zustand währte knapp einhundert Jahre. Als der dritte der angevinischen Herrscher, Johann Ohneland, dann 1204, große Teile seiner Festlandsbesitzungen an Philipp II. Augustus von Frankreich verlor, standen die Barone, die in der Normandie große Besitzungen besaßen, wieder vor dem alten Problem: Sie hatten zwei Herren. Diejenigen, die sich entschlossen, dem König von Frankreich die Treue zu halten, verloren ihre englischen Güter.[195] Als *terrae Normannorum* erscheinen die konfiszierten Lehen dieser Barone noch Jahre später in den verschiedenen Dokumentserien der Verwaltung. Johann konnte die *terrae Normannorum* zwar erneut an treue Gefolgsleute ausgeben und damit als Patronageressource nutzen.[196] Doch anderseits setzte ihn der Verlust der Normandie unter enormen Druck: Er versprach den Baronen, die er in seinem Lager halten wollte, angemessene Entschädigungen für ihre verloren gegangenen normannischen Güter.[197] Die Zurückeroberung der Normandie war folgerichtig eines seiner wichtigsten politischen Ziele, das er mit Gottes Hilfe zu erreichen hoffte.[198] Selbst nachdem er und sein Verbündeter, der Welfe Otto IV., 1214 die Schlacht von Bouvines

195 Vgl. POWICKE 1961.

196 Vgl. zum Beispiel Rot. litt. claus., S. 17: *Rex etc. Vicecomiti Sumerset etc. Scias quod dedimus Matheo filio Hereberti xl li. terre . de terris Normannorum et ideo tibi precipimus quod sine dilatione assignes xl li. terre in manerio de Wufrinton' quod fuit Gileb' de Aquila et in Finem'esdon . quod fuit Hasculi de Suli in Ballia tua . facta prius inde extensione . secundum quod plus poterunt extendi . et si plus ibi fuerit quam xl li. id teneas in manu nostra et id nobis scire facias. Si vero minus ibi fuerit nobis scire facias quantum inde defuerit. T. me ipso apud Windelesho' xv die Jan'.*; ebd., S. 24: *Rex Vicecomiti Essex' etc. Precipimus tibi quod sine dilacione facias habere B. Comiti Albemarl' saisinam tocius terre quam Robertus Bertram habuit in baill'a tua q' capta fuit in manum nostram occasione Normannorum quod est de feodo ipsius Comitis. T. me ipso apud Oxon' xxx die Marc'. per Justic'. Sub eadem forma penitus scribitus Vicecomiti Suhamt' et sub eadem Vicecomiti Suff'.*

197 Beachte den Ausdruck *competens escambium* bei den Entschädigungen, die der König 1205 dem Grafen von Surrey bot, Rot. litt. claus, S. 28: *Rex Vicecomiti Linc' etc. Scias quod commisimus dilecto et fideli nostro Willelmo Comiti de Warenn' . Graham et Stanford' cum pertinentiis habenda quousque terram suam recuperaverit in Norm' vel quousque ei alibi fecimus competens escambium. Ita tamen quod non possit tailliare homines de Stanford' nisi per preceptum nostrum. Et ideo tibi precipimus quod ei inde sine dilatione saisinam habere facias. T. G.f. Petri apud Westm' xix die Apr'.* Vgl. Rot. litt. pat., S. 52.

198 Die Hoffnung auf Gottes Beistand findet etwa sich in den Schenkungen Johanns an den Grafen von Sussex vom 1. September 1207, Rot. litt. claus., S. 91: *...illud ei concessimus habenda quousque Deus nobis dedit quod ei terram suam Norm' reddere possimus... .*

verloren hatten,[199] gab Johann Ohneland den Anspruch auf die Rückgewinnung der Normandie nicht auf: Noch die Schenkung dreier Gutshöfe an Robert de Ros am 10. April 1215 wurde – gut zehn Jahre nach 1204 – weiterhin unter den Vorbehalt *donec terras suas in Normannia recuperavit* gestellt.[200]

Als zweite Kategorie von Konfiskationsgründen kann man Dienstversäumnisse oder Amtsmissbräuche nennen.[201] Die Güter mehrerer Barone wurden zeitweise beschlagnahmt, da sie ihren militärischen Verpflichtungen nicht nachgekommen waren. Beispielsweise wurde Duncan de Lascelles enteignet, da er beim Feldzug Johanns nach Schottland 1209 ,nicht mit Pferden und Waffen beim König' gewesen war, wie es seine Pflicht gewesen wäre (*...eo quod non fuit cum R. cum equis et armis in exercitu Scotie.*)[202] Die Erbin des Kronlehens Redbourne, Cecily de Crevequer, musste ungewöhnlicherweise nach dem Tode ihres Ehegatten nicht neu heiraten und durfte ihre Güter selbst verwalten. Zwar hatte sie selbstverständlich keinen persönlichen Kriegsdienst zu leisten, doch musste sie gewährleisten, dass das von ihr verwaltete Kronlehen den schuldigen Waffendienst leistete. Cecilys Güter wurden 1204 oder 1205 beschlagnahmt, da sie es versäumt hatte, mit dem König eine Abmachung über das Schildgeld zu treffen (*...eo quod non fecit finem de scutagio*).[203] Im Jahr 1197 bot Gerard de Camville 100 Pfund für die Rückgabe seines Landes, das ihm genommen worden war, ,da sein Ritter nicht im Dienst des Königs vorgefunden wurde'.[204] Im selben und im folgenden Jahr wurden mehrere Barone bestraft, da sie bzw. ihre Stellvertreter nicht in ihrer *constabularia* (wahrscheinlich eine Einheit des Feudalheeres) angetroffen worden waren.[205] Neben einer Nichterfüllung des Waffendienstes wurden auch andere ,Dienstvergehen' mit Konfiskationen bestraft. So wurden Barone

---

199 Vgl. DUBY 1973.

200 Rot. litt. claus., S. 194.

201 Vgl. hierzu auch PAINTER 1949, S. 175.

202 Pipe Roll 12 John, S. 14: *Dunecanus de Lasceles debet lx m. et j palefridum pro habenda saisina terre sue . scilicet feodorum trium militum et dim. unde dissaisitus fuit per preceptum R. eo quod non fuit cum R. cum equis et armis in exercitu Scotie.*

203 Pipe Roll 7 John , S. 217: *Cecilia de Creuequoer debet xl m. ... pro habendo scutagio suo de feodo militis que tenet in capite de R. et pro habenda terra sua unde dissaisita fuit eo quod non fecit finem de scutagio.* Vgl. Rot. de ob. et fin., S. 302.

204 Pipe Roll 9 Rich. I, S. 114: *Gerardus de Canuill' debet c li. pro habenda saisina terre sue unde dissaisitus fuit quia miles suus non fuit inuentus in seruitio R. ... .*

205 Otuel de Sudeley (Sudeley), Eustace de Balliol (Bywell), Robert II de Ewias (Ewyas Harold) und William Pagnell (Hooton Pagnell): Pipe Roll 9 Rich. I, S. 128, 215 u. 216; Pipe Roll 10 Rich. I, S. 42. Vgl. STENTON 1961, S. 180, der die Fälle von Otuel de Sudeley und Gerard de Camvill anführt. Zu den *constabularia*: Die klassischen Ritterheere kämpften wahrscheinlich in einzelnen Trupps. Nach der klassischen These von ROUND 1895 basierten die den einzelnen Kronvasallen auferlegten Ritterquoten auf *constabulariae* genannten Einheiten des feudalen Heeres. Vgl. auch JOLLIFFE 1947, S. 181; Hollister 1965, S. 32ff.; BROWN 1969, S. 220; HOLT 1997, S. 75 u. 83. Skeptisch äußert sich MORILLO 1994, S. 70 Anm. 145.

dafür bestraft, dass sie Gefangene hatten entkommen lassen,[206] ihren Burgwachdienst nicht erfüllten[207] oder den Königsforst nachlässig verwalteten.[208] Andere Kronvasallen versäumten es, Abgaben für den König einzutreiben,[209] oder sie übten ihr Sheriffsamt nicht pflichtgemäß aus.[210] Auch ihr Besitz wurde zeitweise beschlagnahmt.

Bei mehreren Konfiskationen lässt sich, als dritte Kategorie, nachweisen, dass sie den Zweck hatten, Schuldner des Königs unter Druck zu setzen und so Zahlungen zu erzwingen. Zum Beispiel wurden die Güter von William de Lanvaley 1213 oder 1214 ausdrücklich ‚aus Anlass seiner Schuld' (*occasione illius debiti*) in die Hand des Königs genommen, das heißt beschlagnahmt.[211] Oder: Am 5. September 1207 befahl König Johann den Sheriffs von Hampshire und Lancashire, das gesamte Land Henrys de la Mare in ihren Amtsbezirken unverzüglich zu konfiszieren, ‚da derselbe Henry uns nichts von dem bezahlt hat, was er uns schuldet.'[212] Manchmal führte bereits das Versäumnis von Zahlungsfristen zur Beschlagnahmung von Gütern: Die Gräfin von Warwick wurde 1208-9 auf königlichen Befehl hin ihres Besitzes enthoben, ‚da sie ihre Zahlungsfristen beim Exchequer bezüglich einer früheren Abmachung nicht beachtet' hatte (*...eo quod non seruauit terminos suos ad Scaccarium de priore fine suo*).[213] Für die

---

206 Pipe Roll 9 Rich. I, S. 61: *Robertus de Ros r.c. de M et CC m. pro habenda saisina terre sue unde fuit dissaisitus pro prisone Francie qui euasit de custodia sua.*

207 Rot. de lib., S. 108: *Mandatum est Vicecomiti Devon' quod faciat habere Henrico de Nonant plenariam saisinam de terra sua in Ball'a sua . q' saisita fuit in manum nostram pro warda castelli de Totenes...* .

208 Pipe Roll 11 John, S. 95: *Ricardus de Luci debet c li. pro habenda beneuolentia R. de foresta male custodita . et pro habendis terris et catallis suis.*

209 Pipe Roll 17 Hen. II, S. 141. Ab 1170 war nicht mehr Walkeline Maminot, sondern der Sheriff für die Eintreibung des *lestagium* von Hastings (60 Schilling jedes Jahr) verantwortlich, vgl. Pipe Roll 16 Hen. II, S. 135.

210 Pipe Roll 6 Rich. I, S. 6, 10, 25 u. S.182: *Radulfus de Cornhill' debet c li. ut dominus R. faciat recipi compotum suum de debitis et rebus Henrici fratris sui . sine ira et indignatione.* Zu den Sheriffsabsetzungen Richards I. vgl. HEISER 1992 und HEISER 1997.

211 Rot. de ob. et fin., S. 528: ... *justic' quod in respectum poni faciat debitum quod Willelmus de Lanvalay domino Regi reddere tenetur ad festum Sancti Michaelis anno regni domini Regis xvj°. usque ad Pascha ... eius occasione illius debiti in manum domini Regis seisita fuerint ea ei sine dilatione reddi faciat.*

212 Rot. litt. claus., S. 91: *Rex Vicecomiti Suh' etc. Precipimus tibi quod statim visis litteris istis capias in manum nostram totam terram Henrici de Mara Norm' in Ballia tua . et de omnibus bladis et catallis et rebus suis sub omni festinacione commodum nostrum fieri facias. Alioqin ad te nos inde capiemus. Quia idem Henricus nihil nobis reddid' de hiis q' nobis debet. T. me ipso apud Ber' . v die Sept'. Eodem modo scribitur Vicecomiti Lanc'.*

213 Pipe Roll 11 John, S. 19.

Zeit Johanns lassen sich viele vergleichbare Fälle anführen.[214] Die Praxis, Zahlungsforderungen durch die Androhung oder Durchführung von Konfiskationen Nachdruck zu verleihen, ist auch für Heinrich II. und Richard I. belegt. Da für deren Regierungen keine Kanzleiregister erhalten sind, ist man hier auf die Interpretation von Einträgen in den Pipe Rolls angewiesen.[215] Kapitel 4 analysiert ausführlich, wie die Könige seit Heinrich II. die in der Pipe Roll dokumentierten Schulden zur Disziplinierung ihrer Barone einsetzten.

Konfiskationen in Zusammenhang mit Rechtsstreitigkeiten bilden eine vierte Kategorie. Häufig stritten sich Verwandte um ein baroniales Erbe, weil der Erbgang unklar war. Der König griff in die Auseinandersetzung ein und nahm den umstrittenen Besitz erst einmal ‚in seine Hand‘, bis die Besitzverhältnisse geklärt waren. Die ‚Gesta regis Henrici‘ berichten ausführlich über einen solchen Streit, der 1177 zwischen dem Erben des Grafen von Norfolk und seiner Stiefmutter geführt wurde:[216]

---

214 1204 wurde den Bürgen von William fitz Count (Bradninch) mit Zwangsvollstreckung gedroht, falls sie die versprochenen Gelder nicht ablieferten: Rot. de ob. et fin., S. 260; Pipe Roll 6 John, S. 84. William III de Windsor, Baron von Eton, wurde 1210-11 wegen seiner Schulden an jüdische Bankiers enteignet, die der König übernommen hatte: Pipe Roll 13 John, S. 106 u.148; Pipe Roll 14 John, S. 25 u. 41; Anhang A, N° 145. John de Montague, Baron von Chiselborough, wurde1210-12 wohl aus den gleichen Gründen unter Druck gesetzt: Pipe Roll 12 John, S. 167; Pipe Roll 13 John, S. 63, 130, 160 u. 255; Pipe Roll 14 John, S. 120; Anhang A, N° 36. Im Juli 1212 wurde dem Grafen von Derbyshire mit Konfiskation für den Fall gedroht, dass er ein dem König als Bürgschaft für Willelmus de Harecurt versprochenes Pferd nicht abliefern sollte: Rot. litt. claus., S. 119; Pipe Roll 14 John, S. 165. Robert de Berkeley wurde seines Besitzes enthoben, um ihn zur Zahlung der Schulden seines Bruders Roger zu zwingen; nachdem er am 10. Februar 1215 dem König 200 Mark zahlte und versprach, die Schulden in bestimmter Zeit zu begleichen, erhielt er sein Land zurück: Rot. litt. claus., S. 187.

215 Seit 1165 bestanden Forderungen in Höhe von 200 Mark an den wohl im selben Jahr verstorbenen Baron von Morpeth, William II de Merlay. Der Sheriff von Norfolk und Suffolk scheint 1168 (vergeblich) nach pfändbarem Besitz gesucht zu haben; siehe Pipe Roll 14 Hen. II, S. 18: *Willelmus de Merlai debet .cc. m. de misericordia sed nichil inuenitur de suo extra septa ecclesie per fidem vicecomite.* Die Konfiskation eines Gutes von William I de Scales 1176 diente möglicherweise dazu, die Begleichung einer Erbgebühr zu erzwingen; die Forderung bestand seit 1169, erst nach der Konfiskation erfolgte die erste Ratenzahlung: Pipe Roll 15 Hen. II, S. 146; Pipe Roll 22 Hen. II, S. 8 u. 71; Anhang A, N° 32. Im Jahr 1198 bot William Pagnell Richard I. 20 Mark für die Rückgabe seines ursprünglich an einen jüdischen Bankier verpfändeten Landes, das der König übernommen hatte: Pipe Roll 10 Rich. I, S. 42; Anhang A, N° 65.

216 Gesta, 1, S. 143f.: *Eodem anno, ante Caput Jejunii, obiit comes Hugo Bigot. Et Rogerus Bigot, ipsius haeres, et uxor ejus venerunt ad curiam apud Winleshovers contendentes, quis eorum regi plus offeret pro haereditate comitis habenda. Ipse vero, quia primogenitus et haeres comitis erat, obtulit regi et multa et magna, pro haereditate sua habenda in integrum, sicut pater suus eam tenuit, die qua vivus et mortuus. Comitissa vero, noverca ipsius Rogeri Bigot, obtulit regi multa et magna, ut ipse*

> In diesem Jahr, vor dem Beginn Fastenzeit, verstarb Graf Hugh Bigod. Roger Bigod, sein Erbe, und seine Gemahlin [also die Witwe] kamen an den Hof bei Windsor und wetteiferten miteinander, wer von ihnen dem König mehr bieten könne, um die Erbschaft des Grafen zu bekommen. Der eine [Roger] bot, da er erstgeborener Erbe des Grafen war, dem König sehr viel (*multa et magna*), um seine Erbschaft unversehrt so zu erhalten, wie sie sein Vater an dem Tag besessen hatte, als er starb. Die Gräfin wiederum, sie war die Stiefmutter des besagten Roger Bigod, bot dem König ebenfalls sehr viel (*multa et magna*), damit er ihrem Sohn die Ankäufe und Erwerbungen des Grafen zugestehe. Als unser Herr, der König, die Petitionen beider gehört hatte, befahl er ihnen, nach London zu kommen, damit er sie dort, nach dem Rat seiner Grafen und Barone und dem Recht und der Gewohnheit des Vaterlandes zufrieden stellen könne. Anschliessend schickte der König seine Diener und konfiszierte sämtliche Schätze des besagten Grafen (*Tunc misit rex servientes suos, et saisiavit in manu sua omnes thesauros praedicti comitis.*)

Von einer Entscheidung einer ratgebenden Versammlung in London berichteten die ‚Gesta' nichts weiter. Dafür zeigt ein Blick in die Pipe Rolls, wer bei zwei streitenden Erben oft der lachende Dritte war: Die Güter des verstorbenen Grafen blieben weitere zwölf Jahre, bis 1189, beschlagnahmt. König Heinrich II. erhielt insgesamt rund 1890 Pfund Silber.[217] Erst 1199 erreichte Roger Bigod es, dass der König seine Rechte endgültig bestätigte.[218]

Die fünfte und letzte Kategorie umfasst alle übrigen Vergehen von Baronen, die ebenfalls mit Konfiskationen bestraft wurden: In einigen Fällen waren Heiraten ohne die nötige Zustimmung des Königs erfolgt.[219] Simon de St. Liz,

---

concederet filio suo emptiones et perquisitiones ipsius comitis. Dicebat enim, quod comes Hugo Bigot divisit filio suo quem de ea genuit, omnes emptiones et perquisitiones suas. Et cum dominus rex utriusque petitiones audisset, praecepit eos Lundonias venire, ut ibidem consilio comitum et baronum suorum eis secundum rectum et patriae consuetudinem satisfaceret. Tunc misit rex servientes suos, et saisiavit in manu sua omnes thesauros praedicti comitis.

217 Pipe Roll 23 Hen. II, S. 125, 136, 139; 24 Hen. II, S. 26f., 64; 25 Hen. II, S. 9; 26 Hen. II, S. 24, 62; 27 Hen. II, S. 35, 92; 28 Hen. II, S. 37, 72f.; 29 Hen. II, S. 15, 47; 30 Hen. II, S. 8, 30; 31 Hen. II, S. 41, 62; 32 Hen. II, S. 67, 87; 33 Hen. II, S. 58, 83; 34 Hen. II, S. 65, 83; 1 Rich. I, S. 55f., 76. Vgl. Anhang A, N° 52.

218 HOLT 1972, S. 49f.

219 Pipe Roll 2 John, S. 19: [*Nicola*] *que fuit uxor Roberti de Burun r.c. de ij m. pro habenda saisina de j carrucata terre in Eston' et in Offerton' unde fuit dissaisitus eo quod comes Cestr' maritauit eam sine assensu R. desicut est de donatione R.* Aelisia de Nonant, wahrscheinlich die Witwe des 1176 verstorbenen Roger II de Nonant, wurde für

Graf von Northampton und Huntingdon, gehörte zu denjenigen, die 1190 zeitweise enteignet wurden, da sie sich im März desselben Jahres an dem Pogrom an den Yorker Juden beteiligt hatten. Bei diesem kam nach Roger von Howden die gesamte jüdische Bevölkerung der Stadt ums Leben.[220] Sehr häufig ist der Grund von Enteignungen einfach unbekannt. Doch lässt sich das Ausmaß der Konfiskationen mit Hilfe der Pipe Rolls recht gut belegen, wie im folgenden gezeigt werden soll.

Ein Blick auf die Kurvenverläufe (Anhang C, Abbildung 1) deutet auf Unterschiede in der Regierungspraxis Heinrichs II. und Johann Ohnelands hin. Die Konfiskationen (dunkelgrau) waren größeren Schwankungen unterworfen als die Vormundschaften und Heimfälle. Die drei Rebellionen 1173-74, 1193-94 und 1215-16 zeichnen sich deutlich im Anstieg der dunkelgrauen Konfiskationskurve ab. Sie erreicht in diesen Fällen, ebenso wie nach dem Verlust der Normandie und der Konfiskation der *terre Normannorum*, fast das Niveau der mittelgrauen Vormundschaftskurve. Auffällig steil ist der Anstieg der Konfiskationen in den Jahren 1215 und 1216. Die Zahlen für diese Jahrgänge beruhen zwar auf einer anderen Quellengrundlage als diejenigen der Jahrgänge 1159 bis 1214. Es ist aber unzweifelhaft, dass Johann viel mehr Barone enteignete als sein Bruder und sein Vater. Der jährliche Spitzenwert für die Herrschaft Heinrichs II. liegt bei 13 Konfiskationen, derjenige für die Zeit Richards I. bei 20. Nach Auskunft der Close Rolls enteignete Johann 1215 35 Barone und 1216 sogar 64, das sind 34 Prozent der 191 Kronlehen des Untersuchungsfeldes.

Dies lag wohl nicht nur an der großen Anhängerschaft, die der Aufstand gegen Johann fand, sondern auch an einer veränderten Weise des Königs, die Rebellen zu behandeln. Ein Herrscher hatte grundsätzlich verschiedene Möglichkeiten, einem Adelsaufstand zu begegnen: Er konnte die Option herrscherlicher Milde wählen und untreuen Vasallen verzeihen oder aber unter dem Vorzeichen der Gerechtigkeit hart durchgreifen und Rebellen enteignen.[221] Heinrich II. gelang es 1174, das Land nach dem großen Adelsaufstand zu befrieden und den unzufriedenen Teil der Barone wieder an sich zu binden, indem er auf Rache verzichtete und Milde walten ließ. Nach Beendigung des Aufstandes schloss er am 30. September 1174 mit seinen Söhnen einen Vertrag ab, in dem festgelegt wurde, dass der Besitzstand beider Kriegsparteien so wiederhergestellt werden sollte, wie fünfzehn Tage vor Ausbruch des Krieges.[222] Die Aufständischen wurden also ausdrücklich nicht enteignet, und der König verzieh den meisten von ihnen. Im Vertragstext heißt es weiter:

---

mehrere Jahre enteignet, da sie ohne Erlaubnis des Königs geheiratet hatte. Siehe Pipe Roll 33 Hen. II, S. 146: ... *quia Aelisia de Nonant nupsit sine licentia regis cum esset de donatione ejus.*

220 Pipe Roll 2 Rich. I, S. 74; Howden, 3, S. 33f.; Anhang A, N° 51.

221 Vgl. oben Abschnitt 3.1.2.

222 Gesta, 1, S. 77ff.

> Unser Herr, der König, verzichtet auf jegliche böse Absicht seinen Baronen und Männern gegenüber, in der Weise dass er ihnen nichts Schlechtes zufügen wird, solange sie ihm, als ihrem (ligischen) Lehnsherrn, treu dienen. (*Et dominus rex remisit omnem malitiam baronibus et hominibus suis qui recesserunt ab eo, ita quod propter hoc nullum malum eis faciet, quamdiu fideliter ei servient, sicut ligio domino suo.*)

Ganz anders handelte Johann, der 1215-16, wie die dunkelgraue Linie anzeigt, die Option der Härte wählte. Bereits gut vier Wochen, nachdem ihm die Rebellen die in der Magna Carta festgeschriebenen Zugeständnisse abgerungen hatten, ließ er sich durch den Papst von seinem Eid lösen und begann, mit Hilfe fremder Söldnertruppen gewaltsam gegen seine Gegner vorzugehen. Hier ist also kein Verzicht auf Rache festzustellen. In den folgenden Monaten besetzten und konfiszierten Johann und seine Gefolgsleute große Teile der Besitzungen der Aufständischen. Roger von Wendover schreibt lakonisch:[223]

> ... während [die Barone] schliefen, ruhte der König nicht, während er ihre sämtlichen Ländereien und Besitzungen, Burgen und Festungen vom südlichen Meer bis zum schottischen Meer in seine Gewalt nahm.

Roger von Wendover überliefert auch die angebliche Bemerkung der Barone, als sie durch Boten von den Plünderungen erfuhren: ‚Der Herr hat gegeben, der Herr hat genommen.'[224] Johanns Politik der Härte und die zahlreichen Konfiskationen führten zu kurzfristigen Erfolgen – bereits im März 1216 kontrollierte er wieder weite Teile des Königreiches. Doch schon Matthew Paris erkannte, dass seine unbarmherzige Politik die allgemeine Unzufriedenheit nur weiter anheizte. Der Geschichtsschreiber kommentiert die Vergabe der konfiszierten Burg Bedford an Johanns Söldnerführer, Fawkes de Breauté, dem der König zudem die Witwe des Grafen von Devon versprach, mit folgenden Worten:[225]

---

223 Wendover, 2, S. 166: ... *sed, illis dormientibus, rex non dormivit, dum terras eorum et possessiones omnes, castra et municipia, a mari australi usque ad mare Scoticum in sua potestate recepit.* Vgl. Matt. Paris, 2, S. 641.

224 Wendover, 2, S. 163: ... *cumque nuntii ex locis diversis venientes haec omnia baronibua retulerunt, intuentes se mutuo dicebant, "Dominus dedit, Dominus abstulit," et caetera.* Vgl. Hiob, 1, 21.

225 Matt. Paris, 2, S. 638: *Rex igitur nimis acceptans tirannidem Falcasii, fasque nefasque confundentis, dedit eidem castrum Bedeford et nobilem mulierem Margaretam de Ripariis in uxorem, cum omnibus possessionibus eam contingentibus, et terras multorum baronum Angliae, ut omnium iram in se exaggerando provocaret.* Vgl. Wendover, 2, S. 163.

> Der König, der die Gewaltherrschaft Fawkes' allzu sehr billigte, gab jenem also die Burg Bedford und die edle Frau Margaret de Reviers als Gemahlin. Dazu auch alle Besitzungen, die ihr gehörten, und die Ländereien vieler Barone Englands, so dass er dadurch das Anwachsen des Zornes aller gegen ihn provozierte.

Trotz – oder eben gerade wegen – seiner zahlreichen Konfiskationen scheiterte Johann in seinen Bemühungen, das Königreich auf Dauer zu befrieden. Die Rebellen suchten Beistand im Ausland und wählten den französischen Thronfolger Ludwig zu ihrem König. Dieser landete am 21. Mai 1216 in England und drängte Johann erneut in die Defensive. Als Ohneland im Oktober 1216 starb, lag das Land im Krieg und war gespalten zwischen den Anhängern seines minderjährigen Sohnes und den Anhängern Ludwigs von Frankreich.

Die Untersuchung der Konfiksationspraxis der angevinischen Herrscher hat folgendes ergeben: Heinrich II., Richard Löwenherz und Johann Ohneland nutzten die Möglichkeit der Beschlagnahmung adligen Besitzes in vielfacher Weise als ein Strafinstrument, mit dem nicht nur Verrat und Rebellion, sondern auch geringere Vergehen und Pflichtversäumnisse geahndet wurden. Darüber hinaus setzten sie bisweilen durch die Androhung von Enteignungen ihre Schuldner unter Druck. Der Umfang der Eingriffe in den Besitz des Adels war beachtlich und stieg zwischen 1159 und 1216, bis auf eine Ausnahme, mehr oder weniger kontinuierlich an. Der Einbruch zwischen 1189 und 1194 lässt sich durch die langjährige Abwesenheit Richards I. erklären. Während unter Heinrich II. ein beachtlicher Teil der eingezogenen Lehen zentral über den Exchequer verwaltet wurde, zogen seine Söhne den Verkauf von Ämtern der eigenen Verwaltung vor, da dieser schnelleres Geld versprach. Der letzte Herrscher des untersuchten Zeitraumes, Johann Ohneland, überspannte jedoch dieses Instrument königlicher Herrschaft: Er ließ weitaus mehr Kronlehen konfiszieren als seine beiden Vorgänger, scheiterte aber am Ende mit dem Versuch, durch diese Politik der Härte seine Herrschaft zu festigen.

3.2.6 Die Erbgebühren

Auch wenn der König keine Vormundschaftsrechte ausübte, da volljährige Erben Anspruch auf die ihnen zustehenden Kronlehen erhoben, profitierte er finanziell vom Tode eines Barons. In diesem Fall konnte er nämlich eine Erbgebühr, ein sogenanntes *relevium* beanspruchen.[226] In Ausnahmefällen traten Erbfälle bereits vor dem Tode eines Barons ein: Als beispielsweise Roger de Mortimer 1214

226 Zu den Erbgebühren allgemein vgl. POLLOCK – MAITLAND 1898, 1, S. 307ff.; ROUND 1930; MITTEIS 1933, S. 672ff.; BLOCH 1939-40, S. 292ff.; GANSHOF 1967, S. 146ff.

krank wurde und seinen Tod nahen fühlte, schickte er zum König. Er bat ihn darum, seine Ländereien und Lehen bereits auf dem Sterbebett seinem Sohn überlassen zu dürfen; dieser zahlte dann 500 Mark Silber für sein Erbe, die Baronie Wigmore.[227] Hugh II de Bolbec beerbte seinen Bruder Walter 1205, als dieser in ein Kloster (wahrscheinlich die von seinem Onkel gegründete Abtei Blanchland) eintrat, nur gegen eine Zahlung von 200 Mark.[228]

Glanvill schreibt, dass Lehnsherren Erben keine Lehen vorenthalten dürften, wenn diese bereit seien, ein *relevium* zu zahlen und die üblichen Dienste zu leisten. Den Vasallen solle es sogar gestattet sein, sich gegen die Gewalt ihrer Herren wehren, wenn diese sie hinderten, das Erbe anzutreten.[229] Der Konfliktpunkt zwischen Krone und Adel lag aber nicht so sehr in der Erhebung der Erbgebühren an sich als vielmehr in der Festlegung ihrer Höhe.

Zu hohe Erbgebühren hatten schon zu Zeiten Wilhelms II. Rufus Unfrieden gestiftet. In der Krönungsurkunde seines ihm auf dem Thron folgenden Bruders, Heinrichs I., vom 5. August 1100 wurde über die Belastung des Königreiches durch ungerechte Eintreibungen geklagt. Eine der ,schlechten Gewohnheiten' unter Rufus hatte danach darin bestanden, dass die Erben von Baronen und Grafen das ihnen zustehende Land ,zurückkaufen' mussten. Heinrich I. versprach bei seiner Krönung, von nun an nur noch gerechte und gesetzmäßige Erbgebühren einzufordern.[230] Missbräuche bei der Forderung von Erbgebühren lassen sich für die Zeit Wilhelms II. nicht quantifizieren. Die älteste erhaltene Pipe Roll aus dem Jahr 1130 legt nahe, dass sich Heinrich I. durch seine Krönungsversprechen keineswegs daran gehindert sah, den Erben eines Kronlehens hohe Gebühren abzufordern.

---

227 Rot. de ob. et fin., S. 530: [*Hugo de Mortuo Mari filius R*]*ogeri de Mortuo Mari finem fecit cum domino Rege per quingent' marc' pro habendis omnibus terris et tenementis unde Rogerus de Mortuo Mari pater suus fuit seisitus die* [*qua cepit infirmari de infirmitate illa*] *pro qua ad dominum Regem mittens petiit assensum ejus ut terras et tenementa predicta ad opus filii sui possit resignare.* ... Vgl. Pipe Roll 16 John, S. 120.

228 Rot. de ob. et fin., S. 314f.: *Hugo de Bolebec dat ducentas marc' et duos palefridos pro habenda tota baronia que fuit Walteri de Bolebec fratris sui cujus heres ipse est ut dicit . et inde cepit dominus Rex homagium ipsius Hugonis. Et mandatum est vicecomiti quod . accepta ab eo securitate de predicta pecunia et palefrido . tunc sine dilatione plen' saisinam de baronia illa in ballia sua ei habere faciat . qualem predictus Walterus frater suus inde habuit die quam habitum religionis suscepit.* Das Faktum, dass Walter ins Kloster eintrat, wird nur durch den letzten Halbsatz deutlich, den Pipe Roll 8 John, S. 216 nicht überliefert; SANDERS 1960, S. 85 geht deshalb wohl vom Tod des Barons aus.

229 Glanvill, S. 82ff.

230 Select Charters, S. 118: *Si quis baronum, comitum meorum sive aliorum qui de me tenent, mortuus fuerit, haeres suus non redimet terram suam sicut faciebat tempore fratris mei, sed justa et legitima relevatione relevabit eam. Similiter et homines baroum meorum justa et legitima relevatione relevabunt terras suas de dominis suis.*

Die an Heinrich I. gezahlten *relevia* lassen keine Regeln für die Bestimmung der Höhe einer Erbgebühr erkennen.[231] Erst 1215 wurde im zweiten Artikel der Magna Carta das *relevium* eines Barons auf 100 Pfund festgelegt.[232] Der dritte Artikel der Magna Carta handelte von der Doppelbelastung minderjähriger Erben: Bei Erreichen der Volljährigkeit sollten diese ihr Lehen ohne die Zahlung einer Erbgebühr erhalten.[233] Die Festlegung des *relevium* wird heute als eine der augenfälligsten Errungenschaften von 1215 gewertet,[234] denn sowohl Richard fitz Nigel als auch Glanvill hatten noch zu Zeiten Heinrichs II. betont, dass die Höhe der Erbgebühren für Kronlehen nach willkürlichem Ermessen des Königs (*iuxta misericordiam et uoluntatem domini regis*) bestimmt würde.[235]

Die ‚baronial reliefs' werden in den Pipe Rolls, wie auch Richard von Ely schreibt, oft als *finis terre* bezeichnet.[236] J. H. Round meinte, dass der Begriff *relevium* nur als Bezeichnung für die Erbgebühren solcher Lehen verwendet worden sei, die lediglich 5 Pfund pro Ritterlehen zu zahlen hatten.[237] In dem hier analysierten Material finden sich aber ebenso häufig die Ausdrücke *pro terra sua*, *pro habenda terra sua*, *pro relevio terre sue*, *pro* oder *de relevio suo* u.ä., ohne dass dabei eine qualitative Unterscheidung verschiedener Typen von Erbgebühren zu erkennen ist. Im folgenden wird *relevium* daher durchgehend für ‚Erbgebühr' im allgemeinen Sinne verwendet.

Für das untersuchte Feld der 191 Baronien lassen sich in dem Zeitraum zwischen 1155 und 1214 insgesamt 127 Zahlungen von Erbgebühren für Kron-

---

231 GREEN 1986, S. 84f. u. 223ff.

232 HOLT 1992, S. 450: *Si quis comitum vel baronum nostrorum, sive aliorum tenencium de nobis in capite per servicium militare, mortuus fuerit, et cum decesserit heres suus plene etatis fuerit et relevium debeat, habeat hereditatem suam per antiquum relevium; scilicet heres vel heredes comitis de baronia comitis integra per centum libras; heres vel heredes baronis de baronia integra per centum libras ... .*

233 HOLT 1992, S. 450: *Si autem heres alicujus talium fuerit infra etatem et fuerit in custodia, cum ad etatem pervenerit, habeat hereditatem suam sine relevio et sine fine.*

234 Vgl. HOLT 1992, S. 304ff.

235 Dialogus, S. 264: *Sunt item tertii generis obuentiones, que non uidentur prorsus inter oblata computande, set magis ‚fines' ad scaccarium dicuntur. Cum scilicet de rege tenens in capite baroniam, relicto herede, decesserit, et idem heres cum rege in quam potest summam componit, ut paterni iuris mereatur ingressum, quem finem ‚releuium' uulgo dicimus; quod si baronia est, in regis est beneplacito, que debeat esse summa releuii.* Vgl. ebd., S. 208. Glanvill, S. 108: *Cum autem heres masculus et notus heres etatem habens relinquatur, in sua se tenebit hereditate ut supra dictum est etiam inuito domino, dum tamen domino suo sicut tenetur suum offerat homagium coram probis hominibus et suum rationabile relleuium. Dicitur autem rationabile releuium alicuius iuxta regni consuetudinem de feodo unius militis centum solidi ... de baroniis uero nichil certum statutum est, quia iuxta misericordiam et uoluntatem domini regis solent capitales baronie de relleuiis suis domino regs satisfacere ... .*

236 Zum Begriff *finis* vgl. unten Abschnitt 4.2.2.

237 Vgl. dazu ROUND 1930, S. 227ff.

lehen nachweisen. Darunter befinden sich auch solche, die sich nur aufgrund von Vermutungen als Erbgebühren identifizieren lassen, und mehrere Zahlungen, bei denen diese Gebühren lediglich einen Teil der dem König angebotenen Geldsumme darstellen. Nicht mitgezählt wurden Zahlungen, die nur in einem sehr weiten Sinne als Erbgebühren betrachtet werden können, oder solche, die sich nicht auf ein Kronlehen des untersuchten Feldes beziehen.

Es ist nur schwer zu bestimmen, in welcher Regelmäßigkeit die Könige von ihren Baronen derartige Gelder forderten. Man rufe sich nur in Erinnerung, dass direkte Zahlungen an den König oder seine Kammer nicht mehr nachzuweisen sind, die Pipe Rolls also nur einen Ausschnitt aus allen Geldgeschäften der Krone dokumentieren. Des weiteren waren bei Generationswechseln häufig die Voraussetzungen für die Forderung eines *relevium* nicht gegeben, da sich ein Kronlehen wegen der Minderjährigkeit des oder der Erben bereits in der Hand des Königs befand. Es gibt allerdings auch einige Fälle, wo trotz eines Generationswechsels und trotz der Existenz eines volljährigen Erben keine *relevia* gefordert wurden – jedenfalls nach Auskunft der Pipe Rolls. Wenn man dann genau hinschaut, stellt man fest, dass es sich hierbei meistens um Barone aus dem engeren Vertrautenkreise des Königs handelte.[238]

Die Höhe der Erbgebühren deckte sich nach dem Befund der 127 ausgewählten Zahlungen mit den oben zitierten Angaben Richards von Ely und Glanvills. Heinrich II. und seine Söhne forderten tatsächlich beliebig hohe Summen, teilweise bis zu mehreren tausend Mark Silber.[239] Trotzdem gab es offenbar bereits lange vor 1215 auf adeliger Seite Vorstellungen darüber, wie hoch ein *relevium* vernünftigerweise sein solle: Die Krönungsurkunde Heinrichs I. spricht von einer ‚gerechten und gesetzmäßigen Erbgebühr', nennt allerdings keine ge-

---

238 In der Zeit Heinrichs II. wurden zum Beispiel trotz Generationswechsels keine Erbgebühren bei den folgenden Kronlehen gefordert: Anhang A, N° 3, <u>22</u>, <u>28</u>, <u>37</u>, <u>42</u>, 46, 56, 67, 66, 68, 75, 77, 81, <u>91</u>, 94, 95, <u>98</u>, 105, 108, <u>114</u>, <u>115</u>, <u>137</u>, <u>138</u>, 142, <u>148</u>, <u>155</u>, 156, 170, <u>182</u>. Die unterstrichenen Nummern Bezeichnen Baronien, deren Inhaber (das heißt die Verstorbenen oder deren Erben oder beide) entweder den Titel eines Grafen trugen oder im Königsdienst nachzuweisen sind.

239 Die Höhe der Erbgebühren unter Heinrich II.: 1 x 50 Schilling, 2 x 10 Mark, 3 x 20 Mark, 1 x 15 Pfund, 2 x 40 Mark, 2 x 50 Mark, 1 x 50 Pfund, 1 x 80 Mark, 4 x 100 Mark, 8 x 100 Pfund, 6 x 200 Mark, 1 x 220 Mark, 2 x 300 Mark, 2 x 500 Mark, 2 x 700 Mark, 5 x 1000 Mark; insgesamt 11.460,5 Mark Die Höhe der Erbgebühren unter Richard I.: 3 x 20 Mark, 1 x 20 Pfund, 1 x 40 Mark, 2 x 50 Mark, 1 x 37,5 Pfund, 1 x 60 Mark, 5 x 100 Mark, 17 x 100 Pfund, 5 x 200 Mark, 1 x 250 Mark, 2 x 300 Mark, 1 x 400 Mark, 2 x 500 Mark, 1 x 760 Mark, 2 x 1000 Mark, 1 x 1300 Mark, 1 x 1000 Pfund, 1 x 3000 Mark; insgesamt 15.206,25 Mark Die Höhe der Erbgebühren unter Johann: 2 x 40 Mark, 1 x 69 Mark, 1 x 100 Mark, 4 x 100 Pfund, 3 x 200 Mark, 6 x 300 Mark, 2 x 400 Mark, 3 x 500 Mark, 2 x 600 Mark, 2 x 500 Pfund, 1 x 800 Mark, 3 x 1000 Mark, 1 x 1200 Mark, 1 x 2000 Mark, 1 x 3100 Mark, 1 x 5000 Mark, 1 x 7000 Mark, 1 x 10.000 Mark; insgesamt 40.349 Mark

nauen Beträge. Die Magna Carta bezeichnet die baroniale Erbgebühr von 100 Pfund als ein *antiquum relevium*,[240] wobei hier wohl die geläufige Vorstellung von altem gleich gutem Recht hineinspielt. Ein bemerkenswerter Beleg aus der Pipe Roll von Michaelis 1198 stützt die Ansicht, dass die als ‚rechtmäßig‘ angesehene Höhe derartiger Forderungen des Königs 100 Pfund betragen haben könnte: Nach dem Tode seines Vaters bot William de Newmarket, Erbe der Baronie North Cadbury, König Richard Löwenherz hundert Mark dafür, dass dieser nur eine ‚vernünftige‘ Erbgebühr von 100 Pfund fordere. Das *relevium* wurde dann auch dementsprechend festgelegt.[241] Unter den 127 genannten Erbgebühren befinden sich darüber hinaus tatsächlich am häufigsten Beträge von 100 Pfund (insgesamt 29, davon 17 unter Richard I.). Daneben muss aber auch festgestellt werden, dass fast genau die Hälfte, nämlich 62, über dieser Marke liegt. Bereits unter Heinrich II. lagen die Forderungen des Königs bei gut vierzig Prozent aller ausgewählten Fälle (18 von 43) über 100 Pfund. Zwar lassen sich gewisse, lose Beziehungen zwischen der Höhe eines *relevium* und der Größe einer Baronie erkennen. Es gibt aber keinen direkten rechnerischen Zusammenhang zwischen der geforderten Summe und der Anzahl der Ritterlehen eines *honor*, so wie es etwa bei den Schildgeldern der Fall ist. Es ist daher nicht ganz verständlich, weshalb sich Ivor J. Sanders bei seiner Definition einer Baronie vor allem auf die Feststellung eines ‚baronial relief‘ von 100 Pfund beruft.[242] Verständlich wird allerdings die Forderung der Barone, die *relevia* für Grafen und Barone auf einen bestimmten Betrag festzulegen.

Vergleicht man die Regierungen der drei Herrscher, dann fallen signifikante Unterschiede in der Praxis der Erhebung von Erbsteuern auf. Dies wird vor allem deutlich im Vergleich der in Tabelle 3.4 dargestellten Daten:

---

240 Vgl. oben Anm. 232.

241 Pipe Roll 10 Rich. I, S. 222: [*Willelmus*] *de Nouo Mercato r.c. de c m. ut R. capiat rationabilem releuium suum . scilicet c li. In thes. xx m. Et debet quater xx m.* [*Idem W.*] [*blank*] *c li. pro releuio pro terra patris sui.*

242 SANDERS 1960, S. v. Vgl. zum Beispiel auch ebd., S. 3 Anm. 4.

	Anzahl	Höhe (insgesamt)	trotz vorheriger Minderjährigkeit
Heinrich II.	43 (1,3 / Jahr)	11.460,50 m. (337 m. / Jahr)	4
Richard I.	48 (4,8 / Jahr)	15.206,25 m. (1521 m. / Jahr)	13
Johann	36 (2,25 / Jahr)	40.349 m. (2522 m. / Jahr)	5

Tabelle 3.4: Erbgebühren zwischen 1155 und 1214

Die Auflistung zeigt, dass Richard Löwenherz viel häufiger Erbgebühren forderte als sein Vater oder sein Bruder, allein im Jahre 1194 elfmal. Dies wird nicht allein mit einer höheren Sterberate zu erklären sein, sondern dürfte auf bewusste Entscheidungen des Königs zurückgehen, der, wie bereits des öfteren bemerkt wurde, vor seinem Kreuzzug und nach seiner Rückkehr aus der Gefangenschaft dringenden Geldbedarf hatte.[243] Es war ebenfalls Richard I., der – jedenfalls nach Auskunft der ausgewählten Belege – öfter als sein Vater oder sein Bruder Gebühren von minderjährigen Erben forderte, die zuvor unter seiner Vormundschaft gestanden hatten. Es ist bemerkenswert, dass dieses Vorgehen, das 1215 im dritten Artikel der Magna Carta explizit kritisiert wurde, bei Richard klarer zutage tritt als bei Johann. Doch wird verständlicher, weshalb die *relevia* in der Rebellion gegen Johann Ohneland zum Thema wurden, wenn man beachtet, dass dieser Herrscher im Durchschnitt höhere Summen forderte als seine beiden Vorgänger.[244] Hierbei ist jedoch zu beachten, dass viele der sehr hohen an ihn gezahlten Erbgebühren ‚Kompositangebote‘ waren, also solche, die für mehrere

243 Heinrich II. forderte (auf das Untersuchungsfeld bezogen) nur ein- bis dreimal Erbgebühren jährlich, lediglich 1185 waren es sechs. Die Anzahl der Erbgebühren in den einzelnen Rechnungsjahren steigt unter Richard I. drastisch an: 1189: 0, 1190: 9, 1192: 2, 1193: 2, 1194: 11, 1195: 7, 1196: 3, 1197: 0, 1198: 9. Johann forderte, ähnlich seinem Vater, ein bis vier Erbgebühren pro Jahr, nur 1209 waren es sechs; allerdings liegen die Gebühren bei ihm deutlich höher.

244 Vgl. oben Anm. 239 und Tabelle 3.4.

Gunsterweise gleichzeitig unterbreitet wurden. Unter Heinrich II. und Richard I. waren ‚reine‘ Erbgebühren üblicher.

In der Forschung wurde wiederholt die auf den ersten Blick plausible Vermutung geäußert, der König habe insbesondere in den Fällen, in denen es keine direkte Erbfolge vom Vater auf den Sohn gab, Anspruch auf eine besonders hohe Erbgebühr erheben können.[245] Renate Hühn berief sich in ihrer Dissertation über Heinrich II. auf den Tatbestand, dass es unter ihren neun ausgewählten Beispielen nur zwei direkte Erbfolgen gab.[246] James C. Holt drückte es an anderer Stelle so aus: „The relative insecurity of succession had a cash value."[247] Es bestehe kein Zweifel, dass direkte Erbfolgen viel niedrigere *relevia* zur Folge gehabt hätten als indirekte. Gleichzeitig wies Holt aber darauf hin, dass dies nur schwer statistisch zu belegen sei, da die Erbgebühren bei indirekten Erbfolgen nicht immer von Geldangeboten für königliche Eingriffe bei Erbstreitigkeiten oder einfachen Abmachungen über Grundbesitz zu unterscheiden seien.[248]

Nun ist nicht zu bestreiten, dass der König, wenn er zur Friedens- und Rechtswahrung in Erbstreitigkeiten eingriff, häufig großen finanziellen Nutzen daraus zog. Dies wurde bereits bei der Analyse der Konfiskationsanlässe deutlich. Auch versuchten unsichere Anwärter auf ein Erbe vielfach, ihre Ansprüche mit Geldzahlungen an den König zu untermauern. Dennoch kann bei nüchterner Betrachtung aller ausgewählten Zahlungen – mit Ausnahme der ‚Kompositangebote‘ unter Johann sind die meisten von diesen eindeutig als Erbgebühren zu kennzeichnen – kein direkter Zusammenhang zwischen der ‚Sicherheit‘ eines Erbgangs und der Höhe der geforderten *relevia* gezogen werden. Auch die ‚sicheren Erben‘ waren der Willkür des Königs ausgeliefert: Fast zwei Drittel aller geforderten Erbgebühren (82 von 127) betrafen direkte Erbfolgen von einem Vater auf den (ältesten) Sohn; knapp die Hälfte (37) dieser Forderungen betrug mehr als 100 Pfund Silber. Teilweise handelte es sich dabei um sehr hohe Summen, obwohl es sich um ‚sichere‘ Erbschaften handelte: Robert II de Lacy bot Heinrich II. im Jahr 1178 beispielweise 1000 Mark Silber für Pontefract.[249] Zur Zeit Richards I. boten Maurice de Berkeley 1300 Mark für Alnwick (1190), Robert de Ros 1000 Mark für Helmsley (1191) und Robert de Berkeley 1000 Pfund für Berkeley (1191). 1198 waren Doun Bardolf und Peter de Brus bereit, je 500 Mark für ihr Erbe (Shelford beziehungsweise Skelton) zu bezahlen.[250] All

245 Vgl. bereits POLLOCK – MAITLAND 1898, 1, S. 315 mit Anm. 3.; BLOCH 1939-40, S. 294. Weder Maitland noch Bloch konnten auf empirische Untersuchungen der Pipe Rolls zurückgreifen.

246 HÜHN 1968, S. 58.

247 HOLT 1972, S. 24.

248 Ebd., Anm. 105.

249 Pipe Roll 24 Hen. II, S. 72. Es handelte sich bei dem Erbe um die Baronie Pontefract (Anhang A, N° 174).

250 Pipe Roll 2 Rich. I., S. 21; 3 Rich. I, S. 67 u. 98; 10 Rich. I, S. 119 u. 43.

diese Barone erhielten ihren Besitz in direkter Erbfolge. Lässt man die ‚Kompositangebote' beiseite, dann bleiben unter Johann die folgenden hohen Gebühren übrig, die von direkten Erben gefordert wurden: 1999 musste Fulbert de Dover 400 Mark für Chilham zahlen, obwohl er sich zuvor in der Munt des Königs befunden hatte. Norman II Darcy und Henry II de Pomeroy gaben 1206 beziehungsweise 1207 je 600 Mark für ihre Lehen Nocton und Berry Pomeroy.[251] Dreimal verlangte Johann 300 Mark von direkten Erben: 1207 von William I de Beauchamp für Bedford, 1209 von William II fitz Martin für Blagdon und 1210 von Richard de Levington für Kirklinton.[252] 1213 bot William de St. John 500 Mark und den Dienst von 10 Rittern für ein ganzes Jahr für das Erbe seines Vaters (Basing).[253] Im Jahr darauf zahlten Geoffrey de Say und Hugh de Mortimer 400 beziehungsweise 500 Mark für ihr jeweiliges Erbe (West Greenwich und Wigmore).[254]

Aus all dem folgt: Die Höhe der jeweiligen Erbgebühr wurde offenbar in jedem Fall einzeln entschieden, ohne einen starren Bezug zum Umfang des Erbes oder der Art des Erbganges. Entscheidend für die Erhebung einer Erbgebühr und deren Höhe waren vielmehr die Beziehungen der betreffenden Personen und ihrer Familien zum König. Bereits Heinrich II. forderte sehr früh hohe *relevia*, die über 100 Pfund lagen. Der Eindruck, den sich John Horace Round anhand einer weitaus begrenzteren Materialauswahl von der Anzahl der über dieser Marke liegenden Forderungen machte, wird demnach übertroffen.[255] Der in der Magna Carta getadelte Missbrauch bezog sich folglich nicht nur auf eine spezielle Verfehlung Johann Ohnelands, sondern auf die Herrschaftspraxis der Plantagenets insgesamt – beziehungsweise sogar auf die ihrer anglo-normannischen Vorgänger.

---

251 Pipe Roll 8 John, S. 104; 9 John, S. 77.

252 Pipe Roll 9 John, S. 157; 11 John, S. 102; 12 John, S. 36.

253 Rot. de ob. et fin., S. 477.

254 Pipe Roll 16 John, S. 32 u. 120. Vgl. oben Anm. 227.

255 ROUND 1930, S. 231: „Moreover, of these four sums, only two exceed the maximum fixed by the Charter, while one is actually below it."

Kapitel 4: Die Schulden der Barone

Ubi est thesaurus tuus, ibi est et cor tuum.
Matth. 6, 21

Im Zuge seiner Auseinandersetzung mit dem Primas der englischen Kirche ließ Heinrich II. im Oktober 1164 Thomas Becket auf ein Konzil in Northampton laden, damit sich dieser vor dem König und seinen Standesgenossen wegen verschiedener Vorwürfe bezüglich seiner weltlichen Amtsführung verantworte. Eigentliches Ziel des Königs war es dabei vermutlich, Becket mit Unterstützung der anderen Bischöfe aus dem Amt zu treiben. Beckets Biograph William fitz Stephen, der persönlich auf diesem Konzil anwesend war, gibt einen ausführlichen Bericht über die Vorgänge.[1]

Demnach machte Heinrich II. aus seiner Verärgerung über seinen vormaligen Kanzler und engen Vertrauten keinen Hehl, sondern trug sie offen zur Schau. Bereits eine frühere Gesandtschaft Beckets hatte der empörte König (*Indigne ferens rex*) mit Zorn und Drohungen (*in ira et minis*) behandelt.[2] Jetzt lud er den Erzbischof von Canterbury demonstrativ nicht persönlich zum Konzil ein, wie es üblich gewesen wäre, sondern ließ ihn durch den Sheriff von Kent vorladen.[3] Bei der Begrüßung am ersten Tag der Versammlung verweigerte der König dem Erzbischof seinen Kuss und brachte damit seine Verstimmung zum Ausdruck.[4] Becket wurde in den nächsten drei Tagen nacheinander folgendes zur Last gelegt: Zuerst wurde er wegen Majestätsbeleidigung verurteilt, da er einer Vorladung zum Königsgericht nicht Folge geleistet hatte; zur Strafe wurde seine gesamte Fahrhabe konfisziert.[5] Danach wurde ihm die Unterschlagung von 300 Pfund aus seiner Zeit als Verwalter der Kronlehen Berkhampstead und Eye vorgeworfen. Becket gab an, das Geld für königliche Belange ausgegeben zu haben, zahlte es aber dennoch, um nicht eine bloße Geldfrage zur Ursache des Zornes zwischen dem König und ihm zu machen (*omnino nolebat ut quantalibet*

---

1 Materials, 3, S. 4969. Zu William fitz Stephen vgl. CHENEY 1976; zum Konflikt mit Becket insgesamt vgl. BARLOW 1986, hier S. 108ff. Zum symbolischen Handeln im Becketstreit vgl. jetzt insbesondere REUTER 2001.

2 Materials, 3, S. 51: *Indigne ferens rex, quod ab eo citatus archiepiscopus in propria persona non venerat, hoc, si vellet, allegaturus, male tractavit nuncios ipsius, molestus eis in ira et minis; tanquam qui contra regis citationem in curiam ejus excusationem falsam, nullam, et inutilem attulerant; et tandem datis vadibus, vix eos relaxavit.*

3 Die Begründung dafür ist aufschlussreich; ebd.: *Non tunc enim, nec diu ante, ei scribere voluerat, quia eum salutare nolebat.*

4 Ebd., S. 50: *In cameram primam intromissus, sedit* [Becket] *regem expextans, qui tunc missam audiebat; cui venienti venerabiliter assurgens, vultum exhibuit constantem, placidum, ad osculi consuetam Anglis gratiam offerendam verecunde recipiendam paratum, si rex praeoccuparet. Ad osculum non est receptus.*

5 Ebd., S. 52.

pecunia esset inter eos irarum causa).[6] Daraufhin befragten ihn königliche Boten bezüglich zweier Darlehen von je 500 Mark, für die der König Sicherheit geleistet hatte. Und schließlich wurde ihm überraschend die Veruntreuung von Geldern zur Last gelegt, die in seiner Amtszeit als Kanzler angefallen waren. Damals war Becket für die Verwaltung einer Reihe von vakanten Bistümern und Abteien verantwortlich gewesen.[7] Dies war mit Sicherheit eine beträchtliche Summe, deren Abrechnung Becket nicht vorbereitet hatte. So plötzlich fand er keine ausreichenden Bürgen mehr, die für ihn Sicherheiten leisten konnten, da er bereits alle Bischofskollegen und Freunde bezüglich der anderen Schulden gebunden hatte.[8] Die Isolation Beckets auf der Versammlung zeigt sich durch das Verhalten der Barone und Ritter: Sie suchten den Erzbischof von diesem Zeitpunkt an nicht mehr in seiner Unterkunft auf, da sie die Absichten des Königs erraten hatten.[9] Am vierten Tag wurde auf Anraten des Bischofs von Winchester ein aufschlussreicher Versuch gemacht, den Zorn des Königs mit der Hilfe von Geld zu besänftigen, indem ihm 2000 Mark angeboten wurden. Doch der König verweigerte die Annahme (*tentatum est, si regem pecunia posset delinire; et obtulit ei duo millia marcarum. Rex noluit*).[10] Gewisse Parteigänger des Königs unter den Klerikern schlugen Becket daraufhin vor, von seinem Amt zurückzutreten. Sie sagten:[11]

> Der Herr König ist über ihn im Zorne verärgert (*Dominus rex ei in ira molestus est*). Aus sicheren Anzeichen interpretieren wir die Gedanken des Königs wie folgt, dass sich der Herr Erzbischof in allen Dingen und vor allem durch Rückgabe des Erzbistums der Barmherzigkeit des Königs ganz und gar unterwerfen soll.

Doch Becket gedachte keinesfalls zu resignieren. Stattdessen stilisierte er sich in den folgenden Tagen des Konzils als Kämpfer für die Freiheit der Kirche, verbot seinen Bischöfen, über ihn zu urteilen und wies die Vorwürfe der Veruntreuung zurück. Mit seiner Weihe zum Erzbischof sei er aller weltlichen Verpflichtungen aus seiner Zeit als Kanzler ledig geworden. Dem Gericht bestritt Becket die

---

6 Ebd., S. 53: *Archiepiscopus gratia regis reddere acquiescens pecuniam hanc, quoniam omnino nolebat ut quantalibet pecunia esset inter eos irarum causa, semotim laicos fidejussores, comitem Gloecestriae et Willelmum de Eisnesfordia, et tertiam quendam, homines suos, interposuit.*

7 Ebd., S. 53f.

8 Vgl. unten S. 129.

9 Ebd.: ... *et ex illa die amplius ad hospitium ejus non venerunt eum videre barones vel alii milites, intellecto regis animo.*

10 Ebd., S. 54.

11 Ebd., S. 55.

Kompetenz und in der Nacht zum achten Tage verließ er heimlich die Versammlung und floh nach Frankreich.[12]

Die kirchenpolitischen Hintergründe und Ursachen der geschilderten Auseinandersetzungen sollen hier weniger interessieren.[13] Stattdessen ist das Augenmerk auf die Art und Weise zu richten, in der der König trachtete, dem unbotmäßigen Erzbischof seinen Willen aufzuzwingen und ihn zu diskreditieren. Thomas Becket hatte sich vor seiner Zeit als Erzbischof von Canterbury offenbar stark verschuldet, seinen Angaben nach im Dienste des Königs. Die noch ausstehenden Verbindlichkeiten aus jener Zeit, in der Becket noch Parteigänger des Königs war, setzten Heinrich II. nun in die Lage, auf den jetzigen Primas Druck ausüben zu können. Die allmähliche Steigerung der Anklagen während der Versammlung fällt auf. Immer weitere und schwerere Vergehen wurden Becket vorgeworfen, bis er schließlich nicht mehr nachgeben konnte und dem Urteil des Gerichtes ausgeliefert war. Es ist offenkundig, dass es von Beginn an in der Absicht des Königs lag, den Erzbischof in diese Zwangslage zu bringen. Der in der Erzählung mehrfach betonte Zorn und die Empörung des Herrschers sind dementsprechend wohl nicht als unkontrollierter Gemütszustand zu deuten, sondern als sichtbares Zeichen dafür, dass Becket die königliche Huld verloren hatte. Die Umgebung verstand dieses Zeichen ja auch dementsprechend (*Ex certis signis animum regis interpretamur hunc esse…*).[14] Der Versuch, den königlichen Zorn mittels des Geldangebotes von 2000 Mark zu beschwichtigen schlug fehl, weil Heinrich II. die feste Absicht hatte, Becket zur Amtsaufgabe zu zwingen, ohne ihn in offener Willkür absetzen zu müssen.

Der geschilderte Konflikt stellt in seiner ausführlichen Dokumentation in den Quellen und in seinen späteren Auswirkungen eine Besonderheit dar. Trotzdem soll im folgenden Kapitel gezeigt werden, dass die herausgestellte Herrschaftstechnik des Königs in seinen Beziehungen zum Adel keine Ausnahme bildete. Dazu wird der Fall zunächst in den Kontext einiger in den Pipe Rolls überlieferter Einträge gestellt, die belegen, wie viel es – buchstäblich – kostete, den Zorn des Königs zu besänftigen. Diese Beispiele leiten über zu grundsätzlicheren Überlegungen über die Nutzung der durch den Rechnungshof verwalteten individuellen Schulden als Mittel der Disziplinierung. Kurz vorab gesagt: Es soll gezeigt werden, dass der Exchequer – wie bereits in der Leitthese behauptet (Abschnitt 2.3) – nicht nur als ‚Proto-Behörde' gesehen werden darf, sondern als Instrument der persönlichen Herrschaft des Königs verstanden werden muss.

---

12 Vgl. ebd., S. 56ff.

13 Zum Streit um die 1164 vom König erlassenen Konstitutionen von Clarendon vgl. BARLOW 1986, S. 88ff.

14 Zur Huld vgl. den grundlegenden Beitrag von ALTHOFF 1991.

4.1. Ira Regis *oder: Die Kosten, einen König zu besänftigen*

In den Pipe Rolls finden sich zahlreiche Hinweise auf Zahlungen zur Beschwichtigung des herrscherlichen Zornes oder zur Gewinnung der königlichen Huld, die dem geschilderten Angebot Beckets von 2000 Mark während des Konzils von Northampton an die Seite zu stellen sind. Zum Beispiel bot William de Kaines 1177 Heinrich II. 1000 Mark an, ‚damit der König den Zorn gegen ihn zurücknehme und für die Bestätigung seiner Urkunden'.[15] Bereits die Tatsache, dass der Zorn des Königs von einer Institution verwaltet werden konnte, spricht für seine Deutung als Herrschaftsmittel. Es handelte sich gewissermaßen um einen ‚politischen Zorn', nicht um eine psychologische Befindlichkeit eines individuellen Herrschers. John Edward Austin Jolliffes Monographie ‚Angevin Kingship' enthält ein grundlegendes Kapitel über dieses Thema, das Ausgangspunkt aller folgenden Überlegungen ist. Jolliffe verzichtete jedoch auf eine quantitative Analyse des Pipe Roll-Materials und differenzierte nicht zwischen den Regierungen Heinrichs II., Richards I. und Johanns.[16] Der 1998 von Barbara H. Rosenwein herausgegebene Sammelband ‚Angers' Past. The Social Uses of an Emotion in the Middle Ages' enthält wichtige Beiträge von Gerd Althoff, Paul Hyams, Stephen D. White und anderen, die das Thema ‚der zornige König' aus einer breiteren Perspektive als Jolliffe betrachten und dessen Bemerkungen sinnvoll ergänzen; doch auch dort beschäftigt sich niemand mit den Pipe Rolls des 12. und 13. Jahrhunderts.[17]

An dieser Stelle seien deshalb zunächst diejenigen Einträge aus den Pipe Rolls betrachtet, die Begriffe wie *benevolentia* (Wohlwollen, Huld), *gratia* (Gnade, Huld), *malevolentia* (Übelwollen, Hass), *ira* (Zorn) oder *indignatio Regis* (die Entrüstung des Königs) enthalten, also solche Ausdrücke, die zum Teil bereits in dem Eingangsbeispiel erschienen.[18] Am häufigsten gibt es darunter Zahlungen für die Huld beziehungsweise das Wohlwollen des Königs, meistens ausgedrückt als *pro habenda benevolentia Regis.* In einem Zeitraum von sechzig Jahren finden sich insgesamt 31 Fälle, in denen Barone des untersuchten Feldes dem König eine entsprechende Zahlung anboten. In 7 weiteren Fällen verbürgten sich Barone für entsprechende Angebote (*oblata*) anderer Personen. Diese Zahlen erscheinen zunächst als nicht besonders häufig, man muss aber

---

15 Pipe Roll 23 Hen. II, S. 95: *Willelmus de Cahaignis debet .M. m. ut dominus rex remittat ei iram suam et pro confirmatione cartarum suarum.*

16 JOLLIFFE 1963, S. 87ff., hier S. 96f.

17 ALTHOFF 1998; BARTON 1998; HYAMS 1998; WHITE 1998. Jüngst: REUTER 2001.

18 Entsprechende Begriffe im Anglo-Normannischen finden sich auch in der Schilderung des Konzils von Northampton bei Guernes de Pont-Sainte-Maxence, La Vie de Saint Thomas Becket, hg. von EMMANUEL WALBERG (Les classiques français du Moyen Âge) Paris 1964, v. 1381ff., bes. v. 1477f. u. 1496f. (*Dunc par esteit li reis en grant ire muntez, Quand hum ne li juga tutes ses volontez*).

beachten, dass es sich hier durchweg um schwere Störungen im Verhältnis zum Herrscher handelte. Zudem kann man annehmen, dass viele Geldangebote dem König direkt gemacht wurden, ohne dass sie über den Exchequer abgerechnet wurden. Sie sind deswegen heute nicht mehr nachzuweisen, da die belegten Pergamentrollen der *camera Regis*, in denen solche Geschäfte wahrscheinlich notiert wurden, nicht überliefert sind.[19]

Die Gründe, weshalb sich der Zorn des Königs auf einen Baron richtete werden nur in wenigen Fällen explizit genannt. William de Nevill, zahlte 1201 zum Beispiel 30 Mark *pro habenda beneuolentia Regis*, ‚weil er, gegen den Befehl des Königs, seine Tochter zurückgehalten' hatte.[20] Wahrscheinlich hatte der Herrscher geplant, diese mit einem seiner Günstlinge zu verheiraten. Manchmal geht die Bitte um die Huld des Königs mit der Bestätigung von neu erworbenem Besitz des Bittstellers einher. Roger de Cressy hatte, scheinbar gegen den Willen des Königs, Isabel de Ria geheiratet, die Tochter und Erbin Hubert de Rias, eines Barons aus Norfolk, deren erster Gatte, Geoffrey of Chester, gerade verstorben war. 1207 bot Roger 1200 Mark und 12 Pferde für die Gunst des Königs ‚und für den Besitz seiner und seiner Gattin Isabels Ländereien, von denen er enteignet wurde, weil er die Witwe Geoffreys of Chester [also Isabel] geheiratet hat'.[21] Häufiger werden die Hintergründe solcher Einträge allerdings nicht näher erläutert, da die Pipe Rolls der Kontrolle der Bezahlung von Schulden dienten, nicht der Dokumentation herrscherlicher Entscheidungen. Doch lässt sich bei vielen der hier behandelten Fälle der jeweilige Hintergrund rekonstruieren.

Mehrfach handelt es sich um die Bestrafung von Dienstvergehen oder Amtsmissbräuchen. Richard de Lucy bot König Johann zum Beispiel 100 Pfund, weil er seinen Dienst als Forstaufseher (*forestarius*) in Cumberland schlecht verrichtet hatte.[22] Der einige Zeit lang als Sheriff von Herefordshire tätige Walter de Clifford schuldete, als er 1208 entlassen wurde, 1000 Mark *pro habenda*

19 Zum Beispiel erregte Hugh de Lacy (Weobly) den Zorn Heinrichs II. und entfernte sich für einige Zeit aus seiner Umgebung. Siehe Gesta 1, S. 221: *...et clamoribus suis concitaverunt regem in iram suam, ita quod ... praedictum Hugonem a pristina familiaritate sua multo tempore removit…* . Später wurde Hugh wieder in die Huld des Königs aufgenommen. Obwohl die Pipe Rolls der entsprechenden Zeit in seinem Fall keine Geldzahlung zur Besänftigung des Königs aufweisen, ist es gut möglich, dass Hugh dem König direkt Geld gab, ohne dass dies vom Exchequer vermerkt worden wäre.

20 Pipe Roll 3 John, S. 17: *Willelmus de Neuill' r.c. de xxx m. pro habenda beneuolentia R. eo quod detinuit filiam suam contra preceptum R.*

21 Pipe Roll 9 John, S. 178: *Rogerus de Criesy de Norf* [blank] *M et cc m. et xij palefridos pro habenda beneuolentia R. et pro habenda saisina terrarum suarum . et Ysabelle uxoris sue de quibus dissaisitus fuit eo quod desponsauit uxorem que fuit Galfridi de Cestr' . termini . ad pascha anni sequentis c m. et in festo sancti Micaelis c m. et sic de Scaccario in Scaccarium c m. quousque totum debitum persoluatur.*

22 Pipe Roll 11 John, S. 95: *Ricardus de Luci debet c li. pro habenda beneuolentia R. de foresta male custodita . et pro habendis terris et catallis suis.*

benevolentia Regis und damit keine Untersuchung über die von ihm in der Grafschaft gemachte ‚Beute' eingeleitet werde.[23] Möglicherweise hatte er seine Amtsgewalt über Gebühr zur persönlichen Bereicherung missbraucht. Ähnlich gelagert war der Fall von Robert de Vipont, Sheriff von Nottinghamshire und Derbyshire und Verwalter anderer Güter. Er bot Johann Ohneland 1208 4000 Mark, damit er selbst und seine Amtsdiener die Gnade des Königs erlangen und derselbe Robert dem König [weiterhin] treu über seine Amtsbezirke und Verwaltungen Rechenschaft ablegt.'[24]

Schon ein kurzer Blick auf die zeitliche Verteilung der 31 Fälle innerhalb der untersuchten sechzig Jahre lässt vermuten, dass sich die Bittsteller oft in Opposition zum König befunden oder sogar offen gegen ihn rebelliert hatten. Es gibt 5 Fälle unter Heinrich II., 10 unter Richard I. und 16 unter Johann. Beachtet man die unterschiedliche Länge der jeweiligen Regierungen, fällt der Sprung von Heinrich II. zu seinen Söhnen besonders auf, selbst wenn man die verbesserten Überlieferungsbedingungen einrechnet. Signifikant sind die beiden Häufungen im Jahre 1194, in dem alleine 7 Fälle auftreten, und in dem Zeitraum zwischen 1207 und 1211 mit insgesamt 12 Fällen. Zur Erklärung dieser beiden Häufungen muss die politische Situation jener Jahre berücksichtig werden.

Zunächst zu 1194. Im Frühjahr dieses Jahres wurde Richard Löwenherz aus der Gefangenschaft Kaiser Heinrichs VI. entlassen; am 13. März landete er in England. Nach den langen Jahren seiner Abwesenheit während des Kreuzzuges und der Gefangenschaft bestrafte er nachlässige Amtsträger und die Parteigänger seines Bruders Johann, der gegen die durch Richard eingesetzte Regierung rebelliert hatte.[25] Dies bestätigt ein Blick auf einzelne Pipe Roll-Einträge: In der Abrechnung von Lancashire vom Oktober 1194 werden in einer Überschrift 19 Schuldner, welche die Huld des Königs erbitten, als Getreue des Grafen Johann, also des späteren Königs, identifiziert.[26] Diese Personen gehören nicht zum Untersuchungsfeld, aber zumindest für einen Baron des Feldes ist ebenfalls ein eindeutiger Zusammenhang zur Rebellion des Königsbruders herzustellen. Gerard de Camvill war bis 1194 Sheriff von Lincolnshire und Burgherr von Lincoln Castle. Auf einer Versammlung in Nottingham am 30. März

23 Pipe Roll 10 John, S. 191: *Walterus de Clifford* [blank] *M m. pro habenda beneuolentia R. et ne inquisitio fiat eum de prisis suis in comitatu Hereford'. Termini . in festo sancti Michaelis huius anni cccc m. et ad pascha ccc m. et ad festum sancti Michaelis ccc m.*

24 Pipe Roll 10 John, S. 45: *Robertus de Veteri ponte r.c. de MMMM m. et dimittit R. les Winesfels et custodiam terre Doun Bardulf . ut ipse et bailliui sui habeant grateiam R. et idem Robertus reddet R. compotum* [*suum de bailliis*] *et custodiis suis fideliter ... In thes. Nihil. Et ipsi R. in camera sua M m. Et in perdonis ipsi Roberto MMM m. per breue R.* Zur Roberts Tätigkeit als Lehnskustos vgl. oben Kapitel 3, S. 78. Seine Verantwortung für Geldtransporte zeigt Pipe Roll 9 John, S. 113, 116 u. 139.

25 Vgl. die Einleitung der entsprechenden Pipe Roll.

26 Pipe Roll 6 Rich. I, S. 124: *Nova placita et nove conventiones de finibus factis in Lancastra pro habenda benevolentia Regis scilicet de hominibus comitis Johannis.*

1194 wurde er, wie der Geschichtsschreiber Roger von Howden erzählt, in Anwesenheit des Königs beschuldigt, Räubern Schutz geboten und das königliche Gericht missachtet zu haben. Gerard berief sich zu seiner Verteidigung darauf, ein Lehnsmann Johann Ohnelands zu sein. Er forderte, an dessen Hof verurteilt zu werden. Daraufhin wurde ihm vorgeworfen, Parteigänger des Königbruders und der anderen Feinde des Königs gewesen zu sein.[27] Roger von Howden überliefert das Urteil des Königs nicht, aber die Pipe Roll dokumentiert nun, dass Gerard de Camvill 2000 Mark bot, um die Huld des Königs wiederzuerlangen.[28] Auch Ralph de Cornhill traf wahrscheinlich der königliche Zorn, weil er als Sheriff von Surrey schlechte Dienste geleistet hatte.[29] Für die anderen Barone, die in diesem Jahr Geld für die Huld Richards I. boten, ist gleichfalls anzunehmen, dass sie mit Johann konspiriert oder sympathisiert hatten, selbst wenn dies nicht ausdrücklich durch Parallelüberlieferung bestätigt wird.[30]

Nun zu den *oblata* nach 1207. Für diese Jahre stellte bereits James C. Holt fest, dass sich die Bemühungen König Johanns, die Rückeroberung der 1204 verloren gegangenen Normandie voranzutreiben, verstärkt finanziell niederschlugen. Die vielen Zahlungen für die Huld des Königs sind Ausdruck der steigenden Spannungen zwischen Krone und Adel in dieser Zeit. So hatte Thomas de St. Valery, der 1209 1000 Mark bot, mehrmals die Seiten zwischen König Johann und Philipp Augustus von Frankreich gewechselt.[31] Robert de Berkely, der zwei Jahre später 2100 Mark schuldete, sollte später zu den führenden

---

27 Howden, 3, S. 242f.: *Deinde per consilium et machinationem cancellarii, ut dicitur, Girardus de Camvilla fuit retatus de receptatione praedonarum, qui rapuerunt bona mercatorum euntium ad nundinas de Stanford; et ab eo recesserunt ad rapinam illam faciendam, et de rapina illa redierunt ad eum. Praeterea appelaverunt eum de laesione regiae majestatis, in eo quod ipse ad vocationem justitiarum regis venire noluit, nec iuri stare de praedicta receptatione raptorum, neque eos ad justitiam regis producere; sed respondit se esse hominem comitis Johannis, et velle in curia sua juri stare. Praeterea appelaverunt eum quod ipse fuit in vi et adjutorio cum comite Johanne, et aliis inimicis regis, ad castella regis de Notingham et de Tikehil capienda. Girardus vero de Camvilla negavit omnia quae objiciebantur ei ab illi; et illi dederunt vadium de prosequendo, et Girardus dedit vadium de defendo se per unum de liberis hominibus suis.*

28 Pipe Roll 6 Rich. I, S. 118: *Gerardus de Canuill' r.c. de MM m. pro habenda beneuolentia R. et pro terris suis habendis.*

29 Pipe Roll 6 Rich. I, S. 182: *Radulfus de Cornhill' debet c li. ut dominus R. faciat recipi compotum suum de debitis et rebus Henrici fratris sui . sine ira et indignatione.*

30 Ralph III Lovel (Castle Cary) bot 100 Schilling *pro habenda beneuolentia Regis* und zahlte eine Erbgebühr von 100 Pfund, Robert III de Stafford (Stafford) 10 Mark und William II de Lanvaley (Walkern) 100 Mark: Pipe Roll 6 Rich. I, S. 36, 191, 193.

31 Pipe Roll 11 John, S. 155: *Tomas de Sancto Walerico r.c. de M m. pro habenda beneuolentia R. et pro habendis terris suis unde dissaisitus fuit illa occasione. In thes cccc et l m. Et debet D et l m. Idem r.c. de eodem debito. In thes l m. Et debet D m. de quibus debet reddere ad pascha cc et l m. et ad festum sancti Michaelis cc et l m.*

Rebellen gegen Johann gehören.[32] Ebenso Robert de Vaux, ein Baron Cumberlands, der in den Jahren 1210 und 1211 aus ungeklärten Gründen riesige Summen für die Gnade des Königs (*pro habenda gratia Regis*) bot.[33] Erst nach Zahlung einer bestimmten Rate und nach der Stellung von Geiseln wurde er – so berichten die Pipe Rolls – aus dem Gefängnis entlassen. Die meisten solcher Strafen ergingen unter Richard und Johann. Doch auch ihr Vater verfuhr mit Rebellen nicht anders: Die 500 Mark, welche Gervase Paynel 1175 *pro habenda beniuolencia domini Regis* schuldete, stehen mit hoher Wahrscheinlichkeit in Zusammenhang mit seiner Beteiligung an einem großen Adelsaufstand gegen Heinrich II. in den Jahren 1173-74.[34]

Bei den meisten der bisher genannten Fälle lagen die Verfehlungen oder Treuebrüche der in Ungnade Gefallenen ziemlich klar zutage. In der Öffentlichkeit schlecht zu rechtfertigende Bestrafungen durch den König wurden vermutlich diskreter verwaltet, wie bereit erwähnt, wahrscheinlich in der *camera Regis*. Vereinzelt geben zeitgenössische Geschichtsschreiber Hinweise auf Konflikte zwischen dem König und einzelnen Baronen, die am Exchequer offenbar keine finanziellen Folgen zeitigten, obwohl die Betreffenden sicherlich bestraft wurden.[35] Die Pipe Rolls bilden also nur einen Teil der herrscherlichen Finanzpraxis ab, wohl den eher ‚legitimen' Teil.

Wie 9 der 31 ausgewählten Fälle belegen, war die Wiedererlangung der königlichen Huld durch Geldgeschenke häufig mit einem Versuch verbunden, die Rückgabe von Ländereien zu erreichen, die durch die Krone konfisziert worden waren (zum Beispiel *pro habenda beneuolentia Regis et pro habendis terris suis unde dissaisitus fuit illa occasione* oder ähnlich). Es lässt sich darüber hinaus feststellen, dass die Gründe zur Besänftigung des königlichen Zorns mittels eines Geldgeschenkes weitgehend mit denjenigen übereinstimmen, die bereits als Ursache der Konfiskationen von Adelsbesitz festgestellt werden

---

32 DNB, 7, S. 366: „He took a leading part in the struggle between John and the barons, and, being included in the excommunication of the barons pronounced by Innocent III, Berkeley Castle and the lands were seized. In 1216, however, shortly before John died, he visited the king, then at Berkeley Castle, under a safeconduct, and made his submission. … In 1216, on Henry's accession, he was restored to his lands on payment of a fine of 966l.13s.4d., with the exception of the castle and lands of Berkeley."

33 Pipe Roll 13 John, S. 157: *Robertus de Vallibus r.c. de MM m. pro habenda gratia R. et ut sit quietus de omnibus debitis que debuit R. tam de debitis Judeorum quam de aliis. In thes. ccc et xxx li. Et (debet*[i]*) M li. et v m. de quibus Willelmus Briewerre debet v m. (et respondet infra*[i]*) et de quibus debet (reddere*[i]*) D m. antequam exeat a prisona . et postea de M m. faciet securitatem R. (per plegios saluos et*[c]*) per cartam et per obsides antequam exeat . quod ad terminos qui ei statuentur predictas M m. R. persoluet . qui si terminos non seruauerit tota terra eius incurretur in manum R. …* . Vgl. HOLT 1961, S. 183f.

34 Pipe Roll 21 Hen. II, S. 69.

35 Vgl. zum Beispiel oben Anm. 19.

konnten. Die hier behandelten Fälle machen deutlich, dass es mehreren Baronen möglich war, drohende Konfiskationen abzuwenden, indem sie den Zorn des Königs mit Geld besänftigten.[36]

Wie viel kostete es nun konkret, den König zu besänftigen? Die Pipe Rolls kennen keine festen Tarife. Eher ist anzunehmen, dass es sich bei den hohen Summen um mehr oder weniger symbolische Beträge handelte. Die Höhe der dem König gebotenen Summen reicht in den hier behandelten Fällen von 100 Schilling bis 4000 Mark Silber: fünfmal wurden 1000 Mark geboten, viermal 100 Pfund, ebenso oft 100 Mark. 12 der 31 Angebote belaufen sich auf 1000 Mark oder mehr. Dies waren beträchtliche Leistungen: Die jährlichen festen Einkünfte des Königs aus der reichsten Grafschaft Englands, Lincolnshire, lagen bei 836 Pfund geprüften Silbers zu denen 114 Pfund gezählten Geldes hinzukamen, doch viele Grafschaftspachten lagen niedriger: Das Königsgut in Dorset brachte jährlich nur etwa 120 Pfund ein, Oxfordshire 325 Pfund, Yorkshire 440 Pfund.[37] Ein Pferd kostete in der Regel 5 Mark, mit einigen Mark bezahlte man auch eine Überfahrt von England nach Frankreich.

Ob ein Baron durch derartig hohe Zahlungen finanziell stark belastet wurde, hing von seinem jeweiligen Einkommen ab, doch lässt sich dieses in den meisten Fällen nur schwer schätzen. Ein Blick auf die Größe der Lehen, die in einigen Lehnsregistern dokumentiert ist, kann hier Hilfe leisten. Allerdings gab es nachweislich auch sehr reiche Adelige, die nur sehr wenige Ritterlehen vom König direkt hielten. Hier sei deshalb ein Beispiel herausgegriffen, in dem man das Einkommen des Betroffenen grob schätzen kann, da sein Besitz zeitweise konfisziert war und über den Exchequer verwaltet wurde. Wie oben erwähnt, bot Thomas de St. Valery 1209 König Johann 1000 Mark und bezahlte sie innerhalb des nächsten Jahres. Der Wert seines Besitzes (den *cartae baronum* nach hatte dieser die beträchtliche Größe von fünfzig Ritterlehen) wurde, als er sich in der Hand des Königs befand, auf jährlich 276 Pfund geschätzt.[38] Thomas' Zahlungen an den König dürften also seine finanziellen Möglichkeiten ziemlich ausgeschöpft haben. Dennoch schaffte er es, seine Schulden innerhalb von zwei Jahren vollständig zu bezahlen.[39]

Die in Ungnade gefallenen Barone boten dem König also große Geldbeträge an – doch muss man sich die Frage stellen, ob sie diese auch tatsächlich immer bezahlten. Teilweise wurde in der Forschung die Vermutung geäußert, der König und sein Herrschaftsapparat seien generell unfähig gewesen, Schulden gegen den Widerstand des Hochadels einzutreiben. Die langen Zeiten, in denen die Schulden nicht eingetrieben wurden, deuteten auf einen solchen

36 Vgl. oben Abschnitt 3.2.5.

37 Ramsay 1925, 1, S.192.

38 Vgl. Pipe Roll 5 Rich. I, S. 132 mit Pipe Roll 13 John, S. 203f.

39 Zur finanziellen Belastung der Barone durch die Schulden an den König vgl. unten Abschnitt 4.2.4.

Widerstand hin.[40] Doch immerhin zeigt sich, dass 19 der 31 hier betrachteten Summen vollständig beglichen wurden. Dies schließt jedoch jene Beispiele mit ein, bei denen der König Teilsummen erließ. Nur viermal wurden Schulden bis zum Jahr 1214 nachweislich nicht beglichen. In den anderen Fällen kann man die Bezahlung einer Schuld nicht mehr nachprüfen, da Einzelbeträge mit anderen zusammengezogen oder umgeschuldet wurden. Allerdings sind die Schulderlasse, die der Herrscher gewährte, in der Tat teilweise sehr hoch. Sie liegen hier bei 200 Pfund, 50 Pfund, 400 Mark, 100 Mark, 3000 Mark, 100 Pfund, 2000 Mark und 20 Mark. Auch die Zahlungszeiten variieren zwischen 0 und 37 (!) Jahren – im Durchschnitt wurde eine Schuld erst nach 8 Jahren beglichen, also erst nach geraumer Zeit. Diese Tatsachen bedürfen der Erklärung. Während sich die bisherigen Ausführungen ausschließlich auf Zahlungen zur Besänftigung des Zorns bezogen, soll die Betrachtung im folgenden auf die Behandlung der Schulden einzelner Barone insgesamt ausgeweitet werden; dabei werden insbesondere die *fines* oder *oblata* genannten finanziellen Abmachungen Einzelner mit dem König in den Blick genommen.

4.2 Schulden als Mittel der Disziplinierung

4.2.1 Direkte Anweisungen des Königs an den Rechnungshof

Um die vielen Schulderlasse und die langen Zahlungszeiten adäquat zu erklären, muss man sich zunächst in Erinnerung rufen, welch großen Einfluss der König persönlich auf den Exchequer ausübte. Am eindrucksvollsten belegen das die Kanzleiregister, insbesondere die Close Rolls. Letztere enthalten u.a. viele schriftliche Anweisungen des Königs an die Barone des Exchequers oder den Justiziar als Vorsitzenden des Rechnungshofes. Darunter befinden sich Zahlungsanweisungen (writs of liberate) und Befehle, Funktionsträgern bestimmte Ausgaben, die für den König getätigt wurden, anzurechnen (writs of computate).[41] Es gibt weiterhin zahlreiche königliche *brevia*, die sich auf einzelne Schuldner beziehungsweise deren Schulden beziehen: Wie in Kapitel 2 beschrieben, waren die zu verschiedenen Zeiten und aus verschiedenen Gründen gemachten Schulden ein und derselben Person in der Pipe Roll normalerweise nicht zusammen, sondern getrennt – möglicherweise sogar sehr verstreut – ein-

40 Vgl. oben Kapitel 2 Anm. 98.

41 Ein Beispiel für ein ‚writ of liberate' in Rot. de lib., S. 91: *Rex etc. W. thesaurario etc. Liberate de thesauro nostro Pagani de Chaurc' xx li. de h' termin' Pasch' anno etc. v^{to} quas percip' de feodo.* Ein ‚writ of computate' zum Beispiel in Rot. litt. claus., S. 76: *Rex Baronibus de Scaccario etc. Computate Willelmo de Warenn' et Gaufrido de Norwic' et Thom' de Nevill septingent' m. quas liberaverunt in camera nostra... .*

getragen. Da keine individuellen ‚Schuldkonten' existierten, konnten bestimmte Einträge nur schwer aufgefunden werden. Anders als in der wissenschaftlichen Edition besitzen die Pipe Rolls im Original kein Personenregister. Wollte sich der König also über die gesamten Schulden einer Person informieren (zum Beispiel um diese unter Druck zu setzen), bedurfte es spezieller Anweisungen. So gab König Johann dem Justiziar am 10. Juli 1214 den folgenden Auftrag, bei dem Baron Roger de Mortimer die Konfiskation seines Kronlehens Wigmore drohte:[42]

> Wir befehlen Euch, dass Ihr unsere *rotuli* unseres Rechnungshofes sorgfältig durchsucht und nachforscht, ob Roger de Mortimer seine Zahlungsfristen eingehalten hat … Falls nicht, dann nehmt sein Land in unsere Hand und lasst uns wissen, wie viel noch zur Zahlung aussteht… .

Diese Anweisung findet sich unter einer ganzen Reihe vergleichbarer Befehle aus dem Juli 1214, die die Schulden anderer Personen betrafen, u.a. die der Barone von Bulwick und Trematon, William de Courtenay und Reginald III de Vautort.[43] Doch auch in früheren Jahren erkundigte sich Johann Ohneland beim Rechnungshof bisweilen nach den Schulden bestimmter Personen. So ließ er 1203 Nachforschungen über die Verbindlichkeiten des bereits Jahre zuvor ver-

42 Rot. litt. claus., S. 168: *Rex domino P. Wint' Episcopo Justic' etc. Mandamus vobis quod inspectis rotulis nostris scaccarii nostri diligenter inquiratis si Rogerus de Mortuo Mari termino solutionis sue servaverit de fine quam nobiscum fecit pro habenda terra Watekini de Bello Campo et maritagio ejusdem ad opus filie sue et si terminos servaverit preteritos quantum ad hoc quietus sit. Sin autem, terram illam capiatis in manum nostram . et nobis scire faciatis quantum supersit reddend' de fine illo de terminis preteritis. Colligi autem faciatis per manum nostram scutagia de feod' milit' q' tenentur in capito de illo Watekino scilicet iij m. de scuto pro exercito nostro Pictav' . et nobis scire faciatis summam illius scutagii . ut per hoc instruamur quantum eidem Watekino super illud commodare possimus . si vero terram predictam in manum nostram non ceperitis eo quod observentur termini solutionis sicut predictum est . tunc non permittatis wastum fieri inde quod de custodia non pertinet faciend' . et si jam wastum inde factum fuerit quod fieri non debeat . id sine dilatione faciatis emendari. T. ut supra.*

43 Rot. litt. claus. S. 169: *Rex domino P. Wint' Episcopo etc. Mandamus vobis quod inquiratis per rotulos scaccarii nostri et nobis scire faciatis summam debiti quod nobis debet Willelmus de Cortenay et pacem ei inde iterim habere faciatis. T. me ipso apud Engol' . xxx die Jul'.* Ebd.: *Rex domino P. Win' Episcopo etc. Mandamus vobis quod inquiratis per rotulos scaccarii nostri et nobis scire faciatis summam debiti quod Reginaluds de Valle torta nobis debet . et interim ei inde pacem habere faciatis. T. me ipso apud Munteignac . xxx die Jul'.*

storbenen Robert de Helion anstellen,[44] und auch Warin fitz Gerold, Baron von Stogursey, erhielt im Oktober 1214 eine Zahlungspause, bis sich der König Gewissheit über die Gesamthöhe seiner Schulden verschafft hatte (*Donec ejusdem debiti quantitate certiores facti simus*).[45] Die Pipe Rolls weisen darüber hinaus sehr viele Stellen auf, an denen die in vorhergehenden Jahrgängen verstreut eingetragenen Einzelschulden einer Person summiert wurden.[46] Es ist also davon auszugehen, dass auch in diesen Fällen Befehle des Königs vorgelegen hatten, die Pipe Rolls hinsichtlich dieser speziellen Fragestellung zu durchsuchen.

Der König informierte sich nicht nur über den Stand der Schulden einer Person, sondern gab auch direkte Anweisungen bezüglich des weiteren Vorgehens. Er konnte, wie im Falle Rogers de Mortimer, befehlen, das Lehen eines Schuldners zu konfiszieren (vgl. Abschnitt 3.2.5). In anderen Fällen untersagte er ausdrücklich die Konfiskation als Mittel der Schuldeintreibung.[47] Einmal befahl Johann Ohneland einem Sheriff, einen Schuldner ins Gefängnis zu werfen, bis dieser seine Forderungen ‚bis zum letzten Pfennig' (*usque ultimum denarium*) beglichen habe.[48] Auf der anderen Seite konnte der Herrscher einem Schuldner bestimmte Beträge oder sogar die gesamte Schuldsumme erlassen oder sich entscheiden, die vereinbarten Zahlungsbedingungen zu ändern usw. Obwohl die Barone des Exchequers auch viele routinemäßigen Entscheidungen trafen, ohne den König zu konsultieren, war die Zahl solcher direkten Anweisungen des Königs, den erhaltenen Kanzleiregistern nach zu schließen, beträchtlich.[49] Die wenigen überlieferten Memoranda Rolls dieser Zeit dokumentieren, wie die königlichen Anweisungen in das Verfahren des Rechnungshofes eingingen.[50] Derartige Anweisungen bezüglich individueller Schulden sind im

---

44 Rot. de lib., S. 50: *Rex etc. G. filio Petri etc. Mandamus vobis quod si trigint' m. q' exiguntur a Petri de Riperia ad scaccarium nostrum fuerint de debito Roberti de Heliun patris Rohesie ux' ipsius . tunc ipsum Petrum inde quietum esse faciatis ; et si fuerint de debito ipsius proprio quod nobis debeat pro aliquo fine vel alia causa . id nobis scire faciatis . et interim pacem inde habeat. T. Petro de Pratell' . apud Cambr' . xxj die Aug'.*

45 Rot. litt. claus., S. 174. Zu den Zahlungsaufschüben vgl. unten nach Anm. 80ff.

46 Zum Beispiel wurden 1206 die Schulden Williams de Newmarket (North Cadbury) summiert, da sie auf seinen Bruder und Erben James de Newmarket übergingen: Pipe Roll 8 John, S. 131. Der Grund für die Summierung einzelner Schuldeinträge wird allerdings nie explizit genannt, vgl. etwa Pipe Roll 7 Rich. I, S. 110; 3 John, S. 25; 5 John, S. 188.

47 Rot. litt. claus., S. 191: *Rex Vic' Noting' etc. Precipimus tibi quod non distringas Ysoldam Byset per hereditatem suam nec per catalla in hereditate sua inventa pro debitis Walteri de Baskervill' quondam viri sui . q' nolumus quod heredita predicti Walteri pro debitis illis distringatur. T. me ipso apud Clipston' . xxvj die Marc'.*

48 Rot. litt. pat., S. 85; vgl. PAINTER 1949, S. 115.

49 Vgl. zum Beispiel die ausführlichen Entscheidungen über die Schulden Ralphs I de Somery (Dudley) in Pipe Roll 1 John, S. 163.

50 Vgl. zum Beispiel Mem. Roll 1 John, S. 8: *Breue domini R. Johannis uenit super scaccarium die sancti Dionisii cuius sunt hec uerba: Rex Gaufrido f. Petri comiti*

Wortlaut nur für Johann Ohneland überliefert. Bestimmte Zusätze an Schuldeinträgen in den Pipe Rolls Heinrichs II. zeigen jedoch, dass bereits Johanns Vater dem Exchequer direkte Befehle gab.[51]

Auch bei Richard Löwenherz wird sein persönlicher Einfluss auf die Behandlung der Schulden einzelner Barone deutlich. So erkannte er Entscheidungen, die während einer Abwesenheit getroffen worden waren, nicht immer an. Beispielsweise wies er eine finanzielle Abmachung, die Ralph I Musard mit dem Kanzler vereinbart hatte zurück.[52] Die ohne den König getroffenen Übereinkünfte galten also immer nur bis zu seiner Rückkehr. Manchmal erhöhte Richard I. die vorher vereinbarten Gebühren: Ralph de Somery bot 1194 eine Gebühr von 300 Mark, um die Baronie Dudley erben zu können, jedoch erhielt er ihren Besitz vorläufig nur bis ‚zur Rückkehr des Königs aus Deutschland‘ (*usque ad aduentum R. ab Alemann'*).[53] Später musste er sein Angebot auf 400 Mark erhöhen.[54] In einem vergleichbaren Fall erhöhte sich die Summe, die

---

Essex'. Sciatis nos perdonasse Rogero de Mortuo mari cc li. quas pater suus ... debuit ad scaccarium nostrum de ueteri debito suo et de residuo pacem ei habere faciatis donec uoluntatem nostram inde preceperimus... . Roger wurden schließlich sämtliche Schulden erlassen: Pipe Roll 4 John, S. 2.

51 Vgl. zum Beispiel Pipe Roll 8 John, S. 69: *Willelmus de Lanual' debet .c. l. pro Roberto de Valoniis qn' rex eas habere uoluerit.* Zu Zahlungsaufschüben Heinrichs II. siehe unten Anm. 82 und zu seinen Zahlungsbedingungen Anm. 104.

52 Pipe Roll 6 Rich. I, S. 235: *Radulfus Musard' r.c. de xl m. pro se maritando ubi uoluerit . et pro fine terre sue. Et de c m. quas debuit pro eodem fine et quas Cancellarius eum relaxauit sicut continetur in rotulo tertii anni . quia dominus R. post redditum suum ab Alemannia ; noluit obersuare finem cum Cancellario factum...* . Ein weiteres Beispiel findet man in Pipe Roll 1 John, S. 7: *Amalricus dispensator debet cc m. quas Willelmus Bard' promiserat prohabenda filia ipsius Almarici in uxorem. Set recordatum est per G. f. Petri quod R. Ricardus noluit finem illum recipere et quod predictam filiam Almarici dedit Petro de Stoches per finem de c m. quem ipse Petrus fecit cum eo . et ita consideratum est quod non debet amplius inde summoneri.*

53 Pipe Roll 6 Rich. I, S. 74.

54 Pipe Roll 9 Rich. I, S. 142: *Radulfus de Sumeri debet cccc m. pro habenda terra que fuit Geruasii Painell' auunculi sui per finem factum cum R. in Alemannia. Pipe Roll 1 John, S. 163: Radulfus de Sumeri debet c m. pro habenda saisina baronie que fuit Geruasii Painell' . usque ad aduentum R. (Ricardi[i]) ab Alemannia. Set recordatum est per barones quod finis de ccc m. quem fecit pro predicta baronia de quo remanet in debito de predictis c m. sicut continetur in rotulo ix° . non debet ab eis exigi . quia comprehensus fuit in fine subscripto de cccc m. et quod cc m. quas reddidit in rotulo anni ix . de predicto fine debent ei locari in fine subscripto . et sic non debet amplius summoneri de predictis c m. Idem R. r.c. de cccc m. pro habenda terra que fuit Geruasii Painell' auunculi sui per finem factum R. Ricardo in Alemannia . computatis in fine isto ccc m. quas antea promiserat . sicut recordatum est supra per barones. Et magistro Philippo c li. ad opus R. Ricardi . per breue R. Ricardi quod uenit baronibus de computandis debitis et finibus ei solutis dum R. Ricardus fuit in Alemannia . quas idem Philippus warantizauit se recepisse quod breue est in forulo marescalli anni ix in*

Harvey I Bagot für das Erbe seiner Gattin, die Baronie Stafford, geboten hatte, nach der Rückkehr Richards I. von 200 auf 300 Mark.[55] Auch die finanzielle Regelung, die Ranulph de Vaux für den Erhalt der Baronie seines Bruders Robert (Irthington) traf, galt nur bis zur Ankunft des Königs, dem es dann offen stehen sollte, seinen Willen durchzusetzen (*Et tunc R. nichilominus faciet inde uoluntatem suam*). Doch war Löwenherz in diesem speziellen Fall mit der während seiner Abwesenheit getroffenen Abmachung zufrieden und erhöhte die Erbgebühr nicht.[56]

4.2.2 Die oblata *und die Fine Rolls*

Die größten Geldzahlungen, die Barone dem Herrscher leisteten, waren nicht Schildgelder, *auxilia*, Forstbußen, Gebühren für die Ausstellung von Urkunden oder andere nach relativ eindeutigen Kriterien festgelegte Abgaben, Gebühren oder Geldstrafen.[57] Solche Forderungen des Königs bewegten sich in der Regel in geringen Größenordnungen und waren vorhersehbar. Feudale Abgaben, wie zum Beispiel die Schildgelder, konnte ein Baron größtenteils auf seine eigenen Vasallen abwälzen.[58] Immens hoch hingegen waren die dem König angebotenen Geldsummen, die nach willkürlichen Gesichtspunkten festgelegt wurden. Sie betrugen bis zu mehreren tausend Pfund Silbers und stürzten einen Baron oft in so hohe Schulden, dass sie ihn und seine Erben auf Jahre hinaus von ihrem Gläubiger, dem König, abhängig machen konnten. Ein derartiges Geldangebot wurde meistens *oblatum* oder *finis* genannt. Einzelne Personen offerierten dem König aus den verschiedensten Gründen so viel Geld: um ein Privileg zu erwerben, um ein Erbe antreten zu können, um den Zorn des Königs zu besänftigen, dessen

---

Norhant'scir' . per breue R. Et in rotulo ix° reddidit cc m. in predicto fine de ccc m. sicut ibidem continetur . que debent ei locari in hoc fine sicut supra annotatum est. Et sic Q.E.

55 Pipe Roll 5 Rich. I, S. 85; Pipe Roll 6 Rich. I, S. 41: *Herueus Bagot r.c. de ccc m. pro habenda baronia Roberti de Stafford' que est hereditas uxoris ipsius Heruei que fuit soror predicti Roberti . computatis in fine isto cc m. quas antea promiserat W. Roth' archiepiscopo pro eodam hereditate.*

56 Pipe Roll 6 Rich. I, S. 63 u. 122: *Rannulfus de Vallibus r.c. de c m. de debito fratris sui . Roberti de Vallibus. Et de l m. pro habenda saisina terre que fuit fratris sui . usque ad aduentum domini R. Et tunc R. nichilominus faciet inde uoluntatem suam. Set postea recordatum est per H. archiepiscopum Cant' . et Willelmum Briewerre . quod R. post aduendutm suum contentus est predicto fine. In thes. lib. Et sic Q.E.*

57 Zu steuerähnlichen Abgaben vgl. MITCHELL 1914; MITCHELL 1951; HARRISS 1975. Zu den Abgaben der Barone, die nach der Anzahl ihrer Ritterlehen berechnet wurden, also vor allem Schildgelder und *auxilia*, vgl. SANDERS 1956; KEEFE 1983. Zu den Forstbußen vgl. AMT 1990; YOUNG 1979.

58 Am Beispiel des Kronlehens der Familie de Clare zeigt das etwa MORTIMER 1986.

Huld man verloren hatte usw. Ein *finis* konnte den Charakter eines ‚Kaufpreises', einer ‚Gebühr' oder einer ‚Strafe' tragen. Häufig betraf es mehrere Zwecke gleichzeitig.

Die Einträge in den Pipe Rolls und die langen Zahlungszeiten mögen den falschen Eindruck erwecken, dass es reiner Zufall war, wann eine bestimmte Schuld eingefordert wurde beziehungsweise ob sie überhaupt eingetrieben wurde, Doch beweist die Tatsache, dass bei jedem Geldangebot (*finis* oder *oblatum*) genaue Zahlungsbedingungen festgelegt und Sicherheiten geleistet wurden, wie genau es der König mit jeder einzelnen seiner Forderungen dieser Kategorie nahm: Für jedes Pfund Silber, das ein Baron dem König bot, musste er in der Regel Bürgen benennen, die bereit waren, im Falle seiner Zahlungsunfähigkeit die Begleichung der Schuld zu übernehmen. Es wurde des weiteren genau bestimmt, bis zu welchem Zeitpunkt und in welchen Raten eine Geldsumme zu bezahlen war.

Über diese Einzelheiten informieren uns ausführlich die ab dem ersten Regierungsjahr Johanns (1199) erhaltenen Fine Rolls, auf denen die am Königshof unterbreiteten Geldangebote registriert wurden.[59] Abschriften dieser Liste, die Originalia Rolls, wurden an den Exchequer übersandt, der anschließend für die weitere Kontrolle und Eintreibung der Summen verantwortlich war. Die Registrierung der Abmachungen auf der Fine Roll erfolgte in chronologischer Reihenfolge. Jedem Eintrag war der Name einer Grafschaft vorangestellt; dies regelte dann seine Zuordnung zu der entsprechenden Stelle in der Pipe Roll unter der Überschrift *De oblatis Curie* (zur Zeit Heinrichs II.) oder *Nova oblata* (zur Zeit Johanns). Die Einträge in den Pipe Rolls sind im Vergleich zu den korrespondierenden Stellen der Fine Rolls stark gekürzt: Sie enthalten nur noch den Namen des Schuldners, die Höhe der Forderung und einen knappen Hinweis auf den Grund (die *causa*) der Zahlung, der jedoch oft ganz weggelassen wurde. Aus diesem Grund sind die Hintergründe der Heinrich II. und Richard I. unterbreiteten Geldangebote, die wir ja nur aus den Pipe Rolls kennen, schwerer zu ermitteln als diejenigen an Johann. H. G. Richardson bewies jedoch, dass die *oblata* wahrscheinlich bereits unter Heinrich II. und Richard I. wie zur Zeit Johanns schriftlich kontrolliert und verwaltet wurden. Der früheste Beleg für die Existenz einer Originalia Roll stammt von 1175. Aus dem siebten Regierungsjahr Richards I. hat sich sogar ein Fragment einer Originalia Roll erhalten.[60]

59 Rot. de ob. et fin., passim.

60 Mem. Roll 1 John, S. xxjff., hier S. xxxij: „Although the Fine rolls of John mark a new departure, they are the successors of the Fine rolls of the preceding reign, and there can be no reasonable doubt that the Fine rolls of Richard I had their predecessors under Henry II, at least as early as the year 1175." Das Fragment der Originalia Roll von 11956 ist abgedruckt auf S. 85ff.

4.2.2.1 Sicherheiten

Wie alle anderen Personen mussten auch die Barone für jede größere Geldsumme, die sie dem König anboten, Bürgen nennen. Diese Bürgen garantierten die Zahlung. Seltener diente eine Verpfändung von Landbesitz oder das Stellen von Geiseln als Sicherheit; dies geschah meistens dann, wenn die betreffende Person nicht genug Schuldbürgen fand. In wenigen Fällen mochten auch ein mündlicher Eid oder eine schriftliche Verpflichtung des Bittstellers als Sicherheit genügen beziehungsweise zu andern Garantien hinzutreten.[61] Ohne hinreichende Sicherheitsgarantien konnte ein Baron dem König kein Angebot unterbreiten, das seine unmittelbar zur Verfügung stehenden Mittel überstieg. Die zu Beginn des Kapitels geschilderte Erzählung machte dies deutlich: Thomas Becket vermochte nicht, Rechenschaft über seine alten Schulden abzulegen, weil seine Freunde bereits bezüglich anderer Schulden für ihn Sicherheit geleistet hatten.[62] Ein Bischofskollege und Parteigänger des Königs fragte Becket rhetorisch: ‚Wer könnte sich für Euch hinsichtlich einer so großen Abrechnung, einer so unsicheren Summe Geldes verbürgen?‘[63] Ebenso wie der Erzbischof waren auch die meisten Adeligen auf ein Netz von Freunden und Verwandten angewiesen, um dem König große Geldangebote machen zu können – zumindest dann, wenn sie keine anderen Sicherheiten anbieten konnten oder keine ausreichenden Barmittel besaßen.

Die einzelnen Bürgen wurden im Regelfall bereits bei der jeweiligen Abmachung benannt. Dann wurde direkt auf der Fine Roll notiert, für welchen Betrag jeder Bürge Sicherheit leistete. Auf den Pipe Rolls erscheinen die Bürgen, wenn der gesamte Fine-Roll-Eintrag inklusive der Bürgenliste übernommen wurde oder wenn einzelne Bürgen die von ihnen garantierten Gelder

---

61 Vgl. zum Beispiel Pipe Roll 7 John, S. 130: *Henricus de la Mare debet D m. pro habenda terra Petronille de Croun . uxoris sue . et terris suis in Anglia . et Willelmus de la Mara frater suus manucepit super corpus suum et terram suam quod idem Henricus inuenerit R. sufficientes plegios.* Dass diese Bürgschaft auch ernst genommen wurde beweist Pipe Roll 16 John, S. 130: *Willelmus de Mara* [blank] *cc et xiij li. et xv s. et ix d. de debito Henrici fratris sui sicut continetur in rotulo precedenti.* Ein weiteres Beispiel für einen Eid in Rot. de ob. et fin., S. 276: *Reginaldus Basset et Radulfus de Welleford capiunt in manum ad respondend' de xxvij li. et de x pal' ad terminos constitutos.*

62 Der Graf von Gloucester, John de Port und der Graf von Eu hatten je 100 Mark für den Erzbischof verbürgt: Pipe Roll 11 Hen. II, S. 105, 42 u. 92. Materials, 3, S. 64: *De reddendo ratiocinio fidejussores dare non possum. Omnes episcopos et opitulares amicos meos jam hic obligavi... .*

63 Ebd., S. 55: *Quis de tanto ratiocinio, de tam incerta pecunia, posset spondere pro vobis?*

oder Teile davon an den Exchequer zahlten.[64] Letzteres ist recht häufig und verdeutlicht, dass die Bittsteller oft nicht in der Lage waren, ihre Schuld rechtzeitig ohne Hilfe zu begleichen.

Wurden solche Schuldbürgschaften hingegen nicht sofort vereinbart, war es die Aufgabe der zuständigen Amtsträger, in der Regel der Sheriffs, hinreichende Sicherheiten zu verlangen: Bei vielen finanziellen Abmachungen in Form eines *finis* wurde bereits auf der Fine Roll der Befehl an die zuständigen Sheriffs registriert, den Bittstellern den erbetenen oder gekauften Gunsterweis auszuhändigen. Immer dann, wenn keine Bürgen genannt wurden, standen diese Befehle unter dem Vorbehalt, dass die Amtsträger zuvor hinreichende Bürgschaften zu ‚nehmen‘ hatten. Ansonsten sollte dem Bittsteller der (meist materielle) Gunsterweis, also ein Landgut oder ähnliches, ohne Verzögerung (*sine dilatione*) ausgehändigt werden. Es konnte auch vorkommen, dass die Bürgschaften lediglich um einen bestimmten Betrag ergänzt werden mussten.[65] Die Sheriffs teilten dem Königshof die Namen der durch sie verpflichteten Bürgen und die jeweils garantierten Beträge schriftlich mit.[66] Die von den Sheriffs eingesandten Bürgenlisten wurden häufig auf der Rückseite der Fine Roll registriert. Diese Rückseite wurde im Normalfall nicht beschrieben und bot sich daher für solche Erinnerungsnotizen an. Vermisste der König bei einer bestimmten Abmachung Schuldbürgschaften, konnte er dem Sheriff den Befehl geben, ihn so schnell wie möglich darüber zu informieren.[67] Falls, umgekehrt,

---

64 Vgl. zum Beispiel Pipe Roll 12 John, S. 103: *Margareta que fuit uxor Radulfi de Sumeri r.c. de ccc m. pro habenda rationabili dote sua de terra que fuit predicti Radulfi uiri sui. Termini . ad festum sacnti Johanis baptiste anni xij c et l m. Ad festum sancti Michaelis c et l m. per plegium Willelmi Marescalli. In thes. xj li. et j m. Et debet cc et quater xx et ij m. et dim. Eadem r.c. de eodem debito. In thes. c et lx li. per Willelmum de Gardino. Et debet xviij li. et dim. m. Eadem r.c. de eodem debito. In thes. c s. et viij d. per predictum Willelmum. Et debet xxiij li. et vj s. Eadem r.c. de eodem debito. In thes. xiiij li. et xvj s. per Vic. Oxon' de plegio Willelmi Marescalli. Et debet viij li. et x s. eadem r.c. de eodem debito. In thes. lib. Et Q.E.* Margaret, die Witwe Ralphs I de Somery, bot 300 Mark für ihr Witwengut; William Marshal, der die Hälfte der gebotenen Summe verbürgte, war ihr Bruder.

65 Vgl. Rot. litt. claus., S. 170: *Rex domino P. Win' Episcopo etc. Sciatis quod dilectus et fidelis noster Thom' de Ardinton' plegios nobis invenit de duobus milibus et septingent' et triginta m. de fine quem nobiscum fecit pro terra q' fuit Willelmi f. Alani quorum nomina vobis scripta mittimus et hiis interclusa. Mandantes quod de residuis ducent' et sexagint' et decem m. plegios ab eodem Thom' capiatis et si plegii quos nobis invenit forte sufficientes non fuerint ; per pleg' alios suos superaddat eos sufficientes faciatis. T. me ipso apud Coinac . xix die Aug.* [1213]

66 Vgl. zum Beispiel Rot. de ob. et fin., S. 407: *...Mandatum est etiam vicecomiti quod scire faciat domino R. per litteras suas quos plegios et quot et de quanto inde receperit.*

67 Rot. de ob. et fin., S. 528: ... *et de securitate quam de fine illo ceperit quamcito potuit dominum Regem certificet per latorem litterar', quia dominus Rex vult quod eam*

dem König zu einem späteren Zeitpunkt Sicherheiten geleistet wurden, teilte er dem verantwortlichen Sheriff schriftlich mit, dass dieser diesbezüglich nicht mehr tätig werden sollte.[68]

Insgesamt zeigt sich, wie erstaunlich detailliert der Informationsfluss zwischen Königshof, Rechnungshof und lokalen Amtsträgern allein in Bezug auf die Sicherheiten einzelner Schuldner war. Dies beweist, welch hohen Stellenwert die Bürgschaften besaßen. Von Gleichgültigkeit oder Zufall bei der Schuldeintreibung kann demnach keine Rede sein. Die Bürgen waren, ebenso wie die Schuldner selbst, der vollen Zwangsgewalt des Königs ausgesetzt, d.h. sie hafteten mit ihrem Grundbesitz für die Tilgung der Schuld.[69] Personen, die ihre versprochenen Bürgschaften nicht einhielten oder zurückzogen, konnten bestraft werden.[70] Manchmal baten Bürgen den König aber auch um die Befreiung von ihren Verpflichtungen; dafür zahlten sie entsprechend oder boten Gaben an.[71]

Standen einem bittstellenden Baron keine hinreichenden Bürgen zur Verfügung, konnte eine Abmachung hinfällig werden. In der Fine Roll bzw. Pipe Roll wurde der entsprechende Eintrag dann kanzelliert, s*quia non potuit invenire*

habeat. Diese Abmachung aus dem 16. Regierungsjahr König Johanns ist leider nur fragmentarisch überliefert.

68 Vgl. zum Beispiel Rot. litt. claus., S. 140: *Rex Vicecomiti Sumers'. Scias quod Ph' de Columbar' invenit nobis pleg' scilicet Petr' f. Herb' Hug' de Nevill' et Will' de Sancto Johanne de tribus palefridus nobis reddend' per quos finem fecit nobiscum pro j Precipe ad opus Matildis matris sue. Et ideo tibi precip' quod pleg' inde ab eo non exigas. T. me ipso apud Turrim Lond'. iij die Jan' a.r.n. xv°. per ipsum Regem.*

69 Vgl. zum Beispiel Rot. de ob. et fin., S. 471: *...ita quod interim ipsum Willelmum vel pleg[ios] suos pro debito illo distringi non permitta't...* . Zu den Konfiskationen wegen nicht bezahlter Schulden vgl. oben Abschnitt 3.2.5, bes. S. 99f. In Artikel 9 kritisierte die Magna Carta die herrschende Praxis: *Nec nos ballivi nostri seisiemus terram aliquam nec redditum pro debito aliquo, quamdiu catalla debitoris sufficiunt ad debitum reddendum ...* (HOLT 1992, S. 452).

70 Vgl. zum Beispiel Pipe Roll 9 John, S. 28: *Thomas de Muleton debet cc m. de misericordia . eo quod dixit in curia R. quod posuit per uadium et plegium Tomam de scoteini et postea negauit.* Kurios ist folgender Eintrag in Pipe Roll 10 Rich. I, S. 164: *Hugo de Belchamp debet j m. pro stulta pleuina senescalli sui.* Man fragt sich, worin diese ‚alberne Sicherheit' bestanden haben mag.

71 1207 verbürgte William fitz Hamo (Wolverton) 10 Mark für Geoffrey de Lucy: Rot. de ob. et fin., S., S. 458. Zwei Jahre später gab er dem König die Hälfte dieses Betrages, um von seiner Verpflichtung gelöst zu werden; offenbar rechnete er damit, so billiger davon zu kommen. Siehe Pipe Roll 11 John, S. 180: *Willelmus f. Hamonis r.c. de v m. ut sit quietus de x m. de plegio Galfridi de Luci. In thes. lib. Et Q.E.* 1211 bot William Malet (Curry Malet) ein Pferd für die Befreiung von einer Bürgschaft: Pipe Roll 13 John, S. 227. Für ein Beispiel aus der Zeit Heinrichs II. vgl. Pipe Roll 26 Hen. II, S. 14: *Geruasius Painel redd. comp. de .c. m. ut sit quietus de plevina comitis Legercr' versus Aaron Judeum*. Pipe Roll 28 Hen. II, S. 97 ergänzt: *et ne distringatur pro ipsa plevina.*

plegios.[72] Der Bittsteller besaß aber auch die Möglichkeit, sein Land zu verpfänden, bis er genügend Bürgen gefunden hatte.[73] Die dem König aus einer solchen Pfändung zufallenden Einkünfte wurden in den meisten Fällen an den Rechnungshof abgeführt.[74] Dank der Überlieferung der Fine und Close Rolls sind wir vor allem für die Zeit nach 1199 über die Praxis der Verpfändung von Ländereien zur Garantie von Zahlungen informiert, doch gibt es bereits in den Pipe Rolls Heinrichs II. klare Belege für diese Praxis.[75] Eine andere Möglichkeit fehlende Bürgschaften zu ersetzen bestand darin, Geiseln zu stellen – unter Umständen bis genügend Bürgschaften zusammengebracht waren. So bot die Witwe Roberts I Bertram, Mabilia de Clera, 1213 dem König 500 Mark für die Vormundschaft über ihren Sohn, den Erben des Kronlehens Bothal, das ihr zustehende Witwengut und das Recht, ihre Söhne verheiraten zu dürfen. Da weder sie selbst noch ihre Kinder hinreichend Bürgen zur Absicherung der Abmachung finden konnten, wurde dem Sheriff befohlen, stattdessen Geiseln zu nehmen.[76]

---

72 Pipe Roll 12 John, S. 169. Die Witwe Olivers II de Tracy, des Barons von Barnstaple, hatte für die Vormundschaft über ihren Sohn 500 Mark geboten, aber fand nicht genügend Bürgen. Ein anderes Beispiel stammt aus dem Jahr 1190: William II de Helion (Helion Bumpstead) konnte nicht hinreichend Bürgen für die 20 Mark finden, die es kostete, ein *morte d'ancestor*Verfahren über einzuleiten. Pipe Roll 2 Rich. I, S. 111: *Willelmus de Heliun debet xx m. pro recognitione de morte patris sui de terra de Bumsteda. Set non potuit plegios inuenire.*

73 Vgl. zum Beispiel Rot. de ob. et fin., S. 102: *Willelmus de Munbrai dat domino R. duo mille m. ut dominos R. daciat eum deduci juste et secundum consuetudinem Anglie in loquela que est inter ipsum et Willelmum de Stutevill'. Et posuit totum feodum suuum in pleg' donec sufficentes pleg' domiuno Regi invenerit de illa pecunia ... .*

74 Vgl. zum Beispiel Pipe Roll 3 John, S. 201: *Johannes Arsich* [blank] *l li. de prestito ei facto de thesauro per cartam suam . in qua continetur . quod inuadiauit totam terram R. de Anglia . ita quod predicti denarii reddentur de primis exitibus terre sue . de quibus debet responderi ad Scaccarium per bailliuum suum in cuius manu terra illa erit . et cum denarii illi redditi fuerint ; terra sua remanebit ei sine impedimento . et carta sua ei reddetur.*

75 Pipe Roll 31 Hen. II, S. 149: *Walerannus comes de Warewich redd. comp. de .D. m. pro fine terre sue pro quibus idem comes assignavit Regi .xl. libratas terre in Gloecestrescira et in burgo de Warewich', que quiete erunt ipsi comiti soluta pecunia de predicto fine ... .* Pipe Roll 24 Hen. II, S. 133: *Nigellus de Molbrai redd. comp. de .lix. l. pro eodem. In thesauro .xiiij. l. per manum Radulfi vinitoris qui habet terram ejus in vadio ... .*

76 Rot. de ob. et fin., S. 478: ... *Et quoniam eadem Mabil' domino Regi plegios inuenire non potuit de fine predicto domino Regi reddendo* [*nisi*] *Johannem et Helenam filium suum et filiam predicti Roberti secundo natos post predictum Ricardum . mandatum est Vic. quod* [*eos*] *in obsides recipiat de fine predicto infra tres anno domino Regi reddendo . scilicet . a festo Sancti Michaelis anno r. domini Regis in tres annos proximo sequentes . ita tamen quod allocetur ei in fine predicto id quod de terra sua redditur super scacarium in anno r. domini Regis quartodec'. Mandatum est eciam Vic. quod scire faciat per litteras suas Vic. Eborac' et militibus custodientibus excaetas in eodem*

4.2.2.2 Zahlungsbedingungen

Neben den Sicherheiten wurden bei jeder Abmachung in Form eines *finis* weitere detaillierte Zahlungsbedingungen vereinbart: Zum einen wurden präzise Fristen (*termini*) festgelegt, bis zu denen eine Schuld zu begleichen war. Zum anderen bestimmte man die jährlich zu zahlenden Raten. Die Schuldner bekräftigten die Einhaltung dieser mit dem König getroffenen Abmachungen durch einen mündlichen Eid; in einigen Fällen stellten sie dem König zusätzlich eine Urkunde darüber aus.[77]

Die Abmachungen wurden bisweilen auch auf zweiteiligen Chirographen festgehalten, deren zwei Teile jeweils denselben ‚Vertragstext' enthielten und beiden Vertragsparteien übergeben wurden.[78] Es ist schwer zu entscheiden, ob die Schuldner derartige Dokumente regelmäßig ausstellten; Chirographen sind nur mehr oder weniger zufällig überliefert, zum Beispiel wenn sie auf einer der Kanzleiregisterserien verzeichnet wurden. So wurde im April 1207 eine Urkunde des Grafen von Devon auf der Rückseite der Patent Roll des 8. Regierungsjahres König Johanns notiert, die einem Ralph Parmentarius übergeben worden war. In der Urkunde verpflichtete sich der Graf dem König gegenüber, seine gesamte Schuld, die er eigentlich bis zum vorhergegangenen Osterfest hatte zahlen sollen, bis zu Michaelis des 9. Regierungsjahres zu begleichen.[79] Seine

---

comitatu qn' obsides predictos a predicta Mabilia ceperit pro securitate finis predicti . quia mandatum est eis quod tunc eidem Mabilia plenariam saisinam habere faciat de predictis custodia . dote . et maritag' sicut predictum est secundum finem prius ab eadem Mabiil' cum domino R. factum ... . Ein weiteres Beispiel bietet eine Abmachung Walters de Lacy mit dem König vom 1. August 1214. Rot. litt. claus, S. 224: *...quia idem Walterus liberavit nobis in obsidem Gilebertum filium suum donec nobis de debito illo fuerit plenius satisfac'm.*

77 Rot. de ob. et fin., S. 514: *...ita tamen quod ipse jurabit . et cartam suam domino Regi faciet . et super totam terram suam manucapiet de fine predicto ad terminos predictos domino Regi reddendo...* . Ebd., S. 468: *Willelmus Malet veniet se xxmo milit' in servicio domini Regis ut sit quietus de debito quod domino Regi debet, et inde cartam suam domino Regi faciet et pleg' ad voluntatem domini Regis inveniet.* Ebd., S. 482: *...quia idem Thomas dominum Regem securitatem fecit de fine predicto domino Regi reddendo per cartam suam et cartam Simonis de Kyma qui hoc manucepit per cartam suam . si predictus Thomas predictum finem infra duos annos domino Regi non reddidit...* .

78 So etwa die oben in Anm. 76 erwähnte Abmachung zwischen Walter de Lacy und Joann Ohneland von 1214, Rot. litt. claus,. S. 224: *Mittimus vobis transscriptum cyrografi facti inter nos et Walterum de Lascy...* .

79 Rot. litt. pat., S. 73: *Littere iste liberate erant in camera domini Regis Raud' Parmentario apud Craneburn vj die April'. Omnibus etc. Willelmus Comes Devon' salutem. Sciatis quod ego teneor reddere karissimo domino meo J. illustri Regi Anglie ad festum Sancti Michaelis anno regni ipsius Regis ix° totum debitum quod ei reddidisse*

schriftliche Zusicherung stellte der Graf also nicht sofort beim Eingehen des Schuldverhältnisses aus, sondern erst, als er die ihm auferlegten Fristen nicht einhalten konnte. Die Registrierung dieser Urkunde auf einer Patent Roll war eher ungewöhnlich.[80]

Routinemäßig wurden die Zahlungsbedingungen hingegen mit dem gesamten Text des *finis* auf der Fine Roll registriert. Diese Informationen standen dem König ständig zur Verfügung und eröffneten ihm damit – über die extremen Möglichkeiten der Konfiskation und des Schulderlasses hinaus – ein weites Feld fein abgestufter Sanktions- beziehungsweise Belohnungsmittel. Der Herrscher konnte Zahlungsaufschübe gewähren, neue Zahlungsbedingungen setzen, Geld für bessere Zahlungsbedingungen annehmen, die Nichteinhaltung von Bedingungen bestrafen und ähnliches mehr. Da der Exchequer eine Kopie der Fine Roll, die Originalia Roll, erhielt, war er zudem prinzipiell in der Lage, die Einhaltung von Zahlungsbedingungen zu überprüfen. Die Frage, wie systematisch das geschah, muss offen bleiben. Es ist aber zu vermuten, dass ein Teil des am Rechnungshof angefertigten Schriftgutes, das – anders als die Pipe Rolls – nicht langfristig archiviert wurde, solchen Zwecken diente. Die zwei aus dieser Zeit überlieferten Memoranda Rolls enthalten viele hundert Entscheidungen, die der Rechnungshof in seinen routinemäßigen Beratungen über einzelne Schulden traf: Unter anderem halten sie fest, was die für die konkrete Eintreibung der Schulden vor Ort verantwortlichen Sheriffs über einen Schuldner berichteten und sie verzeichnen die an den Rechnungshof gerichteten Befehle des Königs.

Die Gewährung von Zahlungsaufschüben ist reich belegt und – trotz der schlechteren Überlieferungslage – auch für Heinrich II. nachzuweisen. Zum Beispiel schuldete Oliver I de Tracy dem König seit 1165 eine Erbgebühr von 500 Mark für eine Hälfte der Baronie Barnstaple. In den folgenden Jahren zahlte er aber nichts. In der Pipe Roll von 1168 trägt der entsprechende Schuldeintrag dann den erklärende Zusatz ‚aber er ist nicht [zur Zahlung] aufzufordern, wenn es nicht der König selbst mündlich oder brieflich befiehlt'.[81] Weitere frühe Beispiele solcher Zahlungsaufschübe stammen aus den Jahren 1162, 1167, 1168, 1169 oder 1172.[82] Sie stehen oft in Zusammenhang mit längeren Phasen der Ab-

---

debueram ad proximum Pascha precedens. Et in hujus rei testimonium ; has litteras meas patentes inde feci. Valete.

80 Eine vergleichbare Urkunde wurde auf der Rückseite einer Close Roll notiert (Rot. litt. claus., S. 70); sie trägt den Vermerk *Liberantur in camera domini Regis apud Getint' per Ph' de Lucy*. In ihr verpflichtete sich Peter I de Brus (Skelton) 1300 Mark für die Vormundschaft über Roger Bertram zu bezahlen. Vgl. Pipe Roll 8 John, S. 208.

81 Pipe Roll 12 Hen. II, S. 94; Pipe Roll 14 Hen. II, S. 126: *Oliverus de Traci debet .D. m. pro parte sua de honore de Berdestapl' sed non est inde summonendus nisi Rex ipse ore suo uel brevi precepit per breve Regis.*

82 Pipe Roll 8 Hen. II, S. 40: *Gillebertus de Pinchenni debet .c. l. de misericordia sua sed sunt in resp' per breve Regis donec rex ueniat in Anglie. Pipe Roll 9 Hen. II, S. 7: Nicol' de Magena' debet .cc. m. de plac' Willelmi filii Joh' sed sunt in resp' per breve Regis*

wesenheit des Königs, was die oben bereits formulierte Beobachtung stützt, dass die Schuldeneintreibung häufig unter der persönlichen Beaufsichtigung des Königs stand.[83] Für die Zeit Johanns sind dann zahlreiche Zahlungsaufschübe im Wortlaut überliefert. In der Regel richteten sich diese Anweisungen an den Rechnungshof, manchmal aber auch an die Sheriffs, die ja vor Ort für die Eintreibung der Schulden verantwortlich waren.[84] In letzterem Fall brachte der Sheriff den entsprechenden Befehl mit zum Exchequer, um zu beweisen, dass er seiner Pflichten nachgekommen war.[85] Manchmal gewährte der König zeitlich unbestimmte Aufschübe (*quousque inde aliud precepimus*),[86] häufiger setzte er

---

quamdiu placuerit Regi . per Manesser Biset. Ebd., S. 140: *Robertus filius Hardingi debet .xlv. s. et .vi. d. de veteri dono comitatus sed sunt in resp' donec rex ueniat in Anglie.* Ebd., S. 193: *Willelmus de Braiuse debet .M. m. sed sunt in respectu nec debet inde summoneri nisi Rex ipse ore suo uel breui precipiat per breve Regis.* Pipe Roll 15 Hen. II, S. 96: *...Sed precepto baron' non debet inde summoneri nisi Rex ipse precipiat. Ebd., S. 113: Elyas Giffard debet .xl. l. pro fine terre sue. Sed habet in' resp' per breve Regis donec Rec redeat in Angliam.* Pipe Roll 18 Hen. II, S. 119: *...Sed Gillebertus Pipardus non est summonendus de predicta calumpnia de tempore patris sui et suo nisi rex ipse preceperit quod inde summoneatur.* Pipe Roll 29 Hen. II, S. 110: *Rogerus de Mortuo Mari debet .c. l. de misericordia patris sui, quia non dimisit militi suo animalia sua per plegium sicut Rex preceperat per breve suum. Sed sunt in respectu donec Rex veniat in Angliam.*

83 Im August 1158 verließ Heinrich II. England für mehrere Jahre und kehrte erst zu Beginn des Jahres 1163 für eine längere Periode (bis 1166) dorthin zurück. Auch in den Jahren 1167-1169 befand sich der König durchweg auf dem Kontinent, bis er am 3. März 1170 wieder in Portsmouth landete. Im Juni desselben Jahres segelte er bereits wieder in die Normandie und kam erst während des großen Aufstandes, am 8. Juli 1174, wieder nach England. Vgl. EYTON 1878, S. 40ff., 58ff., 92ff., 135ff. u. 179f.

84 So zum Beispiel Rot. de ob. et fin., S. 504: *Mandatus est vicecomiti quod in respectum ponat c s. quos a Roberto Corbet exigit per summon' scaccarii de prestito eid' Roberto facto in Wallie, donec dominus Rex aliud preceperit. Apud Wudestok' xiij die Nov.* Oder Rot. lit. claus., S. 46: *Rex Vicecomiti Leic' etc. Scias quod dedimus dilecto et fideli nostro R. Comiti Cestr' respectum de scutagio suo usque ad Octob' Sancti Michaelis . anno etc. vij°. Et ideo tibi precipimus quod illud interim ponas in respectum. T. G.f. Petri apud Waltham . xj die Aug'. per eundem'. per Ric' Duket. Similiter mandatum est omnibus Vicecomitibus in quorum Ball'is terras habet.*

85 Vgl. zum Beispiel Mem. Roll 1 John, S. 79: *Johannes Dei gracia Rex Anglie etc. Vic. salutem. Precipimus tibi quod pacem habere permittas Willelmo comiti Arundell' de debitis nostris que ab illo exiguntur in comitatu tuo donec aliud inde tibi preceperimus. Teste H. Cant' Cancellario nostro apud Norhamton' viij die Junii. Marescallus habet breue.* Der letzte Satz besagt, dass der Befehl in den ‚Säcken des Marschalls' archiviert wurde. Zur Archivierungspraxis des Exchequers vgl. Dialogus, S. 44 u. 336.

86 Vgl. zum Beispiel Rot. de lib., S. 65: *Rex etc. G. filio Petri etc. Mandamus vobis quod faciatis habere Hug' de Baillol' respectum de octiesviginti m. quas nobis debuit quousque inde aliud precepimus. T. me ipso apud Montemfortem . ij die Oct'.*

jedoch neue Zahlungsfristen.[87] Gelegentlich wurde eine Forderung erst dann eingetrieben, wenn eine bestimmte Frage geklärt war, so wenn ein Schuldner dem König beweisen wollte, dass er die geforderte Summe nicht schuldig war, oder wenn sich der König zuerst Gewissheit über die Höhe der Schulden einer Person verschaffen wollte.[88]

Es lässt sich gleichfalls zeigen, dass vor allem Getreue des Königs und Funktionsträger Zahlungsaufschübe erlangten: In einigen Fällen wurde die Gewährung eines Aufschubs sogar explizit mit dem treuen Dienst begründet, den die davon profitierende Person dem König leistete. So erhielt Hubert de Burgh, der spätere Justiziar, 1203 einen Aufschub für seinen Dienst als Kämmerer des Königs.[89] Saher de Quency, Graf von Leicester, sollte 1205 von einer Zahlung verschont bleiben, solange er sich auf dem Kontinent im Waffendienst befand.[90] In ähnlicher Weise gewährte Johann Ohneland Zahlungsaufschübe für

---

87 Rot. litt. claus., S. 29: *Rex Baronibus de Scaccario etc. Mandamus vobis quod de c m. quas Gillebertus Basset nobis debet ad hoc scaccarium Pasch' de fine q' fecit nobiscum pro habenda terra que fuit Walteri de Dunestanvill' capiatis modo l m. ad pondus . et de aliis l m. ei respectum habere faciatis usque ad festum Sancti Micael' proximo sequens . silicet anno regni nostri vij°. T. me ipso apud Windesor' xxix die Apr'.* Rot. litt. claus., S. 36: *Rex G.f. Petri etc. Mandamus vobis quod respectum habere faciatis dilecto nostro R. Com' de Clar' de debitis nostris usque ad festum Sancti Micael' anno regni nostri septimo. T. me ipso apud Portesm'. vj die Jun'. per Arch' Well'.*

88 Rot. litt. claus., S. 128: *Rex Vicecomiti Ebor' etc. Precipimus tibi quod pacem habere permittas Robertum de Ros de debitis Judeorum q' ab eo exigis in Ball'a tua donec quid hoc fuerit scierimus et aliud inde tibi mandavimus. T. G.f.Petri Com' Essex' apud Westm'. xxiiij die Dec'. per Cancell'.* Rot. litt. claus., S. 34: *Rex Vicecomiti Norhamt' etc. Pone in respectum usque a die Sance Trinitatis in xv dies super scaccarium . demandam x m. quas facis Willelmo de Kahaign'. unde ipse dicit quod tunc monstrabit per Simonem de Pateshill' quod illas non debet. T. G. f. Petri Com' Essex' apud Breckel' xxiiij die Maij. per eund' [Justiciarium] et per R. Duket.* Rot. litt. claus., S. 174: *Rex Baronibus de Scaccario salutem. Mandamus vobis quod in respectum ponatis deb' q' existis a Warino filio Geroldi de prestito q' fecimus militibus suis in Pictav'. Donec ejusdem debiti quantitate certiores facti simus. T. me ipso apud Clarendon'. xxij die Octobr'.*

89 Rot. de lib., S. 36: *Rex etc. G. filio Petri etc. Mandamus vobis quod in respectum ponatis lx m. quas exigitis a dilecto nostro Hub' de Burgo camerario quosuqe aliud inde vobis mandavimus . et quod quietus sit ab omnibus querel' quamdiu fuerit in servicio nostro . nisi de eswardo terre que fuit Walteri de Windesor' quod si esward' inde factum fuerit etc. precipimus tibi quod idem camerar' habeat catalla sua et fructus terre . et sumptus quos in ea posuit. T. me ipso apud Molinell'. xx die Maii. Per T. clericum.*

90 Rot. litt. claus., S. 34: *Rex Baronibus de Scaccario salutem. Mandamus vobis quod respectum habere faciatis Sahero de Quency de quater xx et x m. arg' que ab eo exiguntur ad scaccarium de debito Aaron' Judei et aliorum quamdiu ipse fuerit in servicio nostro ultra mare cum equis et armis per preceptum nostrum. T. me ipso apud Clarendon' xxviij die Maij. per eundem et per Justic'.*

militärische Dienste in Flandern und Irland.[91] Stand ein Baron weder in der Huld des Königs noch in dessen Diensten, konnte er trotzdem eine Verschiebung seiner Zahlungsfristen erreichen: allerdings nur durch ein entsprechendes Geldgeschenk. William de Stuteville wollte 1197 nicht für die Schulden des in seiner Obhut befindlichen Mündels aufkommen und bat um Aufschub bis zu dessen Volljährigkeit.[92] Auch William de Mowbray traf im Jahr 1200 eine Vereinbarung mit König Johann, für die er – bis zur Stellung hinreichender Bürgen – sein gesamtes Lehen zum Pfand gab. Die schriftliche Fassung dieser Abmachung in der Fine Roll verdeutlicht, dass es Williams Anliegen war, vom König bessere Zahlungsfristen zu erhalten.[93] Das gleiche Bestreben hatte Robert III Marmion, der Baron von Tamworth, im Jahr 1213.[94]

Alle genannten Barone hofften also, ähnlich wie Moses von Gloucester im Jahr 1200, ihre Schulden ‚zu vernünftigen Fristen' (*ad rationabiles terminos*) lösen zu können.[95] Baldwin Wake bot zwei Pferde für einen Aufschub einer von seinem Vater geerbten, noch aus der Zeit Heinrichs II. stammenden Schuld bis

---

91 Rot. de ob. et fin., S. 518: *Mandatum est baronibus de scaccario quod in respectum ponant demandam quam faciunt Hug' de Boues de debito Gileberti Pechie quamdiu fuerit in servitio domini Regis in partibus Flandr' per preceptum domini R. T. ut supra* [*Regis apud Suhamt' xix. die Jan'*]. Ebd., S. 519: *Mandatum est Thom' de Nevill' quod in respectum ponat demandam quam fecit Roberti de Chandos de debito Judeorum quamdiu idem Robertus habuerit cum domino Reg' in servitio suo in Pictav' unum militem per preceptum suum. Habebit autem dominus Rex scutagium de omnibus militibus de eodem Roberto tenentibus ut predictum militem pro se mittere possit, et ut interim de debito predicto non distringatur. T. ut supra.*

92 Pipe Roll 9 Rich. I, S. 62: *Willelmus de Stuteuill' r.c. de M m. pro habenda custodia . et maritagio Gileberti de Gant . et Willelmi f. Rannulfi . et pro habendo respectu de DC m. de fine Roberti de Gant . donec heres eius etatem habeat… .*

93 Rot. de ob. et fin., S. 102: *Willelmus de Munbray dat domino R. duo mill' m. ut dominus Rex faciat eum deduci juste et secundum consuetudinem Anglie in loquela q' est inter ipsum et Willelmum de Stutevill'. Et posuit totum feodum in pleg' donec sufficientes pleg' domino Regi invenerit de illa pecunia. Termin' . ad Pasch' tercia pars . et ad festum Sancti Michaelis tercia pars . et item ad Pascha tercia pars . nisi alios terminos poterit impetrare a domino R.* Vgl. Pipe Roll 3 John, S. 157.

94 Vgl. zum Beispiel Rot. de ob. et fin., S. 484: *Robertus Marmiun junior inveniet domino Regi tres milites ad custum suum per unum annum integrum ut quietus sit de c li. de debito quod domino Regi debet . ita quod anno illo elapso reddet residuum debiti illius secundum quod terminos a domino regi poterit impetrare.*

95 *Rot. de ob. et fin., S. 91f.: Mosse Judeus de Gloc' dat domini R. xx m. argent' ad rationabiles terminos persolvendas pro pace habenda de cc m. que ab eo exiguntur nisi illas domino Regi debeat de debito uel tailliag' uel forisfactura uel aliqua alia causa… .* Diese Abmachung wurde hinfällig, da es König Johann vorzog, die 200 Mark einzutreiben, deren Erlass Moses für 20 Mark hatte erlangen wollen: *Cancellatur quia dominus Rex mauult habere cc m. ab eo quam xx m.*

zum Osterfest des 6. Regierungsjahres König Johanns.[96] Henry II Lovel bat 1208 um die Aufschiebung seiner vom König übernommenen Verbindlichkeiten an jüdische Geldverleiher bis zur Tilgung seiner restlichen Schulden,[97] und der Graf von Norfolk, Roger II Bigod, befreite sich 1211 für 2000 Mark von noch ausstehenden und zukünftigen Schildgeldforderungen.[98]

Die Nichteinhaltung vereinbarter Zahlungstermine konnte harte Bestrafungen oder Zwangsandrohungen zur Folge haben. Fulk II Paynel, der 1173 an der Rebellion gegen Heinrich II. beteiligt war und 1185 aus England floh, kehrte bei Johann Ohnelands Herrschaftsantritt zurück und bot dem neuen Herrscher 1000 Mark für sein Kronlehen.[99] Der Befehl des Königs, der den Justiziar Geoffrey fitz Peter anwies, Fulk die Baronie Bampton auszuhändigen, enthielt die Bestimmung, dass Fulk bei Nichteinhaltung der vereinbarten Fristen sowohl die bereits gezahlten Gelder als auch die getroffene Abmachung und den Besitz des Kronlehens verlieren sollte.[100] Henry III d'Oilly, ein Baron aus Oxfordshire, besaß hohe Schulden bei einem jüdischen Geldverleiher aus Oxford namens Simon. König Johann übernahm diese Verbindlichkeiten und drohte damit, die Schuldurkunde wieder Simon zurückzugeben, falls Henry die Termine nicht einhalten würde. In diesem Fall würden alle bereits gezahlten Gelder verfallen.[101]

---

96 *Pipe Roll 6 John, S. 76: Baldewinus Wac r.c. de ij palefridis pro habendo respectu usque ad pascha anni regni R. vj*[to] *de ueteri debito quod Baldewinus Wac pater suus debuit H. R. et R. Ricardo. In thes. v m. pro palefrido. Et debet v m.*

97 Pipe Roll 10 John, S. 113: *Henricus Luuel debet quater xx m. et j palefridum . ut sit quietus ... et habebit respectum de omnibus debitis Judeorum donec omnia debita prescripta persoluantur ... .*

98 Pipe Roll 13 John, S. 2: *Comes Rogerus le Bigot r.c. de MM m. pro habendu respectu tota uita sua de seruitio c et xx militum . pro seruitio lx militum . et pro habendo respectu tota uita sua de demanda quam barones ei faciunt de areragiis scutagiorum....*

99 Nach Fulks Flucht 1185 wurde sein Lehen konfisziert, siehe Anhang A, N° 6. Der Zusammenhang zwischen den Konfiskationen und Fulks Beteiligung an der Verschwörung gegen Heinrich II. geht klar hervor aus Pipe Roll 7 John, S. 27: *...tempore qua terra [ipsius Fulconis] fuit in manum R. occasione quod ipse fuit cum R. Henrico juniore.* Sein Angebot der 1000 Mark an König Johann *pro honore de Banton' habendo* findet sich in Rot. de ob. et fin., S. 4 u. Pipe Roll 1 John, S. 197.

100 Rot. de ob. et fin., S. 71: *Rex etc. G. filio Petri etc. Mandamus vobis quod sine dilatione faciatis habere Fulconi Painell' saisinam honoris de Baunton'. Et idem Fulco reddere debet trecentas m. ad scaccarium infra terminum presentis scaccarii de termino Sancti Mich', et nisi ipse alios terminos observaverit sicut distincti sunt, ipse et ccc m. predictas, et finem suum, et saisinam honoris illius amittat. Per J. de Grai apud Harecourt, xxix. die Octobris.*

101 Pipe Roll 10 John, S. 139: *Henricus de Oilli r.c. de M et xv li. Et vij s. et xj d. de debito Simonis Judei Oxeneford capto in manu R. per breue eiusdem. In thes. Nil. Et ipsi R. in camera sua [l m. per breue R. Et] debet DCCCC et quater xx et ij li. Et xv d. de quibus debet reddere per annum ad duo Scaccaria c m. quousque predictum debitum fuerit persolutum . ita quod si predictus Henricus [terminos suos non seruauerit] W. de Grai*

In einem Brief, der oben bereits einmal zitiert wurde, drohte König Johann dem Baron Roger de Mortimer die Konfiskation seines Besitzes an, falls dieser seine Zahlungstermine nicht einhalten sollte.[102] Auch Schulderlasse des Königs standen bisweilen unter dem Vorbehalt der Fristwahrung.[103]

All diese Beispiele unterstreichen, wie intensiv die Könige Englands die Schuldeintreibung als Instrument persönlicher Herrschaft nutzten: nicht zufällig, wie es ein alleiniger Blick auf die Pipe Rolls vermuten lassen könnte, sondern sehr bewusst und unter genauer Kenntnis der technischen Einzelheiten des Schuldeintreibungsverfahrens.

Der zweite elementare Bestandteil der Zahlungsbedingungen waren die Raten. Es wurde nicht nur bestimmt, bis wann eine Schuld zu begleichen war, sondern, darüber hinausgehend, wie viel jährlich beziehungsweise mehrmals jährlich zu bezahlen war. Wie bereits anhand der bisher zitierten Beispiele deutlich geworden sein dürfte, enthalten die in den ab 1199 erhaltenen Fine Rolls registrierten Abmachungen meistens derartige Ratenvereinbarungen. Doch findet man auch frühere Belege, für die Zeit Heinrichs II. etwa in Jahren 1160, 1177, 1179 oder 1182.[104] Manche Barone, wie etwa Henry II Lovel 1211 oder

---

cui carta [*cartam* C.R.] *predicti Henrici de predicto debito liberata est custodienda loco J. Norwic' episcopo per breue R. reddet* [*predicto Simoni Judeo cartam illam . et sit*] *in perdito quicquid inde R.* [*R. inde* C.R.] *soluerit.* Der ebenfalls in der Urkunde erwähnte Walter de Gray war Kanzler Johanns und ein Neffe des ebenfalls genannten Bischofs von Norwich. Siehe PAINTER 1949, S. 64f.

102 Vgl. oben Anm. 42.

103 Dem Grafen von Hertford, Richard III de Clare, wurde dies 1208 'nur' angedroht. Pipe Roll 10 John, S. 5: *Comes de Clara* (r.c.[i]) *de(bet*[c]) *l m. quia non habuit quos plegiauit. Et DC et lxxiiij li. Et xviij d. de pluribus debitis. Et D m. pro dissaisina. Et c et quater xx et ix li. Et iij s. et viij d. de vj scutagio. Summa M et CC et xxix li. Et xviij s. et vj d. de qua summa R. pardonauit ei usque M et D M. per recordum Justic' . de quibus debet reddere ad hoc Scaccarium cc et l m. et ad pascha sequens cc et l m. et sic de Scaccario ad Scaccarium donec totum persoluatur . it quod si hos terminos seruauerit ; tenebitur ad totam summam predictam maiorem.* Ein Schulderlaß für Gilbert III de Ghent (Folkingham) wurde 1212 tatsächlich zurückgenommen. Pipe Roll 14 John, S. 109: *Gillebertus de Gant* [blank] *M et CC m. de debitis Judeorum ... Et preterea ccc m. que prius remisse fuerunt ei que modo exiguntur quia non seruauit terminos.*

104 Pipe Roll 6 Hen. II, S. 28: *Rogerus de Berchel' redd. comp. De xl m. pro homine occiso. In perdon' per breve Regis eisdem Rogero .xx. m. Et debet .xx. m. de quibus redditus est .x. m. ad pasca proxim' et .x. m. ad festum Sancti Michaeli per breve Regis.* Pipe Roll 23 Hen. II, S. 18: *Aluredus de Lincoll' redd. comp. De .c. et .iiij. l. et .xix. s. et .ix. d. blancorum de veteri firma comitatuum. In thes. .xl. l. in argento blanco. Et debet .lx. et .iiij. l. et .xix. s. et .ix. d. blancorum. Sed debet reddere per annum .xl. l. blancorum per regem.* Pipe Roll 25 Hen. II, S. 45: *Baldewinus Wach' redd. Comp. De .D. et .xvj. l. pro fine facto inter ipsum et Bartholomeum de Bussei. In thes. .l. l. Et debet .cccc. et lxvj. L. de quibus debet reddere per annum .c. l. per regem.* Pipe Roll 28 Hen. II, S. 136: *Willelmus frater Ade filii Ade filii Richeri redd. comp. de .xl. m. ut non dissaisiatur de*

William III de Windsor 1212, boten dem König Geld an (machten also neue Schulden), um ihre alten Schulden zu günstigeren Raten abzahlen zu dürfen.[105] Solche Nachrichten sind bemerkenswert, da sie beweisen, dass diesen Baronen die jährliche Belastung durch die finanziellen Forderungen des Königs zu schaffen machte. In einigen Fällen erleichterte der König einem Schuldner dann tatsächlich die Zahlung seiner Verbindlichkeiten. Er schrieb eine Anweisung an den Exchequer und gewährte dem Betreffenden günstigere Zahlungsraten. So verringerte König Johann beispielsweise im Mai 1206 eine jährlich zu zahlende Rate Walters de Lacy von 200 auf 100 Mark.[106] Demselben Baron erlaubte Johann im April 1216, eine Schuld von 2000 Mark in vier Zahlungen von je 500 Mark statt in zwei Zahlungen von je 1000 Mark zu begleichen – allerdings unter dem Vorbehalt, dass er nicht vorher auf den Kreuzzug aufbräche, für den er – was nicht explizit ausgedrückt wird – sehr viel Geld benötigen würde.[107] Dieser Vorbehalt macht gut deutlich, dass die fiskalische Nutzung einer Verbindlichkeit ihre politische Nutzung manchmal ausgeschlossen haben muss und umgekehrt. Schulderlasse verringerten den finanziellen Spielraum des Königs, aber vergrößerten sein symbolisches Kapital. Die rigorose Eintreibung hoher Schulden vermehrte seine fiskalischen Mittel, aber verwehrte es ihm, Freigebigkeit zu demonstrieren.

4.2.2.3 Schulderlasse

Die schriftliche Verwaltung tausender individueller Schulden bot dem König mehrere Möglichkeiten, Getreue und Funktionsträger zu belohnen. Zu den wichtigsten gehörten partielle und vollständige Schulderlasse. Bereits ein flüchtiger

---

terra quam frater suus clamat adversus eum nisi per judicium. In thes. .xl. s. Et debet .xxxiiij. l. et .j. m. De quibus reddit per annum .v. m. ad festum S. M. ... .

105 Pipe Roll 13 John, S. 231: *Henricus Luuel* [blank] *c m. ut possit reddere R. c m. per annum donec totum debitum suum persoluatur . ita scilicet quod in primo anno reddet c li. scilicet ad purificationem anno R. xiij° . xxv li. et ad pascha xxv li. et ad festum sancti Johanni xxv li. et ad festum sancti Michaelis xxv li. et sic anno sequenti c li. et postea de anno in annum c m.* Pipe Roll 14 John, S. 25 : *Willelmus de Windlesor'* [blank] *c li. pro habenda saisina terrarum suarum et quod possit reddere per annum c m. de debito Judeorum.*

106 Rot. litt. claus., S. 71: *Rex etc. Baronibus de Scaccario salutem. Sciatis quod concessimus Waltero de Lascy quod de cccc m. quas debet nobis ad scaccarium nostrum de fine q' fecit nobiscum pro castro et terra sua de Ludelaw unde respondere debebat ad scaccarium per annum de cc m. quo reddat inde sinculis anni c m. quousque persolvantur. Et ideo vobis mandamus quod illas ab eo sic recipiatis. T. me ipso apud Stok' . xxvj die Maij . per Archidiaconum Wigorn'.*

107 Rot. litt. claus., S. 260: *...nisi iter arripuerimus ante terminum illum ad peregrinacionem nostram faciendam... .*

Blick in eine beliebige Pipe Roll zeigt, in welcher Fülle die angevinischen Herrscher Schulderlasse *per breue Regis* gewährten. In der Regel wurde ein spezifischer Schuldbetrag nach einem entsprechenden schriftlichen Befehl des Königs an den Exchequer gestrichen. Diese Anweisungen richteten sich normalerweise an den Exchequer oder an den Sheriff, der für die Eintreibung des jeweiligen Betrages verantwortlich war. Seltener wurde denjenigen, die in den Genuss einer Befreiung kamen, das gewährte Recht in Form einer offen gesiegelten Urkunde (letter patent) verbrieft. Schulden konnte vollständig oder nur teilweise erlassen werden.[108] Manchmal wurde ein ‚Pardon' des Königs jedoch auch eingeschränkt: es betraf etwa nur die bis zu einem bestimmten Zeitpunkt angehäuften Schulden oder wurde an die Bedingung geknüpft, dass der Schuldner vereinbarte Zahlungsfristen einhielt.[109] Nur selten entschied der Rechnungshof eigenständig, eine Schuld zu erlassen, und dies musste vom König nicht notwendigerweise akzeptiert werden: So erließen die Barone des Exchequers im Jahre 1191 dem Baron von Staveley, Ralph I Musard, 100 Mark einer Erbgebühr. Der Grund für diese Großzügigkeit: Ein Großteil seines Landbesitzes war ein Lehen des Grafen von Mortain, also Johann Ohnelands, und diesem hatte Ralph bereits zu einem früheren Zeitpunkt eine Erbantrittsgebühr gezahlt. Als Richard Löwenherz ein paar Jahre später aus der Gefangenschaft in Deutschland zurückkehrte, weigerte er sich, diese Entscheidung zu akzeptieren. Die alte Schuld wurde dem Baron daraufhin erneut angelastet.[110] Laut Richard von Ely galt ein einmal gewährter Schulderlass auch dann, wenn der betreffende Schuldner zwischenzeit-

---

108 Ein vollständiger Schulderlass wurde zum Beispiel John de Lacy (Pontefract) im März 1215 gewährt. Er erhielt zur Bestätigung dieser Abmachung eine offen gesiegelte Urkunde. Rot. litt. pat., S. 129: *Rex omnibus ad quos presentes littere pervenerint etc. Sciatis quod nos perdonasse dilecto et fideli nostro J. constabulario Cestr' totum debitum quod nobis debuit tam de debitis patris sui quam de debito proprio . et volumus quod inde penitus sit quietus . et in hujus rei etc. Apud Turr' London'. v° die Marc' . anno ut superius.* Einen partiellen Schulderlass erhielt zum Beispiel Roger II de Vautort (Trematon) im Jahr 1204. Rot. litt. claus., S. 15: *Dominus Rex perdonavit Rogero de Vautort xl m. de c m. quas debuit Domino Regi et sicut mandatum est Baronibus et Vicecomiti Cornub'.*

109 Rot. litt. pat., S. 16: *Dominus Rex perdonavit per litteras suas patentes W. Com' Arundell' omnia debita Judeorum q' eis debuit usque ad festum Sancti Laurenc' . anno regni suo quarto . viij die Aug' . apud Alenc'.* Pipe Roll 10 John, S. 5: *...ita quod si hos terminos non seruauerit ; tenebitur ad totam summam predictam maiorem... .*

110 Pipe Roll 3 Rich. I, S. 97: *Radulfus Musard' debet c li. pro se maritando ubi uoluerit . et pro fine terre sue. Set consideratione baronum relaxate sunt ei c m. quia maior pars terre sue est in terra comitis Moriton' cum finiuit.* Pipe Roll 6 Rich. I, S. 235: *Radulfus Musard' r.c. de xl m. pro se maritando ubi uoluerit . et pro fine terre sue. Et de c m. quas debuit pro eodem fine et quas Cancellarius eum relaxauit sicut continetur in rotulo tertii anni . quia dominus R. post redditum suum ab Alemannia ; noluit obseruare finem cum Cancellario factum. In thesl. libn. Et Q.E.*

lich die Huld des Königs verloren hatte. In der Tat existieren keine schriftlichen königlichen Anweisungen, Schulderlasse rückgängig zu machen.[111]

Um zu verstehen, was für Ziele die Könige mit ihrer Schuldenpolitik verfolgten, muss man sich fragen, welchen Personen Schulden erlassen wurden, und weshalb dies geschah. So mancher Baron versuchte, den König durch Geschenke milde zu stimmen und ihn zu einem Erlass seiner Schulden zu bewegen: 1178 bot Roger II Bigod König Heinrich II. 500 Mark für die Streichung seiner sich auf über 667 Pfund belaufenden Schulden. Grund für die königlichen Forderungen waren die durch Roger und seinen Vater Hugh während des großen Adelsaufstandes angerichteten Verwüstungen.[112] Johann Ohneland erließ vor seiner Thronbesteigung dem Baron von Winterbourne St. Martin, Alfred II of Lincoln, 60 Mark, nachdem ihm der Baron einen Sperber und ein Streitross geschenkt hatte.[113] 1208 bot Henry II Lovel dem König 80 Mark und ein Pferd für die Befreiung bestimmter von ihm und seiner Familie angehäuften Schulden an den jüdischen Geldverleiher Vivo.[114] Dem Kämmerer des Königs, Warin fitz Gerold, wurde 1212 eine Geldstrafe in Höhe von 100 Mark ‚für zwei Fässchen guten Weines aus Anjou' erlassen.[115] Andere Barone wurden von ihren Schulden befreit, da sie nicht bekamen, wofür sie ihr Geld angeboten hatten.[116] Andere Personengruppen waren dauerhaft von speziellen Forderungen des Königs befreit, ohne dass dafür eigens eine königliche Verfügung ergehen musste. Zum Beispiel besaßen die Templer, Hospitaler und Zisterzienser feste Exemtionen, die ihnen, wie Richard von Ely erzählt, im Jahre 1178 durch Heinrich II. gewährt worden waren.[117] Und auch die Angehörigen des Rechnungshofes waren von der Zahlung solcher Abgaben wie Mord, Schild oder Dänengeldern weitgehend befreit.[118]

---

111 Dialogus, S. 106 : *Quippe similis est donorum et perdonorum regis ratio, ut, sicut dona eius reuocari uel repeti non debent, sic nec regis dimissa, que uuolgo perdonata dicuntur, nequeunt in irritum deuocari.*

112 Pipe Roll 24 Hen. II, S. 20f.

113 Pipe Roll 6 Rich. I, S. 195.

114 Pipe Roll 10 John, S. 113; Rot. litt. pat., S. 81.

115 Pipe Roll 14 John, S. 18.

116 Vgl. zum Beispiel Pipe Roll 7 John, S. 40: *...Et in perdonis ipse A. iij palefridos per breue R. quia non habuit pro quo promisit. Et Q.E.* Oder Rot. litt. claus., S: 103: *Rex Baronibus etc. Mandamus vobis quod quietum esse faciatis Willelmum Blundum de centum li. quas nobis promisit pro habendo manerio de Heyford' quod Willelmus filius Roscelin' tenet quod idem Willelmus Blundus non habuit per finem illum nec per eum stetit quominus illud habuit.*

117 Dialogus, S. 103ff.

118 Zum Beispiel wurden Warin fitz Gerold, dem Kämmerer des Königs, 1195 und 1196 zwei Mordgelder *per libertatem quam habet de Scaccario* erlassen (Pipe Roll 7 Rich. I, S. 74 u. 8 Rich. I, S. 135). Zu den weiteren Schulderlassen für Warin vgl. unten Anm. 161.

Die zuletzt genannten Befreiungen beruhten auf dem mehr oder weniger verbindlichen Herrschaftsprinzip, Gefolgsleute für ihre guten und treuen Dienste (*servitia*) finanziell zu belohnen – nicht zuletzt durch einen Erlass ihrer Schulden. Die Erwartungshaltung der Anhänger des Königs, die mit einer finanziellen Vergütung ihrer Dienste geradezu rechneten, wird in einer Anekdote thematisiert, die William fitz Stephen erzählt.[119] Heinrich II. und der Bischof Roger von Worcester, der ein Bruder des Grafen von Gloucester war, waren in einen Streit geraten. Der Bischof, der in der Anekdote nicht als Anwalt der Kirche, sondern als Anwalt seiner Familie auftritt, zählt die Verdienste seiner Verwandten auf. Anschließend spielt er geschickt auf die Tugend der Freigebigkeit (*largitas*) an, die von einem Herrscher wie Heinrich II. erwartet wurde: Er beschreibt die Beschneidung des familären Vermögens durch den König und fragt ihn anschließend ironisch, ob er seine verdienten Freunde und Vertrauten immer so belohne (*...bene meritos sic consuevistis munerare*). Die Freigebigkeit, die damals von einem guten Fürsten erwartet wurde, konnte recht drastische Ausmaße annehmen. Dies verdeutlicht ein Ausspruch des Grafen Theobald von Blois. Nach den Grenzen der Freigebigkeit (*terminos largitatis*) gefragt, antwortete er: ‚Wo nichts mehr ist, was man geben kann, dort ist die Grenze; es ist nämlich nicht Freigebigkeit, schändlich zu erwerben, was man verschenken kann.‘[120]

Der Zusammenhang zwischen Huld und Königsdienst tritt in einigen Dokumenten der königlichen Verwaltung besonders stark hervor. Ein Baron, der an einer Heerfahrt teilgenommen und möglicherweise auch ein der Größe seines Kronlehens entsprechendes Kontingent an Rittern gestellt hatte, wurde natürlich von der Zahlung eines Schildgeldes befreit. Dies wurde in den Pipe Rolls dann mit Wendungen wie *quia est in servitio Regis* oder *quia fuit cum Rege in exercitu Normannie* begründet.[121] Solche Befreiungen galten auch für Kreuzfahrer.[122] Am 6. April 1204 befahl der König seinem obersten Forstbeamten, Hugh II de Scales (Caxton), eine Forstbuße in Höhe von 60 Mark zu erlassen, da

---

119 Materials, 3, S. 104ff., hier S. 105: *Fratris mei comitis tenuram et honorem mille militum, quem avus vester, rex illustris Henricus, patri meo integrum dedit, vos feudo ducentorum et quadraginta militum decurtastis. Alium juniorem fratrem meum R., strenuum, ut dicitur, militem, ita inopem et opis indigum esse sustinuistis, quod pro paupertate, relicta saeculari militia et vita, hospitali Ierosolymitano se in perpetuo serviturum donavit, et schema habitumque suscepit. Vestros domesticos propinquos et amicos sic nosti beare; bene meritos sic consuevistis munerare.*

120 Walter Map, S. 452: *Ego uero, sciens ipsum comitem tam largum ut prodigus uideretur, subridiens quesiui si sciret ipse terminos largitatis. Respondebit: 'Ubi deficit quod dari potest, ibi terminus est; non enim est largitatis turpiter querere quod dari possit.'*

121 Pipe Roll 6 Rich. I, S. 139; Pipe Roll 4 John, S. 270.

122 Vgl. zum Beispiel Pipe Roll 2 Rich. I, S. 117: *Ricardus de Luuetot r.c. de c s. de eodem scutagio. In thes. iij li. Et in perdonis per breue R. ipsi Ricardo qui abiit Jheros' xx s. Et Q.E.*

sich dessen Sohn mit ihm auf eine Heerfahrt begeben würde.[123] In einem in einer Fine Roll Johanns überlieferten Fall entsprach der König der Bitte des Magisters Michael Belet um das Recht, eine bestimmte Person verheiraten zu dürfen, ebenfalls mit der Begründung, dass sich der Bittsteller in seinen Diensten befinden würde: *...illud ei concessum est eo quod ipse est in servicio domini Regis*.[124] William II de Lanvaley bat König Johann, zwei Ämter behalten zu dürfen, die er bereits seit den Tagen Richards I. ausgeübt hatte, ‚solange es dem König gefällt und er ihm gut dient' (*quamdiu R. placuerit et ei bene seruieret*).[125] Und auch William I Marshal wurden 200 Mark für die Beaufsichtigung dreier Burgen im Grenzland zu Wales erlassen.[126]

Das folgende Beispiel verdeutlicht, dass sich die königliche Huld nicht immer nur auf die Verdienste einzelner Personen, sondern auf diejenigen einer ganzen Sippe beziehen konnte – so wie es in der oben zitierten Anekdote über den Bischof von Worcester zum Ausdruck kam: Im Jahre 1213 bot John de Lacy die für damalige Verhältnisse riesige Summe von 7000 Mark für das Erbe seines Vaters Roger. Roger war einer der mächtigsten Barone des Königreiches gewesen und hatte trotz anfänglicher Vorbehalte Johann Ohneland stets unterstützt.[127] Aufgrund der Existenz eines in einem Register überlieferten Briefes Philipps Augustus' von Frankreich an John de Lacy vermutete Sidney Painter, dass Rogers Sohn im Jahr 1209 in eine Verschwörung gegen den englischen König verwickelt gewesen sei. Dies sei möglicherweise ein Grund für die enorme Höhe der Erbgebühr gewesen, die John de Lacy vier Jahre später auferlegt wurde. James C. Holt beurteilte die Echtheit dieses Briefes – und damit den Hinweis auf eine mögliche Verschwörung Johns noch zu Lebzeiten seines Vaters – weitaus skeptischer.[128] Wie auch immer, für unseren Zusammenhang ist wichtig, mit welcher Begründung König Johann dem Erben von den 7000 Mark 1000 erließ: für den guten und treuen Dienst, den Johns Vater ihm geleistet habe und für den Dienst Johns selbst, von dem der König hoffte, dass er ebenso gut und treu sein würde.[129]

---

123 Rot. de lib., S. 89.

124 Rot. de ob. et fin., S. 180.

125 Rot. de ob. et fin., S. 89 ; Pipe Roll 3 John, S. 73. Eine ähnliche Formel erscheint in einem Angebot Williams de Stuteville aus dem Jahr 1201 (Pipe Roll 3 John, S. 158). Er bot dem König 1000 Mark für das Sheriffsamt von Yorkshire *quamdiu bene et fideliter seruierit*.

126 Rot. de ob. et fin., S. 522 : *De fine quem Willelmus Marescallus fecit cum domino Reg' pro castro de Heuerford' perdonauit ei dominus R. cc m. pro custodia castrorum Kaermerdin et Kardiuan et Goher cum pertinentiis...* .

127 Rot., de ob. et fin., S. 494f. Zur Charakterisierung des Verhältnisses zwischen Roger de Lacy und König Johann vgl. HOLT 1961, S. 219f.

128 PAINTER 1949, S. 253ff.; HOLT 1961, S. 207f.

129 Rot. de ob. et fin., S. 494 : *...et pro bono et fideli servicio predicti patris ipsius Johannis quod domino Regi fecit . et servicio ejusdem Johannis quod bonum et fidele dominus*

Der geschilderte Fall weist bereits auf die gewissermaßen umgekehrte Anwendung des oben beschriebenen Prinzips hin: Schulderlasse wurden auch mit der Absicht gewährt, bestimmte Dienste zu erhalten oder, besser gesagt, zu erzwingen. James C. Holt beschrieb dieses Phänomen treffend so:[130] „If the conversion of the services into cash was a marked feature of the Angevin government of England, so also was the conversion of cash into services. This was the easiest way to ensure political subservience." Gut illustriert wird dieses Prinzip durch Ereignisse, die sich im Sommer 1213 zutrugen. Zu dieser Zeit begann Johann Ohneland im Rahmen seiner Vorbereitungen zur Rückeroberung des verlorenen Festlandsbesitzes einer Reihe von Baronen zu versprechen, die Schulden zu erlassen. Unter diesen befanden sich Robert II de Berkeley, William II Malet, Robert de Courtenay, Robert de Mortimer, Richard Gernun, Hugh I de Balliol, Robert III de Marmion und Robert II de Vaux.[131] Im Gegenzug mussten sich die Barone verpflichteten, dem König für den Zeitraum eines ganzen Jahres auf eigene Kosten eine spezifizierte Anzahl gut ausgebildeter Ritter, die mit Pferden und Waffen ausgerüstet waren, zur Verfügung zu stellen. Dass es sich bei der Technik, Schulden zur politischen Disziplinierung zu nutzen, nicht unbedingt nur, wie Holt schrieb, um ein spezifisches Phänomen des angevinischen Herrschaftssystems handelte, zeigt ein kurzer Vergleich mit der Geldpolitik Kaiser Heinrichs VI. In den Bedingungen über die Zahlung des Lösegeldes König Richards I. vom 29. Juni 1193 stellte der Kaiser dem König Englands in Aussicht, 50.000 Mark zu erlassen und selbst 20.000 Mark an den Herzog von Österreich zu zahlen, falls Löwenherz ein nicht näher spezifiziertes Versprechen einhielte, das sich auf Heinrich den Löwen, den ehemaligen Herzog Sachsens und Schwager des Königs, bezog.[132]

Die Behandlung der Frage, welche Barone des Untersuchungsfeldes nun konkret von Zahlungsbefreiungen profitierten, soll zum Abschluss untermauern, dass ein ‚Pardon' des Herrschers nie zufällig erfolgte, sondern im Regelfall seinen Getreuen und Funktionsträgern zugute kam oder – was auch vorkam – dem Versuch diente, einen Großen, der in seiner Loyalität zum ihm schwankte, an sich zu binden. Die folgenden Beispiele aus den Herrschaften Heinrichs II., Richards I. und Johanns verdeutlichen darüber hinaus, dass alle drei Könige bei der Vergebung von Schulden im großen und ganzen nach ähnlichen Prinzipien

---

Rex sperat habere . de predictis septem mille m. extremas mille m. dominus Rex ei perdonavit.

130 Holt 1961, S. 182.

131 Rot. de ob. et fin., S. 468, 469, 473, 485, 490, 503, 513f.

132 Howden, 3, S. 215: *Item autem dominus rex solverit promissionem, quam domino imperatori de Henrico quondam duce Saconiae fecit,imperator de quinquaginta millibus marcis regem liberum dimittens et absolutum, pro ipso rege solvet duci Austriae viginti millia marcarum, et rex non tenebitur dare duci Austriae septem obsides, nec imperatori sexaginta.*

handelten. Zuerst werden jeweils die Barone genannt, die in hervorstechender Weise von umfangreichen Schulderlassen profitieren. Zum Vergleich wird danach der Blick kurz auf einige ausgewiesene Gegner des jeweiligen Königs gerichtet beziehungsweise auf solche Adlige, bei denen man keine besondere Affinität zum Herrscher nachweisen kann.

Die frühen Pipe Rolls Heinrichs II. lassen für *familiares* des Herrschers bis zu Beginn der siebziger Jahre des 12. Jahrhunderts immer das gleiche Profil erkennen. Neben der Ausstattung mit den *terre date* wurden Getreue regelmäßig von Mord und Dänengeldern und von kleineren Forstbußen befreit.[133] Bei diesen *familiares* handelt es sich zum einen um Männer, die ihre Stellung, und oft auch ihr Kronlehen, Heinrich II. persönlich zu verdanken hatten. Sie besaßen meist nur wenig Ritterlehen, trufen häufig den Titel *dapifer* oder *senescallus* und waren – wie Zeugenlisten aus Urkunden Heinrichs II. beweisen – regelmäßig im Gefolge des Herrschers anzutreffen. Zu dieser Gruppe gehören Reginald de St. Valery[134], Manasser Biset[135], William I Malet[136], William II de Mauduit[137], Robert II de Marmion[138], aber auch Ritter aus der königlichen *familia* wie Robert de Dunstanville[139], William I de Lanvaley[140] und die zu den Mördern

133 Vgl. oben Anm. 117.

134 Reginald, gest. ca. 1162-70 (Beckley) war bereits Seneschall Heinrichs II., bevor dieser den englischen Thron bestieg. Manasser Biset scheint sein Amtsnachfolger gewesen zu sein. Vgl. JOLLIFFE 1963, S. 143. Schulderlasse: Pipe Roll 7 Hen. II, S. 17, 26, 52; 8 Hen. II, S. 8, 14, 19, 27, 36, 42, 44, 49, 67, 71; 9 Hen. II, S. 19, 49.

135 Manasser, gest. 1177 (Barony of Biset) trug den Titel eines *dapifer* und war wahrscheinlich Nachfolger Reginalds de St. Valery. Vgl. Recueil des actes, Introduction, S: 403f.; JOLLIFFE 1963, S : 215f. Schulderlasse : Pipe Roll 5 Hen. II, S, 18; 6 Hen. II, S. 19; 8 Hen. II, S. 13, 14, 23, 36, 42, 60, 71; 9 Hen. II, S. 16; 11 Hen. II, S. 88; 15 Hen. II, S. 20; 16 Hen. II, S. 123.

136 William, gest. 1169 (Curry Malet) war ein zweiter *dapifer* im Gefolge Heinrichs II. Vgl. Recueil des actes, Introduction, S. 491 ; JOLLIFFE 1963, S. 216. Schulderlasse : Pipe Roll 6 Hen. II, S. 58; 8 Hen. II, S. 13, 22, 24, 25, 49; 11 Hen. II, S. 42, 109; 14 Hen. II, S. 142, 143, 154, 194; 15 Hen. II, S. 166.

137 William, gest. ca. 1195 (Hanslope) war erblicher Kämmerer des Königs. Vgl. JOLLIFFE 1963, S. 229. Schulderlasse: Pipe Roll 5 Hen. II, S. 19; 6 Hen. II, S. 5, 37, 47, 48; 7 Hen. II, S. 58; 8 Hen. II, S. 8, 10, 36, 41; 9 Hen. II, S. 16, 41; 13 Hen. II, S. 120, 121, 122, 124, 184, 186; 14 Hen. II, S. 56, 184, 185, 186; 15 Hen. II, S. 67, 75, 91, 155; 16 Hen. II, S. 23, 30, 124, 125; 17 Hen. II, S. 60; 21 Hen. II., S. 42, 53, 196, 197; 23 Hen. II., S. 158; 26 Hen. II, S. 85; 27 Hen. II, S. 69; 28 Hen. II., S. 144; 29 Hen. II, S. 81; 32 Hen. II, S. 175; 34 Hen. II, S. 185. Die Forstbuße von 1176 (100 Pfund) wurde ihm allerdings nicht erlassen.

138 Robert, gest. 1181 (Tamworth) war gleichfalls häufig Zeuge in Heinrichs Urkunden. Vgl. JOLLIFFE 1963, S. 142f.; WARREN 1973, S. 309. Schulderlasse: 15 Hen. II, S. 16; 20 Hen. II, S. 27; 21 Hen. II, S. 67; 24 Hen. II, S. 59, 78.

139 Robert, gest. 1167 (Castle Combe) gehörte zu den Rittern des königlichen Haushaltes. Vgl. Recueil des actes, Introduction, S. 441 ; JOLLIFFE 1963, S. 143. Schulderlasse : Pipe Roll 6 Hen. II, S. 18, 41, 52; 8 Hen. II, S. 24, 36, 47, 31.

Beckets gehörenden William II de Tracy[141] und Reginald fitz Urse[142]. Zum anderen besaßen auch Barone, die weniger im ständigen Gefolge des Herrschers anzutreffen waren, dafür aber Aufgaben als Sheriff oder Reiserichter wahrnahmen, vergleichbare Vergünstigungen. Hierzu zählten zum Beispiel Henry I d'Oilly[143], William I de Beauchamp[144], Gibert Pipard[145] oder Manasser II de Arsic[146]. Nach der Beendigung des großen Adelsaufstandes der Jahre 1173-1174 wurden auch aktive Unterstützer des Königs wie Hugh I de Beauchamp[147], Humphrey III de Bohun[148], William I de Vesci[149] oder Henry de Lacy[150] von

---

140 William, gest. 1180 (Walkern) erlangte sein Kronlehen – sicherlich dank aktiver Unterstützung Heinrichs II. – durch seine Heirat mit Gunnora, der Tochter Huberts de St. Clair. Vgl. SANDERS 1960, S. 92; JOLLIFFE 1963, S. 143f. Schulderlasse u.a.: Pipe Roll 8 Hen. II, S. 8, 11, 23, 25, 36, 54, 55, 71; 9 Hen. II, S. 29; 11 Hen. II, S. 107; 13 Hen. II, S. 153 (100 Pfund!), 155, 190 usw.

141 William, gest. nach 1172 (Bradninch) war einer der Mörder Thomas Beckets. Vgl. Gesta, 1, S. 11. Schulderlasse: 11 Hen. II, S. 80; 14 Hen. II, S. 128; 15 Hen. II, S. 53; 21 Hen. II, S. 62.

142 Reginald, gest. 1172-75 (Bulwick) gehörte ebenfalls zu den vier Mördern des Erzbischofs. Vgl. Gesta 1, S. 11. Schulderlasse 13 Hen. II, S. 117, 162; 14 Hen. II, S. 44; 16 Hen. II, S. 23, 89; 18 Hen. II, S. 74, 75.

143 Henry, gest. 1163 (Hook Norton) war zeitweise Sheriff von Oxfordshire. Vgl. AMT 1993, S. 48 et passim. Schulderlasse: Pipe Roll 5 Hen. II, S. 35; 7 Hen. II, S. 18; 8 Hen. II, s. 9, 19, 27, 28, 51; 9 Hen. II, S. 16.

144 William, gest. 1170 (Salwarpe) war zeitweise Sheriff von Worcestershire, Warwickshire und Gloucestershire. Vgl. EYTON 1878, S. 10, 12, et passim; KEEFE 1983, S. 49. Schulderlasse: 8 Hen. II, S. 3, 27, 28; 11 Hen. II. S. 85; 13 Hen. II, S. 65-68; 14 Hen. II, S. 115, 116.

145 Gilbert, gest. 1191 (Papcastle) war als Sheriff von Gloucestershire, Sheriff von Herefordshire und Reiserichter tätig (vgl. auch Gesta, 1, S. 108 u. 239; 2, S. 108). Schulderlasse: Pipe Roll 18 Hen. II, S. 54, 119 (Zahlungsaufschub); 22 Hen. II, S. 32 (100 Mark!); 30 Hen. II, S. 105.

146 Manasser, gest. 1171-2 (Cogges) war zeitweise Sheriff von Oxfordshire. Vgl. AMT 1993, S. 59. Schulderlasse: Pipe Roll 11 Hen. II, S. 70; 14 Hen. II, S. 207. Er zahlte auch nichts von seiner ihm 1167 auferlegten Forstbuße in Höhe von 20 Mark.

147 Hugh, gest. 1187 (Eaton Socon) erhielt sein Kronlehen möglicherweise von Heinrich II. Er unterstützte den König militärisch und erhielt nach der großen Rebellion 1173-74 neue Länder aus dem Krongut (*terre date*): Pipe Roll 13 Hen. II, S. 72; 20 Hen. II, S. 176; Gesta 1, S. 50, 359. Vgl. SANDERS 1960, S. 40 Anm. 5. Schulderlasse: 5 Hen. II, S. 22, 55; 7 Hen. II., S. 12; 8 Hen. II, S. 41, 49; 16 Hen. II, S. 28.

148 Humphrey, gest. 1187 (Trowbridge) erwies sich in der Rebellion gegen Heinrich II. als einer der wichtigsten Unterstützer des Königs und führte den Titel eines *constabularius*. Vgl. zum Beispiel Gesta, 1, S. 51 Anm. 4, 61, 99; Jordan Fantosme, passim. Schulderlasse: Pipe Roll 13 Hen. II, S. 147; 15 Hen. II, S. 19; 22 Hen. II, S. 172 (voller Erlass seiner Erbgebühr in Höhe von 300 Mark!).

149 William, gest. 1184 (Alnwick) war viele Jahre Sheriff von Northumberland und Verwalter von Lancashire. Zu seiner Rolle während des Aufstandes vgl. Gesta, 1, S. 65; Torigni, S. 309; Jordan Fantosme, passim. Große Schulden wurden ihm nach der

großen Schuldbeträgen befreit. Weitere durch Heinrich II. begünstigte Personen waren Patrick[151], Graf von Salisbury, der seinem König Dienste als Heerführer in Poitou leistete, und Walter I de Clifford[152], der Vater der königlichen Lieblingsmätresse ‚Fair Rosamund'.

Die Begünstigungen all dieser genannten Personen stechen besonders deutlich hervor, wenn man sie mit dem Pipe-Roll-Profil der Barone kontrastiert, die weder als Freund noch als Feind Heinrichs II. merklich hervortraten: Zum Beispiel erhielten weder Walter II und John I de Aincourt, Henry I Lovel, Hamo I Peche, Ranulph fitz Walter noch William II Fossard oder Oliver I de Tracy größere Schuldbefreiungen. Das gleiche gilt natürlich für ausgewiesene Gegner Heinrichs II. wie den Grafen von Derby (William I de Ferrers), Adam II de Port, Hugh de Morville, Simon II de Wahull, Gilbert de Mountfitchet, Gervase Paynel oder Hugh II de Mortimer. Richard II de Luvetot wurde wahrscheinlich sogar wegen Insolvenz zeitweise enteignet.[153]

Die prominentesten Rebellen gegen Heinrich II. aus dem englischen Adel waren die Grafen von Norfolk und Leicester, Hugh I Bigod (gest. 1177) und Robert III de Beaumont (gest. 1190). Ersterer erhielt zwar 1176 substantielle Schulderlasse (über 500 Mark), bot dafür aber neue 700 Mark an, um alter Forderungen ledig zu sein und sein Kronlehen (Framlingham) weiter behalten zu dürfen. Letztlich handelte es sich hierbei also um eine Art Umschuldung.[154] Der Graf von Leicester erhielt bis 1173 viele kleine Schulderlasse; nach seiner Rebellion nahm der König sein Kronlehen zweimal in seine Hand und gewährte ihm künftig keine weiteren Schulderlasse.[155]

Rebellion erlassen: Pipe Roll 23 Hen. II, S. 75 (100 Pfund!); 24 Hen. II, S. 53 (10 Mark).

150 Henry, gest. 1177 (Pontefract) erhielt nach der Rebellion eine Geldstrafe von 100 Pfund erlassen, die ihm 1171 auferlegt worden war: Pipe Roll 17 Hen. II, S. 73; 22 Hen. II, S. 102. Vgl. Gesta, 1, S. 51 Anm. 4.

151 Patrick, gest. 1168, war auch Sheriff von Wiltshire und wurde 1168 in Poitou getötet. Vgl. Torigni, S. 236; Howden, 1, S. 273f. Schulderlasse: Pipe Roll 6 Hen. II, S. 17, 19, 41, 58; 8 Hen. II, S. 14, 72; 13 Hen. II, S: 128 (100 Mark!).

152 Walter, gest. 1190 (Clifford) erhielt mehrere beträchtliche Schulderlasse. Pipe Roll 11 Hen. II, S. 99 (20 Mark); 22 Hen. II, S. 44 (30 Mark); 23 Hen. II, S. 67; 24 Hen. II, S. 45. Zu Rosamund Clifford vgl. TYERMAN 1996, S. 218f.

153 Richard, gest. 1191 (Southoe) gehörte zu den Rebellen, die am 26. August 1173 gefangen genommen wurden, nachdem sie die Burg Dol aufgegeben hatten. Vgl. Gesta, 1, S. 57. Zu seiner Zahlungsunfähigkeit vgl. unten bei Anm. 186.

154 Pipe Roll 22 Hen. II, S. 62, 65, 66, 70 (*...pro fine fecit cum rege de omnibus querelis et demandis preteritis que ad denarios pertinent, et ut teneat terras quas habet de domino regis in vita sua...*). Hugh I Bigod starb bereits im folgenden Jahr, aber seine Länder wurden vom König bis 1188 eingezogen. Sie brachten Heinrich II. rund 1830 Pfund ein: Anhang A, N° 52.

155 Schulderlasse vor 1173: Pipe Roll 5 Hen. II, S. 65; 6 Hen. II, S. 9, 19, 29, 38, 42; 7 Hen. II, S. 14, 17, 33, 45, 68, 69; 8 Hen. II, passim; 9 Hen. II, S. 33, 36, 49 usw.; 13 Hen. II,

Für die Zeit Richards I., der sich – wie im Verlauf der Untersuchung bereits mehrfach betont wurde – als König nur kurze Zeit in England aufhielt, lassen sich nicht so viele Barone des Feldes ausmachen, deren Pipe Roll-Einträge ein ähnlich ausgeprägtes Profil an Schulderlassen aufweisen wie die *familiares* Heinrichs II. Dies liegt wohl vor allem daran, dass ihm sein Gefolge auf den Kreuzzug folgte. Als wichtige Unterstützer Richards I. können William I Marshal[156], dem 1190 500 Mark erlassen wurden, und Geoffrey fitz Peter[157] ausgemacht werden. Beide setzten ihre steile Karriere bekanntlich unter Johann Ohneland fort, wie auch einige andere Männer aus dem Gefolge Richards I.[158] Einer von Richards Gegnern im englischen Adel war Gerard de Camvill, der sich mit Johann gegen den König verschworen hatte und von keinerlei Schulden befreit wurde.[159]

Johann Ohneland erteilte, ähnlich wie sein Vater, insbesondere Mitgliedern seines Gefolges und wichtigen Funktionsträgern Schulderlasse: Seinem langjährigen Seneschall, William de Cantelou[160], dem Kämmerer Warin fitz Gerold[161], dem *custos Judeorum* William de Warenne[162], Robert de Vipont[163],

---

passim; 14 Hen. II, S. 165f., 202 et passim. Zu den Konfiskationen vgl. Anhang A, N° 72.

156 Zu William I Marshal vgl. CROUCH 1990. Der genannte Schulderlass findet sich in Pipe Roll 2 Rich. I, S. 145.

157 Geoffrey, gest. 1213 (Pleshy) heiratete die Erbin des Grafen von Essex. Der Titel wurde ihm 1199 von König Johann verliehen, während dessen Abwesenheit er zum Regenten Englands ernannt wurde. Vgl. TYERMAN 1996, S. 293ff. Schulderlasse u.a. Pipe Roll 9 Rich. I, S. 69, 72, 78, 80; 3 John, S. 197, 209; 4 John, S. 143; 11 John, S. 198; 13 John, S. 143.

158 Vgl. unten Anm. 162, 164 u. 165.

159 Gerard, gest. 1214 (Brattleby) erlangte sein Kronlehen vor 1185 durch Heirat mit Nichola, der Erbin des 1169 verstorbenen Richard de la Hay. Zu seiner Unterstützung Johann Ohnelands und seiner anschließenden Verurteilung 1194 vgl. oben S. 119f.

160 William, gest. 1239 war bereits Johanns Seneschall, bevor dieser den englischen Thron bestieg. Er wurde vom König reich mit Gütern und Privilegien ausgestattet. Sein Kronlehen, Eaton Bray, erhielt er 1205; er errichtete dort eine Burg. Mehrere Jahre war er darüber hinaus Sheriff von Warwickshire und Leicestershire und Sheriff von Worcestershire. Vgl. PAINTER 1949, S. 84; SANDERS 1960, S. 39f. Schulderlasse: Pipe Roll 1 John, S. 255, 261; 6 John, S. 38, 65, 264; 12 John, S. 200 (50 Mark), 201 (100 Mark); 13 John, S. 142 (100 Mark), 146; Rot. de ob. et fin., S. 558 (über 262 Mark Schulderlass und zusätzliche Gewährung eines Zahlungsaufschubs). 1206 oder 1207 entband ihn eine königliche Untersuchungskommission von Forderungen in Höhe von über 400 Pfund: Pipe Roll 9 John, S. 158.

161 Warin, gest. 1216 (Stogursey) erlangte sein Kronlehen durch die Heirat von Alice, der Schwester und Erbin Williams IV de Curci. Vgl. PAINTER 1949, S. 59, 68. Schulderlasse (ohne die unzähligen Schildgeldbefreiungen): Pipe Roll 1 John, S. 229 (207,5 Mark), 242, 255; 12 John, S. 175 (100 Mark); 14 John, S. 53 (140 Mark). Warin wurde kraft seines Amtes auch von der Zahlung von Mordgeldern befreit: Vgl. oben Anm. 118.

Robert de Tregoz[164], Thomas Basset[165] und Adam de Port[166]. William II Malet, dessen Bestrafung wegen eines Forstvergehens in Kapitel 2 als ein Ausgangspunkt der Überlegungen zur Logik des mittelalterlichen Rechnungshofes diente, konnte mit der Milde des Herrschers rechnen, da er aus einer Familie stammte, die seit Generationen im Königsdienst tätig war: Sein Großvater und sein Vater waren Seneschalle am Hofe Heinrichs II. gewesen, und er selbst übte zeitweise das Sheriffsamt aus. Aus diesen Gründen erließ ihm Johann Ohneland die auferlegte Geldstrafe in Höhe von 100 Pfund gänzlich.[167]

König Johanns Gegner wie Richard III de Clare (Graf von Hertford), Robert II de Vaux oder Robert II fitz Walter erhielten dagegen – außer den

162 William, gest. 1209 (Wormegay) ist unter Richard I. als Reiserichter und Baron des Exchequers nachzuweisen. Im April 1200 wurde er von König Johann zum *custos Judeorum* ernannt; er behielt dieses Amt bis zu seinem Tod. Vgl. Pipe Roll 5 Rich. I, S. 29; 7 Rich. I, S. 38, 235; 10 Rich. I, S. 214; PAINTER 1949, S. 142; RICHARDSON 1960, S. 136. Schulderlasse: Pipe Roll 4 John, S. 16, 28, 67, 106, 118, 155; Pipe Roll 5 John, S. 97, 211, 237, 240; 6 John, S. 246 (200 Mark).

163 Robert, gest. 1228 (Appleby) erhielt sein Kronlehen 1203 oder 1204 von Johann Ohneland. Unter anderem war er als Reisrichter, Sheriff von Nottinghamshire und Derbyshire, Wiltshire und Devon tätig. Vgl. PAINTER 1949, S. 85 et passim. Schulderlasse u.a. : Pipe Roll 6 John, S. 16; 8 John, S. 38f.; 10 John, S. 45 (3000 Mark!); 16 John, S. 84 (100 Mark *de dono Regis*).

164 Robert, gest. 1213-14 (Ewyas Harold) war bereits regelmäßiges Mitglied im Gefolge König Richards I. und trug den Titel eines *dapifer*. Durch seine Heirat mit Sibyl, der Tochter des 1198 verstorbenen Robert II de Ewias erhielt er sein Kronlehen. Unter König Johann verblieb er im Königsdienst und verwaltete die Stadt Bristol und die Burg von Salisbury. Vgl. LANDON 1935, S. 92 et passim; SANDERS 1960, S. 43; Pipe Roll 1 John, S. 27, 34, 168. Schulderlasse u.a.: Pipe Roll 2 John, S. 93, 103; 4 John, S. 123 (200 Mark); 6 John, S. 17 (über 237 Pfund); 7 John, S. 136.

165 Thomas, gest. 1220 (Headington) gehörte seit dem Sommer 1197 regelmäßig zum Gefolge Richards I. Er war einer der Zeugen der letzten von Löwenherz in Châluz ausgestellten Urkunde. König Johann fuhr fort, ihn zu favorisieren und stattete ihn 1203 mit seinem Kronlehen aus. Ab 1208 war Thomas viele Jahre Sheriff von Oxfordshire. Vgl. LANDON 1935, S. 132ff.; PAINTER 1949, S. 7, 119, 357; SANDERS 1960, S: 51f. Schulderlasse: Pipe Roll 7 John, S. 36, 102; 10 John, S. 161 (110 Mark); 12 John, S. 90 (Geschenk von über 192 Pfund!); 13 John, S. 190, 196.

166 Adam, gest. 1213 (Basing) hatte Heinrich II. 1000 Mark zur Besänftigung seines Zornes geboten, wovon er bis 1188 das meiste (700 Mark) zahlte: Pipe Roll 26 Hen. II, S. 135; 34 Hen. II, S. 173. Obwohl er ein Schwiegersohn des in Ungnade gefallenen William de Braose war, setzte Johann Ohneland ihn als Reiserichter ein und erließ ihm Schulden in Höhe von 600 Mark. Adam hatte zu jenen gehört, die die Urkunde bezeugten, in der Johann sein Vorgehen gegen William de Braose rechtfertigte: Pipe Roll 11 John, S. 15 et passim; 12 John, S. 157, 185. Vgl. PAINTER 1949, S. 242f.

167 William, gest. ca. 1216 (Curry Malet) war unter Johann Reiserichter und Sheriff von Dorset und Somerset: Pipe Roll 12 John, S. 58, 69. Vgl. oben Kapitel 2, bei Anm. 97; SANDERS 1960, S. 38f.; EYTON 1878, S. 24, 33, 38, 67, 135, 186, 187.

Schildgeldbefreiungen für geleistete Dienste – keine nennenswerten Schulderlasse. Das gleiche gilt für die meisten anderen Feinde des Königs. Wohlgemerkt kamen nicht immer nur Amtsträger in den Genuss von Schuldbefreiungen. Verschiedene Barone des Untersuchungsfeldes sind, wenn man allein nach dem ‚Profil' der ihnen gewährten Schulderlasse geht, in ihrer Stellung zum König nur schwer einzuordnen. Über Robert II de Ros, der erst kurz vor den Ereignissen von Runnymede auf die Seite der Rebellen überging und von der Zahlung einiger Schulden befreit wurde, schrieb James C. Holt: „Nobody, perhaps not even Robert himself, never quite knew where he stood."[168] Auch Peter I de Brus, der gleichfalls 1215 gegen Johann rebellierte, erhielt substantielle Schulderlasse, deren Bedeutung sich jedoch vor dem Hintergrund der Gesamhöhe seiner Zahlungen an den Exchequer relativiert.[169]

Je mehr Schulden eines Barons in den Pipe Rolls verzeichnet waren, desto mehr Optionen hatte der König, ihn zu belohnen oder auch zu zwingen. Ein gutes Beispiel für die Art und Weise, wie der König Erlasse einsetzte, um die Loyalität großer Barone zu gewinnen, bietet sein Umgang mit dem Grafen von Chester: Ranulph III de Blundeville (gest. 1232) gehörte zu den mächtigsten Adligen des Königreiches. In den ersten Jahren der Regierung Johann Ohnelands kann man sein Verhältnis zum König bestenfalls als gespannt bezeichnen, noch im April 1203 verdächtigte ihn Johann des Verrates.[170] Sidney Painter machte darauf aufmerksam, dass sich die Beziehungen des Grafen zum König nach dem Tode des Grafen von Leicester im März 1205 – wohl aus machtpolitischen Erwägungen des Herrschers heraus – grundlegend wandelten: Ranulph erhielt das ihm bis dahin vorenthaltene Richmondshire und mehrere großzügige Schulderlasse.[171] Eine vergleichbare Wandlung im Verhältnis zwischen dem König und einem Großen, allerdings genau umgekehrt – vom Positiven ins Negative –, fand im nun zu behandelnden Fall statt: Auch William de Braose

---

168 Robert, gest. 1226 (Helmsley) war noch 1214 als Sheriff von Cumberland tätig. Vgl. HOLT 1961, S. 24ff., das Zitat S. 25. Schulderlasse: Pipe Roll 1 John, S. 47; 5 John, S. 202; 8 John, S. 194; 9 John, S. 72.

169 Peter, gest. 1222 (Skelton) bot dem König umfangreiche Gelder für verschiedene Privilegien. Er hatte das Ziel, seine Besitzungen in Cleveland zu vergrößern. Vgl. dazu HOLT 1961, S. 180f., 180f. et passim. Schulderlasse: Pipe Roll 4 John, S. 50; 5 John, S. 201, 202; Rot. litt. claus., S. 22, 38; 10 John, S. 149; 12 John, S. 151. Peters Zahlungen an den Exchequer übertrafen jedoch die Summe der Schulderlasse.

170 Rot. litt. pat., S. 29: *Sciend' quod die Veneris in septimana Pasch' venit dominus Rex apud castrum de Vir' propter quadam quod audierat de Com' Cestr' et Fulcon' Painell' . et quibusdam aliis qui proposuerant ut ei dicebatur a servicio et fidelitate sua recedere…* .

171 PAINTER 1949, S. 25ff., hier S. 29: „Perhaps John felt that Earl Robert's death removed the last baron qho could counterbalance Ranulf and that the only course was to try to buy the earl of Chester's loyalty." Schulderlasse: Rot. litt. claus., S. 30 = Pipe Roll 6 John, S. 221; Pipe Roll 7 John, S. 218; 10 John, S. 133; 12 John, S. 24.

erhielt zunächst viele Schulden erlassen, bevor er schließlich die Gunst König Johanns verlor.

4.2.3 Der Sturz Williams de Braose

In den einleitenden Paragraphen des Kapitels wurde geschildert, wie Heinrich II. Thomas Becket auf dem Konzil von Northampton 1164 in Bedrängnis brachte, indem er plötzlich auf alten Verbindlichkeiten beharrte. Die eigentliche Ursache des Zerwürfnisses zwischen dem König und dem Erzbischof waren ihre grundsätzlich verschiedenen Vorstellungen über das Verhältnis von weltlicher Herrschaft und Kirche. Das am besten dokumentierte Beispiel für die Nutzung schriftlich registrierter Schulden als politische Waffe, bietet der Sturz Williams de Braose in den Jahren 1208 bis 1210.[172]

William war einer der Männer, die einen entscheidenden Anteil an Johann Ohnelands Throngewinn hatten, der gegen die Ansprüche von Johanns Neffen Arthur durchgesetzt wurde. Jahrelang stand William de Braose in der Huld des Königs; ihm wurden Besitztümer verschafft und große Summen an Schulden erlassen.[173] Doch schließlich kam es zu einem dramatischen Huldverlust Williams, dessen Ursachen nicht ganz klar sind: Entweder war er dem König einfach zu mächtig geworden, vielleicht lag der Grund aber auch darin, dass er zu den wenigen Personen gehörte, die über das Schicksal des Königsneffen Arthur Bescheid wussten, den Johann Ohneland wahrscheinlich im Frühjahr 1203 hatte ermorden lassen. Es gibt Hinweise darauf, dass William de Braose oder seine Gattin damit drohten, ihr Wissen über das Schicksal Arthurs preiszugeben. Jedenfalls wurden Williams Länder plötzlich konfisziert, und er ging ins Exil. Seine Frau und sein ältester Sohn starben unter dubiosen Umständen im könig-

---

172 Zum ‚Fall Braose' vgl. NORGATE 1902, S: 287f.; POWICKE 1961, S. 309ff.; PAINTER 1949, S. 41ff. u. 238ff.; HOLT 1961, S. 184ff.; TURNER 1990; TYERMAN 1996, S. 311ff.

173 William III de Braose wurden vor seinem Bruch mit dem König im Jahr 1208 sehr hohe Summen erlassen. In der folgenden Aufzählung sind die vielen erlassenen Schildgelder nicht aufgeführt, die Zahlen sind gerundet: Pipe Roll 3 John, S. 84 (463 Pfund + 92 Pfund); 4 John, S. 143 (100 Pfund); 5 John, S. 58 (33 Pfund), 196 (25 Mark); 6 John, S. 101 (925 Pfund). Bereits nach 1204 wurden William keine größeren Summen mehr erlassen. Anscheinend bestand Johann auf der Bezahlung der Rückstände und vielleicht deutet dies bereits auf eine Abkühlung im Verhältnis der beiden in diesem Zeitraum hin. 1205 gab William dem König 10 Stiere und 10 Kühe, um den König von Schottland nicht zu Johann geleiten zu müssen: Rot. de ob. et fin., S. 334. William de Braose hatte auch nach all den oben genannten Erlassen noch genügen ausstehende Schulden, die ihn in Schwierigkeiten bringen konnten. Eine ‚Reaktivierung' einmal gestrichener Forderungen war also nicht nötig. Eine Übersicht Williams wird im Anhang B unter N° 132 gegeben.

lichen Verlies. Zur Rechtfertigung seines rigorosen Vorgehens ließ Johann eine Urkunde ausstellen, die ihrer Form und ihrem Inhalt nach einzigartig ist.[174]

Das Schriftstück führt aus, dass der Grund für die Flucht Williams die noch ausstehenden 5000 Mark gewesen seien, die er für die Belehnung mit der irischen Provinz Munster (Limerick) geboten habe.[175] Die Zahlungstermine, die ihm gesetzt worden seien, habe er umgangen und auch die von ihm erbetenen (neuen) Zahlungstermine habe er nicht eingehalten.[176] Nach dem Verstreichen einer Frist von 5 Jahren sei dann ‚der Gewohnheit unseres Reiches und dem Gesetz unseres Exchequers nach' beschlossen worden, die bewegliche Habe Williams in England zu beschlagnahmen, um die Schulden zu bezahlen. Daraufhin habe der unbotmäßige Baron seine beweglichen Güter (*catalla sua*) versteckt und sich den rechtmäßigen Forderungen des Königs widersetzt.[177] Die Urkunde fährt fort mit einer ausführlichen Erzählung der dann folgenden Ereignisse aus der Sicht Johanns, die in der Flucht Williams und anschließenden Ächtung gipfelt. Der Tod seiner Gattin und ihres Sohnes werden nicht erwähnt.[178]

---

174 Sidney Painter vermutete, dass die Urkunde bald nach der Flucht Williams 1210 ausgestellt wurde, doch weist die Urkunde selbst auffälligerweise keine Datierung auf. In der Edition, Rymer, Foedera, S. 107f., wird die Urkunde ohne Angabe von Gründen auf das Jahr 1212 datiert; zusätzlich wird dort ein falscher Überlieferungsort (vorgeblich Liber B, fol. 419) angegeben. Das Schriftstück ist nicht im Original, sondern nur als Abschrift im sogenannten ‚Liber A' des Exchequers überliefert. Bei diesem Buch handelt es sich um ein zwischen 1282 und 1304 für die ‚Wardrobe' kompiliertes Register diplomatischer Dokumente. Die gefragte Urkunde befindet sich auf den Blättern fol. 434r. bis fol. 439v. innerhalb einer Gruppe von Schriftstücken (fol. 435ff.), die sich auf Irland beziehen.

175 Rymer, Foedera, S. 107: *Ut universitati vestrae notum fiat quâ de cause, & pro quo forisfacto Willielmus de Breosa de terrâ nostrâ recesserit, sciatis, quod idem Willielmus debuit nobis in ultimo recessu nostro de Normanniae quinque millia marcarum pro terrâ nostrâ Momoniae in Hibernia, quam ei dimiseramus; nec infra quinquennium aliquid nobis inde reddidit, & cum multos inde terminos cepisset, nullam terminum tenuit.* Das Angebot Williams findet sich in der entsprechenden Fine Roll und Pipe Roll: Rot. de ob. et fin., S. 99; Pipe Roll 3 John, S. 87. Bis 1204 hatte William von den 5000 Mark noch nichts bezahlt. Danach wurden ihm anscheinend neue Zahlungsbedingungen gesetzt und er zahlte einmalig 468 Pfund an den Exchequer: Rot. de ob et fin., S. 232; Pipe Roll 7 John, S. 107. Johanns Urkunde behauptet in diesem Punkt fälschlicherweise, dass William lediglich 100 Pfund beglichen habe.

176 Rymer, Foedera, S. 107: *De debito autem, quod nobis debuit pro Momoniâ termini ei fuerunt assignati, set omnes praeteriit; & de pluribus terminis, quos inde postulaverat, nullum tenuit.*

177 Ebd.: *Post quinquennium sunt completum, secundùm consuetudinem regni nostri, & per legem scaccarii nostri, consideratum fuit quod distringeretur, per catalla sua Angliae, ad debita nostra nobis solvenda; set ipse omnia catalla sua uta summoverat, quod inveniri non potuerunt.*

178 Vgl. Wendover, 2, S. 57.

Es ist offensichtlich, dass die Einforderung von Williams Schulden für Johann nur einen Vorwand darstellte, seinen Gegner unter Druck zu setzen. Viele Jahre waren diese alten Schulden überhaupt nicht beachtet worden. Die tatsächliche Ursache ihres Streites war politischer Natur: William de Braose scheint Johanns Herrschaft aufgrund seines Wissens über das Schicksal des Königsneffen Arthur gefährdet zu haben, vielleicht hatte er sogar versucht, den König zu erpressen. Die Parallelen zum Fall Becket sind deutlich: Alte Verbindlichkeiten, die jahrelang keinen Anlass zu Konflikten gaben, lieferten den Königen Heinrich II. und Johann einen Vorwand, ihre Gegner zu bedrängen. Dabei wurde der Anschein willkürlicher Entscheidungen vermieden, indem auf rechtmäßige, vom Rechnungshof verwaltete Forderungen verwiesen wurde. Die eigentlichen Ursachen für die Konflikte lagen jedoch anderswo.

4.2.4 Die ständige Verschuldung und finanzielle Belastung der Barone

Der Sturz Williams de Braose ist sehr gut dokumentiert, weil der König zu extremen Maßnahmen griff, um seinen Gegner zu strafen, und auch der Streit Heinrichs II. mit Thomas Becket und ‚das Martyrium' des Erzbischofs werden in einer Fülle zeitgenössischer Kommentare thematisiert. Derartig gut belegte Fälle bilden in der Gesamtüberlieferung die Ausnahme. Man muss jedoch beachten, dass die Zahl der Barone, die beinahe ständig in der Schuld der angevinischen Herrscher standen und deswegen, jedenfalls potentiell, unter Druck gesetzt werden konnten, sehr hoch war. Bereits Sidney Painter machte darauf aufmerksam, dass Johann Ohneland Schulden zur politischen Disziplinierung einsetzte.[179] Ralph V. Turner vermutete in seiner neuen Biographie dieses Herrschers, dass zu jeder Zeit über die Hälfte aller Barone bei Johann Schulden hatten.[180] Bislang ist dieser Tatbestand noch nicht detaillierter oder systematisch untersucht worden.

Um ein verlässliches Bild vom Ausmaß der ständigen Verschuldung der Barone zu erlangen, seien deswegen exemplarisch die Schulden der Barone 20 ausgewählter Kronlehen des Untersuchungsfeldes betrachtet – auch für die

179 PAINTER 1949, S. 225.

180 TURNER 1994b, S. 220: „John made the most of his ability to entangle his subjects in debt and then use their indebtedness to impose political discipline. ... Over half of the barons at any one time were in debt to the king, and those who lost royal favour would find themselves subjected to the full force of the *lex scaccarii*. That meant distraint of lands, even imprisonment, arbitrary acts from the victim's point of view, although well within the law in the king's eyes." Vgl. TYERMAN 1996 in seinem Artikel zu 'King John', S. 304f.: „The purpose was political control not financial profit. ... Given the average annual baronial income of £200, very few being worth even as much as £400, the threat of foreclosure was potentially ruinous."

Regierungen der beiden Vorgänger Johanns. Die einzelnen Beträge sind im Anhang B tabellarisch dargestellt:[181] Die erste Spalte der Tabelle zeigt zwölf ausgewählte Jahrgänge zwischen 1159 und 1214, die fünf (einmal vier) Jahre auseinander liegen. Die 20 folgenden Spalten enthalten jeweils die Nummer der selektierten Baronie, die Anzahl ihrer Ritterlehen und darunter, für jeden Jahrgang, die Summe der noch ausstehenden Schulden des betreffenden Barons. In einer Spalte wurden die Schulden der einzelnen Jahrgänge summiert; die vorletzte zeigt, wie viele der 20 Barone in dem betreffenden Jahr Schulden hatten.

Die Zahlen dieser beiden Spalten lassen klar erkennen, dass die Verschuldung der Barone im Verlauf der Jahre quantitativ und qualitativ anstieg. Zudem sind die drei Regierungen durch Sprünge ziemlich deutlich voneinander abgegrenzt. Einfacher ausgedrückt: Mehr und mehr Barone machten Schulden beim König, und ihre jeweiligen Schulden wurden immer höher: Die Verschuldungsrate für die Zeit Richards I. und Johanns lag bei über 75 Prozent, das heißt die Vermutungen Ralph V. Turners über die ständige Verschuldung der Barone werden, zumindest für die ausgewählten Beispielen, deutlich übertroffen. Dahingegen war die Verschuldungsrate unter Heinrich II. signifikant niedriger: sie lag meistens bei circa 25 Prozent und stieg nur selten über die 50-Prozentmarke.

Der stetige Anstieg der Höhe der individuellen Verschuldung ist ebenfalls deutlich abzulesen, hierbei grenzen sich die Regierungen Richards I. und Johanns sehr klar von derjenigen ihres Vaters ab. Der Grund für die steigende individuelle Verschuldung dürfte u.a. darin liegen, dass Richard und Johann, wie bereits mehrfach thematisiert, weitaus mehr Gunsterweise verkauften als ihr Vater. Des weiteren relativieren sich die deutlichen Unterschiede in der Höhe der Forderungen Heinrichs II. und seiner Söhne vor dem Hintergrund der spürbaren Preissteigerung in den knapp 60 Jahren des untersuchten Zeitraumes: Die Inflation zwang die Könige, höhere Beträge für die Gewährung bestimmter Privilegien zu fordern.[182] Die in Anhang B vorgelegten Zahlen beziehen sich nur auf

181 Es wurden 20 Baronien verschiedener Größenordnung ausgewählt, die zwischen 1159 und 1214 zu einem Zeitpunkt nur jeweils einen Lehnsinhaber hatten. In die Tabelle ist eingetragen, wie viel Pfund Silber am Ende der Rechnungshofsitzung noch geschuldet wurde. Es werden nur ganze Pfundbeträge angegeben, die Dezimalstellen wurden abgeschnitten. Beträge unter einem Pfund wurden auf ein Pfund aufgerundet. Auf die Umrechnung der Sachgeschenke, der (wenigen) Goldzahlungen und des ‚geprüften' Geldes wurde verzichtet. Es wurden nur solche Schulden summiert, die einem Baron persönlich angelastet wurden. Als Sheriff gemachte Schulden sind also nur dann in den Summen enthalten, wenn sie nach Beendigung der Amtszeit noch auf dem ehemaligen Amtsinhaber lasteten. Die Generationswechsel sind in der Tabelle nicht kenntlich gemacht. Die Schulden von Verstorbenen und ihrer Erben wurden zusammengezählt, da die Erben eines Kronlehen im Normalfall die Schulden der Erblasser übernehmen mussten.

182 Zur Frage der Ende des 12. Jahrhunderts europaweit steigenden Inflation vgl. HARVEY 1973; MAYHEW 1984; RÖSCH 1993.

ausgewählte Barone und ausgewählte Jahre. Doch geben sie den begründeten Anlass zu der Vermutung, dass der allgemeine Trend in dieselbe Richtung geht.

Die festgestellte deutlich steigende Verschuldung der Barone musste nicht notwendigerweise eine real steigende finanzielle Belastung nach sich ziehen. Eher ist von einer Steigerung des Bedrohungspotentials durch mögliche Zwangsvollstreckungen zu sprechen. Einerseits konnten, wie in Kapitel 3 gezeigt wurde, auch unverschuldte Familien durchaus einer großen finanziellen Belastung unterworfen sein, insbesondere wenn ihr Lehnsbesitz im Auftrag des Königs verwaltet wurde. Auf der anderen Seite darf man nicht allein von der hohen Schuld eines Barons direkt auf eine hohe finanzielle Belastung schließen. Fast sämtliche in dieser Hinsicht getroffenen Aussagen basieren notgedrungen auf solchen Quellen, die die finanziellen Beziehungen zwischen Krone und Adel aus der Sicht des Königtums spiegeln. Aus diesem Grunde können finanzielle Härten nur nach einer genauen Prüfung des Einzelfalles bewiesen oder wahrscheinlich gemacht werden. Das rechnerische Verfahren, das Thomas Keefe 1981 verwendete, um zu beweisen, dass die Grafen keinerlei finanziellen Belastung unterworfen waren, ist dafür – wie gezeigt – unzureichend.[183] Im folgenden seien daher einige Einzelbeobachtungen angefügt, die deutlich vor Augen führen, was die Verschuldung für einzelne Barone bedeuten konnte.

Thomas Becket und William de Braose, deren Fälle im Detail behandelt wurden, waren offensichtlich weder in der Lage noch willens, die finanziellen Forderungen zu erfüllen, die Heinrich II. und Johann Ohneland an sie stellten. An anderer Stelle wurde bereits darauf hingewiesen, dass Konfiskationen u.a. wegen nichterfüllter Forderungen des Königs erfolgten.[184] Denn genannten Fällen kann man weitere Beispiele hinzugesellen, die den Einsatz dieses Zwangsmittels zur Eintreibung von Schulden beweisen.

König Johann beauftrage seinen Gefolgsmann Robert de Tregoz im Jahre 1206, das Land eines Ehepaares in seinen Besitz zu nehmen, das von Robert zu Lehen gehalten wurde, bis der König aus den daraus fließenden Erträgen seine Forderungen erfüllt haben würde (*quousque habeamus debitum nostrum de primis exitibus terre*).[185] Bereits Heinrich II. konfiszierte Lehen, um an sein Geld zu kommen: Richard II de Luvetot war 1179 eine Erbgebühr in Höhe von 100 Pfund auferlegt worden. Bis zu seinem Ableben im Jahre 1191 schaffte er es nicht, diesen Betrag vollständig zu begleichen.[186] Als er 1185 mit einer Geldstrafe von einer halben Mark belegt wurde, war er nicht in der Lage, diesen vergleichsweise niedrigen Betrag zu bezahlen; der entsprechende Eintrag in der

183 Vgl. Kapitel 3, S. 90ff.
184 Vgl. oben Abschnitt 3.2.5.
185 Rot. litt. claus., S. 52.
186 Richards Enkel, Nigel II, wurden die beiden Pferde noch bis 1202 angelastet! Pipe Roll 25 Hen. II, S. 34; 34 Hen. II, S. 41; 4 John, S. 132.

Pipe Roll trägt den Vermerk: *Sed reddidit supra quod potuit.*[187] Heinrich II. zeigte seinem ehemaligen Gegner – anders als vielen anderen Adligen – keine Milde. Zwei Jahre lang wurde Richards Baronie Southoe beschlagnahmt. Der daraus stammende Erlös (knapp 30 Pfund) übertraf die noch ausstehende Schuld (4 Pfund, 1 Mark und 2 Streitpferde) bei weitem.[188] 1182 übergab ein Ralph d'Aubigny dem Sheriff, der für die Eintreibung der Forderungen des Exchequers verantwortlich war, sogar freiwillig einige Ländereien, um seine Schulden begleichen zu können.[189]

Eindeutige Vermerke in den Pipe Rolls über die Zahlungsunfähigkeit oder Armut eines Barons sind recht selten.[190] Zum Beispiel blieb 1175 ein bereits sieben Jahre zuvor erhobenes *auxilium* wegen der Armut eines Lehens (*pro paupertate feodi*) unbeglichen.[191] In einer königlichen Inquisition des Jahres 1185 wurde berichtet, dass der Besitz, der nach dem Tode Simons de Crevequer in die Hand des Königs gefallen war, kaum ausreichte, dessen Witwe und Kinder zu versorgen.[192] Und ein Baron aus Essex, William II Helion, war zur Zeit König Johanns offensichtlich mehrere Jahre lang nicht in der Lage, seine Schildgelder zu begleichen: 1209 beliefen sich diese schließlich auf eine Summe von über 53 Pfund. Nachdem in den darauf folgenden zwei Jahren immer noch keine Gelder eingegangen waren, begann der Exchequer, Williams Vasallen direkt zur Begleichung dieser alten Forderungen heranzuziehen.[193]

Die Bezahlung hoher Schulden auf einen Schlag stellte den Ausnahmefall dar. Häufiger stellt man fest, dass Schulden über viele Jahre hinweg abgezahlt wurden. Gerade bei kleinen Baronen weisen diese langen Zahlungszeiten nachweislich auf Zahlungsschwierigkeiten hin. Zur Demonstration sei exemplarisch

187 Pipe Roll 31 Hen. II, S: 55f.

188 Pipe Roll 32 Hen. II, S. 36; 33 Hen. II, S. 80f. Vgl. Anhang A, N° 97.

189 Pipe Roll 28 Hen. II, S: 46: *...de terris quas predictus Radulfus liberavit vicecomiti ad solvendum predictum debitum...* .

190 Vgl. den frühen Hinweis in Pipe Roll 4 Hen. II, S. 146: *Gaufridus filius Hugonis debet xx m. arg' . sed nusquam inuenitur.* Ähnlich Pipe Roll 27 Hen. II, S: 154: *Idem vicecomes debet xxj s. de wastis et essartis per Tomam filium Bernardi qui remanserunt pro paupertate.*

191 Geoffrey fitz William war in seiner Eigenschaft als Lehnsverwalter der Baronie des Grafen von Buckingham (Long Crendon) 1175 für die Einsammlung der Abgabe in Höhe von einer Mark pro Ritterlehen verantwortlich. Henry d'Oilly hielt neben seinem Kronlehen (Hook Norton) auch ein Ritterlehen vom Grafen von Buckingham (Red Book, 1, S. 312). Von diesem Lehen ist in dem betreffenden Eintrag die Rede. Pipe Roll 21 Hen. II, S. 57: *Idem debet .xiii. s. et .iiii. d. de auxilio militum de veteri feffamento ad maritandam filiam Regis qui remanserunt pro paupertate feodi Henrici de Oilli.*

192 Rot. de dom., S. 18 : *Post mortem Simonis de Crieuequor, terra de Hakent' fuit in manu Domini Regis, et preceptum fuit vicecomiti, quod uxor Simonis cum filiis suis inde haberet necessaria : et vicecomes per preceptum Domini Regis dimidio anno invenit ei necessaria, et vix potuit dimidio anno de manerio ei necessaria invenire.*

193 Pipe Roll 11 John, S. 192; 13 John, S. 115.

etwas ausführlicher auf ein Kronlehen eingegangen, dessen *caput honoris*, Wolverton, in Buckinghamshire lag.

Der erste Besitzer von Wolverton, den das Domesday Book nennt, war Manno der Bretone. Seine Nachfahren zur Zeit der ersten drei angevinischen Herrscher waren sein Enkel Hamo I fitz Meinfelin (gest. 1185), dessen Sohn Hamo II (gest. 1196-98) und zuletzt Wilhelm (gest. 1248), ein Bruder Hamos II.[194] Laut der Urkunde, die Hamo I König Heinrich II. im Jahr 1166 zusandte, bestand die Baronie aus 15 Ritterlehen, die zum größten Teil weiterverlehnt worden waren. Damit zählt sie zu den mittleren bis kleinen Kronlehen des untersuchten Feldes.[195] Gemäß der Zahl von 15 Ritterlehen wurde den Herren von Wolverton vom Rechnungshof die Höhe der zu zahlenden Schildgelder und *auxilia* berechnet. Anlässlich der Heirat der Tochter Heinrichs II. gab Hamo I 1168 beispielsweise 15 Mark in Silber, also 1 Mark pro Ritterlehen.[196] Zur Zeit seines Todes war sein Sohn und Erbe augenscheinlich noch nicht volljährig, denn die Pipe Roll vom Oktober 1185 zeigt die Abrechnungen dreier Sheriffs über Erträge aus in drei Grafschaften liegenden Gütern des Verstorbenen. Demnach beliefen sich die von ihnen am Rechnungshof abgelieferten Gelder insgesamt auf knapp 13 Pfund.[197] Trotz der Tatsache der vormundschaftlichen Verwaltung des *honor* wurde dem Erben im nächsten Jahr eine Erbgebühr von 200 Mark angelastet, eine Summe, die den in der Magna Carta bestimmten Tarif von 100 Pfund für Kronlehen überschritt.[198] Nimmt man die von den Verwaltern erwirtschafteten Erträge (13 Pfund) als Anhaltspunkt für das jährliche Einkommen des Barons und schätzt es auf etwa 30 Pfund, werden die Dimensionen dieser Erbgebührsforderung durch den König deutlich. Sie belief sich – grob geschätzt – auf das Vierfache seines Gesamtjahreseinkommens. In der Folgezeit zahlte Hamo tatsächlich nie mehr als gut 30 Pfund jährlich ab. Erst sieben Jahre später, also bereits zur Zeit der Regierung Richards I., konnte er seine Schuld vollständig tilgen.[199] Bereits fünf Jahre nach Zahlung seiner Erbgebühr starb Hamo. Seinem Bruder und Erben Wilhelm wurde zu diesem Zeitpunkt wiederum ein *relevium*, diesmal in der Höhe von 100 Mark, angelastet.[200] Wahrscheinlich haben diese Zahlungen die Geldmittel des Barons nicht vollständig erschöpft, aber es wird deutlich, dass die lange Abzahlungszeit – zumindest in diesem Fall – auf die enorme Höhe der finanziellen Forderungen des Königs hindeutet. Die Errechnung eines „Per Annum Index“ durch Thomas K. Keefe, der im Falle

194 SANDERS 1960, S. 100f.
195 Red Book, 1, S. 314f.
196 Pipe Roll 14 Hen. II, S. 11. Beglichen wurde diese Forderung erst acht Jahre später: Pipe Roll 22 Hen. II, S. 17.
197 Pipe Roll 31 Hen. II, S. 53, 104, 131. Vgl. Anhang A, N° 122.
198 Pipe Roll 32 Hen. II, S. 28. Vgl. oben Abschnitt 3.2.6.
199 Pipe Roll 5 Rich. I, S. 142.
200 Pipe Roll 10 Rich. I, S. 15.

Hamos bei 11 Pfund liegt, sagt für sich genommen nicht viel über die konkrete Belastung dieses Barons aus.[201]

Drei weitere Beispiele sind geeignet, die Dimensionen der königlichen Geldforderungen abschließend weiter zu unterstreichen: Das Kronlehen Fulks II Paynel, Bampton, wurde mehrmals und jeweils lange Jahre durch die Könige konfisziert.[202] Als William Briwerre die Baronie in den neunziger Jahren für den König verwaltete, lag die von ihm zu zahlende jährliche Pachtsumme bei 54 Pfund.[203] Wenn man davon ausgeht, dass dieser Betrag ungefähr dem jährlichen Wert des Kronlehens entspricht, dann wird deutlich, dass die Beträge in Höhe von je 1000 Mark, die Fulk 1180 und 1199 für den Rückerhalt Bamptons bot, etwa das zwölffache dieses Jahreswertes ausmachten.[204] Die von Fulk zu zahlende jährliche Rate wurde 1202 auf 50 Pfund beziffert, was damit also etwa dem Jahreswert der Baronie entsprach.[205] Fulk war bezeichnenderweise bis zu seinem Tod im Jahre 1208 nicht in der Lage, seine hohen Schulden zu begleichen.[206]

Ein anderer Baron, Gerard de Limesy (gest. 1185), war Inhaber des Kronlehens Cavendish in Suffolk. Ihm wurden laut Auskunft der Pipe Rolls weder so hohe Erbgebühren auferlegt wie Hamo aus Buckinghamshire noch musste er so immense Summen wie Fulk Paynel aus Devon bezahlen. Doch wurden er zwischen 1176 und 1183 immerhin mit mehreren Geldbußen zwischen 2 und 7 Pfund belegt: Zweimal wurde er wegen ungerechtfertigter Enteignungen bestraft, einmal für ein Forstvergehen und ein weiteres mal wegen einer versäumten Bürgschaft.[207] Dem ersten Anschein nach könnte man vermuten, dass dies nur unbedeutende Beträge waren. Wenn man aber bedenkt, dass sein Lehen

201 KEEFE 1983, S. 133.

202 Vgl. Anhang A, N° 6.

203 Pipe Roll 7 Rich. I, S. 48.

204 Pipe Roll 26 Hen. II, S. 109; Pipe Roll 1 John, S. 197.

205 Pipe Roll 4 John, S. 248.

206 Im Jahr 1199 zahlte Fulk 65 Mark an den Exchequer (Pipe Roll 1 John, S. 197). 1200 waren es 30 Pfund, aber auch der ehemalige Verwalter, William Briwerre, zahlte – aus unbekanntem Grund – 220 Mark für Fulk (Pipe Roll 2 John, S. 220). 1201 entschied der Rechnungshof, dass die alte Abmachung von 1180, von der zu diesem Zeitpunkt ebenfalls noch über 359 Pfund ausstanden, mit der neuen Abmachung von 1199 abgegolten sein sollten. Fulk zahlte in diesem Jahr knapp 72 Mark – wieder mit Unterstützung Williams Briwerre (Pipe Roll 3 John, S. 217, 220). 1202 waren es nur noch gut 7 Pfund, im Jahr darauf 2 Pfund, 1204 schließlich 32 Pfund (Pipe Roll 4 John, S. 248; 5 John, S. 74; 6 John, S. 82). Bis zu Fulks Tod blieb der Betrag dann unverändert (Pipe Roll 7 John, S. 21; 8 John, S. 139; 9 John, S. 180). Fulks Sohn, William I Paynel, der die Schuld seines Vaters übernahm, hielt sich an die festgelegte Zahlungsrate und führte bis 1213 jährlich 50 Pfund an den Rechnungshof ab. Nur 1214 blieb er diesen Betrag schuldig; in dem Jahr beliefen sich die Forderungen des Königs immer noch auf immerhin über 167 Pfund Silber (Pipe Roll 10 John, S. 69; 11 John, S. 91; 12 John, S. 166; 13 John, S. 257; 14 John, S. 73; 16 John, S. 142).

207 Pipe Roll 22 Hen. II, S. 40; 23 Hen. II, S. 31; 29 Hen. II, S. 14, 133.

einem Lehnsregister des 13. Jahrhunderts nach nur 20 Pfund jährlich wert war, wird die Höhe dieser Strafen deutlich: sie lag vermutlich zwischen einem Zehntel und einem Drittel seines jährlichen Einkommens.[208]

Das dritte und letzte Fallbeispiel behandelt einen Mann, der – anders als die vorherigen – zu den einflussreicheren und wohlhabenderen Baronen Englands gehörte: William III d'Aubigny of Belvoir (gest. 1236). Die Überlieferung erlaubt in diesem Fall einen vergleichsweise detaillierten Einblick in die Art und Weise, wie ein Baron oder besser gesagt: seine Familie und Freunde in einer Notlage rasch Geld zu sammeln versuchten, wenn sie einer hohen Forderung des Königs nachkommen mussten. Unter Richard Löwenherz war William d'Aubigny als Reiserichter und Sheriff tätig gewesen, außerdem unterstützte er den König aktiv gegen dessen rebellierenden Bruder Johann.[209] Nach Johann Ohnelands Herrschaftsantritt arrangierte sich William d'Aubigny zunächst mit dem neuen König, wurde aber 1215 zu einem seiner gefährlichsten Gegner – u.a. gehörte zu dem in der Magna Carta genannten Komitee der fünfundzwanzig Barone, das die Einhaltung der in Runnymede vereinbarten Bestimmungen gewährleisten sollte.[210] Ende November 1215 nahm ihn König Johann nach der Einnahme von Rochester Castle zusammen mit anderen Baronen gefangen und zog seine Güter ein.[211] Bereits einige Tage darauf, am 6. Dezember, erhielt Williams Gattin, Agatha Trussebut, freies Geleit, um mit dem König über die Freilassung ihres Mannes verhandeln zu können.[212] Als Ergebnis dieser Verhandlungen, die sich offenbar bis ins Frühjahr 1216 hinzogen, wurde ein Lösegeld in Höhe von 6000 Mark Silber festgesetzt. Agatha selbst durfte in einem Kloster ihrer Wahl Zuflucht suchen.[213] Am 18. Juni erhielt Williams Kaplan, Willelmus de Buteford, die Erlaubnis, im gesamten Machtbereich des Königs für das Lösegeld seines Herrn sammeln zu gehen. Dabei wird es vor allem darum gegangen sein, Freunde und Verbündete Williams um materiellen Bei-

208 Liber feodorum, 1, S. 283.

209 Richard I. gab ihm für seine Dienste konfiszierte Ländereien eines der Anhänger Johann Ohnelands und zusätzlich Güter aus der Krondomäne (*terre date*): Pipe Roll 9 Rich. I, S. 114; 6 Rich. I, S. 86. Zur Tätigkeit Williams als Reiserichter vgl. u.a. Pipe Roll 7 Rich. I, S. 18, 33; 8 Rich. I, S. 188. Zu seinen Ämtern als Sheriff von Warwickshire und Leicestershire und Sheriff von Buckingham und Bedfordshire vgl. Pipe Roll 7 Rich. I, S. 184; Pipe Roll 10 Rich. I., S. 8.

210 Vgl. PAINTER 1949, passim.

211 Rot. litt. claus., S. 241. Zur Belagerung allgemein vgl. PAINTER 1949, S. 263ff.; WARREN 1961, S. 246f. Konfiskationen: rot. litt. claus, S. 246, 352, 358; Rot. litt. pat., S. 165; Anhang A, N° 12.

212 Vgl. die Geleitbriefe in Rot. litt. pat., S. 160, 161, 164 u. 166. Der letzte stammte vom 23. Februar 1216.

213 Rot. litt. pat., S. 172.

stand zu bitten.[214] Bereits knapp vier Wochen später hatten der Geistliche und Agatha die beträchtliche Summe von 500 Mark zusammengebracht, die sie in der Kammer des Königs ablieferten.[215] Kurz darauf gestatte Johann Williams Leuten, Hölzer ihres Herren zu verkaufen (*unde quietare possit finem quem nobiscum fecit pro deliberacione sua*).[216] Am 8. August brachte Agatha weitere 200 Mark zum König.[217] Durch die vereinten Anstrengungen der Gattin, der Freunde, Getreuen und Vasallen William d'Aubignys, ihren Gatten beziehungsweise Verbündeten oder Lehnsherrn auszulösen, konnte der König, der sich zu der Zeit im Bürgerkrieg befand, auf effektivere Weise an Geld kommen, als durch die Verwaltung der konfiszierten Güter durch eigene Leute. So gab Johann noch am selben Tag seinem Söldnerführer Philip Marc den Befehl, die sich in dessen Amtsbereich befindlichen Ländereien des Verhafteten der Gattin Agatha auszuhändigen – natürlich ebenfalls zum Zwecke der raschen Beschaffung des Lösegeldes.[218] Williams Vasallen wurden über den Sheriff von Warwickshire und Leicestershire aufgefordert, ihm ‚wirksame Hilfe' (*efficax auxilium*) zukommen zu lassen, was bedeutet, dass sie ihrer lehnsrechtlichen Verpflichtung nachkommen sollten, einen finanziellen Beitrag zum Lösegeld ihres Lehnsherrn zu leisten.[219] All diese Bemühungen scheinen gefruchtet zu haben: Schon am 10. September zahlte Agatha 240 Mark an Johann Ohneland und einen Monat später, am 11. Oktober, brachte sie weitere 100 Mark in die Kammer des Königs in King's Lynn.[220] Es ist beeindruckend, was für eine große Summe (1040 Mark) hier in relativ kurzer Zeit unter größten Anstrengungen zusammengebracht werden konnte. Dennoch handelte es sich gerade einmal um ein Sechstel des geforderten Lösegeldes. Ironischerweise konnte auch Johann Ohneland dieses Geld nicht mehr nutzen: Er starb am 19. Oktober 1216 an den Folgen der Ruhr, die er sich an dem Ort zugezogen hatte, wo er einige Tage zuvor Agathas letzte Zahlung erhalten hatte – ein Faktum, das ein mittelalterlicher Geschichtsschreiber wohl nicht als Zufall bezeichnet hätte.[221]

Die besprochenen Einzelfälle haben erwiesen, was für eine enorme Belastung, königliche Geldforderungen für Barone – insbesondere für solche eher mittleren oder niedrigeren Ranges – darstellen konnten. Dies wurde auch in den

---

214 Rot. litt. pat., S. 187: *Willelmus de Buteford, capellanus Willelmi de Albiniac habet litteras de conductu in eundo per totam potestatem domini Regis ad redempcionem domini sui perquirendam...* .

215 Rot. litt. pat., S. 190.

216 Rot. litt. claus., S. 277.

217 Rot. litt. pat., S. 191.

218 Rot. litt. claus., S. 287.

219 Rot. litt. claus., S. 287 (der Befehl an den Sheriff), 191 (der Brief an die Vasallen Williams).

220 Rot. litt. pat., S. 187 u. 199.

221 Zum Ableben Johanns vgl. WARREN 1961, S. 253ff.

Abschnitten deutlich, die die zwischen dem König und den verschuldeten Adligen vereinbarten Zahlungsmodalitäten behandelten. Diejenigen Barone, die versuchten, von den Königen bessere Zahlungsbedingungen oder sogar Zahlungspausen zu erlangen, taten dies sicherlich mit Grund: Sie wollten und mussten ihre finanzielle Belastung vermindern.

All diese Belege geben dem Vorwurf, Johann habe durch ungerechtfertigte Forderungen viele Barone in die Armut getrieben und damit ihre Feindschaft geweckt, Substanz.[222] Als ein Ergebnis der Untersuchung kann man an dieser Stelle daher festhalten, dass grundsätzlich ‚revisionistischen' Forschungspositionen wie diejenige Thomas K. Keefes, die – im Gegensatz zur älteren Forschung über die Vorgeschichte Magna Carta – die finanzielle Belastung des Adels durch die Krone generell als niedrig einstufen, in ihrer Pauschalität nicht zu halten sind. Finanzielle Härten sind konkret immer nur im Einzelfall zu belegen. Doch ist die finanzielle Belastung der Barone selbst nur eine Seite des Problems: Denn selbst wenn sich erweisen sollte, dass die durch die Barone vor 1215 an die Krone gezahlten Gelder niedriger waren, als die Forschung lange annahm, muss man beachten, dass die Könige die Schulden auch als politisches Instrument nutzten, nicht nur als Einkommensquelle. Dies zu zeigen, war Hauptanliegen dieses Kapitels, deshalb seien die bisher getroffenen Beobachtungen im folgenden nochmals zusammengefasst und in einen allgemeineren Zusammenhang gestellt.

4.2.5 Der Doppelcharakter des königlichen Rechnungswesens

Die beschriebene Verfahrensweise, die Schulden von buchstäblich Hunderten einzelner Personen und die für diese Schulden vereinbarten Zahlungsbedingungen schriftlich zu dokumentieren und zu kontrollieren, erweiterte den Spielraum des Königs, auf höchst traditionelle Weise zu herrschen: Der Herrscher verteilte Gunsterweise (er erließ zum Beispiel Schulden oder räumte günstige Zahlungsbedingungen ein) oder er setzte einen Schuldner unter Zwang (also drohte bei Nichteinhaltung seiner Bedingungen mit Konfiskation).

Gewissermaßen wandelte sich die Stellung des Königs dadurch von derjenigen eines ‚obersten Lehnsherren' zu der eines ‚universalen Gläubigers', denn mit Hilfe der Pipe Rolls hielt er nicht nur seine Kronvasallen – um die es in dieser Arbeit geht – unter Kontrolle, sondern sämtliche Schuldner. Der Exchequer behandelte die Schuldner des Königs nicht wie eine moderne Steuerbehörde, das heißt ohne Ansehen der Person. Im Gegenteil: Es waren gerade der Stand einer Person, ihre Verdienste und ihr Verhältnis zum König, die darüber entschieden,

---

222 Matt. Paris., 2, S. 535: *...alii quos indebitis exactionibus ad extremam inopiam perduxerat...* .

wie mit ihren finanziellen Verbindlichkeiten verfahren wurde. Wenn sich ein Baron dem König gegenüber stets loyal verhalten oder ihm gute Dienste geleistet hatte, konnte er mit der königlichen Huld rechnen: Ihm wurden seine Schulden beziehungsweise Teile seiner Schulden erlassen oder bessere Zahlungsbedingungen gewährt. Wenn sich ein Baron anderseits unloyal verhalten oder mit den Feinden des Königs verschworen hatte, war der König in der Lage, die schriftlich registrierten Schulden als Disziplinierungsinstrument einzusetzen. Er bestand auf der sofortigen Zahlung seiner Forderungen und drohte damit, andernfalls den Besitz des Schuldners zu konfiszieren. Geben und Vergeben des Königs unterlagen damit derselben *ratio*.[223]

Selbst wenn die zahlreichen einzelnen Schulden, die in den Pipe Rolls aufgezeichnet wurden, viele Jahre nicht eingetrieben wurden, waren sie dennoch eine potentielles Druckmittel gegen unloyale Barone. Bildlich kann man es so ausdrücken: Die Schulden hingen wie ein Damoklesschwert über den Schuldnern des Königs. Manch einer von ihnen wird wegen seiner Geldsorgen schlecht geschlafen haben, Jocelyn von Brakelond berichtet uns etwa, dass der Abt von Bury St. Edmunds im Jahr 1182 durch so viele Gläubiger – sowohl Juden als auch Christen –, bedrängt wurde, die ihre Schulden einforderten, dass er den Schlaf verlor und blass und mager wurde. Er habe gesagt: ‚Niemals wird mein Geist Ruhe finden, bis ich weiß, dass ich keine Schulden mehr habe.‘[224] Einige Geistliche prangerten zu dieser Zeit auch den Tatbestand an, dass der Verlust von Geld mehr gefürchtet sei als die Strafe der Exkommunikation.[225] Unter dem Vorwand, rechtmäßige Forderungen einzutreiben, konnte der König Feinde bestrafen und dabei – was wichtig war – gleichzeitig den Eindruck willkürlicher Herrschaft vermeiden. Denn: Die Legalität der Forderungen des Königs war nur sehr schwer zu bestreiten, da ihre öffentliche Niederschrift im *magnus rotulus* des Rechnungshofes, der Pipe Roll, ihren rechtlichen Charakter unterstrich.[226] Dies wurde auch von Privatleuten erkannt, die bereits seit den achtziger Jahren des 12. Jahrhunderts hin- und wieder Schriftstücke über ihre privaten Geschäfte auf den *magni rotuli* registrieren ließen.

---

223 Vgl. den bezeichnenden Ausdruck Richards von Ely: *Quippe similis est donorum et perdonorum regis ratio...* (wie oben Anm. 111).

224 Jocelin of Brakelond, S. 32: *Quocunque ibat abbas, tunc temporis, occurrebant tam iudei quam christiani exigentes debita, turbantes et anxiantes eum, ita quod sompnum amittebat, pallidus et macilentus effectus, et dicens, quod 'numquam cor meum quietum erit, donec finem debiti mei sciero.'*

225 Magna Vita, 2, s. 38: *E contrario illis frequenter asserentibus plus terrere improbos pecunie dampnum quam excommunicationis probrum aut corporalium afflictionem penarum illis indicendarum...* .

226 Zu der Autorität der Pipe Rolls vgl. Dialogus, S. 62: *Tanta namque rotuli eius auctoritas est, ut nulli liceat ei contradicere uel mutare, nisi forte tam manifestus error fuerit, ut omnibus pateat.*

Bezeichnend dafür ist der folgende Fall: Robert fitz Walter, einer Anführer des Aufstandes von 1215, bezahlte 1202 eine halbe Mark für die Registrierung des vollen Wortlautes eines ihm gewährten Schulderlasses auf dem *magnus rotulus*.[227] Offensichtlich vertraute er dem Versprechen König Johanns nicht besonders und baute darauf, dass die Verzeichnung der königlichen Verfügung auf der Pipe Roll half, seine Ansprüche abzusichern. Aus demselben Grund konnte König Johann die Konfiskation der Güter Williams de Braose mit dem Argument verteidigen, dass diese *secundum consuetudinem regni nostri et per legem scaccarii* erfolgt seien. Die Ansicht James C. Holts, der die *lex scaccarii* gewissermaßen mit der Willkür des Herrschers gleichsetzte, scheint vor diesem Hintergrund nicht ganz zutreffend: Mit keinem Wort kritisiert die Magna Carta den königlichen Rechnungshof. Eher ist der Position John Edward Austin Jolliffes beizupflichten, nach der man – zugespitzt ausgedrückt – den nach dieser *lex* arbeitenden Rechnungshof als den Ort der Finanztransaktionen des Königs kennzeichnen könnte, die öffentlich zu rechtfertigen waren, während die Kammer des Königs gewissermaßen der ‚Tatort' seiner finanziellen Willkürakte war.[228]

Einerseits ermöglichte erst der Schrifteinsatz die Verwaltung tausender individueller Schulden. Anderseits führte die schriftliche Fixierung der Ansprüche des Königs beziehungsweise der Verpflichtungen seiner Schuldner in einem geregelten Verfahren zu einer stärkeren ‚Berechenbarkeit' dieser Verwaltung. Denn was in der Pipe Roll aufgeschrieben war ‚stand fest', konnte also weder von den Schuldnern – selbst wenn es sich um einen Erzbischof wie Thomas Becket oder einen Großen wie William de Braose handelte – noch vom König persönlich verändert werden. Laut Richard von Ely gab es deshalb keine Rücknahme einmal gewährter Schulderlasse.[229] Man kann mit gewissem Recht von der Paradoxität sprechen, dass die Schrift innerhalb der königlichen Verwaltung sowohl dem Zwang diente als auch – jedenfalls in einigen Bereichen – die Rechtssicherheit erhöhte. Das Rechnungshofverfahren, das halböffentlich und nach festen Regeln abgewickelt wurde, brachte eine stärkere Rechtsverbindlichkeit mit sich. Dagegen dienten die schriftlichen Aufzeichnungen des Könighofes, die Kanzleiregister, die Fine Rolls und die (nicht mehr erhaltenen) Chamber Rolls eher der persönlichen, von Willkürakten gekennzeichneten, Herrschaft der angevinischen Könige.

---

227 Pipe Roll 4 John, S. 118.

228 HOLT 1961, S. 175ff., die Auseinandersetzung mit der Position Jolliffes findet sich auf S. 193 Anm. 2. Vgl. JOLLIFFE 1963, S. 83f. et passim. Zur Geheimhaltung von Vorgängen in der *camera Regis* vgl. PAINTER 1949, S. 157: „No man of high position would know all that passed through the chamber. Various entries on the rolls indicate the confidential nature of some of the chamber's business."

229 Dialogus, S. 107. Vgl. oben Anm. 111.

Gewissermaßen trug das Rechnungswesen der angevinischen Herrscher eine Art ‚Doppelcharakter': Es diente sowohl finanziellen als auch politischen Zielen. Diese beiden Sphären oder Funktionen konnten sich abwechseln, überschneiden, aber auch gegenseitig ausschließen. Hat man dies einmal erkannt, wird die Logik der mittelalterlichen Finanzverwaltung verständlich. In einem offenen Brief Johanns vom 12. April 1216, in dem er versuchte, die drei aufständischen Barone Robert de Ros, Eustace de Vesci und Peter de Brus zu Verhandlungen zu bewegen, formulierte der König die Ziele seiner Schuldenpolitik in eigenen Worten: *Sciatis quod non tantum cupimus pecuniam capere de baronibus Anglie qui contra nos fuerunt ; quantum cupimus bonum et fidele servicium illorum.*[230]

Es war das Anliegen dieses Kapitels, im Detail zu zeigen, wie finanzielle Abmachungen zwischen Krone und Adel zu Zwecken der Disziplinierung des Adels genutzt werden konnten. Da es sich hierbei also nicht um ein rein ökonomisches Phänomen handelte, wurde zur Interpretation auf die Verwendung solcher Begriffe wie ‚Kredit', ‚Zins' und ‚Preis' weitgehend verzichtet. Darüber hinaus wurde argumentiert, dass diese Herrschaftstechnik nicht erst in den Jahren nach 1204 eingesetzt,[231] sondern bereits von Heinrich II. und Richard I. genutzt wurde und wahrscheinlich auch anderen hochmittelalterlichen Herrschern nicht unbekannt war.

230 Rot. litt. pat., S. 176.
231 So HOLT 1961, S. 181.

Kapitel 5: Der Heiratsmarkt

Bislang war nur wenig von den Frauen, Töchtern und Schwestern der Barone die Rede. Eine Ausnahme stellte die im vorherigen Kapitel behandelte Gemahlin William d'Aubignys dar, die ihren Mann durch direkte Verhandlungen mit dem König und die Zusammenbringung des von diesem geforderten Lösegeldes aktiv unterstützte. Auch allgemein waren die Handlungsspielräume adliger Frauen nicht so eng, wie man zunächst annehmen könnte: Die Aufzeichnungen englischer Gerichte, die Pipe Rolls und andere Dokumente aus der königlichen Verwaltung zeigen Frauen, die Prozesse um ihren Besitz führten, dem König für die militärischen Dienste ihrer Kronlehen oder Burgwachdienste persönlich verantwortlich waren und vieles mehr.[1] Auf diese Tatsachen sei vorab hingewiesen, um zu betonen, dass das in diesem Kapitel behandelte Thema, bei dem Frauen vornehmlich als ‚Objekte' des vom König kontrollierten Heiratsmarktes erscheinen und gerade nicht als ihr Leben aktiv gestaltende ‚Subjekte', nur einen Teil weiblicher Existenz ausmachte. Im Übrigen waren auch Männer ‚Objekte' dieses Heiratsmarktes, wenn auch in geringerem Ausmaße. Insbesondere wird es im folgenden um Erbinnen gehen, die, wie es James C. Holt treffend ausdrückte, zu den „flüssigen Elementen der Gesellschaftsstruktur" gehörten.[2]

Auf die reiche Forschungsliteratur zum Thema kann an dieser Stelle nicht umfassend eingegangen werden, deshalb seien nur wenige Arbeiten genannt: Die Verwandtschaftsethnologie beschäftigt sich eingehend mit der Bedeutung von Eheschließungen für die Bildung von Allianzen zwischen verschiedenen Abstammungsgruppen innerhalb einer Gesellschaft. Dabei wird vor allem versucht, die Regeln, nach denen diese ‚Allianzsysteme' gebildet wurden, heraus-

---

1 Als ein gutes Beispiel für eine adlige Frau, die ihr Leben offenbar sehr aktiv gestaltete, kann Cecily de Crevequer dienen: Sie war die Nichte des vor 1185 verstorbenen Simon de Crevequer und erbte dessen Kronlehen Redbourne in Lincolnshire. Nach dem ihr Gatte, Walter de Nevill 1197 oder 1198 starb, kontrollierte sie die Baronie bis zu ihrem Tod 1209-10. Sie zahlte die Schildgelder (zum Beispiel Pipe Roll 3 John, S. 22), stritt vor Gericht mit ihrem Cousin Alexander de Crevequer (CRR, 2, S. 218) um Grundbesitz und machte König Johann diverse Geldangebote, um ihre Ziele zu erreichen (Rot. de ob. et fin., S. 199, 213, 302; Pipe Roll 9 John, S. 70). Vgl. Sanders 1960, S. 74; Rot. de dom., S. xxxvl. Andere Frauen, die zeitweise Teile von Kronlehen kontrollierten, waren etwa Leonia de Stuteville (Crick) oder die Gräfin Cecily von Hereford (Swanscombe). Schildgelder zahlten u.a. die Gräfin Maud von Warwick für ihr Erbe, die Baronie Topcliffe (Pipe Roll 7 Rich. I, S. 98), die Witwe Henrys I d'Oilly für Hook Norton (Pipe Roll 11 Hen. II, S. 71) oder Maud de Cauz für ihr Erbe, die eine Hälfte der Baronie Shelford (Pipe Roll 5 John, S. 175). Als Kustos der Burg Colchester fungierte 1204 die Witwe Williams II de Lanvaley (Pipe Roll 6 John, S. 24: *Vxor que fuit Willelmi de Lanualei* [blank] *xij li. quas recepit ad custodiam castelli de Colecestr'. de quibus ipsa debet respondere*…).

2 HOLT 1997, S. 245.

zuarbeiten.[3] Die Allianzsysteme des Mittelalters haben als komplex zu gelten, da nicht exakt festgelegt war, aus welcher Personengruppe der Ehepartner gewählt werden musste: Dies machte selbst innerhalb einer deutlich ranggeordneten Gesellschaft, wie sie England an der Wende zum 13. Jahrhundert aufwies, soziale Mobilität möglich. Zur Heirat im Mittelalter und zur Geschichte der Frauen legte Georges Duby mehrere wichtige Arbeiten vor.[4] Für den englischen Bereich veröffentlichte darüber hinaus Doris Mary Stenton, die Herausgeberin der Pipe Rolls und vieler Rechtsquellen des 12. und 13. Jahrhunderts, bereits 1957, also lange vor der Blüte der ‚Frauenforschung', eine lesenswerte Monographie.[5] In den achtziger Jahren publizierte James C. Holt eine Reihe wichtiger Artikel über die Rolle der Familie in der Feudalgesellschaft des hochmittelalterlichen Englands, von denen in diesem Zusammenhang vor allem der vierte und letzte mit dem Untertitel ‚The Heiress and the Alien' interessiert.[6] Scott L. Waugh legte 1988 eine umfangreiche Spezialuntersuchung über die Vormundschafts- und Heiratspolitik der Könige Englands zwischen 1217 und 1327 vor, die auch wichtige Erkenntnisse über die Zeit vor der Magna Carta enthält.[7] Daneben befassten sich auch die einschlägigen Arbeiten über das englische Rechtswesen, die Herrschaft Johann Ohnelands und die Magna Carta mit den hier behandelten Problemkreisen.

Insbesondere wird im Folgenden untersucht, wie die Könige ihre Verheiratungsrechte zu politischen Zwecken einsetzten und was die Barone daran genau zu kritisieren hatten. Der Vergleich der drei Regierungen soll – wie in den vorherigen Kapiteln – Hinweise darauf geben, ob sich diese Kritik des Adels nur auf Politik Johann Ohnelands bezog oder ob sie nicht viel mehr die angevinische Herrschaftspraxis grundsätzlich angriff.

---

3 Vgl. KOHL 1993, S. 42ff. Als bekannteste dieser Arbeiten kann sicherlich LÉVI-STRAUSS 1981 gelten.

4 Unter anderem DUBY 1985; DUBY 1997.

5 STENTON 1957, vgl. insbesondere das Kapitel 3 („Feudal Law and the Feudal Lady, 1066-1660), S. 29-74.

6 HOLT 1982; HOLT 1983; HOLT 1984a; HOLT 1985. Die Artikel sind nachgedruckt in: HOLT 1997, S. 161ff. u. 197ff.

7 WAUGH 1988. Vgl. auch WAUGH 1990.

5.1 Das Verheiratungsrecht des Königs

Im Rahmen ihrer Vormundschaftsrechte übten die angevinischen Herrscher einen maßgeblichen Einfluss auf die Eheschließung der hinterbliebenen Kinder und Ehefrauen ihrer verstorbenen Kronvasallen aus; Heinrich Mitteis spricht in diesem Zusammenhang von ‚Heiratszwang'.[8] Konkret bedeutete dies, dass der König bestimmen konnte, ob und wen die betreffende Person heiraten sollte; ohne seine Zustimmung war eine Heirat daher ausgeschlossen. Falls jemand vom König eine Vormundschaft erwarb, schloss dies häufig ebenfalls das Recht ein, die seiner Obhut anvertrauten Mündel zu verheiraten. Auch männliche Erben einer Baronie unterlagen diesem Heiratszwang,[9] übernahmen jedoch mit Erreichen der Volljährigkeit die volle Kontrolle über ihren Besitz. Frauen besaßen zur Zeit der Plantagenets – soweit keine männlichen Erben vorhanden waren – zwar die volle Erbfähigkeit. Anders als bei männlichen Erben galt aber im Falle der Existenz mehrerer weiblicher Kinder nicht die Regel der Primogenitur, sondern der Besitz wurde unter den Erbinnen aufgeteilt. Im Falle der hier behandelten baronialen Familien konnte dies eine permanente Aufteilung eines Kronlehens zur Folge haben.[10] Die Verheiratung von Frauen einer weit stärkeren Kontrolle des Lehnsherrn unterworfen als die der Männer:[11] Selbst nach Erreichen der Volljährigkeit blieben sie bis zu ihrer Verheiratung in seiner Munt und durften nur mit seiner Zustimmung heiraten: *...sine dominorum dispositione uel assensu nulla mulier heres terre maritari potest.*[12]

Neben einem Erbe (*hereditas*) konnten adlige Frauen bei ihrer Heirat noch zwei weitere Arten von Besitz erwerben: Wittum (*dos*) und Mitgift (*maritagium*). Als *dos* wurde die obligatorische Zuwendung des Mannes an seine Frau bezeichnet, die im Falle seines Todes ihrer Versorgung dienen sollte.[13] Der Wert eines solchen Wittums war nicht unbeträchtlich, konnte es doch bis zu einem Drittel des Besitzes des Ehemannes ausmachen. Frauen, die mehrfach heirateten und lange lebten, durften mehrere Wittümer besitzen und konnten auf diese

---

8 Vgl. MITTEIS 1933, S. 366, 469 u. 653.

9 POLLOCK – MAITLAND 1898, 1, S. 324; Rot. de dom., S. xxiii-xxiv.

10 Noch bis in das zweite Viertel des 12. Jahrhunderts hinein war es üblich gewesen, das Erbe nur an eine Tochter oder Schwester des Erblassers weiterzugeben. Zur Änderung des bestehenden Gewohnheitsrechtes, die wahrscheinlich unter der Regierung Stephans stattfand vgl. HOLT 1997, S. 245ff.

11 Glanvill, S. 75f. Vgl. POLLOCK–MAITLAND, 1, S. 320; MITTEIS 1933, S. 653; GANSHOF 1967, S. 155f.

12 Glanvill, S. 85.

13 Zum folgenden vgl. Glanvill, S. 58ff.; POLLOCK – MAITLAND 1898, 2, S. 420ff.; BIANCALANA 1988b.

Weise beträchtlichen Grundbesitz ansammeln.[14] Dies machte sie zu attraktiven Ehepartnern, schwächte aber zugleich die Position der Erben, mit denen es daher häufig zu rechtlichen Auseinandersetzungen um das Witwengut kommen konnte, das in der Regel Eigentum der Erben blieb.[15] Die Mitgift, die im englischen Recht als *maritagium* bezeichnet wurde, war eine freiwillige Schenkung des Brautvaters zur Versorgung seiner Tochter und ihres Nachwuchses. Bei den im folgenden behandelten Fällen spielt sie eine geringere Rolle als Erbe und Wittum.[16]

Die Fähigkeit des Königs, die Heiraten seiner Kronvasallen zu kontrollieren, hatte offensichtlich sowohl große politische als auch wirtschaftliche Bedeutung, weil die Eheschließungen reicher Erbinnen in vielen Fällen beträchtliche Besitzverschiebungen zufolge hatten. Gerade Heinrich II. muss dies immer bewusst gewesen sein, hatte er doch Aquitanien durch seine Heirat mit Eleanor gewonnen und auch seinen Anspruch auf den englischen Thron nur durch die Heirat seines Vaters, des Grafen von Anjou, mit der Tochter des englischen Herrschers erlangt.[17] Welch große Bedeutung die angevinischen Herrscher ihren Verheiratungsrechten beimaßen, lässt ebenfalls die Tatsache erkennen, dass sie seit dem letzten Drittel des 12. Jahrhunderts in Abständen systematische Untersuchungen (*inquisitiones*) anordneten, die der Erforschung dieser Rechte dienten.[18] Der Fragenkatalog einer Untersuchung des Jahres 1176 enthält ein Kapitel über die Frauen in der Verfügungsgewalt des Königs: *Item Justitiae inquirant de excaetis, de ecclesiis, de terris, de feminis quae sunt de donatione domini regis.*[19] Die ‚Rotuli de dominabus' überliefern die umfangreichen Ergebnisse der Untersuchung des Jahres 1185. Auch die von Richard Löwenherz in den Jahren 1194 und 1198 befohlenen Untersuchungen befassten sich mit den Frauen, Mädchen und Witwen in der Hand des Königs, ihrem Besitz und ihrer Verheiratung.[20] Neben diesen systematischen Untersuchungen verfügten die Könige auch häufig die Untersuchung einzelner Fälle.[21]

---

14 Mehrfachheiraten von Erbinnen einer Baronien waren nicht ungewöhnlich. Zum Beispiel heiratete Isabel de Say, die Tochter Stephens de Say und Erbin von Clun dreimal, bevor sie etwa 1199 verstarb: William fitz Alan (gest. 1160), Geoffrey de Ver (gest. 1170) und William Boterel (vgl. SANDERS 1960, S. 112f.).

15 PAINTER 1960, S. 4. Die diversen Rechtsverfahren, die Glanvill aufführt, zeigen, welche Art von Konflikten zwischen Witwe und Erben entstehen konnten.

16 Glanvill, S. 69ff.; POLLOCK – MAITLAND 1898, 2, S. 15f.

17 Vgl. WARREN 1973, S. 237.

18 Vgl. oben Abschnitt 3.2.1.

19 Select Charters, S. 9.

20 Zu den ‚Rotuli de dominabus' vgl. oben Kapitel 3, S. 59f.. Howden, 3, S. 263: *Item de maritagiis puellarum vel viduarum, quae ad dominum regem pertinent.* Ebd., 4, S. 62: *IX. De dominabus, et de valectis, et puellis, quae sunt vel esse debent in donatione domini regis, et de valentiis terrarum suarum; et si quis eorum vel earum sit maritatus; et inquiratur, cui, per quem, et a quo tempore. X. Inquirendum est etiam quae viduae*

Übergriffe auf die Rechte des Herrschers wurden bisweilen recht hart bestraft. Heinrich II. konfiszierte 1176 für mehrere Jahre das Wittum der Witwe Rogers de Nonant, da sie ohne seine Erlaubnis geheiratet hatte (*quia Aelisia de Nonant nupsit sine licentia cum esset de donatione ejus*).[22] Im selben Jahr wurde Baldwin I Wake mit einer Geldstrafe von 200 Mark belegt, da er eine Frau, die sich gleichfalls in der Verfügungsgewalt des Königs befand, ohne herrscherliche Genehmigung verheiratet hatte.[23] Für das Gegenteil wurde Reginaldus de Seinesberia 1186 bestraft: Er musste 20 Mark für die Zurückweisung der Hand der Tochter des ein Jahr zuvor verstorbenen Hascuil II Musard zahlen, die sich in der Obhut des Königs befand.[24] In einem vergleichbaren Fall ließ Richard I. Löwenherz in seinem ersten Regierungsjahr den Viehbestand der 1189 verwitweten Gräfin von Aumale, die das Kronlehens Skipton erbte, verkaufen. Der Grund: Hawise widersetzte sich, William I de Forz zu heiraten. Auf den Druck des Königs hin gab sie schließlich nach und nahm William doch zum Ehemann.[25] Baroniale beziehungsweise gräfliche und königliche Verheiratungsrechte konnten in Konflikt geraten: Johann Ohneland enteignete zum Beispiel eine Witwe, die der Graf von Chester ohne seine Zustimmung verheiratet hatte, obwohl der König die Munt über sie besaß (*eo quod comes Cestr' maritauit eam sine assensu Regis desicut est de donatione Regis*).[26] 1201 bestrafte König Johann William de Nevill (West Dean), da dieser seine Tochter gegen den ausdrücklichen Befehl des Königs zurückgehalten hatte.[27] Und 1207 konfiszierte er die Güter Rogers de Cressy (Blythborough) und seiner Gattin Isabel, weil Roger die Witwe Geoffreys of Chester (nämlich Isabel) geheiratet hatte. Roger bot anschließend 1200 Mark um die Huld des Königs erneut zu gewinnen und sein Land zurückzuerhalten.[28] Isabel war eine Tochter Huberts III de Ria, welche die Hälfte des Kronlehens ihres Vaters, Hockering, geerbt hatte und damit ein erhebliches Vermögen in ihre Ehe mit Roger einbrachte. Die Strafe könnte hier

non finierunt pro se maritandis, et finis capiatur ad opus domini regis. Zu der Steigerung von Einkünften aus dem Verkauf von Verheiratungsrechten nach der Untersuchung 1198 vgl. unten Anm. 33.

21 Vgl. zum Beispiel unten bei Anm. 102.

22 Pipe Roll 33 Hen., S. 146. Vgl. Pipe Roll 22 Hen. II, S. 150; 26 Hen. II, S. 94; 27 Hen. II, S. 32; 28 Hen. II, S. 32; 29 Hen. II, S. 117; 30 Hen. II, S. 74f.; 31 Hen. II, S. 157; 32 Hen. II, S. 152; 33 Hen. II, S. 143; 34 Hen. II, S. 165.

23 Pipe Roll 22 Hen. II, S. 85: *Baldewinus Wach' redd. comp. de .cc. m. de misericordia pro femina quam dedit sine licentia Regis que erat de donatione Regis.*

24 Pipe Roll 32 Hen. II, S. 121.

25 Pipe Roll 6 Rich. I, S. 163: *Hugo Bardulf r.c. de v et xv li. et xvj d. de instauramento comitisse de Albemar' uendito anno primo R. quia ipsa noluit nubere Willelmo de Forz. In thes. lib. Et Q.E.* Vgl. STENTON 1957, S. 36; HOLT 1997, S. 264.

26 Pipe Roll 2 John, S. 19.

27 Pipe Roll 3 John, S. 17.

28 Pipe Roll 9 John, S. 178.

so hart ausgefallen sein, weil der König Isabel eventuell bereits einem anderen versprochen hatte.[29]

Heinrich II. und seine Söhne nutzten ihre Verheiratungsrechte sowohl zu Zwecken der Patronage als auch zur Geldbeschaffung. Zum einen konnten sie unliebsame Heiratsallianzen unter ihren Baronen verhindern oder eigene Anhänger ausstatten und fördern, indem sie diese mit vermögenden Frauen verheirateten.[30] Zum anderen verkauften sie ihre Zustimmung zu einer Heirat oder verlangten von Witwen Geld, wenn diese nicht erneut heiraten wollten und es vorzogen, ihren Besitz selbst zu verwalten.[31]

Der zweite Aspekt kann hier vergleichsweise kurz abgehandelt werden, da Scott L. Waugh 1988 bereits sämtliche Pipe Rolls Heinrichs II. Richards I. und Johanns I. auf einschlägige Stellen hin durchsah und gründlich analysierte.[32] Danach war die Anzahl solcher Verkäufe unter Heinrich II. noch relativ gering, stieg unter Richard I. erst leicht, dann aber – nach seiner 1198 angeordneten Untersuchung – steil an und blieb auch unter Johann auf einem hohen Niveau; entsprechend stieg der finanzielle Ertrag aus diesen Geschäften.[33] Eine Auswahl der Zahlen, die Waugh zusammenstellte, ist in Tabelle 5.1 dargestellt: Es handelt sich dabei um die Anzahl der Geldangebote für die Zustimmung der Herrscher zu einer Heirat (Angebote von Männern), für die Zustimmung einer Heirat von Witwen und für das Zugeständnis an Witwen, über ihre erneute Verheiratung selbst bestimmen zu dürfen.

---

29 Pipe Roll 1 John, S. 290.

30 Außerhalb seines unmittelbaren Einflussbereiches konnte der englische Herrscher Heiraten nicht so leicht kontrollieren, vgl. etwa die Verheiratung der Nichten des Grafen Philipp von Flandern gegen den ausdrücklichen Willen König Heinrichs II. (*contra voluntatem et prohibitum domini sui regis Angliae*) im Jahre 1180: Gesta, 1, S. 269; vgl. ebd., S. 133.

31 Auf die Behandlung der Witwen durch den Herrscher bezog sich die in den Artikeln 7 und 8 der Magna Carta enthaltene Kritik. HOLT 1992, S. 452: *Vidua post mortem mariti sui statim et sine difficultate habeat maritagium et hereditatem suam, nec aliquid det pro dote sua, vel pro maritagio suo, vel hereditate sua, quam hereditatem maritus suus et ipsa tenuerint die obitus ipsius mariti, et maneat in domo mariti sui per quadraginta dies post mortem ipsius, infra quos assignetur ei dos sua.* Ebd.: *Nulla vidua distringatur ad se maritandum, dum voluerit vivere sine marito, ita tamen quod securitatem faciat quod se non maritabit sine assensu nostro, si de nobis tenuerit….*

32 WAUGH 1988, S. 156ff.

33 WAUGH 1988, Tabellen 4.3 und 4.4, S. 157 u. 159.

	Zustimmung zu einer Heirat	Zustimmung zu Heirat von Witwen	Freie Verheiratung von Witwen	Insgesamt
Heinrich II.	10	14	44	29
Richard I.	6	10	58	74
Johann	44	56	93	193

Tabelle 5.1: Anzahl der Geldangebote für Verheiratungsrechte nach WAUGH 1988

Die rechte Spalte der Tabelle lässt den steilen Anstieg deutlich erkennen. Waughs Beobachtung deckt sich mit den in Kapitel 3 gewonnenen Ergebnissen über die zunehmende Veräußerung von Vormundschaftsrechten unter Richard I. und Johann.[34] Die kleine Zahl entsprechender Geldangebote an Heinrich II. könnte vermuten lassen, dass dieser weniger Einfluss auf den Heiratsmarkt nahm als seine Söhne, doch lässt bereits die Existenz der ‚Rotuli de dominabus' aus dem Jahre 1185 daran zweifeln. Heinrich II. befahl diese Untersuchung, bei der auch detaillierte Informationen über sämtliche Witwen, die sich zu diesem Zeitpunkt in seiner Munt befanden, systematisch erfasst und zusammen mit Angaben über den Wert ihres Besitzes schriftlich aufgezeichnet wurden, nicht ohne Grund. Ihm ging es jedoch weniger um den Verkauf seiner Rechte als vielmehr um ihre Nutzung zur Patronage, das heißt zur Ausstattung und Versorgung von Gefolgsleuten. Dass er seinen Söhnen darin in nichts nachstand, wird im Folgenden zu zeigen sein.

5.2 Missheiraten und die Angst der Barone vor sozialen Aufsteigern

Im sechsten Artikel der Magna Carta von 1215 sicherte König Johann den Baronen zu, dass Erben nicht unstandesgemäß (*sine disparagacione*) vermählt werden sollten. Des weiteren sollten vor einer Eheschließung die Verwandten des betreffenden Erben davon in Kenntnis gesetzt werden. Ursprünglich hatten die Barone sogar gefordert, dass die Verheiratung nur gemäß dem Rat der nächsten

34 Vgl. oben Kapitel 3, Abschnitt 3.2.3.

Verwandten erfolgen dürfe.[35] Dahinter stand offenbar die Angst des alteingesessenen Adels, dass der König ihre Erben mit sozialen Aufsteigern verheiraten könnte: mit Männern niederer Herkunft und ohne eigenen ‚Namen', die im Dienst für die Herrscher zu Amt und Würden aufgestiegen waren und von diesen dadurch belohnt wurden, dass ihnen Töchter oder Witwen aus arrivierten Familien zur Frau gegeben wurden, wodurch ihnen der Zugang zum höheren Adel offen stand. Die Klagen des Adels über Könige, die sich mit Emporkömmlingen und ‚schlechten Ratgebern' umgeben würden, war nicht neu: Ordericus Vitalis schrieb zu Beginn des 12. Jahrhunderts über Heinrich I. von England, dass dieser Gefolgsleute unedlen Geblütes (*de ignobili stirpe*) gleichsam aus dem Staub emporgehoben habe (*de puluere ut ita dicam extulit*).[36] Ähnliche Befürchtungen artikulierte Ralph Niger in Bezug auf seinen Enkel, König Heinrich II.[37] Es handelte sich hierbei nicht um einen außergewöhnlichen Konflikt: In vergleichbarer Weise hatten zum Beispiel in Deutschland bereits Jahrzehnte zuvor sächsische und schwäbische Große auf der Versammlung bei Tribur im Jahre 1076 Heinrich IV. beschuldigt, die niedrigsten Menschen ohne Ahnen zu höchsten Ehren emporgehoben zu haben. Man warf dem Kaiser sogar vor, die gänzliche Auslöschung des Adels im Schilde zu führen.[38]

In der älteren Forschung bestand weitgehende Einigkeit darüber, dass die in der Magna Carta formulierte Kritik darauf zurückzuführen sei, dass die angevinischen Könige, insbesondere Johann Ohneland, tatsächlich eine Heiratspolitik betrieben hätten, durch die Frauen aus baronialen Familien herabgesetzt wurden.[39] Doch 1949 machte Sidney Painter darauf aufmerksam, dass es schwierig sei, genau zu bestimmen, was die Barone eigentlich unter *disparagatio* verstanden hätten, denn die Heiraten einfacher Ritter wie William Marshal oder Geoffrey fitz Peter mit Erbinnen großer Kronlehen seien zuvor offenbar nicht

35 *Heredes maritentur absque disparagacione, ita tamen quod, antequam contrahatur matrimonium, ostendatur propinquis de consanguinetate ipsius heredis* (HOLT 1992, S. 452). In den ‚Artikeln der Barone' hießt es an der entsprechenden Stelle noch:*...et ut heredes ita maritentur ne disparagentur et per consilium propinquorum de consanguinitate sua* (HOLT 1992, S. 433). Der Begriff *disparagatio* leitet sich ab von *dispar* (ungleich) und bezeichnet damit eine Heirat unter Ungleichen – also eine Mesalliance oder Missheirat.

36 Ordericus Vitalis, 6, S. 16.

37 Ralph Niger, S. 167: *Nactus autem regnum Anglorum, servos spurios, caligatos cubili, mensae, regno praefecit, et ex iis quaestores, praetores, proconsules, tribunos, municipes, forestarios super provincias constituit. Illustres ignominiis oneratos, sed caeteris rebus vacuos, patrimoniis omnino privavit, vel subdole portitionibus dectractis decrustando sensi, adnihilavit.*

38 Lamperti monachi Hersfeldensis opera, hg. von OSWALD HOLDER-EGGER (MGH. Scriptores rerum germanicarum in usum scholarum [38]) Hannover – Leipzig 1894, S. 277, vgl. auch S. 146f., 151 u. 372.

39 Vgl. PAINTER 1943, S. 66ff.; POOLE 1946, S. 97ff.; STENTON 1957, S. 49f.

auf Widerstand gestoßen.[40] Man muss hier die Beobachtung anfügen, dass es im englischen Recht keine strenge Trennung eines ‚Dienstadels' vom ‚Altadel' gab wie in Deutschland, wo die Ministerialen eigene Dienstrechte besaßen und weiterhin als unfrei galten. Painter vermutete nun, dass sich die *sine disparagacione*-Klausel, also der Herabsetzungsvorbehalt der Magna Carta, vornehmlich gegen König Johanns ausländische Söldnerführer gerichtet habe. Gleichzeitig stellte er jedoch fest, dass von diesen nur Fawkes de Breauté und Hugh de Vivienne Erbinnen hohen Ranges zur Frau bekommen hätten.[41] James C. Holt wiederholte 1985 Painters Argumente und baute sie durch weitere Beobachtungen aus. Er machte darauf aufmerksam, dass Ableitungen von *disparagare* erstmals in der Pipe Roll Richards I. von 1194 erscheinen und in den folgenden Jahren weiterhin sporadisch und offenbar zufällig auftauchen. Holt betonte, dass es sich bei den entsprechenden Stellen immer um Geldangebote handelte, mit denen ein Bittsteller das Recht erwarb, Erbinnen beziehungsweise Erben zu verheiraten, und dass der betreffende Herabsetzungsvorbehalt (meist *ubi non sit disparagiatus*) den Bittstellern von der Krone als Bedingung auferlegt wurde.[42] Der Zweck dieses Vorbehaltes sei somit nicht gewesen, Erben zu schützen und Emporkömmlinge auszuschließen, sondern habe lediglich der Präzisierung der zwischen Bittsteller und Krone getroffenen Vereinbarungen gedient. Dieses letzte Argument wurde von Scott L. Waugh 1988 mit guten Gründen zurückgewiesen,[43] doch folgte er ansonsten Holts Argumentation in weiten Teilen und schloss mit der folgenden Vermutung: „It seems likely, therefore, that as James C. Holt has speculated, the provision against disparagement was not forced on a reluctant John in 1215, and that his use of the term in royal grants reflected the Crown's desire to stabilize the pattern of marriage and property holding within the body of tenants-in-chief."[44]

James C. Holt bemerkte weiterhin, dass Ordericus' oben zitierter Ausspruch über die aus dem Staub emporgehobenen ‚neuen' Männer Heinrichs I. keine Anspielung auf ihre Heiraten enthielt. Auch in der volkssprachigen Literatur der Zeit sei die Heirat von Emporkömmlingen mit Frauen hohen Standes kein wichtiges Thema gewesen, jedenfalls seien solche Heiraten nicht durchweg als Mesalliancen gebrandmarkt worden.[45] Diesem Argument muss man jedoch

---

40 PAINTER 1949, S. 217ff.

41 PAINTER 1949, S. 218.

42 HOLT 1997, S. 266f.; vgl. Pipe Roll 6 Rich. I, S. 238: *...et pro maritando herede ubi non sit disparagiatus...* . Dieselbe Formel taucht in den folgenden Jahren in mehreren vergleichbaren Geldangeboten für das Recht, ein Mündel zu verheiraten, auf, vgl. zum Beispiel Pipe Roll 8 Rich. I, S. 159 oder Rot. de ob. et fin., S. 173.

43 WAUGH 1988, S. 81f. Anm. 73.

44 WAUGH 1988, S. 81. Zur Frage, ob diese Vermutung zutrifft, vgl. unten S. 193.

45 HOLT 1997, S. 265f., hier S. 266: „The vernacular literature which entertained the twelfth-century noble houshold contains only one clear example of an heiress demeaned

entgegenhalten, dass sich leicht Stellen finden lassen, die das Gegenteil belegen:[46] Beispielsweise kennzeichnet Walter Map in seiner Geschichte über den Dänenkönig Knut, König Aethelred, der von Knut besiegt wurde, als feigen, grausamen und ungerechten Herrscher. Über die Heiratspolitik Aethelreds schreibt er: ‚In den Klagen und Tränen der Adligen lag seine Freude. Mädchen aus edlem Geschlechte verheiratete er mit Bauern und er zwang die Söhne besten Blutes, sich zu Töchtern von Sklaven herabzubeugen.'[47] Man kann annehmen, dass Walter Maps Leser diese Geschichte als Anspielung auf die Gegenwart verstanden.[48] Zumindest ist sie, ebenso wie die kurz darauf folgende Klage, manche Könige würden Kammerdiener unfreier Herkunft zu Ratgebern machen, ein weiterer Beleg für den verbreiteten literarischen Topos einer Angst des Adels vor sozialen Aufsteigern und einem Verlust der Nobilität.[49] Trotz all seiner Vorbehalte blieb James C. Holt auch in der zweiten Auflage seines Buches über die Magna Carta 1992 bei der Feststellung, dass der Artikel 6 nur aufgrund der Tatsache verständlich sei, dass die Krone ihre Verheiratungsrechte tatsächlich in einigen Fällen dazu nutzte, loyale Gefolgsleute, die man vielleicht als ‚neue Männer' bezeichnen könne und die zum Teil auch ‚Ausländer' waren, mit Landbesitz von einer Größe auszustatten, die weit über das hinausging, was sie normalerweise erwarten konnten.[50]

Um die angesprochenen Probleme besser einschätzen zu können, soll im folgenden geklärt werden, ob für die Frauen aus den baronialen Familien des untersuchten Feldes die Verheiratung mit Gefolgsleuten des Königs niederer Herkunft überhaupt eine Rolle spielte und falls ja: seit wann und in welchem Umfang. Außerdem wird besonders auf solche Hinweise zu achten sein, die nahe legen, dass es bereits vor 1215 eine zeitgenössische Kritik an der Verheiratungspolitik der angevinischen Herrscher gab. Schwierigkeiten liegen darin, dass soziale Aufsteiger nicht immer leicht zu identifizieren sind, dass ein aktives Eingreifen des Königs bei der Arrangierung von Ehen oft nur vermutet werden kann und dass kritische Äußerungen über das königliche Vorgehen in den für diese Untersuchung systematisch erfassten Quellen kaum zu erwarten sind. Dennoch

in marriage." Holts Bemerkung (ebd., Anm. 123) „Enforced marriage and misalliance are themes in the *Roman d'Eneas*, *Orsan de Beauvais*, *Raoul de Cambrai* and *Daurel and Breton*, but without any emphasis on disparagement." scheint mir einen Widerspruch zu enthalten.

46 Vgl. auch WAUGH 1988, S. 80: „Moralists, chronicles, legal writers, and romances all expressed the ideal that men should marry spouses of the same status."

47 Walter Map, S. 421f.: *In querelis et fletu nobilium leticia sua. Generosas maritabat rusticis puellas, et altissimi filios cruoris in seruorum filias degenerare coegit.*

48 Es ist schwierig, Maps Werk ‚De nugis curialium' exakt einer Gattung zuzuordnen, doch darf man es sicherlich als lateinische Hofkritik charakterisieren.

49 Walter Map, S. 426: *Mos aliquorum regum est ut seruis thalami uel lecti secreta sui tribuant, et eis libera suorum capita submittere non formident…* .

50 HOLT 1992, S. 310.

geben zeitgenössische Chroniken, wie zu sehen sein wird, einige wertvolle Hinweise.

Heinrich II. nutzte sein Recht, die Verheiratung von Erben seiner Barone steuern zu können, um Verwandte zu versorgen: So verschaffte er seinem unehelichen Halbbruder Hamelin 1164 ein Auskommen, indem er ihn mit der Tochter des Grafen von Surrey, Erbin des großen Kronlehens Lewes (140 Ritterlehen), verheiratete.[51] Heinrichs nachgeborener vierter Sohn, Johann, erhielt den Beinamen ‚Ohneland' nicht aufgrund des Verlustes der Normandie, sondern weil er in den frühen Erbregelungen seines Vaters kein eigenes Herrschaftsterritorium zugesprochen bekam.[52] In der langen Reihe von Versuchen, Johann Ohneland so auszustatten, wie es einem Königssohn zukam, spielten Ehepläne eine wichtige Rolle.[53] Während Heinrich II. zunächst beabsichtigte, seinen Sohn mit einer Tochter des Grafen von Maurienne zu verheiraten, wurde dann 1176 vereinbart, ihn mit Isabel, einer der drei Töchter des Grafen von Gloucester und voraussichtlichen Erbin des größten Kronlehens Englands (247,5 Ritterlehen) zu vermählen. Die Vereinbarung kam, wie der Chronist betont, auf die ‚energische Forderung des Königs hin' (*per perquisitionem regis*) zustande. Der Graf besaß zu diesem Zeitpunkt keinen ehelichen Sohn, und Isabels Schwestern wurden für den Verzicht auf ihr Erbe vom König mit einem Einkommen im Werte von je 100 Pfund pro Jahr abgespeist.[54]

Derartige Heiraten von Kronlehen-Erbinnen mit Verwandten des Königs sind selbstverständlich nicht als Mesalliance zu bezeichnen, doch auf dieselbe Weise, wie er seine Kinder und Verwandten versorgte, kümmerte sich Heinrich II. auch um Angehörige seines Gefolges und seine Funktionsträger. Diese allerdings in den meisten Fällen nicht so hochrangige Erbinnen zur Frau erhielten wie seine Verwandten.[55] Leider gibt es nur wenige überlieferte Kommentare

---

51 SANDERS 1960, S. 129; WARREN 1973, S. 365.

52 Newburgh, S. 145f.: *Rex vero, ex Walliis reducto exercitu, ad alia vocatus negotia, transfretavit, filiorum propensiori opera futurae promotioni et ditationi prospiciens. Quippe ex Alianore quondam Francorum regina susceptis quatuor filiis, Henricum natu majorem regni Anglici et ducatus Normannici, cum Andegavensi comitatu, successorem relinquere; Ricardum vero Aquitaniae, et Gaufridum Britanniae praeficere cogitabat; quartum, natu miminum, Johannem "Sine Terra" agnominans.*

53 Zu den Problemen der Versorgung Johann Ohnelands vgl. NORGATE 1902, S. 4ff.

54 Gesta, 1, S. 124f.: *Eodem anno comes Gloucestriae, per perquisitionem regis constituit Johannem, filium regis minimum, haeredem comitatus sui post ipsum. Et rex concessit, quod praedictus Johannes, filius suus, filiam ipsius Gloucestriae in uxorem duceret ... et quod pro hanc concessione daret ipse rex centum libratas reddituum in Angliae, uxori Amauri comitis Ebroicarum, et alias centum libratas reddituum uxori comitis de Clara; utraque enim erat filia comitis Gloucestriae. Et si idem comes Gloucestriae filium legitime susceptum de uxore sua habuerit, filius ille et praedictus Johannes filius regis dimidiabunt inter se comitatum Gloucestriae.*

55 Vgl. dazu die wertvollen Beobachtungen von LALLY 1976, S. 166f.

zu einer solchen Eheschließung, wie im folgenden Fall: Hubert de St. Clair war ein Baron aus Hertfordshire, der nur eine einzige Tochter namens Gunnora besaß. Die der Chronik Ralph Nigers angefügten Annalen berichten, dass Hubert bei der Belagerung der Burg Bridgenorth, die sich während des Kampfes Heinrichs II. gegen Hugh Mortimer im Jahre 1155 ereignete, von einem Pfeil tödlich getroffen wurde, der eigentlich für den König bestimmt gewesen sei. Heinrich habe die Tochter des Verstorbenen in seine Obhut genommen und sie, samt dem väterlichen Erbe (der Baronie Walkern) mit William de Lanvaley verheiratet. William habe einen Sohn von ihr bekommen und diesem seinen Vor und Nachnamen gegeben (*...nomen suum cum agnomine ei imponens*).[56] Wiliam de Lanvaley war ein einfacher Ritter aus dem Gefolge des Königs, kein Kronvasall mit eigenem Landbesitz. Die Annalen bezeugen eindeutig, dass die Übertragung des Erbes durch den König vorgenommen wurde. Durch die prononcierte Erwähnung der Namensübertragung erhält der geschilderte Vorgang eine negative Färbung: Es entsteht der Eindruck einer Entfremdung von Familienbesitz (der Sohn Williams erhielt dann tatsächlich sowohl den Vor als auch den Nachnamen seines Vaters).[57] Darüber hinaus mag es in der Darstellungsabsicht des Autors gelegen haben, Heinrich II. als einen undankbaren Treuhänder des Vermögens des Mannes darzustellen, der ihm vor Bridgenorth das Leben gerettet hatte.

Es steht zu vermuten, dass auch die im folgenden vorgestellten Ehen in ähnlicher Weise durch König Heinrich II. arrangiert wurden: Die zwei Erbinnen der beiden Hälften des Kronlehens Shelford (40 Ritterlehen) wurden nach dem Tod ihrer Väter von zwei Funktionsträgern Heinrichs II. geheiratet. Ralph fitz Stephen erhielt Maud, die Tochter Roberts de Cauz. Thomas Bardolf bekam

---

56 Ralph Niger, S. 170f.: *...Cujus postmodum unicam filiam in suam custodiam suscipiens, patre ibidem moriente et pro ea regem interpellante, tradit eam Willelmo de Langvalee in matrimonium cum haededitate paterna. Qui genuit ex ea filium nomen suum cum agnomine ei imponens.* Eigentümlicherweise berichten die Annalen diese Ereignisse zum Jahr 1165; auch AMT 1993, S. 76 folgt dieser Datierung. Doch die Belagerung von Bridgnorth, vor deren Hintergrund das Ereignis eindeutig stattfand, ereignete sich tatsächlich zehn Jahr zuvor, im Jahre 1155: vgl. WARREN 1973, S. 60f. SANDERS 1960, S. 92f. gibt kein Todesjahr für Hubert de St. Clair, doch dürfte 1155 zutreffen. Zur Frage der Autorschaft der Annalen vgl. Ralph Niger, S. xi.

57 Es gibt mehrere Beispiele dafür, dass Söhne den Familiennamen ihrer Mutter übernahmen, wenn das betreffenden Kronlehen über sie vererbt wurde. So nannte sich Patrick, der Sohn und Erbe des 1170 verstorbenen Pain de Mundubleil, nach seiner Mutter „de Chaworth“: SANDERS 1960, S. 125 Anm. 2. Roger, *constabularius* von Chester, nannte sich „de Lacy“, nachdem er von seiner Großmutter Pontefract erbte: Pipe Roll 6 Rich. I, S. 162; 7 Rich. I, S. 98; 8 Rich. I, S. 174; SANDERS 1960, S. 138. William, der Sohn des 1213 verstorbenen Adam de Port (Basing) übernahm den Namen seiner Mutter „St. John“, die das Lehen Halnaker in Sussex mit in den Familienbesitz brachte: SANDERS 1960, S. 9 Anm. 4. Weitere Beispiele ließen sich ergänzen.

Rose, die Tochter Ralphs II de Hanselin zur Gemahlin.[58] J. E. Lally vermutete 1976, dass der König mit diesen beiden Verbindungen strategische Interessen in Nottinghamshire und Derbyshire verfolgt haben könnte.[59] Lally machte auch auf die Erbschaft William fitz Duncans (gest. 1152-4) aufmerksam, eines Sohnes König Duncans II. von Schottland.[60] Als sein Sohn und Erbe, William de Egremont, etwa 1163 starb, wurden William fitz Duncans diverse Besitzungen (die Kronlehen Egremont und Papcastle in Cumberland und das Kronlehen Skipton in Yorkshire, das er durch die Heirat mit Alice de Rumilly erhalten hatte) an seine Töchter Mabel, Alice und Cecily (also die Schwestern Williams de Egremont) weitervererbt. Von diesen gab der König zwei an vergleichsweise niedrigrangige Männer: Mabel, die Egremont (1 Ritterlehen) erbte, heiratete Reginald de Lucy, der wahrscheinlich ein Verwandter des Justiziars Richard de Lucy war. Ihre Schwester Alice, die Papcastle erbte, bekam Gilbert Pipard zum Gatten, den Sheriff und Reiserichter Heinrichs II., der bereits bei der Analyse der Schulderlasse in Kapitel 4 als Begünstigter auffiel.[61]

Weitere Beispiele ergänzen die von Lally angeführten Fälle: Nach dem Tod William fitz Walters im Jahre 1174 heiratete seine Tochter und Erbin Margaret einen *familiaris* des Königs namens Hugh de Cressy. Hugh erhielt auf diese Weise die Baronie Blythborough (2 Ritterlehen) in Suffolk. Margarets Sohn und Erbe Roger (gest. 1207) übernahm den Namen des Vaters ‚de Cressy'.[62] Hawise, die Tochter von Maud d'Avranches und William de Curci, erbte 1172 Okehampton in Devon, die – anders als die vorherigen Beispiele – mit über neunzig Ritterlehen eine der großen Baronien des Feldes ist. Sie heiratete Reginald de Courtenay, einen der Ritter des königlichen Haushaltes, die den König – den Zeugenlisten seiner Urkunden nach zu urteilen – ständig begleiteten.[63] Gerard de Camville, der spätere Sheriff von Lincolnshire und Unterstützer der Rebellion Johanns gegen Richard Löwenherz, war, wie Reginald de Courtenay, ein Ritter im Gefolge Heinrichs II. Er erhielt das Kronlehen Brattleby in Lincolnshire (20 Ritterlehen) durch seine Heirat Nicholas, der Tochter und Erbin Richards de la Hay und Witwe Williams fitz Erneis.[64] Richard de Canvill war bereits Mitglied im Gefolge König Stephans. Er kam im Herbst 1155 an den

58 SANDERS 1960, S. 76f. Ralph fitz Stephen, gest. 1203 (?), war u.a. als Reiserichter und Sheriff tätig. Thomas Bardolf war häufig im Gefolge Heinrichs II. anzutreffen. Vgl. EYTON 1878, S. 160 et passim.

59 LALLY 1976, S. 166.

60 LALLY 1976, S. 167.

61 SANDERS 1960, S. 115, 134f., 142. Zu Gilbert Pipard vgl. Kapitel 4 Anm. 145.

62 SANDERS 1960, S. 16. Zu Hugh de Cressy, der für Heinrich II. u.a. als Reiserichter unterwegs war, vgl. EYTON 1878, S. 154, 158ff. et passim.

63 SANDERS 1960, S. 69f.; JOLLIFFE 1963, S. 142f. Anm. 4; EYTON 1878, S. 68 et passim.

64 SANDERS 1960, S. 109; EYTON 1878, S. 187 et passim; JOLLIFFE 1963, S. 142f. Anm. 4. Zu seinem Huldverlust unter Richard Löwenherz vgl. oben Kapitel 4, S. 119ff.

Hof Heinrichs II. und erscheint ebenfalls regelmäßig als Zeuge in den Urkunden des ersten Plantagenet-Herrschers. Richard heiratete eine Tochter Walter fitz Williams und kam so in den Besitz der Hälfte des Kronlehens Whalton (3 Ritterlehen).[65]

Manchmal sind es nur kleine Details, wie der Namen oder Titel einer Person, die Anlass zu der Vermutung geben, dass hier ein Mann niedrigen Ranges eine Frau baronialen Standes geheiratet haben könnte: Isabel, die Erbin eines Teils der Baronie Hooton Pagnell in Yorkshire ehelichte einen gewissen Willelmus Bastardus, dessen Beiname auf eine uneheliche Herkunft schließen lässt.[66] Eine Tochter des Grafen von Huntingdon wurde mit einem Kämmerer Heinrichs II., William II de Mauduit verheiratet.[67] Und für die Hand der Witwe des 1156 verstorbenen Grafen von Lincoln, Gilbert II de Ghent, bot ein Robertus *dapifer* dem König 1163 100 Pfund.[68]

Insgesamt lässt sich festhalten, dass bereits Heinrich II. zahlreiche Gefolgsleute eher niederer Herkunft mit Frauen baronialen Standes verheiratete. Des weiteren gab es bereits in seiner Zeit verhaltene Kritik an diesem Vorgehen: Einer der schärfsten Kritiker Heinrichs II. beschuldigte den König, Erbschaften behalten oder verkauft zu haben.[69] Gerald von Wales erzählt im zweiten Teil seines ‚Liber de Principis Instructione' eine Geschichte über die Vision des Roger von Asterby: Dieser sei vom heiligen Petrus und vom Erzengel Gabriel zu Heinrich II. gesandt worden, um ihm ‚sieben Gebote' zu überreichen, die der König einhalten müsse, um ein unheilvolles Schicksal abzuwenden (was diesem letztlich nicht gelang, da seine eigenen Söhne ihn verrieten). Das vierte dieser Gebote fordert die Rückgabe von Erbschaften und drückt in sehr allgemeiner Form bereits einige der später in der Magna Carta präzisierten Anliegen der Barone aus.[70]

Sofort nach dem Tode seines Vaters entschied sich Richard Löwenherz, diejenigen, die sich von Heinrich II. abgewandt hatten, zu bestrafen. Die loyalen Gefolgsleute und Diener seines Vater wurden jedoch belohnt, wodurch sie dem neuen Herrscher verbunden werden und eine gewisse Kontinuität in der Regie-

---

65 SANDERS 1960, S. 150; JOLLIFFE 1963, S. 142ff.

66 SANDERS 1960, S. 55.

67 SANDERS 1960, S. 50f.

68 SANDERS 1960, S. 46; Pipe Roll 9 Hen. II, S. 68.

69 Ralph Niger, S. 169: *Haereditates retinuit aut vendidit, fortunam semper in exitu praeter duos annos vitae ultimos blandam expertus.* Zu der Enteignung Williams of Essex durch Heinrich II. im Jahre 1163 (vgl. Anhang A, N° 151, 175) bemerkt derselbe Autor kritisch, dessen Söhne hätten das väterliche Erbe danach niemals mehr erlangen können: Ebd., S. 170.

70 Giraldus Cambrensis, 8, S. 186: *In haereditatibus quibuslibet reddendis et jure faciendo…* .Vgl. zu dieser Stelle WARREN 1973, S. 382f.; BARTLETT 1982, S. 66f.; HOLT 1992, S. 72ff.

rung gewährleisten sollten.[71] Hierbei spielte die Verheiratung reicher Erbinnen eine bedeutsame Rolle: William Marshal erhielt die Erbin von Striguil zur Frau, und Gilbert fitz Reinfred die Tochter Williams de Lancaster.[72] William Marshal kam durch seine Heirat mit Isabel, der Tochter und Erbin von Richard fitz Gilbert de Clare (‚Strongbow'), in den Besitz ausgedehnter Ländereien in England, Wales und Irland. Seine Laufbahn, die sowohl mittelalterliche als auch moderne Biographen faszinierte, gilt als Paradebeispiel für soziale Mobilität im 12. Jahrhundert: Der vierte Sohn eines verarmten Ritters wurde zum Grafen von Pembroke und stieg schließlich zum Regenten Englands auf.[73] Auch Gilbert fitz Reinfrid war ab etwa 1180 häufig im Gefolge Heinrichs II. anzutreffen und für diesen als Reiserichter tätig. Unter Richard I. und Johann blieb er weiterhin ein wichtiger Funktionsträger. Die Heirat mit Helewise, der Tochter und Erbin Williams de Lancaster, brachte die Baronie Kendal (2 Ritterlehen) in Westmorland in seinen Besitz.[74]

Ein Mann, der – ebenso wie William Marshal – als typischer Aufsteiger im Dienste der Plantagenets gelten kann, war Geoffrey fitz Peter. Geoffrey hatte bereits vor 1185 Beatrice de Say geheiratet. 1190 kam es dann zu einem Streit um das Erbe des Grafen von Essex (mit über 109 Ritterlehen), das sowohl

---

71 Gesta, 2, S. 72: *Praedictus vero comes Ricardus Pictavensis honorifice retinuit omnes servientes regis patris sui, quos fideles esse noverat, et qui fideliter servierant patri suo; et illis reddidit servitia sua, quae longo tempore fecerant patris sui, unicuique secundum meritum suum. Illos autem tam clericos quam laicos, qui relicto patre suo, illi adhaeserunt, odiosos habuit, et a familiaritate sua alienos fecit.* Vgl. dazu die treffende Bemerkung bei GILLINGHAM 1978, S. 125: „In the ability of kings to bestow gifts on this scale lay much of their power; in the careful management of the vast system of patronage lay an essential part of kingship."

72 Gesta 2, S. 73: *Deinde dedit idem dux filio haededi comitis de Pertico, Matildam filiam ducis Saxoniae in uxorem. Deinde concessit et dedit Johanni fratri suo omnes terras quas dominus rex pater suus ei dederat; scilicet quatuor millia librarum terrae in Anglia, et comitatum Morethonii cum pertinentiis suis. Concessit etiam ei filiam comitis Gloucestriae, cum honore illo; et Willelmo Marescallo filiam comitis Ricardi de Striguil cum honore illo; et Gilleberto filio Rogeri filii Rainfrei, filiam Willelmi de Loncastre, dapifero regis patris sui: et concessit Gaufrido fratri suo, quondam Lincolniensis ecclesiae electo, archiepiscopatum Eboraci.*

73 SANDERS 1960, S. 110f. William Marshals auf französisch verfasste Lebensbeschreibung in Versform ist einer der ältesten mittelalterlichen Texte dieses Genres: L'histoire de Guillaume le Maréchal. Comte de Striguil et de Pembroke. Régent d'Angleterre de 1216 a 1219, hg. von Paul Meyer, 3 Bde. (Société de l'histoire de France [81]) Paris 1891-1901. Zu verschiedenen Aspekten dieses Werkes vgl. u.a. GILLINGHAM 1988B; THIRY-STASSIN – THIRY 1992; CROUCH 1993. Unter den neueren Biographien vgl. insbesondere PAINTER 1933; DUBY 1986; CROUCH 1990. Zu den anglo-normannischen Verschroniken des 12. Jahrhunderts vgl. TILLMANN-BARTYLLA 1986.

74 SANDERS 1960, S. 56f.; WARREN 1973, S. 309; EYTON 1878, passim; LANDON 1935, passim. Vgl. Pipe Roll 2 Rich. I, S. 75: *...de Kendal' quam R. ei dedit.*

Geoffrey fitz Peter (im Namen seiner Gattin) als auch Geoffrey de Say beanspruchten. Beide boten König Richard hohe Summen Geldes für das Kronlehen, doch erhielt Geoffrey fitz Peter den Zuschlag, obwohl er weitaus weniger als sein Konkurrent, nämlich nur 3000 statt 7000 Mark Silber, angeboten hatte. Johann Ohneland ernannte Geoffrey fitz Peter zum Grafen von Essex und machte ihn zu seinem Stellvertreter während seiner Abwesenheit, doch als es kurz vor seinem Tode im Jahre 1212 zu Missstimmigkeiten mit dem König kam, wurde der Erbfall neu verhandelt.[75]

Weitere Personen, die durch ihre Heiraten unter Richard I. einen baronialen Rang erhielten waren Robert de Tregoz, Ralph de Ardene, Robert de Turnham und Warin fitz Gerold: Robert de Tregoz fiel bereits in Kapitel 4 aufgrund der ihm gewährten Schulderlasse als *familiaris* Richards I. auf. Durch seine Heirat mit Sibyl, der Tochter des 1198 verstorbenen Robert II de Ewias, kam er in den Besitz der Baronie Ewyas Harold (23 Ritterlehen) in Herefordshire.[76] Ralph de Ardene, ebenfalls ein *familiaris* Richards I., heiratete Agnes, die Tochter Herberts de Castello und Erbin des Kronlehens Castle Holgate (5 Ritterlehen) in Shropshire.[77] Robert de Turnham war unter Heinrich II. Seneschall von Anjou gewesen. Richard I. betraute ihn auf seinem Kreuzzug mit besonderen Aufgaben und belohnte seine Dienste, indem er ihm die Tochter des 1195 verstorbenen William Fossard zur Frau gab, die von ihrem Vater die Baronie Mulgrave (33,5 Ritterlehen) in Yorkshire erbte.[78] Warin fitz Gerold, der spätere Kämmerer König Johanns, trat bereits im Gefolge Richards I. in Erscheinung und war zu dieser Zeit auch am Exchequer tätig.[79] 1198 bot er dem König 1000 Mark für die Hand von Alice, der Witwe Henrys de Cornhill und Schwester Williams IV de Curci, eines Barons aus Somerset; als Erbin ihres Bruders brachte sie Warin in den Besitz des Kronlehens Stogursey (knapp 46 Ritterlehen).[80]

Über die genannten Heiratsverbindungen sind zwar explizit keine kritischen Äußerungen überliefert, aber die negativen Auswirkungen von Richards Heirats und Vormundschaftspolitik werden an anderen Stellen deutlich geschildert. Adam von Eynsham erzählt in seiner Vita des Bischofs Hugh von Lincoln die Geschichte einer Erbin, die bereits in einem Alter von weniger als vier Jahren mit dem Bruder des königlichen *forestarius* Hugh de Nevill, Adam, verheiratet wurde.[81] Die dokumentarischen Quellen bestätigen die Erzählung der Vita

75 SANDERS 1960, S. 71f.; TURNER 1988, S. 35ff.; TYERMAN 1996, S. 293ff.; Pipe Roll 2 Rich. I, S. 111.
76 SANDERS 1960, S. 43; vgl. oben Kapitel 4 Anm. 164.
77 SANDERS 1960, S. 28f.; LANDON 1935, passim.
78 SANDERS 1960, S. 66f.; PAINTER 1949, S. 8; GILLINGHAM 1981, S. 166f u. 251.
79 LANDON 1935, passim; Pipe Roll 7 Rich. I, S. 74.
80 Pipe Roll 10 Rich. I, S. 191.
81 Magna vita, 2, S. 20ff.

weitgehend, nur war Adam de Nevill nicht Ehemann, sondern Vormund des Mädchens.[82] Als er starb, wurde das Mündel einem königlichen Kämmerer namens Norman gegeben, der 200 Mark für das junge Mädchen bot. Nach dessen Tod wurde sie wiederum, diesmal für 300 Mark, mit einem dritten Mann verheiratet: Brian de l'Iisle, dem verhassten Söldnerführer König Johanns und laut Adam von Eynsham der schlimmste der drei Ehemänner.

Aufschlussreiche Bemerkungen über die Konflikte, die durch die Patronagepolitik Richards I. entstehen konnten, enthält auch die Klosterchronik von Bury St. Edmunds. Als ein Lehnsmann der Abtei, Adam von Cockfield, starb, hinterließ er eine Tochter im Alter von nur drei Monaten als Erbin, sie kam als Mündel in die Obhut des Abtes Samson. Jocelin von Brakelond erzählt, dass Samson in einen Streit mit dem König geriet, weil dieser – von Männern aus seiner Umgebung darum gebeten – das kleine Mädchen für einen seiner Hofleute gewinnen wollte und in dieser Absicht eine Reihe von Briefen und Boten an den Abt richtete. Der beharrte trotz der Wünsche des Königs auf seiner Vormundschaft, schickte ihm aber zur Beschwichtigung ein paar seiner Jagdhunde und andere Geschenke.[83]

Zuletzt sei hier die Kritik erwähnt, die an William Longchamp geübt wurde. Der Kanzler Richards I. und Bischof von Ely regierte während der Abwesenheit des Königs England etwa 18 Monate allein, nachdem er sich gegen seinen Kollegen, den Bischof von Durham, durchgesetzt hatte. Longchamps Tätigkeit stieß auf den heftigen Widerstand eines Teils der Barone – insbesondere Johann Ohnelands, der die Macht für sich beanspruchte. Im Oktober 1191 gab er auf und floh als Frau verkleidet aus dem Land.[84] Hugh de Nonant, der Bischof von Coventry und Propagandist Johann Ohnelands veröffentlichte zur Rechtfertigung des Vorgehens gegen den Regenten einen Brief, indem Longchamps angebliche Vergehen aufgezählt wurden. Einer der darin enthaltenen Vorwürfe klingt vertraut: Longchamp, der aus niederen Verhältnissen stamme, habe seine Verwandten durch die Verheiratung mit Grafen, Baronen und anderen Großen des Königreiches befördern wollen.[85] Diese Kritik richtete sich zwar nur gegen den Regenten des Königs, nicht gegen Richard Löwenherz persönlich, zeigt aber doch, dass der Vorwurf, unstandesgemäße Heiraten arrangiert zu haben, so schwer wog, dass er in diesem Pamphlet zur Denunziation des Gegners genutzt werden konnte.

König Johann handelte im Grunde nicht wesentlich anders als seine Vorgänger, wenn es um die Verheiratung von Erbinnen einer Baronie ging. Auf die

---

82 Vgl. dazu die ausführlichen Bemerkungen bei HOLT 1997, S. 263f.

83 Jocelin of Brakelond, S. 123ff. Eine ausführliche Analyse der anderen Aspekte des sich über mehrere Jahrzehnte hinziehenden Cockfield-Falles bietet HOLT 1997, S. 197ff.

84 Zu Longchamps Regierung und Fall vgl. NORGATE 1887, 2, S. 285ff.; APPLEBY 1965; GILLINGHAM 1978, 217ff. et passim; TYERMAN 1996, S.259ff.

85 Gesta, 2, S. 216. Vgl. Newburgh, S. 335 mit Anm. 1.

gleiche Weise, wie Heinrich II. seinen unehelichen Bruder Hamelin versorgt hatte, kümmerte sich Johann um seinen Bastardsohn Richard: nämlich durch die Verheiratung mit der Erbin eines Kronlehens. Richard fitz Roy bekam Rose zur Frau, die Tochter Fulberts II de Dover und Erbin von Chilham in Kent (15 Ritterlehen).[86]

Abgesehen von den im Artikel 6 der Magna Carta ausgedrückten Vorwürfen entzündete sich – allerdings erst im nachhinein – starke Kritik an der Verheiratung des Söldnerführers Fawkes de Breauté mit der Witwe des Grafen von Devon: Matthew Paris kennzeichnete diesen Gefolgsmann Johanns dabei bewusst als Fremden und Ausländer.[87] Bereits in dem erwähnten Pamphlet des Bischofs von Coventry gegen William Longchamp war dessen nichtenglische Herkunft besonders hervorgehoben worden. Dort hatte es geheißen, Longchamp habe Engländern stets Franzosen vorgezogen.[88] Fawkes' Gattin, Margaret, war die Witwe Baldwins de Reviers, dem einzigen Sohn des Grafen von Devon, der bereits vor seinem Vater, am 1. September 1216 starb. Als Tochter von Alice de Curci und Warin fitz Gerold erbte Margaret de Reviers auch das Kronlehen Stogursey (mit knapp 50 Ritterlehen) in Somerset.[89] Im Jahr 1224 behauptete Margret, in der Zeit des Bürgerkrieges zu der Ehe mit Fawkes gezwungen worden zu sein und forderte deshalb die Scheidung von ihm.[90]

Johann Ohneland hatte bereits zu Beginn seiner Regierung Interesse für das Erbe des Grafen von Devon bekundet: Dessen einzige Töchter und voraussichtliche Erbinnen sollten auf sein Betreiben (*ad peticionem et voluntatem et*

---

86 SANDERS 1960, S. 111f.

87 HOLT 1997, S. 269: „He was not seen simply as a *parvenu*, an intruder, but as an alien, a foreigner. He was the first layman of Norman extraction to be damned as such. This was entirely the work of Roger Wendover and Matthew Paris." Vgl. Matt. Paris, 2, S. 538: *Ipso eodem tempore rex J[ohannes] factus de rege tirannus, qui quendam armigerum Falconem imposuerat custodiae cuidam in Marchia Walliae, sciens illum nullum facinus abhorrere, vocavit ipsum ut in barones baccharetur. Erat autem ruptarius nequissimus, Neuster natione et spurius. Sed ipse multo crudelius quam ei jussum fuit in ipsos desaevit, sicut decetur inferius; propter quod rex factus ei propitius dedit nobilem dominam Margaretam de Ripariis, cum omnibus terris eam contingentibus.* Ebd., S. 638: *Rex igitur nimis acceptans tirranidem Falcasii, fasque nefasque confudentis, dedit eidem castrum Bedeford et nobilem mulierem Margaretam de Ripariis in uxorem, cum omnibus possessionibus eam contingentibus, et terras multorum baronum Angliae, ut omnium iram in se exaggerando provocaret.*

88 Gesta, 2, S. 216.

89 Complete Peerage, 4, S. 317f.; SANDERS 1960, S. 137f. u. 143.

90 Matt. Paris, 3, S. 87f.: *Uxor quoque saepedicti Falcasii, Margareta scilicet de Ripariis, conspectui se regis et archiepiscopi repraesentans, dixit se in eum nunquam consensisse ut illi matrimonio jungeretur; unde, cum tempore hostilitatis violenter capta esset et absque consensu desponsata, divortium fieri postulavit.* Zum Sturz Fawkes' vgl. CARPENTER 1990, passim.

assensum domini Regis) mit Günstlingen des Hofes verheiratet werden.[91] Einer der beiden war der aus niederem Adel stammende Kämmerer Hubert de Burgh, der in den 1220er Jahren als Justiziar Heinrichs III. den Zenit seiner Laufbahn unter den Plantagenets erreichen sollte.[92] Hubert gab dem König 60 Mark für eine Bestätigung der in bezug auf seine Verheiratung getroffenen Abmachung. Aber die geplante Vermählung wurde schließlich hinfällig, da dem Grafen wider Erwarten doch noch ein männlicher Erbe geboren wurde: jener Baldwin, der erste Ehemann der später zur Heirat mit Fawkes de Breauté gezwungenen Margaret.[93] Hubert de Burgh bekam dafür im Jahre 1210 eine andere Erbin zur Frau: Beatrice, die Tochter Williams de Warenne, dessen Kronlehen Wormegay (15 Ritterlehen) in Norfolk lag.[94] Beatrice war zu diesem Zeitpunkt bereits zweimal verwitwet und hatte dem König die immense Summe von 3100 Mark geboten, um ihr Erbe und ihre Witwengüter behalten zu dürfen und um nicht erneut verheiratet zu werden (*et quod non distringatur ad se maritandam*).[95] König Johann setzte sich über Beatrices Wunsch hinweg und verheiratete sie mit seinem Gefolgsmann, doch er verzichtete auch nicht auf die finanziellen Vorteile aus der vorher getroffenen Vereinbarung: Beatrices Schulden wurden nicht gestrichen, sondern ihrem dritten Ehemann, Hubert de Burgh, überschrieben.[96]

Wie Hubert de Burgh, boten auch andere Familiare Johann Ohnelands dem König Geld für die Erbinnen baronialen Standes. Zum Beispiel offerierten Theodoricus Teutonicus und Matthew fitz Herbert je 300 Mark Silber für Joan, die Tochter des 1201 verstorbenen William de Mandeville; Matthew erhielt den Zuschlag und kam so in den Besitz des Kronlehens Erlestoke in Wiltshire.[97] Ein weiterer Funktionsträger des Königs eher niederer Herkunft war Geoffrey

---

91 Rot. chart., S. 33 u. 52f. Zu diesem Heiratsplan vgl. die Bemerkungen bei PAINTER 1949, S. 30f.

92 Zu Hubert vgl. CARPENTER 1990, passim; TYERMAN 1996, S. 348ff.

93 Pipe Roll 3 John, S. 37: *Hubertus camerarius debet lx m. pro habenda confirmatione R. de conuentione que est inter ipsum et comitem de Insula de Johanna filia sua maritanda.*

94 SANDERS 1960, S. 66.

95 Pipe Roll 11 John, S. 50.

96 Vgl. Pipe Roll 13 John, S. 21. Nach Beatrices Tod heiratete Hubert im Jahre 1217 übrigens die ehemalige Gattin König Johanns und Erbin des Grafen von Gloucester. Vgl. SANDERS 1960, S. 6.

97 Pipe Roll 3 John, S. 82: *Teodoricus Teutonicus debet ccc m. pro habenda filia Willelmi de Mandeuill' cum tota hereditate sua in uxorem que eam contingit.* Pipe Roll 5 John, S. 75: *Matheus f. Hereberti debet ccc m. pro habenda terra que fuit Willelmi de Mandeuill' quam R. concesserat Terrico Teutonico...* . Vgl. SANDERS 1960, S. 42. Zu dem aus Deutschland stammenden Günstling Johanns vgl. PAINTER 1949, S. 236 u. 282. Matthew fitz Herbert war für den König u.a. als Verwalter von Sussex, Reiserichter, Kustos der Seehäfen und Verwalter der Abtei Battle tätig: Pipe Roll 10 John, S. 84, 87; 13 John, S. 186, 274.

Lutterel, die Close Rolls zeigen ihn in vielfältigen königlichen Aufträgen. Er heiratete – sicherlich wieder auf Wunsch des König Johanns – Frethesant, eine Tochter des 1202 verstorbenen William Pagnell und damit Erbin eines Teils von Hooton Pagnell in Yorkshire.[98] Auch Robert de Vipont, einer der aktivsten Funktionsträger König Johanns, der in den vorherigen Kapiteln bereits mehrmals Erwähnung fand, heiratete Idonea, die Tochter und Erbin Johns de Builli. Dadurch erhielt er einen Teil der Baronie Old Wardon in Bedfordshire (5 Ritterlehen).[99] Roberts Kämmerer, Ivo de Taillebois, wurde ebenfalls gut versorgt: Er bekam Elisabeth, eine der drei Töchter eines Barons aus Northumberland zur Frau, die von ihrem Vater ein Drittel des Kronlehens Hepple (1 Ritterlehen) erbte.[100] Elisabeth hatte dem König nach dem Tode ihres ersten Gatten im Jahre 1206 100 Pfund Silber und zwei Pferde geboten, damit sie nicht zur erneuten Heirat gezwungen werde. Doch war es der ausdrückliche Wunsch des Königs, wie er der Witwe schrieb, dass sie Ivo zum Manne nehme. Es ist bemerkenswert, dass dieser Brief Johann Ohnelands an Elisabeth den Vermerk *per Robertum de Veteri Ponte* trägt, was in diesem Fall deutlich zu erkennen gibt, auf wessen Intervention hin der König die Heiratsverbindung herstellte.[101]

Es war nicht ungewöhnlich, dass Männer aus der engeren Umgebung des Königs, diesen um eine Frau für einen ihrer Diener oder Verwandten baten. 1201 bot William de Cantelou, der Seneschall Johann Ohnelands, dem König 60 Mark, um die Witwe Hugh de Hastings für seinen Bruder Roger de Cantelou haben zu können – bei dieser handelte es sich allerdings nicht um die Erbin eines Barons. William teilte dem König schriftlich mit, dass die Witwe fünf Kinder besitze, vier Söhne und eine Tochter, deren ältestes zehn Jahre alt sei, ihr Land habe einen Wert von 50 Pfund Sterling. Johann befahl dem Justiziar, eine Untersuchung über die Ausstattung des betreffenden Landes durchzuführen und dann nach eigenem Ermessen, aber zum Nutzen des Königs über das weitere Vorgehen zu entscheiden.[102] Anfragen, die denjenigen Robert de Viponts oder

---

98 SANDERS 1960, S. 55; Rot. litt. claus., passim; Rot. de ob. et fin., S. 565 bezeichnet Geoffrey ausdrücklich als ratgebenden Getreuen (*fidelis*) des Königs

99 Rot. litt. claus., S. 136; SANDERS 1960, S. 133f. Zu Robert de Vipont vgl. oben Kapitel 4 Anm. 163.

100 SANDERS 1960, S. 122.

101 Neben Elisabeth selbst und Robert de Vipont versuchte noch eine dritte Person, den König in Bezug auf die Verheiratung der Witwe zu beeinflussen: Johannes Bec bot ihm 100 Pfund und 4 Pferde für ihre Hand. Dieses Angebot steht nur in der Fine Roll, da es entweder durch das Angebot der Witwe oder durch die Entscheidung des Königs zugunsten Ivos hinfällig wurde: Rot. de ob. et fin., S. 324; Pipe Roll 8 John, S. 217; Rot. litt. claus., S. 71.

102 Zu William de Cantelou vgl. Kapitel 4 Anm. 160. Rot de ob. et fin., S. 195 : *Rex etc. G. filio Petri etc. Sciatis quod dilectus noster Willelmus de Cantilupo nos rogavit . pro Rogero de Cantilupo fratre nostro . pro uxore Hugonis de Hasting' habenda ad opus ipsius Rogeri... .*

William de Cantelous zur Seite zu stellen sind, kamen jedoch auch von hochrangigen Verbündeten Johann Ohnelands: 1213 bat sogar Kaiser Otto IV. den König von England um die Tochter William Gumbalds für seinen Diener Petrus Jordanus.[103]

Die ursprüngliche Forderung der Barone, dass Erben und Erbinnen nur dem Rat ihrer Verwandten nach (*per consilium propinquorum de consanguinitate sua*) verheiratet werden sollten, wird verständlich, wenn man sieht, wie häufig bei der Vergabe einer Vormundschaft das Recht, den oder die Mündel zu verheiraten, an einen Lehnskustoden ging, der eben nicht aus der betroffenen Familie stammte. Zwar vermutete James C. Holt 1985, dass mehr als die Hälfte der Geldangebote für Erben, Erbinnen oder Witwen von deren Familienangehörigen gekommen seien.[104] Die in Kapitel 3 gewonnenen Ergebnisse über die Identität der Lehnskustoden lassen jedoch annehmen, dass diese Schätzung – zumindest für die Personen des untersuchten Feldes – übertrieben ist.[105] Von den 68 der dort analysierten Kaufangebote für Lehnsvormundschaften (vgl. Tabelle 3.1) stammen nur 12 mit Sicherheit von Familienangehörigen (Heinrich II.: 4 von 4; Richard I.: 1 von 19; Johann: 7 von 45 Angeboten). Exakt die Hälfte dieser 68 *oblata* enthielt den ausdrücklichen Wunsch, die jeweilige Vormundschaft inklusive des Verheiratungsrechtes zu erwerben. Nur zweimal verblieb dieses explizit beim König.[106]

Viele der Käufer einer Vormundschaft strebten eine Verheiratung ihrer Mündel mit eigenen Verwandten ausdrücklich an. Dasselbe gilt für diejenigen, die ausschließlich das Recht erwarben, eine bestimmte Person heiraten oder verheiraten zu dürfen. In Hinblick auf den Herabsetzungsvorbehalt der Magna Carta fallen besonders jene Angebote hervor, in denen Funktionsträger des Königs niederer Herkunft beabsichtigten, Mitglieder baronialer Familien mit eigenen Verwandten zu verheiraten: So bot 1194 William de Saint Mère Èglise, einer der beiden Heimfallverwalter Richards I., 500 Mark für die Verwaltung der Baronie des zuvor verstorbenen Robert fitz Robert fitz Harding (Beverstone). Dazu gehörte ausdrücklich das Recht, dessen Erben mit einer seiner Verwandten verheiraten zu dürfen (*et ut possit maritare eum uni cogni-*

103 Rot. litt. claus., S. 132. Bei HUCKER 1990 gibt es keine Hinweise zu der Person dieses Dieners.

104 Leider schreibt er nicht, worauf sich sein Eindruck gründet: HOLT 1997, S. 264 Anm. 111.

105 Vgl. oben Kapitel 3, S. 74ff.

106 Pipe Roll 5 John, S.132: *Rogerus de Lasci constabularies Cestr' debet M li. pro habenda custodia terre et heredum Ricardi de Muntfichet usque ad etatem heredum . et Regi remanet maritagium heredum.* Pipe Roll 11 John, S. 64: *Robertus de Bello campo et Galfridus de Abetoft . et Willelmus de Chederinton' pro omnibus libere tenentibus de honore Willelmi de Bello campo debent MM m. ... pro habenda custodia Wilekini de (Longo^{c}) (Bello^{i}) campo domini sui . usque ad iiij^{or} annos . ita quod R. maritabit ipsum Wilekinum pro uoluntate sua quando quoluerit... .*

tarum suarum cui uoluerit).[107] Thomas Basset, der wie viele andere der hier behandelten sozialen Aufsteiger bereits bei den Schulderlassen als Begünstigter auffiel, gab König Johann 1205 ebenfalls 500 Mark für das Recht, den Sohn des Grafen von Warwick, dessen Vormundschaft er gleichfalls erwerben wollte, mit seiner Tochter zu vermählen (*pro maritanda filia sua filio comitis Warewic*).[108] Man beachte, dass es hier um die Verheiratung eines männlichen Erben ging – genauso im folgenden Fall: 1201 bot der Magister Michael Belet 40 Mark für das Recht, den Erben der Baronie Snodhill, Robert III de Chandos, ‚zum Nutzen seiner Schwester' (*ad opus sororis sue*) verheiraten zu dürfen. Der Wunsch wurde ihm ausdrücklich deswegen gewährt, weil er sich in den Diensten des Königs befand.[109] Im Winter 1215 gab Johann seinem ‚geliebten und treuen' *clericus* Philip de Langeberghe das Recht, die Erbin der Baronie Tarrington mit einem seiner Neffen zu verheiraten.[110] Ein kleinerer Baron aus Derbyshire, Ralph Musard, der stets loyal zu Johann gestanden hatte und von diesem in der Krise zum Sheriff von Gloucestershire ernannt wurde, bat den König im November 1215 um eine Witwe für seinen Neffen (*quam ad opus cujusdam consanguinei sui petiit*); Johann gab sie ihm ohne finanzielle Gegenleistung: ...*dominus rex illam sine omni precio liberaliter concedit.*[111] Der Seneschall William de Cantelou, der im Verlauf seiner Karriere eine ganze Reihe von Vormundschaften erwarb und den König 1201 um eine Witwe für seinen Bruder bat (siehe oben), wollte 1213 die Erbin Hughs de Insula mit seinem Sohn verheiraten.[112]

Auch William Briwerre, einer der wichtigsten Getreuen Johann Ohnelands, erhielt am 3. April 1200 ein ganzes Bündel von Vormundschaften. Darunter befand sich diejenige über Roger II Bertram, den minderjährigen Sohn Willliams II Bertram und Erben der Baronie Mitford in Northumberland (6,5 Ritterlehen). Der König gestand William Briwerre zu, die ihm anvertrauten Mündel mit Verwandten verheiraten zu dürfen – allerdings sollten diese dadurch nicht herabgesetzt werden: *Concessimus etiam quod aliquibus de consanguinitate*

---

107 Pipe Roll 6 Rich. I, S. 239f. Zur Tätigkeit Williams de Saint Mère Église vgl. oben Kapitel 3, S. 57f. Der Erbe von Beverstone war Maurice de Ghent: SANDERS 1960, S. 14f.

108 Pipe Roll 7 John, S. 32; Rot. litt. claus., S. 35f. Zu Thomas Basset vgl. Kapitel 4 Anm. 165. Der Erbe des Grafen von Warwick, Henry II de Newburgh, der etwa 1213 die Volljährigkeit erreichte, heiratete schließlich Philippa, die älteste der drei Töchter Thomas Bassets: SANDERS 1960, S. 93f.

109 Rot. de ob. et fin., S. 180. Vgl. Kapitel 4 Anm. 124; SANDERS 1960, S. 70.

110 Rot. litt. claus., S. 238.

111 Rot. litt. claus., S. 236. Zu Ralph Musard vgl. SANDERS 1960, S. 83f.; PAINTER 1949, S. 329 u. 357.

112 Rot. de ob. et fin., S. 520. Zu Williams Rolle als Lehnskustos vgl. Kapitel 3 Anm. 129 u. Pipe Roll 13 John, S. 352. Zu seiner Bitte um die Frau für seinen Bruder vgl. oben Anm. 102.

predicti Willelmi maritentur . ita tamen quod non disparagientur.[113] 1202 bot William 500 Mark für Ada, eine Tochter des verstorbenen Barons Hugh de Morville und Erbin einer Hälfte von Burgh by Sands in Cumberland. Er beabsichtigte, die Erbin entweder mit seinem Sohn Richard oder, falls die Verwandten des Mädchens dem zustimmen würden, mit seinem Neffen Richard Gernun zu verheiraten.[114] Ada nahm schließlich den Neffen William Briwerres zum Mann; für seinen Sohn Richard hatte dieser zu diesem Zeitpunkt bereits das Kronlehen Odcombe in Somerset erworben.[115]

In den letzten zwei Fällen spielen auffälligerweise die beiden Elemente eine Rolle, die 1215 im Artikel 6 der Magna Carta thematisiert wurden: Der Herabsetzungsvorbehalt (*ita tamen quod non disparagientur*) und die Bedingung des Familienkonsenses (*si parentes ipsius puelle ad hoc assenserint*) erscheinen hier allerdings nicht als Forderungen seitens der betroffenen Adelsfamilien, sondern als vom König auferlegte Bedingungen. In dieser Form erscheinen sie, wenn auch nur sporadisch, seit 1194 in Abmachungen über die Vergabe von Verheiratungsrechten. Dies wirft Fragen auf, mit denen sich bereits James C. Holt 1985 konfrontiert sah: Welchen Zweck hatten diese Formeln und in welchem Zusammenhang stehen sie mit dem Wortlaut von Artikel 6 der Magna Carta? Auf den konkreten Fall bezogen muss gefragt werden, ob es sich bei der Verheiratung mit Verwandten William Briwerres im allgemeinen Verständnis nicht um Missheiraten handelte. Im Sinne der in diesem Kapitel vertretenen Auffassung erscheint es jedoch auch denkbar, dass die Formel des Herabsetzungsvorbehaltes eingesetzt wurde, um die Verantwortung für die standesgemäße Verheiratung der betroffenen Frau vom König auf den Empfänger des Verheiratungsrechtes zu übertragen. In dem anderen Fall mag die Notwendigkeit des Familienkonsens eigens betont worden sein, weil sogar damit gerechnet wurde, dass die Familie der Erbin einer Heirat mit einem Verwandten William Briwerres nicht zustimmen könnte. Die Frage nach dem Zusammenhang zwischen der *disparagacio*-Klausel in einigen Abmachungen über die Vergabe von Verheiratungsrechten und der Formulierung dieses Vorbehaltes in der Magna Carta muss offen bleiben. Dennoch sei abschließend der Versuch eines Fazits erlaubt.

Nach der Durchsicht aller relevanten Fälle des untersuchten Personenfeldes kann kein Zweifel daran bestehen, dass sowohl Heinrich II. als auch seine Söhne Gefolgsleute, die aus vergleichsweise niedrigen Verhältnissen stammten, mit reichen Erbinnen verheirateten. Den Familien der Barone wurde die freie

---

113 Rot. chart., S. 48f.; SANDERS 1960, S. 131f. Zu William Briwerre vgl. Kapitel 3, S. 77f.

114 Pipe Roll 4 John, S. 256: *Willelmus Briwerre r.c. de D m. pro habenda filia Hugonis de Moreuill . cum tota hereditate sua . quam idem H. tenuit die qua fuit uiuus et mortuus . et pro maritagio ipsius filie ad opus Ricardi filii sui . uel si parentes ipsius puelle ad hoc assenserint . ad opus Ricardi Gernun nepotis sui . si eidem Willelmo placuerit... .*

115 Pipe Roll 2 John, S. 99f.; 4 John, S. 256. Vgl. SANDERS 1960, S. 23f., 132f.

Entscheidung über die Verheiratung ihrer Erben genommen, was sich noch in der 1215 vereinbarten Norm spiegelt: Während die Barone ursprünglich einen Konsens der Verwandten als notwendige Bedingung für eine Verheiratung von Erbinnen durch den König forderten, hieß es in der Magna Carta nur noch abgeschwächt, der König müsse die von ihm geplanten Heiraten den Verwandten der Erben anzeigen. Die angevinischen Herrscher ermöglichten einem begrenzten Kreis von Funktionsträgern und Hofleuten also den sozialen Aufstieg durch eine Heirat mit Erbinnen von Kronlehen. Dadurch wurde die gesellschaftliche Ordnung insgesamt sicherlich nicht in Frage gestellt, doch war die ‚subjektive' Angst des Adels vor Parvenüs, das heißt sozialen Aufsteigern, ein verbreiteter literarischer Topos der Zeit.

Die Frage, welche Heiraten die Barone konkret als herabsetzend empfanden, ist jedoch nur schwer zu beantworten, da der Artikel 6 der Magna Carta keine Definition einer Missheirat enthält. Anhand der vorgelegten Belege wurde in diesem Kapitel versucht, die Position der älteren Forschung zu stützen. Wahrscheinlich richtete sich die Kritik der Barone im Jahre 1215 tatsächlich gegen die Verheiratung von Erbinnen mit Emporkömmlingen, die ihre Stellung nicht eigenem Landbesitz zu verdanken hatten, sondern ihrem Dienst für die Plantagenets. Es war nicht nur, wie James C. Holt meinte, Matthew Paris' Geschichte über die Heirat des Söldnerführers Fawkes de Breauté mit der Witwe eines Barons, die den Artikel 6 im Nachhinein in einem düsteren Licht erscheinen lässt.[116] Vielmehr wurden bereits Heinrich II. und Richard Löwenherz von Zeitgenossen wegen ihrer Heiratspolitik getadelt. Außerdem lässt sich die Existenz des Artikels 6 nur schwerlich anders erklären, als durch die spürbare Kritik des Adels an der Heiratspolitik des Königs. Jedenfalls konnte auch James C. Holt trotz seines Zweifels keine alternative Erklärung für die Bestimmung über ‚disparagement' bieten. Auch Scott L. Waughs Vorschlag, den Artikel 6 aus dem angeblichen Anliegen der Krone heraus zu erklären, das Heiratsverhalten der Barone stabilisieren zu wollen,[117] erscheint höchst unwahrscheinlich: handelt es sich bei den Bestimmungen der Magna Carta doch keineswegs um Erläuterungen des Königs über die allgemeinen Leitlinien seiner Politik (und Verheiratungspolitik), sondern um Zugeständnisse, die ihm vom Adel nur mit Gewalt und nach langen Verhandlungen abgerungen werden konnten.

---

[116] HOLT 1997, S. 268: „It [Fawkes' case] has cast a lurid retrospective light on the provisions of Magna Carta ever since, so that it is sometimes used to help explain the provisions against disparagement of 1215 even though it occurred a year later. At the time it may have given the terms of Magna Carta a posthumous importance."

[117] Vgl. oben das Zitat bei Anm. 44.

Kapitel 6: Zusammenfassung

Die Magna Carta von 1215 ist eines der bekanntesten Dokumente der europäischen Verfassungsgeschichte. Sie entstand im Zuge der Auseinandersetzungen Johann Ohnelands mit dem englischen Adel und drückt die Kritik der Barone an der königlichen Herrschaftspraxis aus. Die vorliegende Arbeit widmete sich der Vorgeschichte der Magna Carta. Als Ausgangspunkt der Untersuchung diente die Frage, ob der Aufstand von 1215 nur durch König Johanns persönliches Missverhalten verursacht worden war oder ob es sich um Konflikte handelte, die bereits strukturell im Herrschaftssystem seines Vaters angelegt waren. Aus dieser Frage ergab sich die Aufgabe, die finanziellen Beziehungen zwischen den Königen Heinrich II., Richard I. und Johann und den Baronen Englands systematisch anhand einer Analyse des Pipe Roll-Materials zu untersuchen. Darüber hinaus verlangte das Problem Klärung, welche Auswirkungen der in der zweiten Hälfte des 12. Jahrhunderts zunehmende Schriftgebrauch in der königlichen Verwaltung auf den Charakter der Königsherrschaft hatte. An dieser Stelle wird der Versuch unternommen, auf diese Fragen – in umgekehrter Reihenfolge – eine Antwort zu geben und dabei die einzelnen Ergebnisse der Arbeit zusammenzufassen.

In Kapitel 2 wurde die These von der ‚rationalen Verwaltung traditioneller Herrschaft' aufgestellt, um die Auswirkungen des Schriftgebrauchs auf die Königsherrschaft in verdichteter Form zu umschreiben. Im Verlauf der Untersuchung bestätigte sich einerseits, dass erst schriftliche Verwaltungstechniken eine umfassende Kontrolle der Schulden einzelner Adliger an den König ermöglichten. Ebenso erleichterten schriftliche Verfahren die systematische Erfassung königlicher Rechte und die zentrale Rechnungslegung über Einkünfte aus dem Krongut und den sich zeitweise in der Hand der Krone befindlichen Lehen Adliger. Anderseits wurden die bestehenden Ansätze rationaler Verwaltung sichtlich nicht zu einer Bürokratie ‚modernen' Typs ausgebaut. Die traditionellen Herrschaftsmethoden blieben im wesentlichen erhalten. Der Untersuchung zufolge kann die Behauptung aufgestellt werden, dass die althergebrachten Instrumente königlicher Herrschaft sogar erweitert wurden. So schuf die wachsende Verwaltung neue Möglichkeiten der Vergabe lukrativer Ämter an Gefolgsleute. Die schriftliche Kontrolle der vielen einzelnen Verbindlichkeiten Adliger an die Krone und der jeweils vereinbarten Zahlungsbedingungen bot sich zur Disziplinierung der Barone an. Schulderlasse und lange Zahlungszeiten sind also nicht als Nachlässigkeit einer unvollkommenen Verwaltung zu betrachten, sondern als Hinweis auf ein Fortbestehen traditioneller Herrschaftswiesen.

Die systematische Analyse der drei Regierungen ergab im einzelnen folgende Ergebnisse: Ein wesentlicher Teil der in der Magna Carta enthaltenen Kritik des Adels an der Königsherrschaft betraf die Art und Weise, in der die

Krone ihre Verfügungsrechte über den Adelsbesitz ausübte. In Kapitel 3 wurde erstmals versucht, das tatsächliche Ausmaß des königlichen Zugriffs auf baronialen Landbesitz in der Zeit bis 1216 detailliert zu beschreiben. Dabei stellte sich heraus, dass die Anzahl dieser Zugriffe im beobachteten Zeitraum stetig zunahm. Bezeichnenderweise blieb fast keine baroniale Familie zwischen 1154 und 1216 davon verschont. Die Vormundschaften machten den größten Anteil der sich ‚in der Hand des Königs' befindlichen Kronlehen aus. Allerdings zeigten sich bei den drei Herrschern deutliche Unterschiede in der Art, diese Verfügungsrechte zu nutzen.

Während der Regierung Heinrichs II. wurde über die Kronlehen direkt am Exchequer abgerechnet. Es floss weitaus mehr Geld aus diesem Bereich in den Schatz als in der Zeit seiner Söhne. Für die Finanzen dieses Herrschers besaßen die Einkünfte aus den *honores in manu regis* folglich eine substantielle Bedeutung, sie erreichten zeitweise fast die Höhe der Grafschaftspachten. Vor allem die großen Lehen (mit 50 Ritterlehen oder mehr) brachten hier die wesentlichen Erträge – eine Tatsache, die von der jüngeren Forschung zur Vorgeschichte der Magna Carta bislang nicht in gebührenden Maße berücksichtigt wurde. Die bestehende These, Heinrich II. habe die Privatvermögen der Großen weitgehend unberührt gelassen, konnte somit als falsch zurückgewiesen werden.

Bereits Richard Löwenherz leitete hinsichtlich der Verwaltung des Adelsbesitzes einen Politikwechsel ein. Im Jahre 1190 – zur Finanzierung seines Kreuzzuges – und in der Zeit nach seiner Rückkehr aus der Gefangenschaft Kaiser Heinrichs VI. im Jahre 1194 begann Richard, die Kustodenämter in zunehmendem Maße zu verschenken oder zu verkaufen. Sein Bruder Johann führte diese Politik in verstärkter Weise fort: Er verkaufte noch mehr Ämter und Rechte als Richard und forderte höhere Preise für diese. Der Grund für diesen Wandel lag vermutlich darin, dass Richard und Johann für ihre militärischen Auseinandersetzungen mit dem französischen Herrscher rasch eine große Menge Geldes benötigten. Die zentrale Verwaltung der eingezogenen Lehen brachte nur langfristig hohe Erträge ein, und unter Richard I. und Johann waren die entsprechenden Einkünfte niedriger als zur Zeit ihres Vaters. Der Ämterverkauf versprach, große Summen auf schnellere und einfachere Weise zu beschaffen.

Alle drei Herrscher nutzten die Möglichkeit der Konfiskation von Kronlehen, meist um gegen Verrat vorzugehen, aber auch um kleinere Vergehen zu bestrafen oder Amtsmissbräuche zu ahnden. Bisweilen zogen sie Lehen ein, um säumige Schuldner unter Druck zu setzen. Die Zahl der Konfiskationen stieg unter Johann signifikant an, dies gilt insbesondere für die Jahre 1215 und 1216. Es ging jedoch selbst diesem Herrscher nachweislich weniger um eine Steigerung seiner Einkünfte als vielmehr darum, die abtrünnigen Barone zu disziplinieren.

Die Analyse der im Untersuchungszeitraum gezahlten Erbgebühren ergab, dass sowohl Heinrich II. als auch seine Söhne von ihren Kronvasallen willkürlich hohe Summen forderten. Es war weder ein direkter Zusammenhang zwischen der Höhe einer geforderten Erbgebühr zu der Größe der betreffenden Baronie zu erkennen, noch konnte ein solcher Bezug zu der ‚Sicherheit' eines Erbganges hergestellt werden. Beim Vergleich der drei Herrscher fielen wiederum signifikante Unterschiede in der Praxis der Erhebung von Erbsteuern auf: Richard I. forderte – vor allem nach 1194 – diese Abgaben häufiger als sein Vater oder sein Bruder. Darüber hinaus stieg die durchschnittliche Höhe der *relevia* von Herrscher zu Herrscher. Johann verlangte die größten Beträge.

Das Kapitel 4 widmete sich den in den Pipe Rolls verzeichneten Schulden der einzelnen Barone. Es zeigte sich, dass diese Schulden nicht nur fiskalisch, das heißt zur Steigerung der königlichen Einkünfte, genutzt wurden, sondern auch zur Disziplinierung einzelner Personen. Diese Praxis wurde zunächst anhand der Zahlungen zur Besänftigung des königlichen Zornes illustriert. Anschließend konnte detailliert beschrieben werden, wie der König direkten Einfluss auf den Exchequer ausübte und die politische Nutzung der Schulden persönlich steuerte. Dabei spielten sowohl die jeweils vereinbarten Sicherheitsgarantien als auch die Zahlungsfristen und -raten eine wichtige Rolle. Die Gefolgsleute und Funktionsträger der angevinischen Herrscher gelangten in den Genuss von Zahlungsaufschüben und Schulderlassen, deren Gegnern drohte die Zwangsvollstreckung. Im Verlauf der Zeit stieg die Anzahl der baronialen Schuldner der Krone ebenso wie die Höhe ihrer jeweiligen Schulden: Zur Zeit Richards I. und Johanns waren bereits über 75 Prozent der Barone ständig beim König verschuldet. In mehreren einzelnen Fällen – insbesondere bei Baronen mittleren oder niederen Ranges – konnte nachgewiesen werden, dass die Geldforderungen des Königs enorme Belastungen darstellten.

Im letzten Kapitel wurden vor allem die kontinuierlichen Elemente der Verheiratungspolitik der frühen angevinischen Herrscher herausgestellt: Alle drei Könige verheiraten Gefolgsleute niederer Herkunft mit Erbinnen aus der baronialen Schicht und ermöglichten dadurch einem kleinen Kreis von Männern den sozialen Aufstieg. Dieser Befund macht die in zeitgenössischen Quellen vielfach ausgedrückte Angst des alteingesessenen Adels vor sozialen Aufsteigern verständlich. Der Verkauf von Verheiratungsrechten zeigte wiederum, dass Richard I. und Johann dieses Mittel stärker als ihr Vater in Anspruch nahmen.

Die Frage, ob Johann Ohneland allein für die Krise von 1215-1216 verantwortlich war, ist nicht eindeutig zu beantworten: Einerseits ergab die Untersuchung durchweg klare Kontinuitäten in der Herrschaftspraxis Heinrichs II., Richards I. und Johanns. Anderseits waren Exzesse Johann Ohnelands in vielen Bereichen deutlich zu erkennen. So bei der Höhe der Geldbeträge, die er von seinen Baronen forderte, und bei der Anzahl seiner Konfiskationen. Offenbar war Johann weniger als sein Vater oder sein Bruder bereit, untreuen Baronen zu verzeihen und Milde zu gewähren, wodurch es für ihn schwieriger wurde, den Adel an sich zu binden. Daneben muss man aber auch die Beobachtung stellen, dass eine höhere finanzielle Belastung des Adels bereits unter Richard Löwenherz einsetzte. Doch war Johann Ohneland – anders als sein Vater und sein Bruder – offensichtlich überfordert, die strukturellen Defizite im Herrschaftsgefüge des angevinischen Großreiches durch persönliches Charisma auszugleichen.

Die hier vorgetragenen einzelnen Ergebnisse stützen in vieler Hinsicht die Positionen der älteren Forschung. Die Versuche, das überlieferte Bild des angevinischen Herrschaftssystems radikal umzudeuten, müssen in ihrer Pauschalität zurückgewiesen werden. Doch legte die vorliegende Untersuchung, im Unterschied zu einigen älteren Arbeiten, ihren Schwerpunkt weniger auf ‚rein' fiskalische Aspekte, sondern achtete vor allem auf die Indienstnahme der Finanzverwaltung zu Zwecken der Patronage und Disziplinierung. Die Schuldverhältnisse zwischen Krone und Adel wurden deshalb vornehmlich nicht als rein ökonomisches Phänomen analysiert, sondern als Abbild sozialer Beziehungen.

Dieser Interpretationsansatz fügt sich gut in Beobachtungen der jüngeren Forschung ein, die ebenfalls herausstellen, wie – zu verschiedenen Zeiten und an unterschiedlichen Orten – Schuldverhältnisse Beziehungs- oder Loyalitätsgeflechte einer Gesellschaft widerspiegeln und von Herrschern als politisches Druckmittel genutzt wurden.[1] Bei den hier gewonnenen Ergebnissen über die

---

1 So machte Michael Toch entsprechende Beobachtungen bei einer Untersuchung von Steuerzahlungen bayerischer Bauern an ihre Grundherren im 14. und 15. Jahrhundert. TOCH 1991, S. 143: „Another problem is the willingness of the lord and his agents to allow the peasantry to fall into considerable arrears in their payment of taxes and dues, an almost universal phenomenon as the author has learnt in earlier work. There we tried to explain the phenomenon in purely economic terms, as just another instance of the extension of credit in the countryside, with both sides tied in a web of mutual and periodical settling of liabilities and assests [*sic*]. With the insights gained from the Indersdorf material one is tempted to view both the reactice stance of lords and the problem of peasant arrears as going deeper, into the very bones of social relationships." John Guy beschrieb, wie Heinrich VII. von England, der Gründer der Tudor-Dynastie, finanzielle Verbindlichkeiten nutzte, um den Adel von seiner Gnade abhängig zu machen. GUY 1988a, S. 273: „... Henry VII used penal bonds in sums ranging from £ 100 to £10,000 to enforce what *he* considered to be acceptable behaviour on his subjects. These bonds aimed to hold the political nation, especially the nobility, at the king's mercy, and to short-circuit due process of common law in case of offence by the victims. If a man was deemed to have misbehaved, he would simply be sued for debt on his bond – it was not possible to litigate over the nature or extent of the alleged offence." Vgl. daneben GUY 1988b. In ähnlicher Absicht verlieh, E. Ladewig Petersen zufolge, König Christian IV. von Dänemark zu Beginn des 17. Jahrhunderts große

Nutzung von Schulden zu Zwecken der Disziplinierung handelt es sich demnach keinesfalls um singuläre Phänomene. Vielmehr prägten die in der vorliegenden Untersuchung beschriebenen Herrschaftsmethoden auch noch weit über das 13. Jahrhundert hinaus die Indienstnahme ‚staatlicher' Verwaltungsapparate durch einzelne Herrscher. Aus diesem Grund ist eine lineare Geschichtssicht abzulehnen, die die Entwicklung der hochmittelalterlichen Bürokratie nur aus der Perspektive des 19. und 20. Jahrhunderts betrachtet. Hierbei ist ein Vergleich mit den grundsätzlichen Beobachtungen instruktiv, die Jürgen Schlumbohn vor wenigen Jahren in bezug auf die mangelnde Normdurchsetzung des frühneuzeitlichen Staates machte.[2] Schlumbohns Forderung, die spezifischen Züge der Staatswesen der Frühen Neuzeit in das Zentrum der Betrachtung zu rücken, kann ohne Abstriche auf die Erforschung der hochmittelalterlichen Staatlichkeit übertragen werden.

Geldbeträge an den dänischen Adel. PETERSEN 1997, S. 64f.: „In particular, between 1618 and 1624, a period of international economic crisis, the king lent over 400,000 thalers to noble landowners, thus binding the aristocratic council more closely to him politically." Vgl. daneben PETERSEN 1974.

2 SCHLUMBOHN 1997, bes. S. 658: „Die bisher vorherrschende Sicht des frühneuzeitlichen Staates hat v.a. den einen Mangel, daß sie ihn stets in der Perspektive einer mehr oder weniger linearen Entwicklung hin zum Staat des 19. und 20. Jahrhunderts betrachtet. Hervorgehoben wird, was auf diesen Endzustand hinzuführen scheint; alles andere wird als Überbleibsel, als *noch nicht* überwundene Unvollkommenheit marginalisiert. Demgegenüber ist es an der Zeit, gerade diese Unterschiede zu späteren Formen der Staatlichkeit mit in das Zentrum der Betrachtung zu rücken und so die spezifischen Züge der Staatswesen in der Frühen Neuzeit systematischer als bisher zu beleuchten, nicht als Vorform eines Späteren, sondern als etwas Eigenständiges."

Abkürzungsverzeichnis

(Die Titel beziehen sich auf das alphabetische Quellen- und Literaturverzeichnis.)

Bracton	Bracton, De legibus et consuetudinibus Angliae
Dialogus	Ricardus de Ely, Dialogus de scaccario
DNB	Dictionary of National Biography
Complete Peerage	COKAYNE 1910-59
CRR	Curia Regis Rolls
Diceto	Radulfi de Diceto decani Lundoniensis opera historica
EYC	Early Yorkshire Charters
Gesta	Gesta regis Henrici secundi Benedicti abbatis
Gervase	The Historical Works of Gervase of Canterbury
Giraldus Cambrensis	Giraldi Cambrensis opera
Glanvill	Tractatus de legibus et consuetudinibus regni Anglie qui Glanvilla vocatur
Howden	Chronica magistri Rogeri de Houedene
Jocelin of Brakelond	The Chronicle of Jocelin of Brakelond
Jordan Fantosme	Jordan Fantosme's Chronicle
Liber Feodorum	Liber feodorum. The Book of Fees Commonly Called Testa de Nevill
Magna vita	The Life of St Hugh of Lincoln
Materials	Materials for the History of Thomas Becket
Matt. Paris	Matthaei Parisiensis, monachi sancti Albani, Chronica majora
Mem. Roll 1 John	The Memoranda Roll for the Michaelmas Term of the First Year of King John (1199-1200)
MGH	Monumenta Germaniae Historica
Migne, PL	Michne, Patrologia Latina (mit Bandzahl)
Newburgh	William of Newburgh, Historia rerum Anglicarum
Ordericus Vitalis	The Ecclesiastical History of Ordericus Vitalis
Pipe Roll	Die Pipe Rolls (bzw. Chancellor's Rolls) werden mit dem Namen des Herrschers und seines jeweiligen Regierungsjahres zitiert. Die Seitenangaben beziehen sich auf die von der Pipe Roll Society und der Record Commission herausgegebenen Editionen
Ralph Niger	Radulfi Nigri Chronica
Recueil des actes	Receuil des actes de Henri II, roi d'Angleterre…
Red Book	The Red Book of the Exchequer
Regesta	Regesta regum Anglo-Normannorum 1066-1154
Rolls Series	Rerum Britannica Medii Aevi Scriptores
Richard of Devizes	The Chronicle of Richard of Devizes of the Time of King Richard the First
Rot. chart.	Rotuli chartarum in turri Londinensi asservati
Rot. de dom.	Rotuli de dominabus et pueris et puellis de XII comitatibus
Rot. de lib.	Rotuli de liberate ac de misis et praetitis

Rot. de ob. et fin.	Rotuli de oblatis et finibus in turri Londinensi asservati
Rot. litt. claus.	Rotuli litterarum clausarum in turri Londinensi asservati, Bd. 1
Rot. litt. pat.	Rotuli litterarum patentium in turri Londinensi asservati
Rymer, Foedera	Foedera, conventiones, litterae, et cujuscunque generis acta…
Select Charters	Select Charters, hg. von WILLIAM STUBBS
Torigni	The Chronicle of Robert of Torigni, Abbot of St. Michael-in Peril-of-the-Sea
Walter Map	Walter Map, De nugis curialium
Wendover	Roger de Wendover, The Flowers of History

Zum Geld

li.	Pfund (libra)
m.	Mark (marca)
s.	Schilling (solidus)
d.	Pfennig (denarius)

1 li. = 240 d. = 20 s. = 3/2 m.
1 s. = 12 d.
1 m. = 160 d. = 2/3 li. = 13 s. 4 d.
½ m. = 6 s. 8 d.

Die Pfennige waren die einzig geprägten Silbermünzen. Zum englischen Münzwesen vgl. ALLEN 1951; MAHEW 1992.

Verzeichnis der Tabellen und Abbildungen

Quellen- und Literaturverzeichnis

Quellen

Ancient Charters. Royal and Private. Prior to A.D. 1200, Teil 1, hg. von JOHN HORACE ROUND (The Publications of the Pipe Roll Society 10) London 1888.

Annales monastici, hg. von HENRY RICHARDS LUARD, 5 Bde. (Rolls Series [36,1-5]) London 1864-1869.

Bracton, De legibus et consuetudinibus Angliae, hg. von GEORGE E. WOODBINE, üb. u. rev. von SAMUEL E. THORNE, 4 Bde., Cambridge/Mass. 1968-1977.

Bracton's Note Book. A Collection of Cases Decided in the King's Courts during the Reign of Henry the Third, Annotated by a Lawyer of that Time, Seemingly by Henry of Bratton, hg. von F. W. MAITLAND, 3 Bde., London 1887.

The Cartae Antiquae Rolls 1-10, hg. von LIONEL LANDON (The Publications of the Pipe Roll Society. New Series 17) London 1939.

The Cartae Antiquae Rolls 11-20, hg. von J. CONWAY DAVIES (The Publications of the Pipe Roll Society. New Series 33) London 1960.

Charters of the Redvers Family and the Earldom of Devon, 1090-1217, hg. von ROBERT BEARMAN (Devon and Cornwall Record Society. New Series 37) Exeter 1994.

Chronica magistri Rogeri de Houedene, hg. von WILLIAM STUBBS, 4 Bde. (Rolls Series [51,1-4]) London 1868-1871.

The Chronicle of Battle Abbey, hg. von ELEANOR SEARLE (Oxford Medieval Texts) Oxford 1980.

The Chronicle of Jocelin of Brakelond Concerning the Acts of Samson Abbot of the Monastery of St. Edmund, hg. u. üb. von H. E. BUTLER (Medieval Texts) London u.a. 1949.

The Chronicle of Richard of Devizes of the Time of King Richard the First, hg. u. üb. von JOHN T. APPLEBY (Medieval Texts), London u.a. 1963.

The Chronicle of Robert of Torigni, Abbot of the Monastery of St. Michael-in-Peril-of-the-Sea = Chronicles of the Reigns of Stephen, Henry II., and Richard I, Bd. 4.

Chronicles of the Reigns of Stephen, Henry II., and Richard I, hg. von RICHARD HOWLETT, 4 Bde. (Rolls Series [82,1-4]) London 1884-1889.

Coutumiers de Normandie, hg. von ERNEST-JOSEPH TARDIF, Bd. 1: Le Très Ancien Coutumier de Normandie, Rouen 1881, Reprint Genf 1977.

Curia Regis Rolls of the Reigns of Richard I. and John Preserved in the Public Record Office (Public Record Office), 7 Bde., London 1922-1935.

Dialogus inter regem Henricum secundum et abbatem Bonevallis. Un écrit de Pierre de Blois réédité, hg. von R. B. C. HUYGENS, in: Revue Bénédictine 68, 1958, S. 87-112.

Documents Illustrative of English History in the Thirteenth and Fourteenth Centuries, hg. von HENRY COLE (Record Commission) London 1844.

The "Draco Normannicus" of Etienne de Rouen, in: Chronicles of the Reigns of Stephen, Henry II., and Richard I, Bd. 2, S. 585-781.

The Earliest Lincolnshire Assize Rolls A.D. 1202-1209, hg. von DORIS M. STENTON (The Publications of the Lincoln Record Society 22) Lincoln 1926.

Early Yorkshire Charters, Bd. 1-3, hg. von WILLIAM FARRER, Edinburgh 1914-1916.

Early Yorkshire Charters, Bd. 4-12, nach den Manuskripten William Farrers hg. von CHARLES TRAVIS CLAY (Yorkshire Archaeological Society. Record Series. Extra Series 1-10) Wakefield 1935-1965.

The Ecclesiastical History of Orderic Vitalis, hg. u. üb. von MARJORIE CHIBNALL, 6 Bde. (Oxford Medieval Texts) Oxford 1969-1980.

Epistolae Cantuariensis. The Letters of the Prior and Convent of Christ Church, Canterbury. From A.D. 1187 to A.D. 1199 = Chronicles and Memorials of the Reign of Richard I, hg. von WILLIAM STUBBS, Bd. 2 (Rolls Series [38,2]) London 1865.

Excerpta è rotulis finium in turri Londinensi asservatis, Henrico Tertio rege, A.D. 1216-1272, hg. von CHARLES ROBERTS, 2 Bde. (Record Commission) London 1835-1836.

Foedera, conventiones, litterae, et cujuscunque generis acta publica inter reges Angliae et alios quosvis imperatores, reges, pontifices, principes vel communitates, hg. von THOMAS RYMER – ROBERT SANDERSON, neu hg. u. erw. von ADAM CLARKE – FREDERIC HOLBROOKE (Record Commission) Bd. 1, Teil 1, London 1816.

Gesta regis Henrici secundi Benedicti abbatis. The Chronicle of the Reigns of Henry II and Richard I, A.D. 1169-1192, known commonly under the name of Benedict of Peterborough, hg. von WILLIAM STUBBS, 2 Bde. (Rolls Series [49,1-2]) London 1867.

Giraldi Cambrensis opera, hg. von J. S. BREWER – JAMES F. DIMOCK – GEORGE F. WARNER, 8 Bde. (Rolls Series [38, 1-8]) London 1864-1891.

Guernes de Pont-Sainte-Maxence, La Vie de Saint Thomas Becket, hg. von EMMANUEL WALBERG (Les classiques français du Moyen Âge) Paris 1964,

L'histoire de Guillaume le Maréchal. Comte de Striguil et de Pembroke. Régent d'Angleterre de 1216 a 1219, hg. von PAUL MEYER, 3 Bde. (Société de l'histoire de de France [81]) Paris 1891-1901.

The Historical Works of Gervase of Canterbury, hg. von WILLIAM STUBBS, 2 Bde. (Rolls Series [73,1-2]) London 1879-1880.

The Historical Works of Master Ralph de Diceto, hg. von WILLIAM STUBBS, 2 Bde. (Rolls Series [68,1-2]) London 1876.

Itinerarium peregrinorum et gesta regis Ricardi = Chronicles and Memorials of the Reign of Richard I, hg. von WILLIAM STUBBS, Bd. 1 (Rolls Series [38,1]) London 1864.

Jordan Fantosme's Chronicle, hg. u. üb. von R. C. JOHNSTON, Oxford 1981.

Lamperti monachi Hersfeldensis opera, hg. von OSWALD HOLDER-EGGER (MGH. Scriptores rerum germanicarum in usum scholarum [38]) Hannover – Leipzig 1894.

The Later Letters of Peter of Blois, hg. von ELIZABETH REVELL (Auctores Britannici Medii Aevi 13) Oxford 1993.

The Letters of Arnulf of Lisieux, hg. von FRANK BARLOW (Camden Third Series 61) London 1939.

Liber feodorum. The Book of Fees Commonly Called Testa de Nevill, 3 Bde. (Public Record Office) London 1920-1931.

The Life of St Hugh of Lincoln, hg. u. üb. von DECIMA L. DOUIE – HUGH FARMER, 2 Bde. (Medieval Texts) London u.a. 1961-1962.

Magni rotuli scaccarii Normanniae sub regibus Angliae, hg. von THOMAS STAPLETON, 2 Bde. (Soc. Antiq. Lond.) London 1840-1844.

Materials for the history of Thomas Becket, hg. von JAMES CRAIGIE ROBERTSON, 7 Bde. (Rolls Series [67,1-7]) London 1875-1885.

Matthaei Parisiensis, monachi sancti Albani, Chronica majora, hg. von HENRY RICHARDS LUARD, 5 Bde. (Rolls Series [57,1-5]) London 1872-1880.

Matthaei Parisiensis, monachi sancti Albani, historia Anglorum, sive, ut vulgo dicitur, historia minor. Item, ejusdem abbreviatio chronicorum Angliae, hg. von FREDERIC MADDEN, 3 Bde. (Rolls Series [44,1-3]) London 1866-1869.

The Memoranda Roll for the Michaelmas Term of the First Year of the Reign of King John (1199-1200) hg. von H. G. RICHARDSON (The Publications of the Pipe Roll Society. New Series 21) London 1943.

The Memoranda Roll for the Tenth Year of the Reign King John (1207-8) hg. von R. ALLEN BROWN (The Publications of the Pipe Roll Society. New Series 31) London 1957.

Ottonis episcopi Frisingensis chronica sive historia de duabus civitatibus, hg. von ADOLF HOFMEISTER (MGH. Scriptores rerum Germanicarum in usum scholarum [45]) Hannover – Leipzig 1912

Pipe Rolls (in Reihenfolge der Jahrgänge):

Magnum rotulum scaccarii vel magnum rotulum pipae de anno tricesimo-primo regni Henrici Primi, hg. von JOSEPH HUNTER (Record Commission) London 1833.

The Great Rolls of the Pipe for the Second, Third, and Fourth Years of the Reign of King Henry the Second, A.D. 1155, 1156, 1157, 1158, hg. von JOSEPH HUNTER (Record Commission) London 1844.

The Great Roll of the Pipe for the Fifth Year of the Reign of King Henry the Second, A.D. 1158-1159 (The Publications of the Pipe Roll Society 1) London 1884.

The Great Roll of the Pipe for the Sixth Year of the Reign of King Henry the Second, A.D. 1159-1160 (The Publications of the Pipe Roll Society 2) London 1884.

The Great Roll of the Pipe for the Seventh Year of the Reign of King Henry the Second, A.D. 1160-1161 (The Publications of the Pipe Roll Society 4) London 1885.

The Great Roll of the Pipe for the Eighth Year of the Reign of King Henry the Second, A.D. 1161-1162 (The Publications of the Pipe Roll Society 5) London 1885.

The Great Roll of the Pipe for the Ninth Year of the Reign of King Henry the Second, A.D. 1162-1163 (The Publications of the Pipe Roll Society 6) London 1886.

The Great Roll of the Pipe for the Tenth Year of the Reign of King Henry the Second, A.D. 1163-1164 (The Publications of the Pipe Roll Society 7) London 1886.

The Great Roll of the Pipe for the Eleventh Year of the Reign of King Henry the Second, A.D. 1164-1165 (The Publications of the Pipe Roll Society 8) London 1887.

The Great Roll of the Pipe for the Twelfth Year of the Reign of King Henry the Second, A.D. 1165-1166 (The Publications of the Pipe Roll Society 9) London 1888.

The Great Roll of the Pipe for the Thirteenth Year of the Reign of King Henry the Second, A.D. 1166-1167 (The Publications of the Pipe Roll Society 11) London 1889.

The Great Roll of the Pipe for the Fourteenth Year of the Reign of King Henry the Second, A.D. 1167-1168 (The Publications of the Pipe Roll Society 12) London 1890.

The Great Roll of the Pipe for the Fifteenth Year of the Reign of King Henry the Second, A.D. 1168-1169 (The Publications of the Pipe Roll Society 13) London 1890.

The Great Roll of the Pipe for the Sixteenth Year of the Reign of King Henry the Second. A.D. 1169-1170 (The Publications of the Pipe Roll Society 15) London 1892.

The Great Roll of the Pipe for the Seventeenth Year of the Reign of King Henry the Second. A.D. 1170-1 (The Publications of the Pipe Roll Society 16) London 1893.

The Great Roll of the Pipe for the Eighteenth Year of the Reign of King Henry the Second. A.D. 1171-1172 (The Publications of the Pipe Roll Society 18) London 1894.

The Great Roll of the Pipe for the Nineteenth Year of the Reign of King Henry the Second. A.D. 1172-1173 (The Publications of the Pipe Roll Society 19) London 1895.

The Great Roll of the Pipe for the Twenthieth Year of the Reign of King Henry the Second, A.D. 1173-1174 (The Publications of the Pipe Roll Society 21) London 1896.

The Great Roll of the Pipe for the Twenty-First Year of the Reign of King Henry the Second, A.D. 1174-1175 (The Publications of the Pipe Roll Society 22) London 1897.

The Great Roll of the Pipe for the Twenty-Second Year of the Reign of King Henry the Second, A.D. 1175-1176 (The Publications of the Pipe Roll Society 25) London 1904.

The Great Roll of the Pipe for the Twenty-Third Year of the Reign of King Henry the Second, A.D. 1176-1177 (The Publications of the Pipe Roll Society 26) London 1905.

The Great Roll of the Pipe for the Twenty-Fourth Year of the Reign of King Henry the Second. A.D. 1177-1178 (The Publications of the Pipe Roll Society 27) London 1906.

The Great Roll of the Pipe for the Twenty-Fifth Year of the Reign of King Henry the Second. A.D. 1178-1179 (The Publications of the Pipe Roll Society 28) London 1907.

The Great Roll of the Pipe for the Twenty-Sixth Year of the Reign of King Henry the Second. A.D. 1179-1180 (The Publications of the Pipe Roll Society 29) London 1908.

The Great Roll of the Pipe for the Twenty-Seventh Year of the Reign of King Henry the Second. A.D. 1180-1181 (The Publications of the Pipe Roll Society 30) London 1909.

The Great Roll of the Pipe for the Twenty-Eighth Year of the Reign of King Henry the Second. A.D. 1181-1182 (The Publications of the Pipe Roll Society 31) London 1910.

The Great Roll of the Pipe for the Twenty-Ninth Year of the Reign of King Henry the Second. A.D. 1182-1183 (The Publications of the Pipe Roll Society 32) London 1911.

The Great Roll of the Pipe for the Thirtieth Year of the Reign of King Henry the Second. A.D. 1183-1184 (The Publications of the Pipe Roll Society 33) London 1912.

The Great Roll of the Pipe for the Thirty-First Year of the Reign of King Henry the Second. A.D. 1184-1185 (The Publications of the Pipe Roll Society 34) London 1913.

The Great Roll of the Pipe for the Thirty-Second Year of the Reign of King Henry the Second. A.D. 1185-1186 (The Publications of the Pipe Roll Society 36) London 1914.

The Great Roll of the Pipe for the Thirty-Third Year of the Reign of King Henry the Second. A.D. 1186-1187 (The Publications of the Pipe Roll Society 37) London 1915.

The Great Roll of the Pipe for the Thirty-Fourth Year of the Reign of King Henry the Second. A.D. 1187-1188 (The Publications of the Pipe Roll Society 38) London 1925.

The Great Roll of the Pipe for the First Year of the Reign of King Richard the First, A.D. 1189-1190 (Record Commission) London 1844.

The Great Roll of the Pipe for the Second Year of the Reign of King Richard the First. Michaelmas 1190, hg. von DORIS M. STENTON (The Publications of the Pipe Roll Society. New Series 1) London 1925.

The Great Rolls of the Pipe for the Third and Fourth Years of the Reign of King Richard the First. Mich. 1191 and Mich. 1192, hg. von DORIS M. STENTON (The Publications of the Pipe Roll Society. New Series 2) London 1926.

The Great Roll of the Pipe for the Fifth Year of the Reign of King Richard the First. Michaelmas 1193, hg. von DORIS M. STENTON (The Publications of the Pipe Roll Society. New Series 3) London 1927.

The Great Roll of the Pipe for the Sixth Year of the Reign of King Richard the First. Michaelmas 1194, hg. von DORIS M. STENTON (The Publications of the Pipe Roll Society. New Series 5) London 1928.

The Great Roll of the Pipe for the Seventh Year of the Reign of King Richard the First. Michaelmas 1195, hg. von DORIS M. STENTON (The Publications of the Pipe Roll Society. New Series 6) London 1929.

The Chancellor's Roll for the Eighth Year of King Richard the First. Michaelmas 1196, hg. von DORIS M. STENTON (The Publications of the Pipe Roll Society. New Series 7) London 1930.

The Great Roll of the Pipe for the Ninth Year of the Reign of King Richard the First. Michaelmas 1197, hg. von DORIS M. STENTON (The Publications of the Pipe Roll Society. New Series 8) London 1931.

The Great Roll of the Pipe for the Tenth Year of the Reign of King Richard the First. Michaelmas 1198, hg. von DORIS M. STENTON (The Publications of the Pipe Roll Society. New Series 9) London 1932.

The Great Roll of the Pipe for the First Year of the Reign of King John. Michaelmas 1199, hg. von DORIS M. STENTON (The Publications of the Pipe Roll Society. New Series 10) London 1933.

The Great Roll of the Pipe for the Second Year of the Reign of King John. Michaelmas 1200, hg. von DORIS M. STENTON (The Publications of the Pipe Roll Society. New Series 12) London 1934.

The Great Roll of the Pipe for the Third Year of the Reign of King John. Michaelmas 1201, hg. von DORIS M. STENTON (The Publications of the Pipe Roll Society. New Series 14) London 1936.

The Great Roll of the Pipe for the Fourth Year of the Reign of King John. Michaelmas 1202, hg. von DORIS M. STENTON (The Publications of the Pipe Roll Society. New Series 15) London 1937.

The Great Roll of the Pipe for the Fifth Year of the Reign of King John. Michaelmas 1203, hg. von DORIS M. STENTON (The Publications of the Pipe Roll Society. New Series 16) London 1938.

The Great Roll of the Pipe for the Sixth Year of the Reign of King John. Michaelmas 1204, hg. von DORIS M. STENTON (The Publications of the Pipe Roll Society. New Series 18) London 1940.

The Great Roll of the Pipe for the Seventh Year of the Reign of King John. Michaelmas 1205, hg. von SIDNEY SMITH (The Publications of the Pipe Roll Society. New Series 19) London 1941.

The Great Roll of the Pipe for the Eighth Year of the Reign of King John. Michaelmas 1206, hg. von DORIS M. STENTON (The Publications of the Pipe Roll Society. New Series 20) London 1942.

The Great Roll of the Pipe for the Ninth Year of the Reign of King John. Michaelmas 1207, hg. von A. MARY KIRKUS (The Publications of the Pipe Roll Society. New Series 22) London 1946.

The Great Roll of the Pipe for the Tenth Year of the Reign of King John. Michaelmas 1208, hg. von DORIS M. STENTON (The Publications of the Pipe Roll Society. New Series 23) London 1947.

The Great Roll of the Pipe for the Eleventh Year of the Reign of King John. Michaelmas 1209, hg. von DORIS M. STENTON (The Publications of the Pipe Roll Society. New Series 24) London 1949.

The Great Roll of the Pipe for the Twelfth Year of the Reign of King John. Michaelmas 1210, hg. von C. F. SLADE (The Publications of the Pipe Roll Society. New Series 26) London 1951.

The Great Roll of the Pipe for the Thirteenth Year of the Reign of King John. Michaelmas 1211, hg. von DORIS M. STENTON (The Publications of the Pipe Roll Society. New Series 28) London 1953.

The Great Roll of the Pipe for the Fourteenth Year of the Reign of King John. Michaelmas 1212, hg. von PATRICIA M. BARNES (The Publications of the Pipe Roll Society. New Series 30) London 1955.

The Great Roll of the Pipe for the Sixteenth Year of the Reign of King John. Michaelmas 1214, hg. von PATRICIA M. BARNES (The Publications of the Pipe Roll Society. New Series 35) London 1962.

Pipe Roll 17 John and Praestita Roll 14-18 John. Roll of Summonses 1214. Scutage Roll 16 John, hg. von R. A. BROWN – J. C. HOLT (The Publications of the Pipe Roll Society. New Series 37) London 1964.

Placita Anglo-Normannica. Law Cases from William I to Richard I Preserved in Historical Records, hg. von MELVILLE MADISON BIGELOW, Boston 1881.

Pleas before the King or his Justices, 4 Bde., hg. von DORIS MARY STENTON (The Publications of the Selden Society (67-68, 83-84) London 1953-1967.

Radulfi de Diceto decani Lundoniensis opera historica, hg. von WILLIAM STUBBS, 2 Bde. (Rolls Series [68,1-2]) London 1876.

Radulfi Nigri Chronica, hg. von Robert Anstruther (Publications of the Caxton Society 13) London 1851, Reprint New York 1967.

Recuil des actes de Henri II, roi d'Angleterre et duc de Normandie concernant les provinces françaises et les affaires de France, hg. von LEOPOLD DELISLE – ÉLIE BERGER, 3 Bde. (Chartes et diplômes relatifs à l'histoire de France) Paris 1916-1927.

Red Book of the Exchequer, hg. von HUBERT HALL, 3 Bde. (Rolls Series [99,1-3]) London 1896.

Regesta regum Anglo-Normannorum 1066-1154, Bd. 2, hg. von CHARLES JOHNSON – H. A. CRONNE – H. W. C. DAVIS, Oxford 1956; Bd. 3, hg. von H. A. CRONNE – R. H. C. DAVIS, Oxford 1968.

Ricardus de Ely, Dialogus de scaccario, hg. u. üb. von MARIANNE SIEGRIST (Die Bibliothek der Alten Welt) Zürich – Stuttgart 1963.

Roger de Wendover, The Flowers of History. From the Year of Our Lord 1154, and the First Year of Henry the Second, King of the English, hg. von HENRY G. HEWLETT, 3 Bde. (Rolls Series [84,1-3]) London 1886-1889.

Rotuli chartarum in turri Londinensi asservati, hg. von THOMAS DUFFUS HARDY, Bd. 1,1 [mehr nicht erschienen!] (Record Commission) London 1837.

Rotuli de dominabus et pueris et puellis de XII comitatibus [1185], hg. von JOHN HORACE ROUND (The Publications of the Pipe Roll Society 35) London 1913.

Rotuli de liberate ac de misis et praestitis, regnante Johanne, hg. von THOMAS DUFFUS HARDY (Record Commission) London 1844.

Rotuli de oblatis et finibus in turri Londinensi asservati, tempore regis Johannis, hg. von THOMAS DUFFUS HARDY (Record Commission) London 1835.

Rotuli litterarum clausarum in turri Londinensi asservati, hg. von THOMAS DUFFUS HARDY, 2 Bde. (Record Commission) London 1833-1844.

Rotuli litterarum patentium in turri Londinensi asservati, hg. von THOMAS DUFFUS HARDY, Bd. 1,1 [mehr nicht erschienen!] (Record Commission) London 1835.

Rotuli Normanniae in turri Londinensi asservati, Johanne et Henrico quinto Angliae regibus, hg. von THOMAS DUFFUS HARDY, Bd. 1 [mehr nicht erschienen!] (Record Commission) London 1835.

Select Charters, hg. von WILLIAM STUBBS, überarbeitet von H. W. C. DAVIS, Oxford [9]1913, Reprint 1929.

Selected Letters of Pope Innocent III concerning England (1198-1216) hg. u. üb. von C. R. CHENEY – W. H. SEMPLE (Medieval Texts) London u.a. 1953.

Tractatus de legibus et consuetudinibus regni Anglie qui Glanvilla vocatur, hg. u. üb. von GEORGE D. G. HALL (Medieval Texts) London u.a. 1965.

Walter Map, De nugis curialium. Courtiers' Trifles, hg. u. üb. von MONTAGUE RHODES JAMES, rev. von CHRISTOPHER NUGENT LAWRENCE BROOKE – ROGER AUBREY BASKERVILLE MYNORS (Oxford Medieval Texts) Oxford 1983.

William of Newburgh, Historia rerum Anglicarum, in: Chronicles of the Reigns of Stephen, Henry II., and Richard I, Bd. 1-2, S. 1-500.

Literatur

AHLERS 1987 — AHLERS, JENS, Die Welfen und die englischen Könige 1165-1235 (Quellen und Darstellungen zur Geschichte Niedersachsens 102) Hildesheim 1987.

ALEXANDER 1983 — ALEXANDER, JAMES W., Ranulf of Chester. A Relic of the Conquest, Athens/Georgia 1983.

ALLEN 1951 — ALLEN, D. F., A Catalogue of English Coins in the British Museum, [Bd. 3:] The Cross-and-Crosslets ('Tealby') Type of Henry II, London 1951.

ALTHOFF 1990 — ALTHOFF, GERD,Verwandte, Freunde und Getreue. Zum politischen Stellenwert der Gruppenbindungen im früheren Mittelalter, Darmstadt 1990.

ALTHOFF 1991 — ALTHOFF, GERD, Huld. Überlegungen zu einem Zentralbegriff der mittelalterlichen Herrschaftsordnung, in: Frühmittelalterliche Studien 25, 1991, S. 259-282.

ALTHOFF 1998 — ALTHOFF, GERD, *Ira Regis:* Prolegomena to a History of Royal Anger, in: ROSENWEIN 1998, S. 59-74.

AMT 1990 — AMT, EMILIE M., The Forest Regard of 1155, in: The Haskins Society Journal 2, 1990, S. 189-195.

AMT 1993 — AMT, EMILIE, The Accession of Henry II in England. Royal Government Restored. 1154-1159, Woodbridge 1993.

Anarchy — The Anarchy of King Stephen's Reign, hg. von EDMUND KING, Oxford 1994.

APPLEBY 1965 — APPLEBY, JOHN T., England without Richard. 1189-1199, London 1965.

ARLINGHAUS 1996 — ARLINGHAUS, FRANZ-JOSEF, Zwischen Notiz und Bilanz. Zur Eigendynamik des Schriftgebrauchs in der kaufmännischen Buchführung am Beispiel der Datini/Di Berto-Handelsgesellschaft in Avignon 1367-1373, Diss. Münster 1996.

BACHRACH 1984 — BACHRACH, BERNARD S., Henry II and the Angevin Tradition of Family Hostility, in: Albion 10, 1984, S. 111-130.

BARLOW 1986 — BARLOW, FRANK, Thomas Becket, London 1986.

BARRATT 1996 — BARRATT, NICK, The Revenue of King John, in: English Historical Review 111, 1996, S. 835-855.

BARTLETT 1982 — BARTLETT, ROBERT, Gerald of Wales. 1146-1223, Oxford 1982.

BARTON 1998 — BARTON, RICHARD E., "Zealous Anger" and the Renegotiation of Aristocratic Relationships in Eleventh- and Twelfth-Century France, in: ROSENWEIN 1998, S. 153-170.

BATES 1989 — BATES, DAVID, Normandy and England after 1066, in: English Historical Review 104, 1989, S. 851-876.

BAXTER 1989 — BAXTER, W. T., Early Accounting: The Tally and Checkerboard, in: The Accounting Historians Journal 16, 1989, S. 43-83.

BEAUROY 1994 — BEAUROY, JACQUES, Centralisation et histoire sociale: remarques sur l'*Inquisitio Vicecomitum* de 1170, in: Cahiers de civilisation médiévale 37, 1994, S. 3-24.

BENTON 1967 — BENTON, JOHN F., The Revenue of Louis VII, in: Speculum 42, 1967, S. 84-91.

BIANCALANA 1988a — BIANCALANA, JOSEPH, For Want of Justice: Legal Reforms of Henry II, in: Columbia Law Review 88, 1988, S. 433-536.

BIANCALANA1988B — BIANCALANA, JOSEPH, Widows at Common Law: The Development of Common Law Dower, in: The Irish Jurist 23, 1988, S. 255-329.

BISHOP 1961 — BISHOP, TERENCE ALAN MARTYN, Scriptores Regis. Facsimiles to Identify and Illustrate the Hands of Royal Scribes in Original Charters of Henry I, Stephen, and Henry II, Oxford 1961.

BLOCH 1939-40 — BLOCH, MARC, La société féodale, 2 Bde., Paris 1939-40, Reprint 1994.

BÖCKENFÖRDE 1961 — BÖCKENFÖRDE, ERNST-WOLFGANG, Die deutsche Verfassungsgeschichtliche Forschung im 19. Jahrhundert. Zeitgebundene Fragestellungen und Leitbilder (Schriften zur Verfassungsgeschichte 1) Berlin 1961.

BOORMAN1994 — BOORMAN, JULIA, The sheriffs of Henry II and the significance of 1170, in: Law and Government in Medieval England and Normandy, S. 255-275.

BOURDIEU 1983 — BOURDIEU, PIERRE, Ökonomisches Kapital, kulturelles Kapital, soziales Kapital, in: Soziale Ungleichheiten, hg. von REINHARD KRECKEL (Soziale Welt. Sonderband 2) Göttingen 1983, S. 183-198.

BOUSSARD 1956 — BOUSSARD, JACQUES, Le Gouvernement d'Henri II Plantagenêt, Paris 1956.

BOUSSARD 1958 — BOUSSARD, JACQUES, Les institutions financières de l'Angleterre au XIIe siècle, in: Cahiers de civilisation médiévale 1, 1958, S. 475-494.

BRAND 1990 — BRAND, PAUL, 'Multis Vigiliis Excogitatam et Inventam': Henry II and the Creation of the English Common Law, in: The Haskins Society Journal 2, 1990, S. 197-222.

BRAND 1991 — BRAND, PAUL, Lordship and Distraint in Thirteenth Century England, in: Thirteenth Century England III. Proceedings of the Newcastle upon Tyne Conference 1989, hg. von P. R. COSS – S. D. LLOYD, Woodbridge 1991, S. 1-24.

BROWN 1955 — BROWN, REGINALD ALLEN, Royal Castle-Building in England, 1154-1216, in: English Historical Review 70, 1955, S. 353-398.

BROWN 1959 — BROWN, REGINALD ALLEN, A List of Castles, 1154-1216, in: English Historical Review 74, 1959, S. 249-280.

BROWN 1969 — BROWN, REGINALD ALLEN, The Normans and the Norman Conquest, London 1969.

BROWN 1974 — BROWN, ELIZABETH A. R., The Tyranny of a Construct: Feudalism and Historians of Medieval Europe, in: American Historical Review 79, 1974, S. 1063-1088.

BRÜHL 1968 — BRÜHL, CARLRICHARD, Fodrum, gistum, servitium regis. Studien zu den wirtschaftlichen Grundlagen des Königtums im Frankenreich und in den fränkischen Nachfolgestaaten Deutschland, Frankreich und Italien vom 6. bis zur Mitte des 14. Jh., 2 Bde. (Kölner historische Abhandlungen 14) Köln – Graz 1968.

BRÜHL 1971 — BRÜHL, CARLRICHARD, Die Finanzpolitik Friedrich Barbarossas in Italien, in: Historische Zeitschrift 213, 1971, S. 13-37.

BRÜHL–KÖLZER 1979 — BRÜHL, CARLRICHARD – THEO KÖLZER, Das Tafelgüterverzeichnis des Römischen Königs, Köln – Wien 1979.

BRUNNER 1872 — BRUNNER, HEINRICH, Die Entstehung der Schwurgerichte, Berlin 1872, Reprint Aalen 1967.

BUMKE 1990 — BUMKE, JOACHIM, Höfische Kultur. Literatur und Gesellschaft im hohen Mittelalter, 2 Bde., München ^{5}1990.

CAM 1930 — CAM, HELEN M., The Hundred and the Hundred Rolls. An Outline of Local Government in Medieval England, London 1930.

CAMPBELL 1975	CAMPBELL, JAMES, Observations on English Government from the Tenth to the Twelfth Century, in: Transactions of the Royal Historical Society 5/25, 1975, S. 39-54.
CAMPBELL 1980	CAMPBELL, JAMES, The Significance of the Anglo-Norman State in the Administratice History of Western Europe, in: Histoire comparée de l'administration (IVe-XVIIIe siècles). Actes du XIVe colloque historique franco-allemand..., hg. von WERNER PARAVICINI – KARL FERDIINAND WERNER (Beihefte der Francia 9) München 1980, S. 117-134.
CAMPBELL 1994	CAMPBELL, JAMES, The Late Anglo-Saxon State: A Maximum View, in: Proceedings of the British Academy 87, 1994, S. 39-65.
CARPENTER 1976	CARPENTER, DAVID A., The Decline of the Curial Sheriff in England, 1194-1258, in: English Historical Review 101, 1976, S. 1-32; nachgedruckt in: DERS., The Reign of Henry III, London – Rio Grande 1996, S. 151-182.
CARPENTER 1990	CARPENTER, DAVID A., The Minority of Henry III, Berkeley – Los Angeles 1990.
CARPENTER 1997	CARPENTER, DAVID A., The English Royal Chancery in the Thirteenth Century, in: Écrit et pouvoir dans les chancelleries médiévales: Espace français, espace anglais(Textes et études du moyen âge 6) Louvain-la-Neuve 1997, S. 25-53.
CAZEL 1989	CAZEL, FRED A., Intertwined Careers: Hubert de Burgh and Peter des Roches, in: The Haskins Society Journal 1, 1989, S. 173-181.
CHAPLAIS 1971	CHAPLAIS, PIERRE, English Royal Documents. King John-Henry VI. 1199-1461, Oxford 1971.
CHENEY 1967	CHENEY, CHRISTOPHER ROBERT, Hubert Walter, London u.a. 1967.
CHENEY 1976	CHENEY, MARY, William FitzStephen and his Life of Archbishop Thomas, in: Church and Government in the Middle Ages. Essays presented to C.R. Cheney on his 70th birthday, hg. von C.N.L. BROOKE – D.E. LUSCOMBE – G.H. MARTIN – DOROTHY OWEN, Cambridge 1976, S. 139-156.
CHEW 1932	CHEW, HELENA M., The English Ecclesiastical Tenants-In -Chief and Knight Service, Oxford 1932.
CHIBNALL 1986	CHIBNALL, MARJORIE, Anglo-Norman England. 1066-1166, Oxford – New York 1986.

CHIBNALL 1994 — CHIBNALL, MARJORIE, L'avènement au pouvoir d'Henri II, in: Cahiers de civilisation médiévale 37, 1994, S. 41-48.

CHRIMES 1952 — CHRIMES, S. B., An Introduction to the Administrative History of Mediaeval England, Oxford 1952.

CHURCH 1995 — CHURCH, S. D., The Rewards of Royal Service in the Household of King John: A Dissenting Opinion, in: English Historical Review 110, 1995, S. 277-302.

CHURCH 1998 — CHURCH, S. D., The 1210 Campaign in Ireland: Evidence for a Military Revolution?, in: Anglo-Norman Studies 20, 1998 für 1997, S. 45-57.

CLANCHY 1983 — CLANCHY, MICHAEL T., England and its Rulers 1066-1272. Foreign Lordship and National Identity (Fontana History of England) London 1983.

CLANCHY 1993 — CLANCHY, MICHAEL T., From Memory to Written Record. England 1066-1307, Oxford – Cambridge/Mass. ²1993.

CLASSEN 1983 — CLASSEN, PETER, Die königlichen Richter des Common Law: Rechtswissenschaft und Rechtsstudium ohne Universität, in: DERS., Studium und Gesellschaft im Mittelalter, hg. von JOHANNES FRIED (Schriften der MGH 29) Stuttgart 1983, S. 197-237.

COKAYNE 1910-59 — The Complete Peerage of England, Scotland, Ireland Great Britain and the United Kingdom, Extant, Extinct or Dormant, hg. von GEORGE EDWARD COKAYNE, revidierte u. vergrößerte Neuausgabe, hg. von H. A. DOUBLEDAY [u.a.], 12 Bde., London 1910-1959, Reprint Gloucester 1982.

COSS 1991 — COSS, PETER R., Lordship, Knighthood and Locality: a Study in English Society, c. 1180-c.1280, Cambridge 1991.

COSS 1995 — COSS, PETER R., Knights, Esquires and the Origins of Social Gradation in England, in: Transactions of the Royal Historical Society 6/5, 1995, S. 155-178.

CROOK 1982 — CROOK, DAVID, Records of the General Eyre (Public Record Office Handbooks 20) London 1982.

CROUCH 1986 — CROUCH, DAVID, The Beaumont Twins. The Roots and Branches of Power in the Twelfth Century (Cambridge Studies in Medieval Life and Thought 4/1) Cambridge 1986.

CROUCH 1990 — CROUCH, DAVID, William Marshal. Court, Career and Chivalry in the Angevin Empire. 1147-1219, London – New York 1990.

CROUCH 1992 CROUCH, DAVID, The Image of Aristocracy in Britain. 1000-1300, London – New York 1992.

CROUCH 1993 CROUCH, DAVID, The Hidden History of the Twelfth Century, in: The Haskins Society Journal 5, 1993, S. 111-130.

CROUCH 1995 CROUCH, DAVID, From Stenton to McFarlane: Models of Societies of the Twelfth and Thirteenth Centuries, in: Transactions of the Royal Historical Society 6/5, 1995, S. 179-200.

DAVIS 1967 DAVIS, RALPH HENRY CARELESS, King Stephen. 1135-1154, London 1967.

DAVIS 1987 RALPH HENRY CARELESS, Domesday Book: Continental Parallels, in: Domesday Studies. Papers Read at the Novocentenary Conference of the Royal Historical Society and the Institute of British Geographers. Winchester, 1986, hg. von JAMES C. HOLT, Woodbridge 1987, S. 15-39.

DELISLE 1909 DELISLE, LEOPOLD, Recuil des actes de Henri II, roi d'Angleterre et duc de Normandie concernant les provinces françaises et les affaires de France, Introducion (Chartes et diplômes relatifs à l'histoire de France) Paris 1909.

DIER 1994 DIER, CARY L., The Proper Relationship Between Lord and Vassal: Toward a Rationale for Anglo-Norman Litigation, in: The Haskins Society Journal 6, 1994, S. 1-12.

DIESTELKAMP 1978 DIESTELKAMP, BERHNARD, Artikel "Homo ligius", in: Handwörterbuch zur deutschen Rechtsgeschichte 2, Berlin 1978, Sp. 234-237.

DIESTELKAMP 1991 DIESTELKAMP, BERHNARD, Heinrich Mitteis 'Lehnrecht und Staatsgewalt' im Lichte moderner Forschung, in: Heinrich Mitteis nach hundert Jahren (1889-1989). Symposion anläßlich des hundertsten Geburtstages in München am 2. und 3. November 1989, hg. von PETER LANDAU – HERMANN NEHLSEN – DIETMAR WILLOWEIT (Bayerische Akademie der Wissenschaften. Philosophisch-historische Klasse. Abhandlungen, Neue Folge 106) München 1991, S. 11-21.

DUBY 1971 DUBY, GEORGES, La société aux XIe et XIIe siècles dans la région mâconnaise Paris 1971.

DUBY 1973 DUBY, GEORGES, Le dimanche de Bouvines. 27 Juillet 1214, Paris 1973.

DUBY 1985 — DUBY, GEORGES, Ritter, Frau und Priester. Die Ehe im feudalen Frankreich, üb. von MICHAEL SCHRÖTER, Frankfurt am Main 1985.

DUBY 1986 — DUBY, GEORGES, Guillaume le Maréchal oder der beste aller Ritter, üb. von REINHARD KAISER, Frankfurt am Main [2]1986.

DUBY 1997 — DUBY, GEORGES, Mütter, Witwen, Konkubinen. Frauen im 12. Jahrhundert, üb. von GRETE OSTERWALD, Frankfurt am Main 1997.

DUGDALE 1675 — DUGDALE, WILLIAM, The Baronage of England, Bd. 1, London 1675.

EBEL 1960 — EBEL, WILHELM, Über die Leihe in der deutschen Rechtsgeschichte, in: Vorträge und Forschungen 5, 1960, S. 11ff.; neu gedruckt in: DERS., Probleme der deutschen Rechtsgeschichte, 1978, S. 47-71.

ENGLISH 1979 — ENGLISH, BARBARA, The Lords of Holderness 1086-1260. A Study in Feudal Society, Oxford 1979.

EYTON 1878 — EYTON, ROBERT WILLIAM, Court Household, and Itinerary of King Henry II., London 1878, Reprint Hildesheim – New York 1974.

FARRER 1923-25 — FARRER, WILLIAM, Honors and Knights' Fees, 3 Bde., London – Manchester 1923-1925.

FAULKNER 1996 — FAULKNER, KATHRYN, The Transformation of Knighthood in Early Thirteenth-Century England, in: English Historical Review 111, 1996, S. 1-23.

FLANAGAN 1984 — FLANAGAN, MARIE THERESE, Strongbow, Henry II and Anglo-Norman Intervention in Ireland, in: War and Government in the Middle Ages. Essays in Honour of J. O. Prestwich, hg. von JOHN GILLINGHAM – JAMES C. HOLT, Woodbridge 1984, S. 62-77.

FLANAGAN 1989 — FLANAGAN, MARIE THERESE, Irish Society, Anglo-Norman Settlers, Angevin Kingship. Interactions in Ireland in the Late Twelfth Century, Oxford 1989.

FLEMING 1991 — FLEMING, ROBIN,Kings and Lords in Conquest England (Cambridge studies in medieval life and thought, 4th series 15) Cambridge u.a. 1991.

FLOWER 1943 — FLOWER, CYRIL T., Introducion to the Curia Regis Rolls, 1199-1230 A.D. (The Publications of the Selden Society 62) London 1943.

FRIED 1984 — FRIED, JOHANNES, Die Wirtschaftspolitik Friedrich Barbarossas in Deutschland, in: Blätter für deutsche Landesgeschichte 120, 1984, S. 195-239.

FRYDE 2001 — FRYDE, NATHALIE, Why Magna Carta? Angevin England revisited (Neue Aspekte der europäischen Mittelalterforschung 1) Münster 2001.

GALBRAITH 1934 — GALBRAITH, VIVIAN HUNTER, An Introduction to the Use of the Public Records, Oxford 1934.

GALBRAITH 1948 — GALBRAITH, VIVIAN HUNTER, Studies in the Public Records, London u.a. 1948.

GANSHOF 1967 — GANSHOF, FRANÇOIS LOUIS, Was ist das Lehnswesen?, Darmstadt ^{2}1967.

GILLINGHAM 1973 — GILLINGHAM, JOHN, The Life and Times of Richard I, London 1973.

GILLINGHAM 1978 — GILLINGHAM, JOHN, Richard the Lionheart, London 1978.

GILLINGHAM 1982 — GILLINGHAM, JOHN, The Introducion of Knight Service into England, in: Anglo-Norman Studies 4, 1982 für 1981, S. 53-64 u. 181-187.

GILLINGHAM 1984 — GILLINGHAM, JOHN, The Angevin Empire, London 1984.

GILLINGHAM 1988a — GILLINGHAM, JOHN, The Early Middle Ages (10661290), in: The Oxford History of Britain, hg. von KENNETH O. MORGAN, Oxford – New York 1988, S. 120-191.

GILLINGHAM 1988b — GILLINGHAM, JOHN, War and Chivalry in the *History of William the Marshal*, in: Thirteenth Century England II. Proceedings of the Newcastle upon Tyne Conference 1987, hg. von P. R. COSS – S. D. LLOYD, Woodbridge 1988, S. 1-13.

GILLINGHAM 1994a — GILLINGHAM, JOHN, Richard Coeur de Lion. Kingship, Chivalry and War in the Twelfth Century, London – Rio Grande 1994.

GILLINGHAM 1998 — GILLINGHAM, JOHN, The Travels of Roger of Howden and his Views of the Irish, Scots and Welsh, in: Anglo-Norman Studies 20, 1998 für 1997, S. 151-169.

GÖLLMANN 1999 — GÖLLMANN, UDO, Die 'Inquisitionen' der englischen Könige im Hochmittelalter, in: Eid und Wahrheitssuche. Studien zu rechtlichen Befragungspraktiken in Mittelalter und früher Neuzeit, hg. von Stefan Esders – Thomas Scharff (Gesellschaft, Kultur und Schrift. Mediävistische Beiträge 7) Frankfurt am Main u.a. 1999, S. 113-138.

GÖLLMANN – KELLER	GÖLLMANN, UDO – HAGEN KELLER, Artikel 1997'Valvassoren', in: Lexikon des Mittelalters, Bd. 8, München 1997, Sp. 1401-1403.]
GOODY 1977	GOODY, JACK, The Domestication of the Savage Mind (Themes in social sciences) Cambridge 1977.
Gransden 1994	Gransden, Antonia, Historical Writing in England *c.* 550 to *c.* 1307, London 1974.
GREEN 1981	GREEN, JUDITH A., The Last Century of Danegeld, in: English Historical Review 86, 1981, S. 241-258.
GREEN 1986	GREEN, JUDITH A., The Government of England under Henry I (Cambridge Studies in Medieval Life and Thought 4/3) Cambridge 1986.
GREEN 1997	GREEN, JUDITH A., The Aristocracy of Norman England, Cambridge 1997.
GRUNDMANN 1942	GRUNDMANN, HERBERT, Rotten und Brabanzonen. Söldner-Heere im 12. Jahrhundert, in: Deutsches Archiv für Erforschung des Mittelalters 5, 1941-42, S. 419-492.
Guide	Guide to the Contents of the Public Record Office, Bd. 1: Legal Records, Etc. Revised (to 1960) from the Guide by the late M. S. Giuseppi, F.S.A., London 1963.
HARDING 1973	HARDING, ALAN, The Law Courts of Medieval England (Historical Problems: Studies and Documents 18) London – New York 1973.
HARDING 1991	HARDING, ALAN, Artikel 'Hundred', in: Lexikon des Mittelalters 5, München – Zürich 1991, Sp. 218.
HARDY 1835	HARDY, THOMAS DUFFUS, A Description of the Patent Rolls in the Tower of London to Which Is Added an Itinerary of King John (Record Commission) London 1835.
HARRIS 1964	HARRIS, BRIAN E., King John and the Sheriffs' Farms, in: English Historical Review 79, 1964, S. 532-542.
HARRISS 1975	HARRISS, GERALD L., King, Parliament, and Public Finance in Medieval England to 1369, Oxford 1975.
HARRISS 1989	HARRISS, GERALD L., Artikel 'Exchequer', in: Lexikon des Mittelalters, Bd. 4, München – Zürich 1989, S. 156-158.
HARVEY 1973	HARVEY, PAUL D. A., The English Inflation of 1180-1220, in: Past and Present 61, 1973, S. 3-30.

HARVEY-MCGUINNESS 1996 HARVEY, PAUL D. A. – ANDREW MCGUINNESS, A Guide to British Medieval Seals, London 1996.

HASKINS 1918 HASKINS, CHARLES HOMER, Norman Institutions (Harvard Historical Studies 24) Cambridge/Mass. – London 1918, Reprint 1925.

HASKINS 1924 HASKINS, CHARLES HOMER, The Abacus and the Exchequer, in: DERS., Studies in the History of Mediaeval Science (Harvard Historical Studies 27) Cambridge/Mass. – London 1924, S. 327-335.

HAVERKAMP 1971 HAVERKAMP, ALFRED, Herrschaftsformen der Frühstaufer in Reichsitalien, 2 Bde. (Monographien zur Geschichte des Mittelalters 1) Stuttgart 1970-71.

HEISER 1990 HEISER, RICHARD, The Household of the Justiciars of Richard I: an Inquiry into the Second Level of Mediaeval English Government, in: The Haskins Society Journal 2, 1990, S. 223-235.

HEISER 1992 HEISER, RICHARD, The Sheriffs of Richard I: Trends of Management as Seen in the Shrieval Appointments from 1189 to 1194, in: The Haskins Society Journal 4, 1992, S. 109-122.

HEISER 1997 HEISER, RICHARD, Richard I and his appointments to English shrievalties, in: English Historical Journal 112, 1997, S. 1-19.

HERMAN 1993 HERMAN, SHAEL, Medieval Usury and the Commercialization of Feudal Bonds (Schriften zur Europäischen Rechts- und Verfassungsgeschichte 11) Berlin 1994.

HOLLISTER 1965 The Military Organization of Norman England, Oxford 1965.

HOLLISTER 1978 HOLLISTER, C. WARREN, The origins of the English Treasury, in: English Historical Review 93, 1978, S. 262-275.

HOLLISTER –BALDWIN 1978 HOLLISTER, C. WARREN – JOHN W. BALDWIN, The Rise of Administrative Kingship: Henry I and Philip Augustus, in: American Historical Review 83, 1978, S. 867-905.

HOLLISTER – HOLT 1964 HOLLISTER, C. WARREN – JAMES C. HOLT, Two Comments on the Problem of Continity in Anglo-Norman Feudalism, in: The Economic History Review 2/16, 1963-1964, S. 104-118.

HOLT 1961 HOLT, JAMES C., The Northeners. A Study in the Reign of King John, Oxford 1961.

HOLT 1962 HOLT, JAMES C., Feudalism Revisited, in: The Economic History Review 2/14, 1961-1962, S. 333-340.

HOLT 1971 — HOLT, JAMES C., The Assizes of Henry II: the Texts, in: The Study of Medieval Records. Essays in Honour of Kathleen Major, hg. von D. A. BULLOUGH – R. L. STOREY, Oxford 1971, S. 85-106.

HOLT 1972 — HOLT, JAMES C., Politics and Property in Early Medieval England, in: Past and Present 57, 1972, S. 3-52.

HOLT 1982 — HOLT, JAMES C., Feudal Society and the Family in Early Medieval England: I. The Revolution of 1066, in: Transactions of the Royal Historical Society 5/32, 1982, S. 193-212.

HOLT 1983 — HOLT, JAMES C., Feudal Society and the Family in Early Medieval England: II. Notions of Patrimony, in: Transactions of the Royal Historical Society 5/33, 1983, S. 193-220.

HOLT 1984a — HOLT, JAMES C., Feudal Society and the Family in Early Medieval England: III. Patronage and Politics, in: Transactions of the Royal Historical Society 5/34, 1984, S. 1-25.

HOLT 1984b — HOLT, JAMES C., The Introduction of Knight Service in England, in: Anglo-Norman Studies 6, 1984 für 1983, S. 89-106.

HOLT 1984c — HOLT, JAMES C., The Loss of Normandy and Royal Finances, in: War and Government in the Middle Ages. Essays in Honour of J. O. Prestwich hg. von JOHN GILLINGHAM – JAMES C. HOLT, Woodbridge 1984, S. 92-105.

HOLT 1985 — HOLT, JAMES C., Feudal Society and the Family in Early Medieval England: IV. The Heiress and the Alien, in: Transactions of the Royal Historical Society 5/35, 1985, S. 1-28.

HOLT 1986 — HOLT, JAMES C., 1086, in: Domesday Studies. Papers Read at the Novocentenary Conference of the Royal Historical Society and the Institute of British Geographers. Winchester, 1986, hg. von JAMES C. HOLT, Woodbridge 1987, S. 41-46.

HOLT 1992 — HOLT, JAMES C., Magna Carta, Cambridge [2]1992.

HOLT 1996 — HOLT, JAMES C., The Writs of Henry II, in: The History of English Law. Centenary Essays on 'Pollock and Maitland', hg. von JOHN HUDSON (Proceedings of the British Academy 89) Oxford 1996, S. 47-64.

HOLT 1997 — HOLT, JAMES C., Colonial England 1066-1215, London – Rio Grande 1997.

HOYT 1950 — HOYT, ROBERT S., The Royal Demesne in English Constitutional History. 1066-1272, Ithaca 1950.

HUDSON 1990 — HUDSON, JOHN, Life-Grants of Land and the Development of Inheritance in Anglo-Norman England, in: Anglo-Norman Studies 12, 1990 für 1989, S. 67-80.

HUDSON 1994 — HUDSON, JOHN, Anglo-Norman land law and the origins of property, in: Law and Government in Medieval England and Normandy, S. 198-222.

HUDSON 1996 — HUDSON, JOHN, The Formation of the English Common Law. Law and Society in England from the Norman Conquest to Magna Carta, London – New York 1996.

HÜHN 1968 — HÜHN, RENATE, Das Königtum Heinrichs II. von England, Diss. Nürnberg 1968.

HÜNEMÖRDER 1993 — HÜNEMÖRDER, CH., Artikel 'Neunauge', in Lexikon des Mittelalters 6, München – Zürich1993, Sp. 1103-1104.

HYAMS 1982 — HYAMS, PAUL, The Common Law and the French Connection, in: Anglo-Norman Studies 4, 1982 für 1981, S. 77-92 u. 196-202.

HYAMS 1991a — HYAMS, PAUL R., The Charter as a Source for the Early Common Law, in: The Journal of Legal History 12, 1991, S. 173-189.

HYAMS 1991b — HYAMS, PAUL, Heinrich Mitteis and the Constitutional History of Medieval England, in: Heinrich Mitteis nach hundert Jahren (1889-1989). Symposion anläßlich des hundertsten Geburtstages in München am 2. und 3. November 1989, hg. von PETER LANDAU – HERMANN NEHLSEN – DIETMAR WILLOWEIT (Bayerische Akademie der Wissenschaften. Philosophisch-historische Klasse. Abhandlungen, Neue Folge 106) München 1991, S. 61-70.

HYAMS 1994 — HYAMS, PAUL, Henri II comme juriste eut-il une politique de réforme?, in: Cahiers de civilisation médiévale 37, 1994, S. 85-89.

HYAMS 1998 — HYAMS, PAUL, What Did Henry III of England Think in Bed and in French about Kingship and Anger?, in: ROSENWEIN 1998, S. 92-124.

Introduction — Introduction to the Study of the Pipe Rolls (The Publications of the Pipe Roll Society 3) London 1884.

JÄSCHKE 1994 — JÄSCHKE, KURT-ULRICH, Die normannische "Landnahme" auf den Britischen Inseln, in: Ausgewählte Probleme europäischer Landnahmen des Früh- und Hochmittelalters. Methodische

Grundlagendiskussion im Grenzbereich zwischen Archäologie und Geschichte, Teil II, hg. von MICHAEL MÜLLER-WILLE – REINHARD SCHNEIDER (Vorträge und Forschungen 41) Sigmaringen 1994, S. 213-335.

JENKINSON 1911 — JENKINSON, HILARY, Exchequer Tallies, in: Archaeologia 62, 1911, S. 367-380.

JENKINSON 1917 — JENKINSON, HILARY, Financial Records of the Reign of King John, in: Magna Carta Commemoration Essays, hg. von HENRY ELLIOT MALDEN, o.O. 1917, S. 244-300.

JENKINSON 1925 — JENKINSON, HILARY, Medieval Tallies, Public and Private, in: Archaeologia 74, 1925, S. 289-351.

JENKS 1994 — JENKS, SUSANNE, Die Assisen von Clarendon (1166) und Northampton (1976). Eine Neubetrachtung ihres Verhältnisses, in: Ius Commune 21, 1994, S. 149-168.

JEWELL 1972 — JEWELL, HELEN M., English Local Administration in the Middle Ages, Newton Abbot – New York 1972.

JOHANEK 1987 — JOHANEK, PETER, König Arhur und die Plantagenets. Über den Zusammenhang von Historiographie und höfischer Epik in mittelalterlicher Propaganda, in: Frühmittelalterliche Studien 21, 1987, S. 346-389.

JOHNSON– JENKINSON 1915 — JOHNSON, CHARLES – HILARY JENKINSON, English Court Hand A.D. 1066 to 1500. Ilustrated chiefly from the public records, Oxford 1915.

JOLLIFFE 1947 — JOLLIFFE, JOHN EDWARD AUSTIN, The Constitutional History of Medieval England from the English Settlement to 1485, ^{2}1947.

JOLLIFFE 1953 — JOLLIFFE, JOHN EDWARD AUSTIN, The Camera Regis under Henry II, in: English Historical Review 68, 1953, S. 1-21 u. 337-362.

JOLLIFFE 1963 — JOLLIFFE, JOHN EDWARD AUSTIN, Angevin Kingship, London ^{2}1963.

JONES 1973 — JONES, THOMAS M., The Generation gap of 1173-74: the War between the Two Henrys, in: Albion 5, 1973, S. 24-40.

KEALEY 1972 — KEALEY, EDWARD J., Roger of Salisbury, Viceroy of England, Berkeley – London 1972.

KEEFE 1981 — KEEFE, THOMAS K., King Henry II and the Earls: The Pipe Roll Evidence, in: Albion 13, 1981, S. 191-222.

KEEFE 1983 — KEEFE, THOMAS K., Feudal Assessments and the Political Community under Henry II and His Sons (Publications of the UCLA Center for Medieval and Renaissance Studies 19) Berkely – Los Angeles – London 1983.

KEEFE 1989 — KEEFE, THOMAS K., Counting Those Who Count: A Computer-Assisted Analysis of Charter Witness-Lists and the Itinerant Court in the First Year of the Reign of King Richard I, in: The Haskins Society Journal 1, 1989, S. 135-145.

KEEFE 1990 — KEEFE, THOMAS K., Place-Date Distribution of Royal Charters and the Historical Geography of Patronage Stragegies at the Court of King Henry II Plantagenet, in: The Haskins Society Journal 2, 1990, S. 179-188.

KEEFE 1993 — KEEFE, THOMAS K., Proffers for Heirs and Heiresses in the Pipe Rolls: Some Observations on Indebtedness in the Years Before the Magna Carta (1180-1212), in: The Haskins Society Journal 5, 1993, S. 99-109.

KEEN 1983 — KEEN, LAURENCE, The Umfravilles, the Castle and the Barony of Prudhoe, Northumberland, in: Anglo-Norman Studies 5, 1983 für 1982, S. 165-184.

KELLER 1986 — KELLER, HAGEN, Zwischen regionaler Begrenzung und universalem Horizont. Deutschland im Imperium der Salier und Staufer 1024 bis 1250 (Propyläen Geschichte Deutschlands 2) Berlin 1986.

KELLER 1989 — KELLER, HAGEN, Zum Charakter der 'Staatlichkeit' zwischen karolingischer Reichsreform und hochmittelalterlichem Herrschaftsausbau, in: Frühmittelalterliche Studien 23, 1989, S. 248-264.

KELLER 1990 — KELLER, HAGEN, Die Entwicklung der europäischen Schriftkultur im Spiegel der mittelalterlichen Überlieferung. Beobachtungen und Überlegungen, in: Geschichte und Geschichtsbewußtsein. Festschrift für Karl-Ernst Jeismann zum 65. Geburtstag, hg. von PAUL LEIDINGER – DIETER METZLER, Münster 1990, S. 171-204.

KELLER 1999 — KELLER, HAGEN, Vorschrift, Mitschrift, Nachschrift. Instrumente des Willens zu vernunftgemäßem Handeln und guter Regierung in den italienischen Kommunen des Duecento, in: Schriftlichkeit und Lebenspraxis. Erfassen, Bewahren, Verändern. Akten des Internationalen Kolloquiums 8.-10. Juni 1995 (Münstersche Mittelalter-Schriften 76) München 1999 (im Druck).

KELLER – GRUBMÜLLER– STAUBACH 1992 Pragmatische Schriftlichkeit im Mittelalter. Erscheinungsformen und Entwicklungsstufen (Akten des Internationalen Kolloquiums 17.-19. Mai 1989) hg. von HAGEN KELLER – KLAUS GRUBMÜLLER – NIKOLAUS STAUBACH (Münstersche Mittelalter-Schriften 65) München 1992.

KEMP 1973 KEMP, BRIAN, Exchequer and Bench in the later twelfth century - separate or identical tribunals?, in: English Historical Review 88, 1973, S. 559-573.

KERN 1954 KERN, FRITZ, Gottesgnadentum und Widerstandsrecht im früheren Mittelalter. Zur Entwicklungsgeschichte der Monarchie, hg. von RUDOLF BUCHNER, Darmstadt ²1954.

KIENAST 1952 KIENAST, WALTHER, Untertaneneid und Treuevorbehalt in Frankreich und England. Studien zur vergleichenden Verfassungsgeschichte des Mittelalters, Weimar 1952.

KING 1984 KING, EDMUND, The Anarchy of King Stephen's Reign, in: Transactions of the Royal Historical Society 5/34, 1984, S. 133-153.

KING 1992 KING, EDMUND, Dispute Settlement in Anglo-Norman England, in: Anglo-Norman Studies 14, 1992 für 1991, S. 115-130.

KING – WHITE – HOLT 1974 KING, EDMUND – STEPHEN WHITE – JAMES C. HOLT, Debate: Politics and Property in Early Medieval England, in: Past and Present 65, 1974, S. 110-135.

KOHL 1993 KOHL, KARL-HEINZ, Ethnologie – die Wissenschaft vom kulturell Fremden. Eine Einführung, München 1993.

KRIEGER 1982 KRIEGER, KARL-FRIEDRICH, Grundprobleme und Forschungsschwerpunkte der englischen Geschichte im Mittelalter, in: HEINER HAAN – KARL FRIEDRICH KRIEGER – GOTTFRIED NIEDHART, Einführung in die englische Geschichte, hg. von GOTTFRIED NIEDHART (Beck'sche Elementarbücher) München 1982, S. 13-78.

KRIEGER 1996 KRIEGER, KARL-FRIEDRICH, Geschichte Englands von den Anfängen bis zum 15. Jahrhundert, München ²1996.

KROESCHELL 1991 KROESCHELL, KARL, Artikel 'Hundert, Hundertschaft', in: Lexikon des Mittelalters 5, München – Zürich 1991, Sp. 214-215.

LALLY 1976 LALLY, JOHN E., Secular Patronage at the Court of King Henry II, in: Bulletin of the Institute of Historical Research 49, 1976, S. 159-184.

LANDON 1935 — LANDON, LIONEL, The Itinerary of King Richard I (The Publications of the Pipe Roll Society. New Series 13) London 1935.

Law and Government — Law and Government in Medieval England and Normandy. Essays in honour of Sir James Holt, hg. von GEORGE GARNETT – JOHN HUDSON, Cambridge 1994

LE PATOUREL 1976 — LE PATOUREL, JOHN, The Norman Empire, Oxford 1976.

LE PATOUREL 1984 — LE PATOUREL, JOHN, Feudal Empires, Norman and Plantagenet, London 1984.

LÉVI-STRAUSS 1981 — LÉVI-STRAUSS, CLAUDE, Die elementaren Strukturen der Verwandtschaft, Frankfurt am Main 1981.

LEYSER 1987 — LEYSER, KARL, The Angevin Kings and the Holy Man, in: St. Hugh of Lincoln, hg. von HENRY MAYR-HARTING, Oxford 1987, S. 49-73.

LEYSER 1988 — LEYSER, KARL, Frederick Barbarossa and the Hohenstaufen Polity, in: Viator 19, 1988, S. 153-176.

LEYSER 1992 — LEYSER, KARL, Friedrich Barbarossa – Hof und Land, in: Friedrich Barbarossa. Handlungsspielräume und Wirkungsweisen des staufischen Kaisers, hg. von ALFRED HAVERKAMP (Vorträge und Forschungen 40) Sigmaringen 1992, S. 519-530.

LIEBERMANN 1875 — LIEBERMANN, FELIX, Einleitung in den Dialogus de Scaccario, Diss. Göttingen 1875.

LOT – FAWTIER 1932 — LOT, F. – R. FAWTIER, Le premier budget de la monarchie française. Le compte général de 1202-1203, Paris 1932.

LOYN 1974 — LOYN, H. R., The Hundred in England in the Tenth and Early Eleventh Centuries, in: British Government and Administration. Studies presented to S. B. Chrimes, hg. von H. HEARDER – H. R. LOYN, Cardiff 1974, S. 1-15.

LYON – VERHULST 1967 — LYON, BRYCE – ADRIAAN VERHULST, Medieval Finance. A Comparison of Financial Institutions in Northwestern Europe, Brügge 1967.

MADDICOTT 1995 — MADDICOTT, JOHN ROBERT, Simon de Montfort, Cambridge u.a. 1995.

MADOX 1769 — MADOX, THOMAS, The History and Antiquities of the Exchequer of the Kings of England, 2 Bde. London 1769.

MAUSS 1990 — MAUSS, MARCEL, Die Gabe. Form und Funktion des Austauschs in archaischen Gesellschaften, üb. von Eva Moldenhauer (Suhrkamp-Taschenbuch Wissenschaft 743) Frankfurt am Main 1990.

MAXWELL-LYTE 1926 — MAXWELL-LYTE, Sir H. C., Historical Notes on the Use of the Great Seal of England, London 1926.

MAYHEW 1984 — Frappes de monnaies et hausse des prix an Angleterre de 1180 à 1220, in: Études d'histoire monétaire, hg. von JOHN DAY, Lille 1984, S. 159-177.

MAYHEW 1992 — MAYHEW, N. J., From Regional to Central Minting, 1158-1464, in: A New History of the Royal Mint, hg. von C. E. CHALLIS, Cambridge 1992, S. 83-178.

MAYR-HARTING 1965 — MAYR-HARTING, HENRY, Henry II and the Papacy. 1170-1189, in: Journal of Ecclesiastical History 16, 1965, S. 39-53.

MILLER – HATCHER 1978 — MILLER, EDWARD – JOHN HATCHER, Medieval England. Rural Society and Economic Change 1086-1348, London – New York 1978.

MILLER – HATCHER 1995 — MILLER, EDWARD – JOHN HATCHER, Medieval England. Towns, Commerce and Crafts 1086-1348, London – New York 1995.

MILLS 1925 — MILLS, MABEL H., Experiments in Exchequer Procedure, in: Transactions of the Royal Historical Society 4/8, 1925, S. 151-170.

MILSOM 1976 — MILSOM, S. F. C., The Legal Framework of English Feudalism. The Maitland Lectures Given in 1972 (Cambridge Studies in English Legal History) Cambridge 1976.

MILSOM 1981 — MILSOM, S. F. C., Historical Foundations of the Common Law, London ^{2}1981.

MILSOM 1994 — MILSOM, S. F. C., The origin of prerogative wardship, in: Law and Government in Medieval England and Normandy, S. 223-244.

MITCHELL 1914 — MITCHELL, SIDNEY KNOX, Studies in Taxation under John and Henry III, New Haven – London 1914.

MITCHELL 1951 — MITCHELL, SIDNEY KNOX, Taxation in Medieval England, New Haven u.a. 1951.

MITTEIS 1933 — MITTEIS, HEINRICH, Lehnrecht und Staatsgewalt. Untersuchungen zur mittelalterlichen Verfassungsgeschichte, Weimar 1933.

MITTEIS 1934 — MITTEIS, HEINRICH, Zur Geschichte der Lehnsvormundschaft, in: Festschrift für Alfred Schulze, hg. von WALTER MERK, Weimar

	1934, S. 129-174; neugedruckt in: DERS., Die Rechtsidee in der Geschichte. Gesammelte Abhandlungen und Vorträge, Weimar 1957, S. 193-226.
MITTEIS 1959	MITTEIS, HEINRICH, Der Staat des hohen Mittelalters. Grundlinien einer vergleichenden Verfassungsgeschichte des Lehnszeitalters, Weimar ^{6}1959.
MORILLO 1994	MORILLO, STEPHEN, Warfare under the Anglo-Norman Kings. 1066-1135, Woodbridge 1994.
MORRIS 1927	MORRIS, WILLIAM ALFRED, The Medieval English Sheriff to 1300, Manchester – New York 1927, Reprint 1968.
MORTIMER 1986	MORTIMER, RICHARD, Land and Service: the Tenants of the Honour of Clare, in: Anglo-Norman Studies 8, 1986 für 1985, S. 177-197.
MORTIMER 1990	MORTIMER, RICHARD, The Charters of Henry II: What Are the Criteria for Authenticity?, in: Anglo-Norman Studies 12, 1990 für 1989, S. 119-134.
MORTIMER 1994	MORTIMER, RICHARD Angevin England. 1154-1258, Oxford – Cambridge/Mass. 1994.
MURRAY 1978	MURRAY, ALEXANDER, Reason and Society in the Middle Ages, Oxford 1978, Reprint 1991.
MURRAY 1988	MURRAY, ALEXANDER CALLANDER, From Roman to Frankish Gaul: *Centenarii* and *Centenae* in the Administration of the Merovingian Kingdom, in: Traditio 44, 1988, S. 59-100.
NORGATE 1887	NORGATE, KATE, England under the Angevin Kings, 2 Bde., London 1887.
NORGATE 1902	NORGATE, KATE, John Lackland, London 1902.
OPLL 1990	OPLL, FERDINAND, Friedrich Barbarossa (Gestalten des Mittelalters und der Renaissance) Darmstadt 1990.
PAINTER 1933	PAINTER, SIDNEY, William Marshal, Baltimore 1933.
PAINTER 1943	PAINTER, SIDNEY, Studies in the History of the English Feudal Barony, Baltimore 1943.
PAINTER 1949	PAINTER, SIDNEY, The Reign of King John, Baltimore 1949.
PAINTER 1960	PAINTER, SIDNEY, The Family and the Feudal System in Twelfth Century England, in: Speculum 35, 1960, S. 1-16.
PALMER 1982	PALMER, ROBERT C., The County Courts of Medieval England. 1150-1350, Princeton 1982.

PAROW 1906 — PAROW, WALTER, Compotus Vicecomitis. Die Rechenschaftslegung des Sheriffs unter Heinrich II. von England. Eine Untersuchung über das Finanzsystem im anglo-normannischen Lehnsstaat (Wissenschaftliche Beilage zum Jahresbericht der Friedrich-Werderschen Oberrealschule. Ostern 1906) Berlin 1906.

PATTERSON 1989 — PATTERSON, ROBERT B., Robert Fitz Harding of Bristol: Profile of an Early Angevin Burgess-Baron Patrician and his Family's Urban Involvement, in: The Haskins Society Journal 1, 1989, S. 109-122.

PATTERSON 1991 — PATTERSON, ROBERT B., Bristol: An Angevin Baronial Capital under Royal Siege, in: The Haskins Society Journal 3, 1991, S. 171-181.

PETIT-DUTAILLIS 1911 — PETIT-DUTAILLIS, CHARLES, Studies and Notes supplementary to Stubb's Constitutional History Down to the Great Charter, üb. von W. E. RHODES (Publications of the University of Manchester, Historical Series 7) Manchester ²1911.

PITZ 1996 — PITZ, ERNST, Diplom und Registereintrag. Über normative und prozessuale Interpretation von Papst- und Königsurkunden und ihre Abhängigkeit von der Form der Überlieferung, in: Der Codex im Gebrauch (Akten des Internationalen Kolloquiums 11.-13. Juni 1992), hg. von CHRISTEL MEIER – DAGMAR HÜPPER – HAGEN KELLER (Münstersche Mittelalter-Schriften 70) München 1996, S. 101-107.

POLLOCK–MAITLAND 1898 — POLLOCK, FREDERICK – FREDERICK WILLIAM MAITLAND, The History of English Law before the Time of Edward I, 2 Bde., Cambridge ²1898, Reprint 1952.

POOLE 1912 — POOLE, REGINALD LANE, The Exchequer in the Twelfth Century, Oxford 1912.

POOLE 1946 — POOLE, AUSTIN LANE, Obligations of Society in the XII and XIII Centuries, Oxford 1946.

POOLE 1955 — POOLE, AUSTIN LANE, From Domesday Book to Magna Carta. 1087-1216 (The Oxford History of England) ²1955.

POWICKE 1961 — POWICKE, MAURICE, The Loss of Normandy 1189-1204. Studies in the History of the Angevin Empire, Manchester ²1961.

POWICKE 1962 — POWICKE, MAURICE, The Thirteenth Century. 1216-1307 (The Oxford History of England) Oxford ²1962.

PRESTWICH 1954P RESTWICH, J. O., War and Finance in the Anglo-Norman State, in: Transactions of the Royal Historical Society 5/4, 1954, S. 19-43.

PRESTWICH 1981 PRESTWICH, J. O., The Military Household of the Norman Kings, in: English Historical Review 96, 1981, S. 1-35.

PRESTWICH 1997 PRESTWICH, MICHAEL, English Government Records, 1250-1330, in: Pragmatic Literacy, East and West. 1200-1330, hg. von RICHARD BRITNELL, Woodbridge 1997, S. 95-106.

RAMSAY 1925 RAMSAY, JAMES H., A History of the Revenues of the Kings of England 1066-1399, 2 Bde., Oxford 1925.

REEDY 1966 REEDY, WILLIAM T., The Origins of the General Eyre in the Reign of Henry I, in: Speculum 41, 1966, S. 688-724.

REUTER 2001 REUTER, TIMOTHY, *Velle sibi fieri in forma hac*. Symbolisches Handeln im Becketstreit, in: Formen und Funktionen öffentlicher Kommunikation im Mittelalter (Vorträge und Forschungen 51) Stuttgart 2001, S. 201-225.

REYNOLDS 1984 REYNOLDS, SUSAN, Kingdoms and Communities in Western Europe, 900-1300, Oxford 1984.

REYNOLDS 1994 REYNOLDS, SUSAN, Fiefs and Vassals. The Medieval Evidence Reinterpreted, Oxford 1994.

RICHARDSON 1954 RICHARDSON, HENRY GERALD, The Chamber under Henry II, in: English Historical Review 69, 1954, S. 596-611.

RICHARDSON 1960 RICHARDSON, HENRY GERALD, The English Jewry under Angevin Kings, London 1960.

RICHARDSON – SAYLES 1963 RICHARDSON, HENRY GERALD – GEROGE OSBORNE SAYLES, The Governance of Medieval England from the Conquest to Magna Carta, Edinburgh 1963.

RÖSCH 1993 RÖSCH, GERHARD, Wirtschaftsexpansion und Münze im 12. Jahrhundert. Ein Problem der Geldgeschichte, in: Mitteilungen des Instituts für Österreichische Geschichtsforschung 101, 1993, S. 17-36.

ROSENWEIN 1998 Anger's Past. The Social Uses of an Emotion in the Middle Ages, hg. von BARBARA H. ROSENWEIN, Ithaca – London 1998.

ROUND 1895 ROUND, JOHN HORACE, The Introduction of Knight Service into England, in: DERS., Feudal England. Historical Studies on the XIth and XIIth Centuries, London 1895, Reprint 1909, S. 225-314.

ROUND 1899 — ROUND, JOHN HORACE, The Inquest of Sheriffs (1170), in: The Commune of London and Other Studies, London 1899, S. 125-136.

ROUND 1930 — ROUND, JOHN HORACE, Reliefs, in: DERS., Familiy Origins and other Studies, hg. von WILLIAM PAGE, London 1930, S. 217-236.

SANDERS 1956 — SANDERS, IVOR J., Feudal Military Service in England. A Study of the Constitutional and Military Powers of the *Barones* in Medieval England, Oxford 1956.

SANDERS 1960 — SANDERS, IVOR J., English Baronies. A Study of their Origin and Descent. 1086-1327, Oxford 1960.

SAWYER 1985 — SAWYER, PETER HUNTER, 1066-1086. A Tenurial Revolution, in: Domesday Book: a Reassessment, London 1985, S. 71-85.

SCHMID 1959 — SCHMID, KARL, Über die Struktur des Adels im früheren Mittelalter, in: Jahrbuch für fränkische Landesforschung 19, 1959, S. 1-23.

STACEY 1987 — STACEY, ROBERT C., Politics, Policy and Finance under Henry III. 1216-1245, Oxford 1987.

STENTON 1952 — STENTON, DORIS MARY, The Pipe Rolls and the Historians, 1600-1883, in: The Cambridge Historical Journal 10, 1950-1952, S. 271-292.

STENTON 1957 — STENTON, DORIS MARY, The English Woman in History, London – New York 1957.

STENTON 1961 — STENTON, FRANK M., The First Century of English Feudalism. 1066-1166, Oxford [2]1961.

STENTON 1962 — STENTON, DORIS MARY, English Society in the Early Middle Ages (1066-1307) (The Pelican History of England 3) Harmondsworth [3]1962.

STENTON 1965 — STENTON, DORIS MARY, English Justice Between the Norman Conquest and the Great Charter. 1066-1216, London 1965.

STEVENSON 1947 — STEVENSON, E. R., The Escheator, in: The English Government at Work, 1327-1336, hg. von WILLIAM A. MORRIS – JOSEPH R. STRAYER, Bd. 2: Fiscal Administration, Cambridge / Mass. 1947, S. 109-167.

STRAYER 1975 — STRAYER, JOSEPH R., Die mittelalterlichen Grundlagen des modernen Staates, hg. u. üb. von HANNA VOLLRATH, Köln – Wien 1975.

STRICKLAND 1994 — STRICKLAND, MATTHEW, Against the Lord's anointed: aspect of warfare and baronial rebellion in England and Normandy, 1075-1265, in: Law and Government in Medieval England and Normandy, S. 56-79.

STUBBS 1897 — STUBBS, WILLIAM, The Constitutional History of England in its Origin and Development, Bd. 1, Oxford [6]1897.

SUTHERLAND 1973 — Sutherland, Donald W., The Assize of Novel Disseisin, Oxford 1973.

TELLENBACH 1941 — TELLENBACH, GERD, Die Unteilbarkeit des Reiches. Ein Beitrag zur Entstehungsgeschichte Deutschlands und Frankreichs, in: Historische Zeitschrift 163, 1941, S. 20-42; neugedruckt in: Die Entstehung des Deutschen Reiches, hg. von H. KÄMPF (Wege der Forschung 1) Darmstadt 1956, S. 110-134.

THIRY-STASSIN – THIRY 1992 — THIRY-STASSIN, MARTINE – CLAUDE THIRY, Mariage et lignage dans l'*Histoire de Guillaume le Maréchal*, in: in: Femmes - Mariages - Lignages. XIIe - XIVe siècles. Mélanges offerts à Georges Duby, Brüssel 1992, S. 341-359.

THOMAS 1993 — THOMAS, HUGH M., Vassals, Heiresses, Crusaders, and Thugs. The Gentry of Angevin Yorkshire, 1154-1216, Philadelphia 1993.

THORNE 1959 — THORNE, SAMUEL E., English Feudalism and Estates in Land, in: The Cambridge Law Journal [17], 1959, S. 193-209.

TILLMANN-BARTYLLA 1986 — TILLMANN-BARTYLLA, DAGMAR, Höfische Welt und Geschichtsbedürfnis: Die anglo-normannischen Verschroniken des XII. Jahrhunderts, in: La littérature historiographique des origines à 1500, hg. von HANS ULRICH GUMBRECHT – URSULA LINK-HEER – PETER-MICHAEL SPANGENBERG (Grundriß der romanischen Literaturen des Mittelalters 11/1) Heidelberg 1986, S. 313-350 u. XL-XLII.

TOCH 1991 — TOCH, MICHAEL, Ethics, emotion and self-interest: Rural Bavaria in the later Middle Ages, in: Journal of Medieval History 17, 1991, S. 135-147.

TOUT 1920 — TOUT, T. F., Chapters in the Administrative History of Mediaeval England. The Wardrobe, the Chamber and the Small Seals, Bd. 1, Manchester1920.

TRAUTZ 1961 — TRAUTZ, FRITZ, Die Könige von England und das Reich 1272-1377. Mit einem Rückblick auf ihr Verhältnis zu den Staufern, Heidelberg 1961.

TURNER 1985	TURNER, RALPH V., The English Judiciary in the Age of Glanvill and Bracton, c. 1176-1239, Cambridge 1985.
TURNER 1988	TURNER, RALPH V., Men Raised from the Dust. Administrative Service and Upward Mobility in Angevin England, Philadelphia 1988.
TURNER 1989	TURNER, RALPH V.,The Mandeville Inheritance, 1189-1236: Its Legal, Political and Social Context, in: The Haskins Society Journal 1, 1989, S. 147-172.
TURNER 1990	TURNER, RALPH V., Exercise of the King's Will in Inheritance of Baronies: The Example of King John and William Briwerre, in: Albion 22, 1990, S. 383-401.
TURNER 1994a	TURNER, RALPH V., Judges, Administrators and the Common Law in Angevin England, London – Rio Grande 1994.
TURNER 1994b	TURNER, RALPH V., King John, London – New York 1994.
TURNER 1995	TURNER, RALPH V., The Problem of Survival for the Angevin "Empire": Henry II's and His Sons' Vision versus Late Twelfth-Century Realities, in: American Historical Review 100, 1995, S. 78-96.
TYERMAN 1996	TYERMAN, CHRISTOPHER, Who's Who in Early Medieval England (1066-1272), London 1996.
VAN CAENEGEM 1959	VAN CAENEGEM, RAOUL CHARLES, Royal Writs in England from the Conquest to Glanvill. Studies in the Early History of the Common Law (The Publications of the Selden Society 77) London 1959.
WAREHAM 1995	WAREHAM, ANDREW, The Motives and Politics of the Bigod Family, c. 1066-1177, in: Anglo-Norman Studies 17, 1995 für 1994, S. 223-242-
WARREN 1961	WARREN, W. L., King John, London 1961.
WARREN 1973	WARREN, W. L., Henry II, London 1973, Reprint 1991.
WARREN 1984	WARREN, W. L., The Myth of Norman Administrative Efficiency, in: Transactions of the Royal Historical Society 5/34, 1984, S. 113-132.
WARREN 1987	WARREN, W. L., The Governance of Norman and Angevin England 1086-1272 (The Governance of England 2) London – Melbourne – Auckland 1987.

WAUGH 1988 — WAUGH, SCOTT L., The Lordship of England. Royal Wardships and Marriages in English Society and Politics 1217-1327, Princeton 1988.

WAUGH 1990 — WAUGH, SCOTT L., Women's Inheritance and the Growth of Bureaucratic Monarchy in Twelfth- and Thirteenth-Century England, in: Nottingham Medieval Studies 34, 1990, S. 71-92.

WEBER 1980 — WEBER, MAX, Wirtschaft und Gesellschaft. Grundriß der verstehenden Soziologie, hg. von JOHANNES WINCKELMANN, 5., revidierte Aufl., Studienausgabe, Tübingen 1980.

WEST 1966 — WEST, FRANCIS, The Justiciarship in England. 1066-1232, Cambridge 1966.

WHITE 1998 — WHITE, STEPHEN D., The Politics of Anger, in: ROSENWEIN 1998, S. 127-152.

WOOD 1994 — WOOD, CHARLES T., La mort et les funérailles d'Henri II, in: Cahiers de civilisation médiévale 37, 1994, S. 119-123.

WOLFFE 1971 — WOLFFE, BERTRAM P., The Royal Demesne in English History. The Crown Estate in the Governance of the Realm from the Conquest to 1509, London 1971.

YOSHITAKE 1988 — YOSHITAKE, KENJI, The Exchequer in the Reign of Stephen, in: English Historical Review 103, 1988, S. 950-959.

YOUNG 1979 — YOUNG, CHARLES R., The Royal Forests of Medieval England, Leicester 1979.

Anhang A: Adelsbesitz 'in der Hand des Königs'

Heinrich II.

N°	Name	RL	1	2	3	4	5	6	7	8	9	10	11	12	13	14	15	16	17	18	19	20	21	22	23	24	25	26	27	28	29	30	31	32	33	34	Summe
1	Aldington	3,70																									V					V	V	V	V	V	65
2	Arundel	97,50																									K	K	K	K	K	K	K	K	K	K	3803
3	Ashby	9,00																																			
4	Ashfield	7,00																V	V	V	V	V	V	V	V	V	V	V	V	V	V	V	V	V	V	V	28
5	Aveley	7,50																																			
6	Bampton	9,60																						V	V	V	V	V					K	K	K	K	266
7	Barony of Biset	9,00																							V	V	V	V	V	V	V	V	V	V	V		79
8	Barony of Gloucester	274,00									K																					V	V	V	V	V	3263
9	Basing	57,00														V	V	V	V																		
10	Beckley	50,00													v	v	v	v	v	v	v	v	v	v	v	v	v	v	v	v	v	v	v				
11	Bedford	54,00				V	V	v																													80
12	Belvoir	38,50														V	V	V	V	V	V																256
13	Beninton	31,33																														V					18
14	Berkeley	5,00																V																			17
15	Berkhampstead	22,75					H	H	H	H	H	H	H	H	H	H	H	H	H	H	H	H	H	H	H	H	H	H	H	H	H	H	H	H	H	H	2911
16	Beverstone	1,00																																			
17	Blagdon	10,50					V	V	V	V	V	V	V	V	V	V																					
18	Blankney	40,00																														V	V	v			
19	Blythborough	2,00																																			
20	Bolam	3,00																																			
21	Bolingbroke	68,70					V	V	V	V	V	V	V																								
22	Bradninch	28,25																																			
	Braose Baronies of Wales: Gehören zu Bramber.																																				
23	Bulwick	3,17																																			
24	Burgh by Sands	?																																			
	Burstwick = Holderness: Gehört zu Skipton.																																				
25	Bywell	30,00														K																					
26	Cainhoe	25,00																																			
27	Castle Cary	19,00								v																											
28	Castle Combe	21,20																																		v	
29	Castle Holgate	5,00																																			
30	Cause	5,00																																			
31	Cavendish	2,00																																			
32	Caxton	30,83																						K					K	K	K	K	K	K	K	K	76
33	Chatham	16,00																							v	v	v	v	v	v	v	v	v	v	v	v	
34	Chester	118,00			V	V	V	V	V	V																			V	V	V	V	V	V	V	V	2879
35	Chipping Warden	17,00																				V	V	V													
36	Chiselborough	10,00																																v	v	v	
37	Clare	149,00																					K	K													47
38	Clifford	1,00																																			
39	Cogges	20,25																	V	V	V	V	V	V	V	V	V	V	V	V	V	V	V	V	V	V	
40	Cottingham	8,13																																			
41	Crick	30,00																																			
42	Curry Malet	25,30																																			
43	Eaton Bray: Ab 1 John Kronlehen.																																				
44	Eaton Socon	5,38																																			
45	Ellingham	6,00												V	V																		V	V	V	V	82
46	Embleton	3,00																																			
47	Erlestoke	?																							K	K	K						K	K	K		66
48	Ewyas Harold	23,00																																			
49	Eye	80,00					H	H	H	H	H	H	H	H	H	H	H	H	H	H	H	H	H	H	H	H	H	H	H	H	H	H	H	H	H	H	9180
	Field Dalling: Bis 1173 zu Clare, bis 1193 zu Arundel, danach wieder Clare.																																				
50	Folkestone	24,00																								v	v	v	v	v	v	v	v	v	v	v	
51	Folkingham	82,60																														V	V				84
52	Framlingham	160,00																			K		K		K	K	K	K	K	K	K	K	K	K	K	K	1830
53	Freiston	27,00																																			
54	Great Bealings	12,00																																			
55	Great Torrington	30,00																																			
56	Great Weldon	15,00																																			
57	Greystoke	3,33																																			
58	Hanslope	4,50																																			
59	Hatch Beauchamp	17,00																																			

Richard I.

N°	Name	1	2	3	4	5	6	7	8	9	10	Summe
1	Aldington	V	V	v	v							16
2	Arundel						V	V	V			884
3	Ashby											
4	Ashfield		V	V	V	V	V	V	V	V	V	19
5	Aveley											
6	Bampton	k	K	K	K	K	K	K	K	K	K	248
7	Barony of Biset						K	K	K	K	K	156
8	Barony of Gloucester	V				V						497
9	Basing											
10	Beckley				K	K	K	K	K	K	K	672
11	Bedford											
12	Belvoir											
13	Beninton							V	V	V	V	62
14	Berkeley						K	K				108
15	Berkhampstead											
16	Beverstone						V	V	V	V	V	13
17	Blagdon											
18	Blankney											
19	Blythborough											
20	Bolam											
21	Bolingbroke											
22	Bradninch						V	V	V			
23	Bulwick											
24	Burgh by Sands											
25	Bywell		V							K		19
26	Cainhoe											
27	Castle Cary											
28	Castle Combe						V	V	V	V	V	90
29	Castle Holgate							V	V	V	V	
30	Cause											
31	Cavendish					V	V	V	V	V	V	
32	Caxton	K	K									4
33	Chatham	v							k			
34	Chester	v	v	v	v							
35	Chipping Warden											
36	Chiselborough	v	v	v	v							
37	Clare						K	K				54
38	Clifford											
39	Cogges											
40	Cottingham											
41	Crick											
42	Curry Malet											
43	Eaton Bray											
44	Eaton Socon											
45	Ellingham	V	V	V	V	V	V					39
46	Embleton											
47	Erlestoke								V	K	K	20
48	Ewyas Harold									K	V	1
49	Eye											
50	Folkestone	v										
51	Folkingham		K		V	V	V	V	V	V	V	11
52	Framlingham	K					k		k			133
53	Freiston											
54	Great Bealings											
55	Great Torrington											
56	Great Weldon											
57	Greystoke			v	v	v	v	v	v	v		
58	Hanslope											
59	Hatch Beauchamp							V	V			12

Johann

N°	Name	1	2	3	4	5	6	7	8	9	10	11	12	13	14	15	16	17	18	Summe
1	Aldington																			
2	Arundel																			
3	Ashby																			
4	Ashfield	V	V	V	V	V	V	V										K		5
5	Aveley																		K	
6	Bampton	K					K													27
7	Barony of Biset	K														K		K		39
8	Barony of Gloucester	K	K	K	K	K	K	K	K	K	K	K	K	K	K	K	K			1925
9	Basing							K												
10	Beckley											K	K	K		K			k	140
11	Bedford									V										
12	Belvoir																		K	
13	Beninton	V																		
14	Berkeley														K		k		K	267
15	Berkhampstead	H	H	H	H	H	H	H	H	H	H	H	H	H	H	H	h	h	h	1560
16	Beverstone	V	V	V	V	V	V	V	v									K	K	
17	Blagdon																			
18	Blankney			V	V	V	V	V	V	V	V	V	V	V	V	V	V	K	K	
19	Blythborough																	K	K	
20	Bolam																			
21	Bolingbroke																			
22	Bradninch			k																
23	Bulwick																	V		
24	Burgh by Sands																			
25	Bywell	k														K				
26	Cainhoe																	K	K	
27	Castle Cary																			
28	Castle Combe	V	V	V	V	V	V	V	V	V	V	V	V	V	V	V			K	105
29	Castle Holgate	V	V	V	V	V													K	
30	Cause																			
31	Cavendish	V	v																	
32	Caxton																		K	
33	Chatham																	K	K	
34	Chester							K												
35	Chipping Warden							K										K	K	
36	Chiselborough		K	K									K	K	K			K	K	160
37	Clare						k											K	K	
38	Clifford																			
39	Cogges							K											K	
40	Cottingham					V	V	V												2612
41	Crick						K													
42	Curry Malet																	K	K	
43	Eaton Bray																			
44	Eaton Socon											k								
45	Ellingham																			
46	Embleton																			
47	Erlestoke	K	K	V	V	V														68
48	Ewyas Harold																			
49	Eye																			
50	Folkestone				v	v	v	v	v	v	v	v								
51	Folkingham																	K	K	
52	Framlingham																		K	
53	Freiston							V		K	K	k						K	K	6
54	Great Bealings						K									V	V		K	
55	Great Torrington					V	V	V	V	V	V	V	V	V	V	V			K	
56	Great Weldon													k						
57	Greystoke											V	V	V	V	V	V	v	v	
58	Hanslope																	K	K	
59	Hatch Beauchamp	V	V	V	V	V	V	V	V	V	V	V	V	V						12

60	Headington	?																																																h	h															
61	Hedingham	30,13																																							V					33																	k		
62	Helmsley	8,40										V	V	V	V	V									k					V	V	V											K	K		K		141						K												K	
63	Hockering	35,01														V	V	V	V	V																		V		V	V	V	V	V	V	V	V	V	V										K										
64	Hook Norton	33,80											V	V	V																																																	K		
65	Hooton Pagnell	15,00																																												K					V															
66	Hunsingore	10,00																																							V	V					86																			
67	Kendal	?																																																																
68	Kington	24,31																		K	K	K	K	K	K	K	K	K	K	K	K	K	K	K	K	K		K	K	K	K	K	K	K	K	K	K	91	K	K	K	K	K	K	K	K	K	K	K	K	K	K	K	K	K	K	
69	Kirklinton	?																																																															
70	Knaresborough	?																							K	k	dann zu Cottingham																																										
71	Launceston	215,00																							H	H	H	H	H	H	H	H	H	H	H	H	H	H	3029						K	K	K	K	K	1107	H	H	H	H	H	H	H	H	H	H	H	H	H	H	H	H			3728
72	Leicester	156,00																					K	K	K					K			K	K					1472													K		k					K	K	K	K	K	K	k	k		K	2617
73	Long Crendon	96,00														H	H	H	H	H	H	H	H	H	H	H	H	H	H	H	H	H	H	H	H	H	H	H	H	7794																																			
74	Marshwood	31,50																																			K	K	9																	K	K										K		
75	Monmouth	15,00																																						V	V	V	V	V	V	V	V	V		V	V																	
76	Morpeth	4,00																																			V	V	7	V	V	V	V	V																									K	
77	Much Marcle	1,00																																																															K	
78	Mulgrave	33,50																												K									14							V			K	26	K								K				V					278
79	Nether Stowey	11,00																														V	V	V	V	V	V	V																												K	K	
80	Nocton	20,75																												V	V	v	v	v	v	v	v	v	28																														K	
81	North Cadbury	18,80																																																														K	K	
82	Odell	30,00																																									V	V	V	V	V	V	113	V	V	V	V	V	V	V	V	V	V	V	V	V	V	V		K	K	
83	Okehampton	93,70																																																																	
	Old Buckenham: Gehört zu Arundel.																																																																			
84	Oswestry	36,00						V	V	V	V	V	V	V	V	V	V	V	V	V	V	V	V																2300																													V	V	V	
85	Pleshy	109,00																																				?																															K	K	K	60
86	Poorstock	31,00																																											V	V	V	V	V	5																		K	
87	Prudhoe	5,00																														V	V						93																															K	
88	Pulverbatch: Gehört bis 1189 zu Castle Holgate.																																																							V	V	V	V	V	V	V	V	V	V			
89	Redbourne	15,00																																																			K	K						V	V	v	V	V	k	7
90	Richard's Castle	23,00																																																			v	v	v	v					K	k	K			45
91	Salwarpe	16,00																																												V	V		V	V	V	V	v	v	v	v	v	v	v	V	V	V	V	V		K	619
92	Shelford	40,00														V																							72						V	V	V	V	V	429							V	V	V	V	V	V	V	V	V	V	V		219
93	Skelton	16,00																												K									14																															K	
94	Skirpenbeck	10,00																																									V	V	V	V	V	v	v	16	v	v																K	
95	Snodhill	16,66																																											V	V	V	k	k		k	k	k	k	k	k	k	k	k	k	k	k	k	k	k	k			
96	Sotby	?																										K											3																	K											K	K	
97	Southoe	10,00																																		K	K		29																																
98	Stafford	60,00																																																																	
99	Stainton Le Vale	10,00																																																							K											K	
100	Stansted Mountfitchet	48,20																																			V																			V	V	V	V	V	V	V	V	V	V	V			K	
101	Staveley	14,57																																	V	V	V	V	234	V																															
102	Stoke Trister	10,00																																											V				15																	K	K	
103	Styford	8,00																																			V	V	76	V	V									53																			
104	Sudeley	3,00																																													K																				
105	Tarrington	10,00																																																							V	V	V										v	
106	Tattershall	25,00																															v																																	V	V	V	V	V	
107	Thoresway	21,25																																												V	v		5																			
108	Totnes	74,90																								K	K	K	K	K	K	K	K	K	K	K	K	K															K	K		K		K	K											51
109	Trematon	1,00																				V															V	V	4																					V	V	V	V	V	V	V	V	v	v	
110	Trowbridge	40,00																																			V	V		v	v	v	v	v																				k				K	K	
111	Walkern	1,00																														V	V	V	V	v	v											K										k		v	v	v	v	v	v	v	v	v	?	K	K	K	
112	Wallingford	100,00					H	H	H	H	H	H	H	H	H	H	H	H	H	H	H	H	H	H	H	H	H	H	H	H	H	H	H	H	H	H	?						K	K	K	K	K	613	H	H	H	H	H	H	H	H	H	H	H	H	H	H	H	H	h	h	2144
113	Warwick	104,00																																																						V	V	V	V	V	K	V	V	V	?				
114	Weedon Pinkeny	15,00																																																																K	
115	Wem	5,00																																																																	
116	Weobly	65,30																																		V	V	V	132	V								K	K	54			K	K	K	k										K			
117	West Dean	20,00																																																												K	?	?	K			48
118	West Greenwich	28,00																				K																	36																													V	K	K	
119	Whitchurch	10,00														V	V	V	V	V	V	V																	6								K	K		27																			
120	Wigmore	14,40																												K	K	V	V						43																													V			73
121	Winterborough	30,97																																																															K	
122	Wolverton	15,00																																		V				13																														K		

123	Wooler	6,75																					K					V	V	K	K	K	K	K	K	K	605
124	Wormegay	15,00																																			
125	Alnwick	26,47																													V	V	V	V	V	V	1967
126	Appleby: Gehört bis 1203-4 zu Burgh by Sands, danach an Robert de Vipont.																																				
127	Barnstaple	30,50																															V	V			19
	Barony of Port: Gehört zu Basing.																																				
128	Barony of Ros	7,50																																			
129	Berry Pomeroy	31,91																																			
130	Bothal	3,00																																			
131	Bourne	10,38																																			
132	Bramber	71,00																																			
133	Brattleby	20,00															V	V	V	V	V				V	V	V	V	V	V	V					14
134	Callerton	2,00																																			
135	Cardinham	?																																			
136	Chepstow	65,50																																			
137	Chilham	15,00															k						v	v	v	v	v	v	V	V	V	V	V	V	V	298
138	Chilterne	58,60																																			
	Christchurch: Gehört zu Plympton.																																				
139	Clun	12,00																																			
140	Dudley	55,60																					K	K	K	K										4
141	Dunster	46,50																					V	V	V											67
142	Dursley	7,50																																			
143	Egremont	?																																			
144	Elston in Orcheston St	9,00																																			
145	Eton	20,00																														V	V	V	V	104
146	Flamstead	6,20								V	v																									20
147	Fotheringay	?																																			
148	Hadstone	1,00																																			
149	Hastings	62,50																		v																	
150	Hatfield Peverel	57,00	H	H	H	H	H	H	H	H	H	H	H	H	H	H	H	H	H	H	H	H	H	H	H	H	H	H	H	H	H	H	H	H	H	H	
151	Haughley	?									k	k	k	K	K	K	K	K	K	K	K	K	K	K	K	K	K	K	K	K	K	K	K	K	K	K	2341
152	Helion Bumpstead	10,31																					v	v	v	v	v	v	v	v	v	v	V	V	V	19
153	Hepple	1,00																																			
154	Horsley	10,00																																			
155	Irthington	2,00																																			
	Keevil: Gehört zu Oswestry.																																				
156	Kempsford	12,83													K													K	K							16
157	Kentwell	10,00									v	v	v																								
158	Lancaster	70,00											H	H	H	H	H	H	H	H	H	H	H	H	H	H	H	H	H	H	H	H	H	H	H	H	4800
159	Langley	1,00																																		V	20
160	Lavendon	5,50																														V					5
161	Lewes	140,00					v	v	v	v	v																										
162	Liddel Strength	?																																			
163	Little Dunmow	66,70																																			
164	Little Easton	12,25																																			
165	Manchester	12,00																											V	V	V	V	V	V	V	766
166	Mitford	6,50																																			
167	Odcombe	15,00					V	V	V																	V	V	V	V	V	V	V	V	V	V	51
168	Old Wardon	10,00																																			
169	Papcastle	?																																			
170	Patricksbourne	15,00																			K	K															20
171	Peak	40,50			K	K	K	K	K	K	K	K	K	K	K	K	K	K	K	K	K	K	K	K	K	K	K	K	K	K	K	K	K	K	K	K	5378
172	Pevensey	33,50					h	h	h	h											K	K															44
173	Plympton	131,00								V	V	V	V	V	V	V	V	V	V	V	V	V	V	V	V	V	V	V									1412
174	Pontefract	84,50																																			
175	Rayleigh	50,00									k	k	k	k	k	k	K	K	K	K	K	K	K	K	K	K	K	K	K	K	K	K	K	K	K	K	1563
176	Rayne	18,25					v	v	v	v	v	v	v	v	v	v	v	v	v	v	v	v	v	v													
177	Richmond	175,00																	V	V	V	V	V	V	V	V	V	V	V	V	V						5262
178	Rothersthorpe	15,00																	K	K	K																17
179	Skipton	21,00																								V	V										4
180	Stogursey	49,95														V	V	V	V	V	V	V	V	V	V	V	V	V	V	V	V	V	V	V	V	V	520
181	Swanscombe	30,50																																			
182	Tamworth	16,70																																			
183	Tarrant Keynston	6,25									K																										1

123																				v					K	k	k	k			6
124																							V								7
125	V										387																K		K		
126																	(ab 1204 an Robert de Vipont)														
127																								V	V	V				K	43
128		V	V	V	V	V	V	V	V	V		V	V	v	v	v	v	v	v	v	v	v	v	v				K	K	
129						K			K		35						K		K		K		K	K	K						77
130																	K								V	V	V	V	V	7
131														V			k	v	v	V	V	V	V	V	V	V	V	V	V	155
132																							K	K	K	K	K	K		596
133						K			K		1																			
134																														
135																														
136																														
137						V	V	V	V	v								V	V	V	V	V	V	V	V	V	V	v	v	
138																														
139														(Ab 1201 zu Oswestry)																
140																														
141						V	V	V	V	V	157	V	V	V	V	V	V	V							v	V	v	v	v	173
142																										V		K		
143																							K			V				
144		V	V	V	V	V	V	V	V	V		V	V	V	V	V														
145	V										21			?										K	K					107
146																							V	V					K	761
147																												K	K	
148							k																							
149														K	K	K	K	K	K	K	K	K	K	K	K	K				
150	H	H	H	H	H	H	H	H	H	H		H	H	H	H	H	H	H	H	H	H	H	H	H	H	H	H	h	h	
151						K					31							H	H	H	?	H	H	H	H	H	H	h	h	1974
152	V	V									10																K			
153										V	1									K					K					4
154						h	h	h	h																					
155												V	V	V	v	v	v							K					K	67
156							K	K			2																			
157																			V	V	V	V	V							17
158						K	K	K	K	K	900	H	H	H	H	H	H	H	H	H	H	H	H	H	H	H	H	h	h	2600
159	V	V	v	v	v	V					42																			
160																														
161																														
162																	K												K	
163																										K	K	K	K	20
164						K			K		16													K						30
165	v	V	v	v	v																							K	K	
166						V	V	V	V	V	176	V	V	V	V	V	V	V	V	v	v	v	v	v	v	v	v		K	
167	V										3																			
168												V	V																K	56
169																														
170																	K	K	K	K	K	K	K	K	K	K	K		k	20
171						K	K	K	K		571	H	H	H	H	H	H	H	H	H	H	H	H	H	H	H	H	h	h	3888
172												K					K	K	K	K	K	K	K	K	K	K	K			30
173						K			K		9																			
174						V					123														V	v			K	
175	K	K	K	K	K	K	K	K	K	K	247	K	K	K	K	K	K	K	K	K	K	K	K	K	K	K	K			
176							V				123					V	V	V	v											
177		K	K								402		V																	617
178																														
179						K					115															V	V		k	
180	V					V					127																		v	
181																	V	V	V	V	V	V	V	V	V	V		K	K	
182		K									8																	K		
183												K	K															K	K	86

184	Thirsk	99,90																				K
185	Tickhill	60,70					h	h	h	h	h	h	H	H	H	H	H	H	H	H	H	H
186	Topcliffe	36,43																				
187	Tutbury	78,80					V	V	V													K
188	Wark	?																				
	Warter: Gehört 1153-81 zu Bolingbroke, dann (spätestens 1177) zu Hunsingore.																					
189	Whalton	3,00																				
190	Witham	?					H	H	H	H	H	H	H	H	H	H	H	H	H	H	H	H
191	Wrinstead	15,00					H	H	H	H	H	H	H	H	H	H	H	H	H	H	H	H

184	K													43
185	H	H	H	H	H	H	H	H	H	H	H	H	H	1668
186														
187														55
188											H	H	H	309
189													V	
190	H	H	H	H	H	H	H	H	H	H	H	H	H	
191	H	H	H	H	H	H	H	H	H	H	H	H	H	
													Summe	67.850

184			v	v	V						5
185						K	K	K	K	K	376
186											
187											
188	(ab ca. 1190 zu Helmsley)										
189					V						
190	H	H	H	H	H	H	H	H	H	H	
191	H	H	H	H	H	H	H	H	H	H	
										Summe	9.760

184																		K	
185	H	H	H	H	H	H	H	H	H	h	H	H	H	h	h	H			1147
186							V	V	V	V	V	V	V	V	V	V	v	v	
187															K				
188																			
189																			4
190	H	H	H	H	H	H	H	H	H	H	H	H	H	H	H	H	h	h	
191	H	H	H	H	H	H	H	H	H	H	H	H	H	H	H	H	h	h	
																		Summe	29.295

	55	56	57	58	59	60	61	62	63	64	65	66	67	68	69	70	71
Summe V			1	2	8	9	8	9	8	7	9	8	9	11	9	12	13
Summe H	1	1	1	1	8	8	8	8	7	7	9	9	9	9	9	9	9
Summe K			1	1	1	1	1	1	5	3	3	3	4	4	3	4	5
Summe V H K	1	1	3	4	17	18	17	18	20	17	21	20	22	24	21	25	27

	72	73	74	75	76	77	78	79	80	81	82	83	84	85	86	87	88
Summe V	12	11	10	9	12	12	15	16	16	17	15	20	23	24	23	25	27
Summe H	9	9	9	10	10	10	10	10	10	10	10	10	10	10	11	11	11
Summe K	5	9	9	10	9	9	9	10	11	9	10	10	10	11	12	13	11
Summe V H K	26	29	28	29	31	31	34	36	37	36	35	40	43	45	46	49	49

89	90	91	92	93	94	95	96	97	98
20	16	15	17	19	26	26	25	21	21
3	3	3	3	3	4	4	4	4	3
5	7	4	4	4	21	15	14	22	14
28	26	22	24	26	51	45	43	47	38

99	0	1	2	3	4	5	6	7	8	9	10	11	12	13	14	15	16
17	17	15	16	19	21	26	24	22	20	21	22	22	24	24	19	12	11
9	9	10	10	9	9	10	10	10	9	10	10	10	10	10	10	8	8
11	9	9	8	7	20	15	9	11	11	12	13	19	16	17	17	38	64
37	35	34	34	35	50	51	43	43	40	43	45	51	50	51	46	58	83

Anhang B: Verschuldung der Barone

N°	2	12	22	30	42	52	62	75	83	93	100	110	120	132	140	152	159	174	180	187			
RL	97,50	38,50	28,20	5,00	25,30	160,00	8,40	15,00	93,70	16,00	48,20	40,00	14,40	71,00	55,60	10,30	1,00	84,50	49,90	78,80		**Jahre**	
Jahr																					**Summe**	**verschuldet**	**Anteil (%)**
1159	0	9	0	0	0	76	533	0	0	0	66	0	0	666	0	0	0	0	0	0	1350	5	25
1164	9	0	0	0	0	0	533	0	0	0	10	0	0	666	0	0	0	0	0	0	1218	4	20
1169	107	0	0	0	0	393	534	16	3	103	1	206	423	685	0	0	0	14	1	0	2486	12	60
1174	69	0	26	0	12	381	528	0	0	0	1	206	407	685	0	1	0	36	0	0	2352	11	55
1179	0	0	0	0	0	333	176	0	0	0	0	0	505	600	0	0	0	144	0	9	1767	6	30
1184	0	0	0	0	0	0	66	0	0	0	0	0	505	547	22	0	0	0	0	0	1140	4	20
1188	0	0	0	0	0	0	0	0	0	0	55	2	505	485	11	0	0	0	0	0	1058	5	25
1194	1393	278	0	1	0	152	8	0	0	363	3	9	514	503	242	8	50	43	0	18	3585	15	75
1199	225	324	596	4	37	82	276	0	0	398	1	93	400	665	0	25	0	8	196	601	3931	16	80
1204	600	256	796	0	0	84	55	0	0	237	181	166	0	3511	66	46	6	1068	163	97	7332	15	75
1209	9	214	424	0	0	82	0	0	233	500	181	66	141	3448	4	43	0	424	167	21	5957	15	75
1214	101	66	384	0	1346	170	1	44	863	0	22	150	1306	0	0	47	0	0	191	214	4905	14	70

Anhang C, Abb. 1: Kronlehen 'in der Hand des Königs'

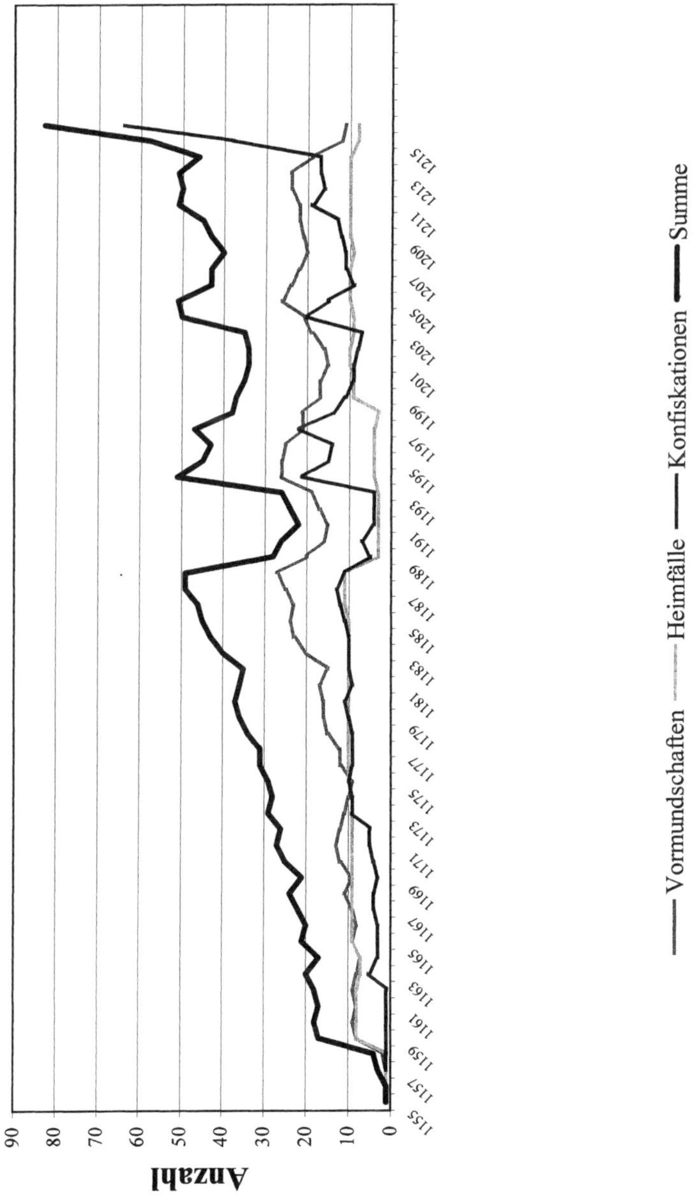

Register

Personen und Orte

Sachen

Gesellschaft, Kultur und Schrift. Mediävistische Beiträge

Herausgegeben von Hagen Keller

Band 1 Petra Koch: Die Statutengesetzgebung der Kommune Vercelli im 13. und 14. Jahrhundert. Untersuchungen zur Kodikologie, Genese und Benutzung der überlieferten Handschriften. 1995.

Band 2 Peter Lütke Westhues: Die Kommunalstatuten von Verona im 13. Jahrhundert. Formen und Funktionen von Recht und Schrift in einer oberitalienischen Kommune. 1995.

Band 3 Claudia Becker: Die Kommune Chiavenna im 12. und 13. Jahrhundert. Politisch-administrative Entwicklung und gesellschaftlicher Wandel in einer lombardischen Landgemeinde. 1995.

Band 4 Thomas Scharff: Häretikerverfolgung und Schriftlichkeit. Die Wirkung der Ketzergesetze auf die oberitalienischen Kommunalstatuten im 13. Jahrhundert. 1996.

Band 5 Thomas Kock / Rita Schlusemann (Hrsg.): Laienlektüre und Buchmarkt im späten Mittelalter. 1997.

Band 6 Bianca van Melis-Spielkamp: Pragmatische Schriftlichkeit in englischen arthurischen Romanzen. 1999.

Band 7 Stefan Esders / Thomas Scharff (Hrsg.): Eid und Wahrheitssuche. Studien zu rechtlichen Befragungspraktiken in Mittelalter und früher Neuzeit. 1999.

Band 8 Franz-Josef Arlinghaus: Zwischen Notiz und Bilanz. Zur Eigendynamik des Schriftgebrauchs in der kaufmännischen Buchführung am Beispiel der Datini/di Berto-Handelsgesellschaft in Avignon (1367-1373). 2000.

Band 9 Juliane Trede: Untersuchungen zum Verschriftlichungsprozeß im ländlichen Raum Oberitaliens. Die Urkunden der Pilgerkirche S. Maria di Monte Velate bei Varese aus dem 12. und 13. Jahrhundert. 2000.

Band 10 Christoph Dartmann: Wunder als Argumente. Die Wunderberichte in der *Historia Mediolanensis* des sogenannten Landulf Senior und in der *Vita Arialdi* des Andrea von Strumi. 2000.

Band 11 Udo Göllmann: Das Geld des Königs. Zu den finanziellen Beziehungen zwischen Krone und Adel in England 1154-1216. 2002.

Uwe Baumann (Hrsg.)

Basileus und Tyrann

Herrscherbilder und Bilder von Herrschaft in der Englischen Renaissance

Frankfurt/M., Berlin, Bern, Bruxelles, New York, Wien, 1999.
XI, 478 S., zahlr. Abb.
Düsseldorfer Beiträge aus Anglistik und Amerikanistik. Bd. 8
Herausgegeben von Uwe Baumann und Herwig Friedl
ISBN 3-631-36140-8 · geb. € 65.40*

Der Sammelband vereint 22 anglistische, romanistische, historische und kulturwissenschaftliche Beiträge, die aus unterschiedlichen Perspektiven Herrscherbilder und Bilder von Herrschaft in der Englischen Renaissance analysieren. Fünf allgemeinere Beiträge präsentieren die 'Vorgeschichte' der Herrschaftstypologien der englischen Renaissance, indem sie literarische Repräsentationen von Herrschaft und deren terminologische Differenzierung im antiken Griechenland, in der römischen Antike, dem englischen Mittelalter, der italienischen Renaissance und der Renaissance-Emblematik vorstellen. Die folgenden 15 anglistisch-kulturwissenschaftlichen Studien konzentrieren sich auf die Kunst- und Kulturgeschichte, die Historiographie und insbesondere die dramatische Literatur der Shakespearezeit, bevor zwei Beiträge zur filmischen Realisation von zwei Historien Shakespeares (*Richard III* und *Henry V*) den Band beschließen.